W0192404

Gianluigi Nuzzi

Erbsünde

Gianluigi Nuzzi

Erbsünde

Papst Franziskus einsamer Kampf gegen Korruption,
Gewalt und Erpressung

Aus dem Italienischen von
Christine Ammann und Walter Kögler

orell füssli Verlag

Die italienische Originalausgabe erschien 2017 unter dem Titel »Peccato Originale. Conti segreti, verità nascoste, ricatti: Il blocco di potere che ostacola la rivoluzione di Francesco« bei Chiarelettere, Mailand.

© 2017 by Gianluigi Nuzzi, Published by arrangement with The Italian Literary Agency

Orell Füssli Verlag, www.ofv.ch
© 2018 Orell Füssli Sicherheitsdruck AG, Zürich
Alle Rechte vorbehalten

Umschlaggestaltung: Hauptmann & Kompanie Werbeagentur, Zürich
Druck und Bindung: CPI books GmbH, Leck

ISBN 978-3-280-05685-1

Die Übersetzerin dankt dem Übersetzerhaus Looren für die angenehm ruhige Arbeitsatmosphäre, von der die Übersetzung profitiert hat.

Die Deutsche Nationalbibliothek verzeichnet diese Publikation in der Deutschen Nationalbibliografie; detaillierte bibliografische Daten sind im Internet unter www.dnb.de abrufbar.

Inhalt

Teil 1
— Blut —

Teil 2
— Geld —

Teil 3
— Sex —

Anhang

Über dieses Buch

Papst Franziskus und die sieben Fragen

In *Erbsünde* gehe ich sieben konkreten Fragen nach, die in meiner nunmehr zehnjährigen Arbeit als investigativer Journalist noch offen geblieben sind, und runde damit eine Recherche ab, deren Ergebnisse ich mit *Vatikan AG*, *Seine Heiligkeit* und *Alles muss ans Licht* schon vorlegen konnte.

Wurde Johannes Paul I. ermordet? Wer hat Emanuela Orlandi entführt? Wenn das Mädchen, wie Papst Franziskus versichert, längst »im Himmel ist«, trägt der Vatikan an ihrer Ermordung zweifellos eine Mitschuld, aber inwiefern? Warum bleiben alle Reformen, mit denen erst Papst Benedikt XVI. und nun Papst Franziskus für eine transparentere Kurie sorgen wollten, unweigerlich auf halbem Wege stecken oder scheitern zur Gänze? Was steht einer Veränderung im Wege? Bestimmen die Händler im Tempel, die beim Rücktritt von Benedikt XVI. eine Rolle spielten, noch immer die Geschicke der katholischen Kirche? Und schließlich die entscheidende Frage: Gibt es außerhalb und innerhalb des Vatikans Personen, die Papst Franziskus nicht wollen, die sein Reformwerk deshalb behindern und die für den aktuellen Reformstillstand verantwortlich sind?

Wie der Richter Giovanni Falcone bin ich zur Beantwortung dieser Fragen der Spur des Geldes gefolgt, und bin dabei, wie immer, wenn es um die Ränkespiele der Macht geht, auf Geschichten um Tod und Sex gestoßen. Im Vatikan sind diese drei roten Fäden zu einem dichten Netz aus undurchsichtigen Interessen, Gewalt, Lügen und Erpressung verknüpft, das jede Veränderung im Keim erstickt und die Glaubenskrise – wie Benedikt XVI. es nannte – der katholi-

11

schen Kirche unweigerlich verstärkt. Das tödliche Spinnennetz hat sich schon während des Pontifikats von Paul VI. ausgebreitet, als die Welt vom Kalten Krieg zerrissen und Italien durch Arbeiterunruhen, Terrorismus und geheime Machtzentren destabilisiert wurde. Letztere konnten sich ausgerechnet im Vatikan machtvoll entfalten. Darum müssen die Nachforschungen genau hier einsetzen und sich vor allem auf den Präsidenten der Vatikanbank IOR, Erzbischof Paul Casimir Marcinkus, konzentrieren, auf dessen befremdliche Beziehungen zum einen bis in die Papstgemächer hinein und zum anderen zu den Offshore-Oasen Amerikas mit ihren Kartellen, Militärputschen und Kokaingeschäften.

Marcinkus saß an einem Schalthebel der Macht, wie sich heute anhand des unveröffentlichten Archivs der Vatikanbank mit seinen unzähligen bisher unbekannten Akten rekonstruieren lässt. Wie Buchungsunterlagen, Notizen und Zahlungsbelegen zu entnehmen ist, wiesen manche Bankkonten überraschend hohe Einlagen auf: etwa das von Pasquale Macchi, dem berühmten Privatsekretär von Paul VI., oder überraschenderweise das des Schauspielers Eduardo De Filippo oder von Mutter Teresa, die man in den abgelegensten Räumen der Bank ehrfürchtig empfing. Die Unterlagen über die beschämenden Begehrlichkeiten von Priestern und Kardinälen, etwa über den An- und Verkauf von Gold, Dollars und Palladium, erklären auch, warum das Pontifikat von Johannes Paul I. nur dreiunddreißig Tage dauern konnte und warum Marcinkus' Nachfolger in den neunziger Jahren diese Praxis nahtlos fortführten und die Finanzen des Vatikans damit weiterhin bestimmten. Und zwar bis in die heutige Zeit hinein. Als unter dem Pontifikat von Benedikt XVI. Reformen vorbereitet werden, die damit ein für alle Mal Schluss machen sollen, obliegt deren Umsetzung Geistlichen und Laien, die der Papst selbst ausgewählt hat. Doch über kurz oder lang werden alle unweigerlich »abgeschossen«. Auf den folgenden Seiten werde ich – auf Grundlage von Interviews, die ich mit Schlüsselfiguren geführt habe, und unveröffentlichten Dokumenten – die raffinierte Strategie erläutern, mit der Reformwillige gekündigt, demontiert oder entmachtet werden.

Wann Benedikt XVI. seinen Rücktritt geplant hat

Als Benedikt XVI. sein Pontifikat untergraben sieht, denkt er an Rücktritt. Wie die in diesem Buch erstmals enthüllten Fakten zu den Hintergründen und raffinierten Ränkespielen zeigen, hat der Papst seinen spektakulären Rücktritt vom Februar 2013 bereits im Winter 2011 geplant und detailliert vorbereitet. Und genau in diese Zeit fallen auch die heftigsten Auseinandersetzungen im Vatikan, von denen bislang noch nichts an die Öffentlichkeit gedrungen ist: Konkrete Handlungsanweisungen von Benedikt XVI., mit denen die riesigen Probleme gelöst und dem Nachfolger Steine aus dem Weg geräumt werden sollen, werden von anderen durch ausgefeilte Manöver torpediert, die jede Veränderung vereiteln. Unter Papst Franziskus wiederholt sich dann dasselbe. Die Massen jubeln ihm zu, die Menge auf den Plätzen unterstützt ihn, die Gläubigen in aller Welt sind begeistert. Aber die katholische Kirche wird von der Kurie verwaltet, und obwohl der kleine Stadtstaat Vatikan nur dank der Spenden der Gläubigen existieren kann, weiß man bis heute kaum, wofür das Geld ausgegeben wird.

Es sind die zwei Gesichter ein und derselben Welt: Im Vatikan werden der Papst und seine Reformen von den einen unterstützt und von den anderen boykottiert. »Wenn alles bleiben soll, wie es ist«, schrieb Giuseppe Tomasi di Lampedusa in *Der Gattopardo*, »muss sich alles ändern.« Nicht zufällig kommt es ausgerechnet jetzt zu Anzeigen und Vorwürfen wegen angeblicher Schikanen und angeblichem sexuellen Missbrauch hinter den Mauern des Vatikans. Von Horrornächten berichten diejenigen, die dabei waren. Zum Schutz der Opfer aber auch des angeblichen Täters habe ich die Namen der Beteiligten geändert und hoffe nun, dass die Gerechtigkeit ihren Lauf nimmt. Eins der ersten gedruckten Exemplare wurde jedenfalls gleich den Richtern im Vatikan vorgelegt.

Vor allem musste ich bei der Spur des Blutes ansetzen, nämlich bei Emanuela Orlandi, der fünfzehnjährigen Tochter eines Bediensteten im Vatikan, die am 22. Juni 1983 auf rätselhafte Weise in Rom verschwand. Unter Benedikt XVI. wurde der Vermisstenfall auf beklemmende Weise erneut hochaktuell; er ist keine alte Geschichte und auch heute noch nicht abgeschlossen. Emanuela ist und bleibt ein Stachel im Fleisch des Vatikans, eine offene Wunde. Auch unter Papst Franziskus. Der Geist des auf rätselhafte Weise verschwundenen Mädchens geht im Vatikan um, beharrlich auf ein furchtbares Geheimnis verweisend, das für Mitwisser zum Macht- und Erpressungsinstrument geworden ist.

Für dieses Buch konnte ich auf Unterlagen und die Aussagen von Zeugen zurückgreifen, die erstmals aus der Deckung kamen und erzählten, was sie gehört und gesehen haben. Aus meinen Recherchen ergibt sich, dass die Wahrheit über Emanuelas Verschwinden tatsächlich im Vatikan zu finden ist. Die Geschichte muss in ihren geheimsten, skandalösesten Verwicklungen allerdings noch geschrieben werden. Jedenfalls hat der Vermisstenfall Papst Benedikt XVI. so tief beunruhigt, dass er den Heiligen Stuhl in seinen beiden letzten Papstjahren zu »Verhandlungen« mit der römischen Staatsanwaltschaft bewogen hat. Und Papst Franziskus interessiert sich ebenfalls dafür und hat seinen ersten Mitarbeiter, Kardinalstaatssekretär Pietro Parolin, gebeten, der Sache nachzugehen. Es besteht also berechtigte Hoffnung, dass diese neuen Erkenntnisse dazu beitragen können, Emanuela, ihren Angehörigen und allen, denen sie am Herzen liegt, endlich Gerechtigkeit widerfahren zu lassen.

Papst Franziskus hatte seine Mitarbeiter mehrfach aufgefordert, Licht ins Dunkel all der Geschichten der letzten Jahrzehnte zu bringen, die von Gewalt, Verschwendung, Privilegien und Machtmissbrauch im kleinen Staat hinter den Bernini-Kolonnaden handeln. Dieses Buch hat bei seinem Erscheinen in Italien daher einiges Aufsehen erregt und manchen in Erklärungsnöte gebracht. Plötzlich war eine Reaktion auf die zahlreichen Missstände erforderlich, die auf den folgenden Buchseiten offengelegt werden. Es gab Anzeigen, Staat und Kirche leiteten Ermittlungen ein. Kurzum: Man war gezwungen, den verwickelten Geschichten nachzugehen, über die in *Erbsünde* berichtet wird.

Die Familie der verschwundenen Emanuela Orlandi hat bei der Staatsanwaltschaft des Vatikanstaats Anzeige erstattet, als sie durch dieses Buch von dem Deal zwischen der damaligen römischen Staatsanwaltschaft, die im Fall der Entführung und mutmaßlichen Ermordung des jungen Mädchens ermittelte, und Geistlichen des Vatikans erfuhr. Mutter, Schwestern und Bruder wollen, dass hinsichtlich der Treffen zwischen dem damaligen Chefermittler Giancarlo Capaldo und kirchlichen Würdenträgern ermittelt wird. Die Familie ist davon überzeugt, dass man der Wahrheit damit endlich auf die Spur kommen kann. Und das ist nicht die einzige Anzeige, die nach Erscheinen des Buchs beim Vatikan eingegangen ist. Auch der Ministrant des Papstes, der angibt, im vatikanischen Präseminar St. Pius X. mehrfach missbraucht worden zu sein, hat Anzeige erstattet. Derzeit werden Zeugen und Freunde gerade angehört. Und es gibt neue Zeugenaussagen: Weitere Opfer haben in bekannten italienischen Fernsehsendungen (von *Quarto Grado* bis zu *Le Iene*) von sexuellem Missbrauch berichtet – ausgerechnet in den Schlafräumen des Seminars, in dem sich junge Menschen aus ganz Europa darüber klar werden sollen, ob sie sich mit ganzem Herzen dem Weinberg des Herrn verschreiben wollen.

Teil 1

— Blut —

Der Deal

Das Geheimtreffen

Im Saal »Leonina« der Vatikanischen Apostolischen Bibliothek schlagen Wissenschaftler und interessierte Laien die verwendeten Bücher zu. Die Angestellten räumen die alten Werke zurück an ihren Platz und schließen die Regalvitrinen zur Sicherheit doppelt ab. Der Präfekt der päpstlichen Bibliothek, Prälat Cesare Pasini, kennt kein Pardon: Die Öffnungszeit endet um 17.15 Uhr, dann darf sich keiner mehr in den Sälen aufhalten. Die Besucher streben dem Ausgang zu und verlassen den prächtigen Palast, der ein wertvolles Erbe verwahrt: 150.000 Handschriften und 1 Million Druckwerke, darunter eine der weltweit wichtigsten Sammlungen antiker Texte und seltener Bücher. Der Ausgang geht auf den Belvederehof, einen zauberhaften Platz an den Vatikanischen Museen und nur zwei Schritte vom Petersdom und Papstpalast entfernt. Das Kalenderblatt in der Portiersloge zeigt einen Tag im Februar 2012.

Unwirkliche Stille senkt sich über den Lesesaal mit seinen Wandteppichen, Stuckarbeiten und alten Möbeln. Anders als sonst wird das Alarmsystem, Raumüberwachung und Einbruchschutz, heute nicht eingeschaltet. Nicht, weil es vergessen wurde. Sondern weil einer der einflussreichsten Männer der Kurie gleich still und heimlich die Bibliothek betreten wird, ein enger Vertrauter von Kardinalstaatssekretär Tarcisio Bertone und dem mächtigen Privatsekretär von Benedikt XVI., Prälat Georg Gänswein. Was hier in Kürze geschieht, hat es in der Geschichte des Vatikans nur selten gegeben. Und bis heute hat noch niemand davon berichtet.

Mit unstetem Blick, die Hände wie immer ineinandergelegt, verabschiedet der Mann seinen Mitarbeiter, der ihn bis an die Tür begleitet hat, und huscht mit schnellen, kleinen Schritten in den Saal. Vermutlich denkt er in diesem Moment an die heimtückische Frage, die ihm der Gast, der gleich hier sein muss, vor wenigen Wochen gestellt hat. Wort für Wort geht er seine Antwort noch einmal durch. Sie ist unabdingbar, wenn »der Deal«, wie er von den wenigen Eingeweihten im Vatikan genannt wird, wirklich zustande kommen soll.

Mit dem »Deal« wurde nach geheimen Verhandlungen eine Vereinbarung zwischen zwei Staaten getroffen: zwischen Italien in Gestalt der römischen Staatsanwaltschaft und dem Vatikan, vertreten durch einen Mitarbeiter des Staatssekretariats. Es geht darin um eine heikle und immer noch ungelöste Angelegenheit: das Verschwinden und die vermutliche Ermordung von Emanuela Orlandi.

Sein Gast lässt noch einige Minuten auf sich warten, doch schließlich erscheinen seine Begleiter am Eingang. Seine Schutzengel, bewaffnet mit einer Beretta Kaliber 9, folgen ihm überall hin, müssen aber heute vor der Tür stehen bleiben. Man hat ein Gespräch unter vier Augen vereinbart. Das zweite Treffen der Männer wird auch ihr letztes sein, doch an diesem Februartag des Jahres 2012 können sie das weder wissen noch ahnen. Wenige Meter weiter, im Belvederehof, steht ein Grüppchen in schwarzen Kutten zusammen, tuschelt und blickt verstohlen zu dem Mann im blauen Anzug hinüber, der dem Eingang der Bibliothek zustrebt.

Drei Monate zuvor empfängt Oberstaatsanwalt Giancarlo Capaldo in seinem Büro im ersten Stock des römischen Gerichts einen Offizier der Carabinieri, der dringend um einen Gesprächstermin gebeten hat. Die beiden kennen sich gut und halten sich nicht lange mit Vorgeplänkel auf. Der Offizier bringt das Gespräch nach kurzer Begrüßung auf die Ermittlungen im Fall der verschwundenen Emanuela Orlandi, die Capaldo gemeinsam mit den Staatsanwältinnen Ilaria Calò und Simona Maisto leitet.

Mit dem Fall haben sich mittlerweile elf Beamte – Untersuchungsrichter, Staatsanwälte und Oberstaatsanwälte – beschäftigt. Doch alle Ermittlungen liefen ins Leere. Capaldo versucht seit 2008, die Ermittlungen wieder in Gang zu bringen; er hat alte Spuren überprüft und geht neuen nach. Als er merkt, dass es dem Carabiniere um Emanuela Orlandi geht, ist er verständlicherweise sofort neugierig und hellwach. »Der Vatikan wäre an einem Treffen in der Angelegenheit Emanuela interessiert«, flüstert der Mann und bedeutet ihm mit einer Geste, dass es drängt. Capaldo lässt sich nicht aus der Ruhe bringen, er ist Pragmatiker und bleibt gelassen. Doch er setzt eine gekonnt überraschte Miene auf. Er will denjenigen, der über den Carabiniere seinen Gesprächswunsch übermitteln lässt, nicht enttäuschen. Sicherlich wird dieser seinen Auftraggeber über jede Regung Capaldos informieren. Eigentlich ist Capaldo keineswegs überrascht. Zufrieden, ja, hochzufrieden sogar, aber das zeigt er besser nicht, weil es seinem Gegenüber und vor allem dem, der ihn geschickt hat, nur einen Vorteil verschaffen würde. In knappen Worten erklärt er sich zu einem Treffen bereit. Der Offizier verabschiedet sich hastig. Man werde bald einen Gesprächstermin vorschlagen.

Im November 2011 signalisiert der Vatikan also, dass er gewillt ist, mit der italienischen Staatsanwaltschaft über den Fall Orlandi zu reden, dem – nach dem Tod Johannes Pauls I. – heikelsten Fall in der jüngsten Geschichte des Zwergstaats. Nachdem man fast dreißig Jahre lang beharrlich geschwiegen hatte, und die Ermittlungsbehörden ebenso verheißungsvollen wie zweifelhaften Spuren nachgegangen waren, bekundete man nun also unmissverständlich Gesprächsbereitschaft.

Der Vatikan hat in dem Fall von Anfang an eine rätselhafte Rolle gespielt. So suchte Papst Johannes Paul II. Weihnachten 1983, sechs Monate nach Emanuelas Verschwinden, die Familie Orlandi auf und ließ ihr gegenüber den befremdlichen Satz fallen: »Es gibt einen nationalen Terrorismus und einen internationalen. Bei Emanuela geht es um internationalen Terrorismus.« Die Worte entfalteten auf der Stelle eine explosive Wirkung und befeuerten die verschiedensten

Intrigen- und Komplottgerüchte. Auf einmal erschienen Geheimdienste auf der halben Welt, der polnische, der türkische, mit dem KGB im Hintergrund, als die großen Strippenzieher. Die Tragödie wurde zur Farce. Egomanen, Angeber, Scharlatane, berufsmäßige Lügner und anonyme Anrufer schwammen auf der Welle der allgemeinen Angst und versuchten die Ermittlungen in ihrem Sinne zu lenken. Sogar die türkische Terrorgruppe der Grauen Wölfe mit Ali Ağca, der den Anschlag auf Karol Wojtyła verübt hatte, schaltete sich ein und äußerte häppchenweise immer absurdere und fantastischere Hypothesen: Emanuela sei noch am Leben und in einem englischen Krankenhaus eingesperrt, in einem Kloster, in einer Nervenheilanstalt und so weiter. Konkrete Belege wurden keine angeführt. Kurzum: Nichts als Schall und Rauch, der die Sicht auf die Dinge vernebeln sollte.

Das stellte 1997 auch die Untersuchungsrichterin Adele Rando fest, die in ihrem abschließenden Urteil die Spur der internationalen Verschwörung zu den Akten legte, weil sie der »festen Überzeugung (war), dass durch den politisch-terroristischen Hintergrund nur das eigentliche und wohl nicht mehr aufzuklärende Motiv für die Entführung von Emanuela Orlandi verschleiert werden sollte«. Und das eigentliche Motiv führt in die unmittelbare Nähe des Vatikans.

Erschreckende Ermittlungen

Das Gesprächsangebot der Kurie stellt eine Wende dar. Endlich reagiert die Kirche auf die Strategie, die die römische Staatsanwaltschaft schon seit über zwei Jahren verfolgt. Man hat den Ermittlungsdruck unablässig erhöht und unerbittlich psychischen Druck auf die kirchlichen Kreise ausgeübt. Oberstaatsanwalt Capaldo, Staatsanwältin Maisto und Vittorio Rizzi, Leitender Polizeidirektor und Chefermittler, waren durch ihre Ermittlungen nämlich zu zwei Überzeugungen gelangt.

Bei der nochmaligen Durchsicht der über hundert Akten zum Fall Emanuela Orlandi hatten sie zum einen erschüttert festgestellt, dass jede mögliche Aufklärung unter einem alles erstickenden Netz aus –

teils gewollten – Ermittlungsfehlern, falschen Spuren, Aktenfälschungen, Einschüchterungen, Zeugen, die nach wichtigen Aussagen plötzlich »verrückt« geworden waren, Erpressungen und lancierten Falschmeldungen begraben worden war. Offenbar sollte verhindert werden, dass irgendjemand erfuhr, was an jenem Sommertag im Jahr 1983 geschehen war. Ein dichtes Gewebe aus irreführenden, aber durchaus glaubhaften Indizien hatte neue Erkenntnisse quasi unmöglich gemacht. Jeder Ermittler würde sich unweigerlich in dem Spinnennetz verfangen, wie die Untersuchungsrichterin Rando schon 1997 festgestellt hatte.

Zudem waren alle drei davon überzeugt, dass es dafür eine skandalöse Erklärung gab: Es sollte mit allen Mitteln verschleiert werden, dass die »Magliana-Bande«, die römische Mafia, das Mädchen im Auftrag eines Prälaten entführt und vermutlich ermordet hatte. Das hatten die Ermittlungen im Anschluss an die Aussage von Sabrina Minardi ergeben, der Geliebten des mutmaßlichen Mafia-Kassenwarts Enrico De Pedis. Minardi hatte in den Mafiakreisen verkehrt, Vertrauliches erfahren und zunächst für sich behalten, aber 2008 erstmals gegenüber den Ermittlungsrichtern ausgesagt, dass Emanuela von der Magliana-Bande im Auftrag von Kurienmitgliedern entführt worden sei.

Die Ermittler sahen nur einen Weg, der aus der Sackgasse führen konnte. Sie mussten der Vatikanspur auf den Grund gehen. Sie mussten dort ermitteln, wo man mehr über das Verschwinden von Emanuela wusste. Doch diesmal wollten sie sich nicht auf Personen konzentrieren, sondern auf Orte und zwar in erster Linie auf die Basilika Sant'Apollinare. Die Musikschule, die das Mädchen besucht hatte, befand sich im vierten Stock eines Gebäudes, das unmittelbar an die Basilika grenzte und mit dieser eine architektonische Einheit bildete. Da das Mädchen dort verschwunden war, musste man mit den Ermittlungen dort beginnen.

Die ersten Ermittlungsakten schilderten den Hergang genau:

> Emanuela Orlandi, 15 Jahre alt, vatikanische Staatsbürgerin, Tochter
> von Ercole Orlandi, Bediensteter im Apostolischen Palast, verließ

das Elternhaus in der Via S. Egidio, Vatikanstadt, am 22. Juni 1983 gegen 16.30 Uhr, um zum Flötenunterricht am Musikinstitut »Ludovico da Vittoria« in der Piazza Sant'Apollinare zu gehen. Dort kam sie auch an [...]. Und dort verliert sich ihre Spur. Sie traf nicht wieder zu Hause ein und hinterließ keinerlei Nachricht.[1]

Nur wenige Schritte von dem Eingangsportal entfernt, durch das Emanuela an jenem Tag das letzte Mal zur Musikschule ging, liegt die Basilika. Und dort, in der Krypta unter dem Hauptaltar, befindet sich das Grab von De Pedis, genannt Renatino, der am 2. Februar 1990 bei einem Schusswechsel starb. Eine höchst ungewöhnliche Bestattung: In der Geschichte der Kirche ist es seit über zwei Jahrhunderten die zweite überhaupt[2] und sie widerspricht eigentlich dem Kirchenrecht. Die Witwe von De Pedis, Carla Di Giovanni, hat denn auch stets versucht, diese Tatsache sowie die Verantwortung des damaligen Rektors der Basilika, Piero Vergari, herunterzuspielen. Sie schilderte den ungewöhnlichen Vorgang so:

Enrico [...] wurde in unserem Familiengrab auf dem Friedhof Verano beerdigt. Erst danach sagte mir Monsignore Vergari, was Enrico ihm gegenüber geäußert habe. Den genauen Wortlaut weiß ich nicht mehr, aber sinngemäß meinte er, Enrico wäre gern in Sant'Apollinare beerdigt worden. Ich sagte daraufhin, dass das ja aber nicht möglich sei, doch er erwiderte, dass die Kirche nicht zum Vatikan gehöre und man dazu nur eine Genehmigung des Kardinalvikars von Rom brauche, damals Kardinal Poletti. Er fügte noch hinzu, dass dies eine gute Gelegenheit sei, die Krypta zu sanieren, die, wie ich mich erinnere, baufällig, dunkel und sehr feucht war. Monsignore übernahm es dann, zwei Briefe an Kardinal Poletti aufzusetzen, wobei er in dem einen auf die guten Werke verwies, die Enrico in seinem Leben getan hatte, und in dem anderen darauf, dass wir die Krypta sanieren lassen würden. Gemeinsam mit Monsignore Vergari suchten mein Cousin Marco und ich dann Kardinal Poletti auf. Nach einigen Tagen erhielten wir die Genehmigung zur Bestattung, und am 24. April 1990 wurde Enricos Leichnam von Verano nach Sant'Apollinare überführt. Die Restaurierung der Räume, in denen sich das Grab befindet, erfolgte durch Mitarbeiter des Vatikans.[3]

Es wird also ein Dreieck erkennbar, auf das sich die Ermittler nun konzentrieren: Da ist einmal der mutmaßlich große Mafioso Renatino De Pedis, der unverurteilt noch vor den aufsehenerregenden Prozessen um Emanuelas Verschwinden stirbt, und dann der Rektor von Sant'Apollinare, Piero Vergari, der das Amt bis 1991 innehatte. Beide verbindet eine jahrelange enge Freundschaft.

Nach Aussage von De Pedis' Witwe nahm die Freundschaft ihren Anfang, als ihr Mann in Regina Coeli einsaß. Obwohl kein Gefängniskaplan, besuchte Piero Vergari die Gefangenen, betreute sie seelsorgerisch und segnete sie. Nach den Gefängnisbesuchen sprach er dann gewöhnlich auch mit den Angehörigen von De Pedis. Die Dritte im Dreieck war schließlich die arme Emanuela. Sie war nach Ansicht der Ermittler das Opfer gefährlicher Liebschaften geworden, die, wenn sich die Vermutung bewahrheiten sollte, am Heiligen Stuhl und in der ganzen Welt ein Erdbeben auslösen würden.

Betrachtete man die Akten, die sich mittlerweile auf dem Schreibtisch der Ermittler angesammelt hatten – mit Indizien, abgehörten Telefongesprächen, kleinen Ermittlungserfolgen und Zeugenaussagen, angefangen bei denen verschiedener Kronzeugen –, dann war es tatsächlich nicht unwahrscheinlich, dass zwischen dem Begräbnis des Mafioso und der Entführung und Ermordung von Emanuela Orlandi ein Zusammenhang bestand. Vieles deutete darauf hin, dass die Ermittler die richtige Spur verfolgten: Sabrina Minardis Anschuldigungen ebenso wie das ungewöhnliche Grab von De Pedis, das man durchaus als Dank für die Lösung eines unangenehmen Problems verstehen konnte. Hinzu kamen noch die Aussagen von anderen wichtigen Zeugen wie Emanuelas Freunden. In den Männern, die Emanuela kurz vor ihrem Verschwinden verfolgt hatten, hatten sie Mafiosi der Magliana-Bande wiedererkannt. Nach Meinung der Ermittler waren an der Entführung, Ermordung und anschließenden Beseitigung der Leiche des Mädchens Mitglieder der römischen Mafia um De Pedis beteiligt, gegen die man seit März 2010 auch ermittelte.[4]

Die Ermittler verfolgen also auch die geringste Spur, die mit der Kirche zusammenhängt, wie die Beziehung zwischen De Pedis und Vergari. Laut Aussage der Witwe waren beide erst ab 1985 befreundet, also nach dem Verschwinden des Mädchens, doch der Geistliche gab zu Protokoll, er habe De Pedis schon 1978/1979 kennengelernt. Piero Vergari hat sich über zwanzig Jahre um die Seelen der Gefangenen in Regina Coeli gekümmert und den Insassen in dieser Zeit manchen Gefallen getan, etwa Botschaften nach draußen geschmuggelt, auch Botschaften von Renatino an seine Brüder und seinen Vater. Als De Pedis entlassen wurde, machten sich die kleinen Gefälligkeiten für Vergari vermutlich bezahlt. Jedenfalls verband die beiden eine enge Beziehung. Der Geistliche erinnert sich bestimmt auch noch an die Hochzeitsfeier von Renatino und Carla in dem berühmten Dolce-Vita-Lokal »Jackie O« nahe der Via Veneto. Dort sprach er nicht nur den Segen, sondern amüsierte sich auch köstlich bei Champagner, Trinksprüchen und Leckereien. Als De Pedis umgebracht wurde, trauerte er jedenfalls zutiefst und zog sich zum Gebet zurück. Und er bemühte sich umgehend, den Freund mit einem unvergesslichen Begräbnis zu würdigen. Er ließ sich nicht davon entmutigen, dass der Kardinalvikar eine Messe in Sant'Apollinare verbot, sondern hielt die Beerdigungsfeierlichkeiten stattdessen in der Basilika San Lorenzo in Lucina ab. Die übrigens an demselben Platz liegt wie die Privatwohnung des damaligen Ministerpräsidenten Giulio Andreotti, der dort, Hausnummer 26, vierter Stock, die Großen der Welt wie Arafat oder Mutter Teresa empfing.

Die Ermittler versuchen herauszufinden, welche Schüler damals noch die Musikschule besucht haben, und welche Seminaristen von Sant'Apollinare Emanuelas Wege gekreuzt haben könnten. Mit jeder neuen Tür, die sich öffnet, kommt – wie wir im nächsten Kapitel sehen werden – eine düstere, erschreckende Wahrheit zum Vorschein. Vielleicht ist Sant'Apollinare nicht irgendeine Kirche, denken die Ermittler schließlich. Und der Rektor Piero Vergari nicht irgendein Priester. Die große, ehrfurchterregende Basilika, in der Papst Pius X. zum Bischof geweiht wurde, mit ihrem stillen Kirchenschiff, den unterirdischen Gräbern, den sechs Seitenkapellen, Fresken und Madonnenbildern scheint immer undurchsichtiger. Ein dichtes Geflecht aus Elend, Perversion und Verbrechertum hat die Basilika in einen Hort der Heimlichkeiten und Rätsel verwandelt. Wenn man, wie ich öfter in den letzten Jahren, den halb im Licht, halb im Schatten liegenden Innenraum der Basilika betritt, in die Krypta hinabsteigt, durch die unterirdischen Gänge wandert und die unscheinbaren Türen öffnet, hinter denen nirgends verzeichnete Räume und Korridore liegen, kann man diese Stimmung spüren. Wenn die Tür der Basilika hinter einem zufällt, ist man in einer anderen Welt, in einer Welt voller Geheimnisse, die noch entschlüsselt werden wollen.

Ein skandalöser Vertrag

Als Oberstaatsanwalt Capaldo erkennt, dass er auf der richtigen Spur ist, gibt er Gas und konzentriert sich auf mögliche Indizien in der Basilika. Die Zeitungen wissen aus unbekannter Quelle zu berichten, dass die Öffnung von De Pedis' Grab oder die Suche nach Emanuelas Skelett in der Basilika unmittelbar bevorständen. Im Vatikan sorgen solche Meldungen für Unruhe und Aufregung, die Anspannung wächst. Und genau jetzt erscheint der Carabiniere mit der ungewöhnlichen Bitte um ein Gespräch und will einen ersten Termin vereinbaren.

Das Treffen findet schließlich in einem Raum der Staatsanwaltschaft statt, der regelmäßig auf »Wanzen«, die klassische Abhörtechnik, überprüft wird. Ein freundlicher, junger Geistlicher in ziviler Kleidung stellt sich Capaldo vor. Nach einigen einleitenden Floskeln zeigt er sich von der zunehmenden medialen »Aufregung« um das Grab von De Pedis besorgt. Doch noch handelt es sich nur um ein erstes vermittelndes Treffen, zum gegenseitigen Abtasten. Es ist Anfang November 2011, man verabredet sich zu einem weiteren Gespräch in einigen Wochen.

Dem jungen Geistlichen wird von hohen Würdenträgern im Vatikan geraten, sich bei den nächsten Treffen freundlich und zuvorkommend zu verhalten, um in Vorbereitung auf den entscheidenden

Schritt eine vertrauensvolle Atmosphäre zu schaffen. Beim nächsten Gespräch im Dezember bringt er seinen »Schmerz« über Emanuelas Verschwinden zum Ausdruck, vor allem aber sein »Unbehagen« angesichts der »Verdächtigungen« und der »üblen Nachrede« durch Personen, die die Angelegenheit instrumentalisieren, um der »Kirche Schaden zuzufügen«. Insbesondere kommt er mehrfach auf die wiederholten Indiskretionen und Verschwörungstheorien im Zusammenhang mit dem Grab von De Pedis in der Krypta und dem 1990 von Kardinal Ugo Poletti unterzeichneten Vertrag zu sprechen, der eine überraschende Nähe des Vatikans zu einer berühmten Mafiafamilie erkennen lässt und erschreckende Fragen aufwirft.

»Entschuldigung, aber warum betten Sie den Leichnam nicht einfach um?«, fällt ihm Capaldo provokant ins Wort. Der Geistliche blickt ihm direkt in die Augen: »Sie ahnen ja nicht, wie oft wir das erwogen haben. Die offene Wunde könnte so natürlich heilen und die bösen Zungen würden endlich schweigen. Aber das geht leider nicht: Der Vertrag mit der Familie wurde von Kardinal Poletti unterzeichnet, es ist ein offizieller Vertrag. Wir können doch nicht die Unterschrift eines Kardinals zurücknehmen!« Capaldo rümpft beinah unmerklich die Nase. Aus seinen Akten geht hervor, dass der Vatikan dafür mehr als 500 Millionen Lire erhalten hat. Eine erkleckliche Summe, die erheblich über den 37 Millionen Lire liegt, die von De Pedis' Witwe genannt wurden.[5]

Capaldo hört zu und zeigt sich verständnisvoll. Er wartet ab und drängt nicht, und dafür schätzt man ihn in der Kurie. Der Geistliche fühlt sich schon bald rundum wohl, und als er schließlich vom zweiten Treffen zurückkehrt, fasst er sich ein Herz und eilt zum Papstpalast, ins Büro des Staatssekretariats, um seinen Oberen von der vertrauensvollen Beziehung zu erzählen, die er zu dem Oberstaatsanwalt aufbauen konnte. Im Vatikan hält man nunmehr den Moment für gekommen, zu verhandeln und einen Deal anzubieten.

Die Wende erfolgt nach den Weihnachtsferien 2011. Als das Auto mit den getönten Scheiben durch den Hauptausgang des Vatikans, Porta Sant'Anna, rollt und zum nächsten Treffen im Gericht am

Piazzale Clodio fährt, sitzt auf der Rückbank ein anderer Gesprächspartner. Im ersten Stock der Staatsanwaltschaft erscheint diesmal ein älterer Herr, ein hochrangiger Prälat aus dem Staatssekretariat, ein Vertrauter von Kardinal Bertone.

Das Gespräch unter vier Augen, von dem bis heute nur wenige wissen, dauert nicht einmal eine halbe Stunde. Aber das reicht, um die beiden entscheidenden Punkte des Deals auszuhandeln, die wir hier endlich öffentlich machen wollen. Der erste Punkt ist keine Überraschung: Um Ruhe in den Fall De Pedis zu bringen, bittet der Vatikan die Staatsanwaltschaft, alles Nötige in die Wege zu leiten, damit der Leichnam von De Pedis auf den städtischen Friedhof Verano umgebettet werden kann. Zu lange schon regt sich Unmut in der Öffentlichkeit, die es bis heute kaum fassen kann, dass ein Mafioso zwischen Heiligen und Seligen bestattet wird. Der Prälat erläutert noch einmal, was schon der jüngere Geistliche gesagt hat: Der Heilige Stuhl habe keine Wahl und könne von sich aus keine Umbettung beschließen, weil man so der Entscheidung des römischen Kardinalvikars widersprechen würde, was unweigerlich Kritik und Protest hervorrufen würde.

Doch der zweite Punkt des Deals kommt überraschend und unerwartet, wie ein Sprung ins Ungewisse. Der Prälat holt tief Luft, schaut in die Ferne und wählt jedes Wort mit Bedacht. Was die Staatsanwaltschaft denn als Gegenleistung verlange, will er wissen, der Heilige Stuhl sei bereit, jede, wirklich jede Bitte sorgfältig zu prüfen.

Capaldo kann seine Überraschung kaum verbergen, ist aber dennoch nicht um eine Antwort verlegen. Als Gegenleistung verlangt er zuverlässige, konkrete Informationen, die zum Leichnam von Emanuela Orlandi oder zumindest zu dem Grab führen, wo sie gelegen hat. Der Prälat weist sein Ansinnen keineswegs zurück oder geht auf Distanz. Er schweigt einen Moment. »In diesem Fall muss ich erst mit meinem Vorgesetzten sprechen, dem Staatssekretär«, sagt er dann und verabschiedet sich mit den Worten: »Ich gebe Ihnen Bescheid.«

Nachdem die Ermittler im Fall Orlandi jahrzehntelang im Dunkeln getappt und irreführenden Spuren gefolgt sind, haben sie zum ersten Mal das Gefühl, die Lösung könne zum Greifen nah sein. Doch nichts von diesen Unterredungen darf an die Öffentlichkeit dringen, dann wäre das Gespräch mit dem Vatikan sofort beendet. Und die Zeitungen vermelden in den nächsten Tagen tatsächlich nichts darüber. Jetzt heißt es, auf den nächsten Gesprächstermin zu warten. Die Verhandlungen haben begonnen.

Dem italienischen Staat und seiner Staatsanwaltschaft sind solche Verhandlungen nicht fremd. Nicht zum ersten Mal kommt es im Zuge schwieriger Ermittlungen zu einem Deal. Von der Entführung Aldo Moros über den Fall Ciro Cirillo und die »Achille Lauro« oder die Entführungen der 'Ndrangheta, bei denen Lösegelder gezahlt und auf die geheimen Geldtöpfe des damaligen Geheimdienstes Sisde zurückgegriffen wurde, bis hin zu den aktuellen Entführungen von internationalen Mitarbeitern in Kriegsgebieten wusste man geheime Verhandlungen zu nutzen, um den Ermittlungen die entscheidende Wende zu geben.[6] Doch noch nie hatte der Vatikan den ersten Schritt getan, um einen Deal über Interessen zu erreichen, die bislang unvereinbar schienen: auf der einen Seite die Interessen des Vatikans, der ein Ende der Negativschlagzeilen über das Verhalten von Kirchenvertretern wünschte, und auf der anderen die der italienischen Justiz, die sich Aufschluss über die an einem Entführungs- und Mordfall Beteiligten erhoffte.

Selbst nach dem Zusammenbruch der Banco Ambrosiano und der vereitelten Festnahme des Präsidenten der Vatikanbank, Paul Casimir Marcinkus, hatte sich der Vatikan der Zusammenarbeit mit der italienischen Justiz verweigert. Jede Aufforderung dazu, jede Bitte um Kooperation war wie gegen die Wand gesprochen. So hatte man etwa auf das Rechtshilfeersuchen, also die Bitte um juristische Unterstützung, hinsichtlich der riesigen Bestechungssummen des Unternehmens Enimont, die in der Vatikanbank gewaschen wurden, nur nichtssagend und irreführend geantwortet. Auf die Fragen zum Mord an dem Bankier Roberto Calvi hatte man ebenso wenig reagiert wie auf die nach dem Verschwinden von Emanuela Orlandi. Und wenn doch eine Antwort gekommen war, dann waren die Ermittlungen jedes Mal ins Stocken und schließlich in eine Sackgasse geraten. Da man nur seine Zeit damit vergeudete, fragte die Staatsanwaltschaft mittlerweile gar nicht mehr beim Vatikan nach. Doch jetzt begann offenbar eine neue Epoche. Das Verhandlungsangebot ließ bei dem heiklen und schwierigen Fall hoffen.

Das nächste, entscheidende Treffen, das ich am Anfang des Kapitels schon erwähnt habe, findet nicht mehr in der Staatsanwaltschaft, sondern am Heiligen Stuhl statt. Der Prälat geht gemächlich im hinteren Teil des ersten Saals der Vatikanischen Bibliothek auf und ab, als sein Gast angekündigt wird. Er wendet ihm bewusst noch einen Moment lang den Rücken zu, dann dreht er sich leicht zur Seite, die Silhouette, mit gesenktem Kopf, lässt ein angedeutetes Lächeln erkennen. Sein Gast ist angespannt, das sieht er. Capaldo ist ein wenig außer Atem, als er auf den Prälat zugeht, instinktiv rückt er den Krawattenknoten zurecht. Seit einigen Wochen leitet er die römische Staatsanwaltschaft, da der Leitende Oberstaatsanwalt Antonio Ferrara gerade in Pension gegangen und der oberste Richterrat noch keinen Nachfolger ernannt hat. Er befindet sich in einer schwierigen, völlig neuen Lage, als er nun auf die Antwort wartet, die endlich die Wende für die Ermittlungen bringen könnte.

Man begrüßt sich, es sind die gängigen Floskeln, dann Schweigen. Die beiden Männer stehen sich in einem Raum gegenüber, der Ehrwürdigkeit ausstrahlt, der ideale Ort für ein Geheimtreffen, wie sie glauben. Der Prälat spricht als Erster, aber sagt zunächst nicht, auf was sein Gegenüber so brennend wartet. Stattdessen holt er zu einer längeren Einleitung aus, in der er durchblicken lässt, dass die hohen Prälaten der Kurie eingehend über die Sache nachgedacht haben. Doch schließlich fährt er mit einer für den Vatikan völlig neuen Offenheit fort: »Wir nehmen das Angebot an, wie letztes Mal besprochen. Sie bekommen, was Sie möchten … zuverlässige Beweise für das, wonach sie suchen.«

Da war sie endlich, die Absprache. Das war der »Deal«: für die eine Seite die aufsehenerregende, allerdings unvollständige Wahrheit über Emanuela Orlandi – keine Täternamen, wohl aber Informationen, die zur Leiche führen würden – und für die andere Seite endlich Ruhe im Fall De Pedis, der dem Heiligen Stuhl großes Unbehagen bereitete. Der Leichnam würde auf Initiative der römischen Justiz umgebettet werden. Man besiegelt den Deal mit einem Handschlag, der mindestens so viel wert ist wie eine Unterschrift, und verabschiedet sich in der festen Überzeugung, sich aus einer für beide Seiten inakzeptablen, festgefahrenen Situation befreit und das Bestmögliche für sich herausgeholt zu haben.

Schon bald sollte der Optimismus der beiden Männer allerdings durch neue Ereignisse unterminiert werden. Sie kannten die Risiken eines solchen Deals sehr wohl, aber was nur wenige Wochen später geschehen sollte, konnten sie nicht ahnen.

Was sich in der Basilika verbirgt

Der per Handschlag besiegelte Deal bestätigt für die Ermittler vieles, was sie bisher nur vermutet haben, zudem gewinnen sie ein paar neue Erkenntnisse. Die Absprache beweist, dass der Schlüssel zum Verschwinden und mutmaßlichen Mord an Emanuela Orlandi im Vatikan liegt. Der Heilige Stuhl verfügt offenbar über entscheidende Informationen, die die Ermittler noch nicht kennen, und scheint auf einmal gewillt, das jahrzehntelang gut gehütete Geheimnis zu lüften. Hier drängt sich natürlich eine Frage auf: Wieso ist man in der Kurie plötzlich bereit, konkrete Informationen weiterzugeben, sofern nur der Leichnam von De Pedis umgebettet wird? Die Ermittler hegen den Verdacht, dass den Vatikan eigentlich nicht so sehr das skandalträchtige Begräbnis von De Pedis in der Krypta von Sant'Apollinare beunruhigt, sondern dass noch ein ganz anderes Geheimnis der Basilika wie ein Damoklesschwert über dem Vatikan schwebt. Hinter der Sorge wegen der peinlichen Bestattung verbirgt sich augenscheinlich eine noch viel größere, schlimmere Sorge. Der Medienskandal, den das Begräbnis ausgelöst hat, scheint beinah nur ein Vorwand, um einen weitaus größeren Skandal zu verhindern. Davon sind die Ermittler überzeugt. Wenn der Vatikan bereit ist, den hohen Preis der Überführung auf sich zu nehmen, dann, so denken sie, verbergen sich in der Basilika vielleicht noch ganz andere Geheimnisse.

Unterdessen führt die Nachricht über die Durchsuchung der Basilika und der Krypta, die vonseiten der Staatsanwaltschaft an die Presse gelangt ist, in jenen Märzwochen 2012 zu hitzigen Diskussionen. Mancherorts wird behauptet, die Basilika gehöre zum Vatikan und dürfe von der italienischen Polizei gar nicht durchsucht werden. Keine unerhebliche Frage. Sollte die Kirche nämlich wirklich auf vatikanischem Staatsgebiet liegen oder außerhalb davon zum vatikanischen Hoheitsgebiet gehören, dürfte die italienische Polizei sie weder durchsuchen noch das Grab von De Pedis öffnen oder dort graben. Diese Ansicht wird selbst von bedeutenden Regierungsmitgliedern vertreten. So sagt etwa die damalige Innenministerin Annamaria Cancellieri, also ausgerechnet die oberste Polizeichefin, »die Basilika von Sant'Apollinare liegt auf vatikanischem Boden und somit außerhalb des italienischen Staatsgebiets«. Das entspricht allerdings nicht den Tatsachen. Die Basilika Sant'Apollinare und ihr Nachbargebäude, in dem sich die Schule befindet, stehen nicht auf vatikanischem Boden, sondern sind Eigentum der katholischen Kirche und unterliegen in rechtlicher Hinsicht den Lateranverträgen.[7] Hatte sich die Ministerin also einfach geirrt? Wenn ja, dann war es jedenfalls ein befremdlicher Irrtum. Man sollte doch meinen, dass die Nummer eins der italienischen Sicherheitsbehörden wusste, dass Sant'Apollinare lediglich von Steuererleichterungen profitierte.

Und die Ermittler wundern sich noch über einen anderen verblüffenden Zufall. Nur acht Monate nach dem ungewöhnlichen Begräbnis von De Pedis am 18. Dezember 1990 hatte der Vatikan beschlossen, die Basilika aufzugeben und an die Prälatur des Opus-Dei-Ordens zu vermieten. Kardinal Giovanni Lajolo, heute Präsident des Verwaltungsrats der römischen Privatuniversität Lumsa (Libera Università Maria Santissima Assunta), hatte den Vertrag mit dem Opus Dei unterzeichnet und gesegnet. Und der mächtige Opus-Dei-Orden, der unter Papst Johannes Paul II. erheblich an Einfluss gewonnen hatte, wusste scheinbar genau, was er mit der Basilika wollte. Schon nach einem Monat wurden größere »Sanierungsmaßnahmen« angekündigt.[8] Und Rektor Vergari? Wurde sofort gekündigt. Am 26. August 1991 sprach Kardinal Camillo Ruini die »Kündigung« aus, mit einer Frist von fünf Tagen.[9] Die Gebäude wurden im Zuge der angekündigten Maßnahmen umfassend restauriert und saniert. »Von den Umbaumaßnahmen war die gesamte Basilika betroffen«, erklärte mir der neue Rektor Don Pedro Huidobro, mit dem ich im Winter 2012 in der Basilika sprach, »davon ausgenommen war nur der kleine Raum, in dem Enrico De Pedis begraben lag.«[10] Die Ermittler hegen den Verdacht, dass durch die Restaurierungsmaßnahmen die Spuren einer furchtbaren Vergangenheit beseitigt wurden.[11]

Der Deal platzt

Der neue Chef der römischen Staatsanwaltschaft, Giuseppe Pignatone, tritt sein Amt am 19. März 2012, um elf Uhr, an. Er kommt aus Kalabrien und bringt reichlich Erfahrung mit Mafiafällen mit. Die ersten Tage vergehen wie im Flug, mit zahlreichen neuen Kollegen, die er kennenlernen, zivilen Behörden, bei denen er sich vorstellen, und einem Büro, das er in Besitz nehmen muss. Pignatone interessiert sich nicht übermäßig für den Fall Orlandi; er weiß, dass dieser bei Oberstaatsanwalt Capaldo und Staatsanwältin Maisto in erfahrenen Händen ist. Zwei Wochen später wird sich das allerdings schlagartig ändern. Am 2. April sickern aus der Ermittlungsbehörde Informationen durch, die klingen, als richteten sie sich direkt an den Vatikan. Die Meldung wird von den Presseagenturen umgehend verbreitet, versehen mit Sternchen: besonders wichtig. Die erste Meldung scheint noch unverfänglich. Die Agentur Ansa schreibt klar und deutlich: »Orlandi. Staatsanwaltschaft Rom: Wir werden das Grab von De Pedis nicht öffnen. Wie von den Ermittlern im Fall Emanuela Orlandi verlautet, gibt es keine Planungen, das Grab von Enrico De Pedis zu öffnen.«

Doch die zweite Meldung erregt großes Aufsehen: »Laut der Ermittler wissen einige im Vatikan, wer für das Verschwinden von Emanuela Orlandi verantwortlich ist.« Der Leiter des Presseamts des Heiligen Stuhls, Federico Lombardi, lässt die Ansa-Meldungen sofort ins Staatssekretariat schicken. Dort werden die Mienen ernst. Einerseits meint man zwar überwiegend, die Staatsanwaltschaft wolle damit lediglich ihre Unentschiedenheit zum Ausdruck bringen: Wir wissen nicht, wie wir weiter vorgehen sollen, aber wenn nötig, werden wir das Grab natürlich öffnen. Andererseits sieht man darin auch einen überraschenden Schachzug der Ermittler, mit dem öffentlich gesagt wird, dass die Wahrheit in dem Fall Orlandi im Vatikan zu suchen sei. Eine schwere Anschuldigung, die ungeahnte Folgen nach sich zieht und die, zumindest offiziell, drastische Reaktionen auslöst. Der Opus-Dei-Rektor Huidobro, der sich reinwaschen will, lässt die Presse umgehend wissen, dass die Ermittler das Grab jederzeit, auch morgen schon, gern öffnen könnten.[12]

Beim römischen Gericht fällt die Reaktion noch drastischer aus. Nicht einmal 24 Stunden später reißt der neue Chef der Staatsanwaltschaft Pignatone die Ermittlungen entrüstet an sich – ohne sich mit seinen Ermittlern abzusprechen oder sie auch nur um eine Erklärung für die Indiskretionen zu bitten. Ab jetzt koordiniert er die Ermittlungsarbeiten. Und nicht nur das. Er gibt auch eine Pressemitteilung heraus, in der sich die Behörde offiziell von den Indiskretionen distanziert: »Erklärungen und Bewertungen zum Verfahren im Fall Orlandi, die von manchen Presseorganen nicht näher bezeichneten Ermittlern der römischen Staatsanwaltschaft zugeschrieben werden, entsprechen nicht der Meinung der Behörde.« In der Staatsanwaltschaft steuert man unversehens auf eine unvermeidliche Kehrtwende zu. Aber es kommt noch schlimmer.

Einige Tage später, am 24. April, erklärt Pignatone in einer weiteren Pressemitteilung, die auch diesmal nicht mit seiner rechten Hand Capaldo oder mit Simona Maisto abgestimmt ist, dass man das Grab von De Pedis öffnen werde. Am 14. Mai beginnt man mit der polizeilichen Durchsuchung der Basilika, und nur einen Monat später, am 18. Juni, wird der Leichnam umgebettet. Die bisherigen Ermittler sind in erster Linie verwundert. Angesichts der vom Vatikan signalisierten Informationsbereitschaft erscheint ihnen die Umbettung des Leichnams ohne entsprechende Gegenleistung wie ein Geschenk an den Vatikan. Sie befürchten, zu Recht, wie sich dann zeigen wird, dass der Vatikan sich nun bedeckt halten und seine entscheidenden Pflichten aus dem geheimen Deal nicht mehr erfüllen werde. Die Entscheidung der Staatsanwaltschaft wirkt auf die Ermittler wie die Rücknahme der Strategie, die zu der Geheimabsprache geführt hatte.

Was war passiert? Ganz einfach: Der Vatikan ist groß, und in ihm leben sehr unterschiedliche Seelen. Als sich im Fall Orlandi eine konkrete Wende ankündigte, wurde ein Plan entwickelt, um den Deal platzen zu lassen. Bedeutende Kurienmitglieder, die auch sonst keine Gelegenheit ungenutzt ließen, instrumentalisierten die Indiskretionen in der Presse und den Personalwechsel in der Staatsanwaltschaft, um der drohenden Offenheit des Vatikans einen Riegel vorzuschieben.

Die Ermittler um Capaldo fragen sich nun, wie ehrlich der Deal vonseiten des Vatikans überhaupt gemeint war. Sie gehen die einzelnen Schritte, die zum Deal geführt hatten, noch einmal durch, kommen aber am Ende zweifelsfrei zu dem Schluss: Die Kurie war ernsthaft an einer Zusammenarbeit interessiert. Die Bitte um ein Treffen kam direkt aus dem Vatikan und das Verhandlungsangebot von einem ranghohen Kurienmitglied, das im Grunde genommen sagte: »De Pedis muss unbedingt umgebettet werden. Was verlangt ihr dafür, das in die Wege zu leiten?« Schwer vorstellbar, dass die beiden Prälaten ein doppeltes Spiel spielten und die Ermittler täuschen wollten, eher ist plötzlich jemand auf den Plan getreten, der den Deal zum Scheitern bringen wollte. Aber wer? Ein Rätsel. Ein bedeutsamer Aspekt in diesem Zusammenhang ist allerdings unzweifelhaft.

Nur wenige Wochen vor Pignatones Entscheidung lässt der Kommandant der vatikanischen Gendarmerie, Domenico Giani, eine umfangreiche Verteidigungsschrift zum Fall Orlandi in die Papstwohnung im Apostolischen Palast schicken. Georg Gänswein, Privat-sekretär von Papst Benedikt XVI., liest sie mit Interesse, erwähnt sie gegenüber dem Papst und legt sie schließlich im Geheimarchiv ab. Der geheime Bericht spricht die Kurie von jeder Verantwortung frei, nennt aber gleichzeitig einige mittlerweile verstorbene Personen, die in die Entführung verwickelt gewesen seien. Es ist unglaublich: In dem Bericht des Vatikans werden mehrere Personen namentlich auf-geführt, die in die Entführung der jungen Emanuela involviert waren. Vielleicht erklärt das auch, warum Johannes Paul II. – auf den schlechten Rat von Leuten hin, denen an einer Vertuschung lag – sofort eine internationale Spur angedeutet hatte, die sich später als haltlos erwies. Unter den Mitarbeitern des Papstes herrscht dennoch der Verdacht, dass das Dokument, das im kleinen Kreis zirkulierte, nur der bereinigte Teil eines umfangreichen Geheimberichts war, der im Archiv des Staatssekretariats lagerte.

Die Staatsanwaltschaft hatte schon Ende 2010 erstmals von einem Bericht im Fall Orlandi gehört: durch den betagten Kurienbischof Francesco Salerno. Salerno, von Paul VI. zum Überzähligen Geheim-kämmerer Seiner Heiligkeit ernannt, hatte es später zum Staatsrat sowie zum Sekretär der Präfektur für die ökonomischen Angelegen-heiten des Heiligen Stuhls gebracht und wusste über alles in der Kurie bestens Bescheid. In seinen letzten Lebensjahren, er starb im Januar 2017, war er unermüdlich auf der Suche nach der Wahrheit und pflegte daher Kontakte zu verschiedenen Ermittlern der römi-schen Staatsanwaltschaft. Darum wusste man dort auch, dass der Vatikan den Behörden Unterlagen vorenthielt und diese vermutlich in zwei Versionen existierten: Während eine bereinigte Version nur einem kleinen Kreis bekannt war, war eine andere, umfangreichere möglicherweise in den Händen derjenigen Person, die jetzt nicht wollte, dass der per Handschlag besiegelte Deal umgesetzt wurde.

Es konnte sein, dass die bereinigte Version, die man in die Papst-wohnung schickte, dazu diente, auf geschickte Weise zuzugeben, dass im Vatikan einige Bescheid wussten. Da der dort namentlich ge-nannte Kardinal mittlerweile tot war, würde das Dokument auf jeden

Fall in eine Sackgasse führen. Es wurde mit anderen Worten deutlich gemacht, dass dem heutigen Vatikan keine Schuld zuzuschreiben sei. Damit schlug der Vatikan eine dem Deal exakt entgegengesetzte Richtung ein, denn so würde die Schuldfrage wohl zu den Akten gelegt werden, ohne dass es den Vatikan irgendetwas kostete. Allerdings war die Verteidigungsschrift nur ein Teil der Wahrheit und zudem manipuliert. Obwohl die Staatsanwaltschaft schon lange davon wusste, hatte sie diese daher zu keinem Zeitpunkt als Gegenleistung in dem Deal verlangt.

Das Kloster hinter der Petersdomkuppel

Zweifellos muss man den Deal im Fall Orlandi auch vor dem Hintergrund der damaligen Umstände sehen. Benedikt XVI. würde in Kürze seinen Rücktritt ankündigen. Offiziell unternahm er den außergewöhnlichen Schritt zwar erst im Februar 2013, aber den Entschluss dazu hatte er, wie wir nachweisen können, schon Monate zuvor gefasst. Wann genau, wissen wir nicht, aber ehe der deutsche Papst damit vor die Weltöffentlichkeit treten würde, wollte er die Kirche, wie man annehmen muss, auf den schwierigen Moment vorbereiten. Und dazu gehörte zweifellos auch der Versuch, besonders heikle Probleme der Kirche bis dahin zu lösen. Es kann kein Zufall sein, dass das Verhandlungsangebot im Fall Orlandi und die plötzliche Dringlichkeit, über das Grab von De Pedis zu entscheiden, ausgerechnet in die schwierige Zeit vor der Rücktrittsankündigung des Papstes fallen. Dafür spricht auch, dass der Privatsekretär des Papstes, Prälat Gänswein, über die Verhandlungen mit der römischen Staatsanwaltschaft mit Sicherheit Bescheid wusste und einen Bericht darüber erhielt. Er hat den Deal zwar nicht genehmigt, aber die monatelangen Gespräche zwischen den Parteien, die diesem vorangegangen waren, befürwortet und begünstigt. Ob aus persönlicher Überzeugung oder mit dem Segen von Benedikt XVI., wissen wir nicht, aber es scheint doch eher unwahrscheinlich, dass der Privatsekretär des Papstes den Dialog zwischen Staatsanwaltschaft und Heiligem Stuhl unterstützt, ohne den Papst darüber zu informieren und dessen Einverständnis einzuholen. Angesichts des Fingerspitzengefühls, das Gänsweins Führungsposition verlangt, kann man das wohl ausschließen. Wie anders ließe sich auch der Eifer erklären, mit dem das Umfeld von Benedikt XVI. in dieser Angelegenheit vorging? Der Papst wollte ein für alle Mal einen Schlussstrich unter diese hässliche Geschichte ziehen.

Ein bislang unbekanntes Ereignis, über das hier erstmals berichtet wird, deutet in jedem Fall darauf hin, dass Benedikt XVI. seine Rücktrittsentscheidung nicht erst auf seiner Mexiko- und Kubareise im März 2012 traf, wie vom Vatikan angegeben, sondern schon Monate zuvor. Die Salesianerinnen, die turnusmäßig im römischen Kloster Mater Ecclesiae zu Gast waren, erhielten nämlich bereits im Winter 2011/2012, also zeitgleich mit dem Verhandlungsangebot vonseiten des Vatikans, eine ebenso überraschende wie erschreckende Nachricht. In dem 1992 unter Johannes Paul II. errichteten Kloster in unmittelbarer Nähe des Petersdoms beteten verschiedene Schwesternorden im Wechsel für den Papst. Doch auf einmal sollten die Salesianerinnen die zwölf Zellen und den heiß geliebten Garten, in dem sie mit großer Leidenschaft biologischen Anbau betrieben, vorzeitig verlassen. Verständlicherweise zeigten sie sich darüber nicht wenig erstaunt, woraufhin man ihnen erklärte, leider sei eine Renovierung der gesamten Anlage nunmehr unumgänglich. Dabei war das Gebäude noch keine zwanzig Jahre alt, und die Nonnen, die dort beteten, studierten und den Garten pflegten, hatten auch keinerlei Anlass zur Beschwerde gesehen. Doch selbstverständlich wehrten sie sich nicht, sondern zogen sich lieber zum Gebet zurück. Laut dem Statut von Mater Ecclesiae, das ab 1994 einen jeweils fünfjährigen Aufenthalt verschiedener Schwesternorden vorsah, hätten sie dort eigentlich bis Ende 2014 in Klausur leben sollen. Die Klarissinnen waren als Erste bis Ende 1999 dort gewesen, dann die Unbeschuhten Karmeliterinnen und danach die Benediktinerinnen. Die Salesianerinnen, vom Orden von der Heimsuchung Mariens, waren Ende 2009 gekommen. Doch plötzlich sollte alles anders sein. Die Nonnen sollten Mater Ecclesiae verlassen und in andere Klöster des Ordens auf der ganzen Welt umziehen. Die Renovierungsarbeiten sollten schon im November beginnen, und Anordnungen von oben war unbedingt Folge zu leisten.

Keine der Nonnen hätte sich auch nur im Entferntesten vorstellen können, dass das Kloster zur Residenz des ersten zurückgetretenen Papstes in der Geschichte der modernen Kirche umgebaut würde. Benedikt XVI. bereitete seinen Abgang diskret vor. Damit die Kirche durch seine aufsehenerregende Entscheidung, das Ruder des Petrusschiffes aus der Hand zu geben, auch wirklich gestärkt würde, leitete er Verschiedenes umsichtig in die Wege. Und dazu gehörte nicht zuletzt, Ballast abzuwerfen, der das neue Pontifikat behindern könnte. Der Fall Emanuela Orlandi beschädigte, wie anderes auch, über das in den nächsten Kapiteln berichtet wird, die Glaubwürdigkeit der Kirche und vergrößerte die Glaubenskrise, die Benedikt XVI. seit einiger Zeit große Sorgen bereitete. Doch plötzlich wurde der fragile Deal gestört, der Wille zur Veränderung untergraben und sabotiert. Das Tor des Vatikans, das sich einen Augenblick lang einen Spalt breit geöffnet hatte, war wieder zugeschlagen. Vielleicht für immer. Die Entscheidung des neuen römischen Leitenden Oberstaatsanwalts Pignatone ließ nur noch eine Ermittlungsrichtung zu: Den Ermittlern blieb nichts anderes übrig, als alle Kräfte auf die geheimnisvolle Krypta der Basilika zu konzentrieren und dort nach Emanuelas sterblichen Überresten oder zumindest einem Wahrheitssplitter zu suchen. Es war die Suche nach der Nadel im Heuhaufen, aber eine Alternative gab es nicht mehr.

---

1 Antrag auf Einstellung des Verfahrens, den der Staatsanwalt beim Berufungsgericht Giovanni Malerba am 5. August 1997 beim römischen Untersuchungsrichter stellte.

2 Interview des Autors mit dem Opus-Dei-Priester Pedro Huidobro, Rektor von Sant'Apollinare: »Ich glaube nicht, dass nach der Zeit Napoleons hier irgendje-

mand außer De Pedis bestattet wurde, abgesehen von Kardinal Domenico Jorio, der 1954 gestorben ist.«

3 Protokoll der Beweisaufnahme der Staatsanwaltschaft Rom vom 20. November 2008.

4 Die Staatsanwaltschaft Rom ermittelte gegen Sergio Virtù, Angelo Cassani, genannt »Ciletto«, Gianfranco Cerboni, genannt »Gigetto«, die alle zur römischen Mafia gehörten. Die Ermittlungen gegen sie wurden später eingestellt.

5 Die Information über die Zahlung von über einer halben Milliarde Lire geht aus einer Wohnraumüberwachung des römischen Mafioso Giuseppe De Tomasi hervor, der den Betrag am 29. November 2009 im Gespräch mit seinem Schwager Marcello nannte. »Damals wurden«, so kann man in dem Antrag der Staatsanwaltschaft Rom auf Einstellung des Verfahrens lesen, »600 Millionen in bar an Kardinal Poletti gezahlt. ›Wir haben sie in kleinen Scheinen präpariert‹. De Tomasi wurde zudem am 27. April 2010 vernommen und erklärte, in seinen Kreisen habe man sich erzählt, dass De Pedis an den Priester von Sant'Apollinare 500 oder 600 Millionen Lire gezahlt habe, um über Kardinal Poletti die Möglichkeit zu erhalten, in der Basilika beerdigt zu werden. Bei der Vernehmung am 25. Mai 2011 erklärte De Tomasi zudem, das Geld sei Vergari von Renatinos Bruder, Marco De Pedis, überreicht worden. In der Anhörung von Marco De Pedis bezüglich der Bestattung seines Bruders in Sant'Apollinare schloss dieser jedoch aus, dass Außenstehende an der Sache beteiligt gewesen seien und dass neben den für die Sanierung notwendigen Geldern weitere Zahlungen erfolgten.«

6 Bei Fällen, die in der Öffentlichkeit besonders wahrgenommen werden, greift der italienische Staat zur Krisenbewältigung stets zu Geheimverhandlungen. Abgesehen von den bekannten Absprachen zwischen Staat und Mafia, die bei verschiedenen noch laufenden Prozessen eine Rolle spielen, durchzieht das Phänomen die gesamte italienische Nachkriegsgeschichte. Zu den offensichtlichen Fällen gehören mehrere Entführungsfälle der siebziger Jahre, ob durch organisierte Kriminalität (Anonima Sarda und 'Ndrangheta) oder Terroristen wie die Roten Brigaden. Regierung und Staat sind sehr zurückhaltend, was Informationen zu Absprachen oder auch nur zu Lösegeldzahlungen betrifft. Doch unter Staatspräsident Oscar Luigi Scalfaro gab es beim Verfassungsschutz, damals Sisde, bekanntlich Sondermittel für solche Fälle und der militärische Nachrichtendienst Sismi verfügte über Mittel für Lösegeldzahlungen, mit denen italienische Techniker und Entwicklungshelfer in Kriegsgebieten freigekauft wurden. Zudem berichteten verschiedene Kronzeugen wie etwa Filippo Barreca von Entführungen durch die 'Ndrangheta, bei denen der Staat bei eingegriffen habe.

7 Die tatsächlichen Besitzverhältnisse gehen aus den Lateranverträgen hervor, die
   am 11. Februar 1929 vom italienischen Staat und dem Vatikan unterzeichnet und
   am 7. Juni 1929 im »Acta Apostolicae Sedis« veröffentlicht wurden. In Artikel
   16 heißt es: »Die in den drei vorausgehenden Artikeln genannten Immobilien,
   sowie die als Sitze der folgenden päpstlichen Anstalten dienenden: Gregoriani-
   sche Universität, Bibelinstitut, Orientalisches, Archäologisches Institut, Russi-
   sches Seminar, Lombardisches Kolleg, die beiden Paläste von St. Apollinare und
   das Exerzitienhaus für den Klerus von St. Johann und Paul werden nie Beschrän-
   kungen oder Enteignungen aus Gründen des öffentlichen Nutzens unterworfen
   werden, außer nach vorheriger Übereinkunft mit dem Heiligen Stuhle. Auch
   sind sie von ordentlichen wie außerordentlichen Abgaben an den Staat wie an
   irgendeine andere Stelle frei. Es steht in der Befugnis des Heiligen Stuhls, allen
   in diesem und den drei vorausgehenden Artikeln genannten Immobilien die
   Gestalt zu geben, die er für gut befindet, ohne dass es einer Ermächtigung oder
   Zustimmung der italienischen Regierungs-, Provinz- oder Gemeindebehörden
   bedarf, die in diesem Punkte sicher auf die edlen künstlerischen Überlieferungen
   rechnen können, deren sich die Katholische Kirche rühmt.«
   In der Vergangenheit hatte auch der ehemalige Rektor Vergari gegenüber Ermittlern auf seiner Autonomie bestanden. So bescheinigte er schwarz auf weiß,
   dass »die Basilika von Sant'Apollinare laut dem Konkordat zwischen dem italienischen Staat und dem Heiligen Stuhl vom 14. Februar 1929 ausschließliches
   Eigentum des Apostolischen Stuhls ist, in dessen Befugnis es steht, der Immo-
   bilie die Gestalt zu geben, die er für gut befindet, ohne dass es einer Ermächtigung oder Zustimmung der italienischen Regierungs-, Provinz- oder Gemeindebehörden bedarf.« Eine Fotoreproduktion des Dokuments findet sich in dem
   Buch von Raffaella Notariale, *Segreto criminale* (mit Sabrina Minardi, Rom 2010,
   https://books.google.de/books?id=IINLgy0iBEYC&pg=PT42&lpg=PT42&dq=raffaella+
   notariale+segreto+criminale+la+risposta+di+vergari&source=bl&ots=Lk-sFOLEdQ&
   sig=_9DTv89e2WW_cKnIEz9JP3g9nwk&hl=de&sa=X&ved=0ahUKEwjUpOTI-
   M3bAhXD3CwKHTcICwYQ6AEIQDAD#v=snippet&q=risposta&f=false). Das Dokument, so heißt es dort, sei »Vergaris Antwort auf die Anfrage der römischen
   Antimafiabehörde, zur Aufklärung der Umstände von De Pedis' Bestattung in
   der Krypta beizutragen.«

8 Das geht aus einer Privaturkunde zwischen dem Opus Dei, vertreten durch
   Prälat Álvaro del Portillo, und dem Vatikan hervor, die am 18. Dezember 1990
   von Kardinal Lajolo unterschrieben und am 22. Januar 1991 von der Rechts-
   abteilung des Governatorats registriert wurde.

9 In dem Brief an Vergari schreibt Ruini, dass die Tätigkeit des Priesters mit 31. August »endet, da das gesamte vom Heiligen Stuhl genutzte Gebäude dann als Sitz der Päpstlichen Universität vom Heiligen Kreuz in den Besitz der Prälatur vom Heiligem Kreuz und Opus Dei übergeht.« Als neuen Rektor ab dem 1. September ernennt Ruini Franco Calzona, der vom Prälat der Prälatur vom Heiligen Kreuz und Opus Dei vorgestellt wurde.

10 Interview des Autors mit Pedro Huidobro, Opus-Dei-Rektor in Sant'Apollinare.

11 Die Sanierungsarbeiten der Kellerräume werden gemeinsam mit den Umbauarbeiten für das gesamte Gebäude 2002 geplant, nach einer Ausschreibung dem Unternehmen Castelli Re anvertraut und 2003 begonnen.

12 Der Rektor Pedro Huidobro gab sich in einem Interview für »La Stampa« sehr friedfertig: »Ich weiß nicht, ob zwischen dem Verschwinden von Emanuela Orlandi und dem Begräbnis des Mafiabosses überhaupt ein Zusammenhang bestehen kann«, aber »wenn es dazu beiträgt, alle Zweifel zu beseitigen, kann das Grab auch morgen noch geöffnet und der Leichnam umgebettet werden. Auch die Familie De Pedis ist damit einverstanden. […] Wir stimmen allem zu, was der Aufklärung dient, und werden in vollem Umfang zur Aufklärung beitragen. Es sollte alles getan werden, um Klarheit zu schaffen. Wenn keine Leute mehr in die Basilika kämen, um sich De Pedis Grab anzugucken, wären wir sehr erleichtert und könnten unseren Tagesgeschäften endlich wieder in Ruhe nachgehen.«

Die Basilika, ein Ort des Schreckens

Die verschwundenen Gebeine

In jenen Monaten der fieberhaften Ermittlungen habe ich das Grab von Renatino De Pedis besucht, Zeugnis der riskanten Beziehung zwischen dem Vatikan und der schlimmsten Unterwelt. Begleitet werde ich von einem älteren Geistlichen, der freien Zugang zu der Kirche hat und sie bis in den letzten Winkel kennt. Sein Aufenthalt in der Kirche weckt keinerlei Verdacht oder Aufmerksamkeit. Er geht immer ein paar Schritte voraus, führt mich so durch die Räume und bedeutet mir, wohin und vor allem wann ich ihm folgen soll. Als wir die Basilika betreten, bin ich sofort von der Stille überwältigt, die mich umfängt, und fühle mich zugleich leicht unbehaglich. Schon nach wenigen Schritten signalisiert mir der Priester mit einem Handzeichen, zu warten. Endlose Minuten vergehen; unweigerlich muss ich an Emanuela denken. Vor mir sehe ich ein glückliches, heiteres Mädchen, das unversehens aus seinem Alltag gerissen wird. Bestimmt hat sie die Basilika aufgesucht, sich niedergekniet und für ihre Familie, Mama, Papa, Bruder, Schwester, die Großeltern gebetet. Dann verließ sie die Kirche, schlüpfte durch das Nachbartor, nahm unbekümmert die breite rechte Treppe und erreichte schließlich die heiß geliebte Musikschule, das Institut »Tommaso Ludovico da Vittoria«.

Aber der Leichnam von De Pedis ruht nicht dort, wo ich jetzt stehe, nicht inmitten der Grabstätten von Musikern, Prälaten und Kardinälen, nein, er liegt vor neugierigen Blicken gut versteckt in der Kirchenkrypta. Der Weg dorthin ist nicht leicht zu finden, wie ich merke, als ich endlich weitergehen darf. Mein Begleiter weist auf eine Rundtreppe. Ich nehme die Stufen nach unten, dann gehen wir durch einen kurzen Gang, der zu einer Tür führt. Die Tür ist geschlossen. Als wir sie öffnen, stehen wir in einem kleinen Raum und vor dem Grab. Durch die wertvolle Marmorverkleidung wirkt es wie ein Mausoleum. Der Leichnam von De Pedis liegt, umgeben von einer Bleihülle, die den Verfall der sterblichen Überreste verlangsamt, in einem Sarkophag. Etwas überrascht mich allerdings: Wir befinden uns nicht gerade im schönsten Bereich der Kirche, im Gegenteil. Der Raum ist nicht einmal geweiht, wie mir der Rektor von Sant'Apollinare, Huidobro, später erklärt. Ich wundere mich: Wieso erweist man einem hohen Mafiamitglied die Ehre, in dieser berühmten Kirche beerdigt zu werden, und verbannt ihn dann in einen abgelegenen Kellerraum? »Mittlerweile sieht es hier ja gut aus, weil renoviert wurde«, flüstert mir der Geistliche zu, der meine Gedanken wohl erraten hat. »Vorher war der Weg hierhin das reinste Abenteuer.« Er hat mir sogar Fotos mitgebracht: Auf den leicht verblichenen Bildern erkenne ich die verfallenen Kellerräume von Sant'Apollinare. Nur der Raum, in dem De Pedis liegt, ist renoviert, übrigens von derselben Firma, die man mit dem Grab von Papst Johannes XXIII. beauftragt hat. Doch rundherum nichts als Schimmel, Feuchtigkeit und massenhaft Dreck.

Nachdem die Spurensicherung der Polizei alle auffindbaren Pläne von Sant'Apollinare gesichtet hat, begibt sie sich am 14. Mai 2012 in die unteren Räume der Basilika – und stößt auf einen wahren Friedhof. Die Männer in den weißen Overalls sind drei Monate lang mit einer vermutlich in der Forensik weltweit einmaligen Operation beschäftigt.

Zunächst öffnen sie das Grab von De Pedis. Der Sarkophag »ist identisch mit dem von Papst Johannes XXIII.«, wie auch der Rektor Piero Vergari auf Capaldos Frage 2009 und 2010 drei Mal unter Eid bezeugt hatte. Die DNA-Analyse beweist, dass es sich bei dem Leichnam tatsächlich um De Pedis handelt. Schließlich nimmt man sich die Gebeine vor. Bei der Renovierung durch den Opus Dei, nach De Pedis' Begräbnis, waren alle vorhandenen 52.188 konservierten menschlichen Knochen und Knochenfragmente in Hunderte Zinkkassetten umgelagert worden, die nun im Beinhaus, unter dem Altar und in einer Grube unter dem Kryptaboden, in der »Grotte der Märtyrer«, aufbewahrt wurden.

Noch nie zuvor ist in der Forensik ein ganzer Friedhof als Beweis aufgenommen worden, mit fast 60.000 Beweisstücken. Jeder Knochensplitter wird analysiert. Man bestimmt die DNA aller Knochen, die nach Alter und Geschlecht von Emanuela stammen könnten, und vergleicht sie mit Speichelproben der Familie. Die Ermittler hegen den Verdacht, dass die sterblichen Überreste des armen Mädchens unter den vielen schon vor einem Jahrhundert offiziell bestatteten Knochen versteckt sein könnten. Schließlich wird das gesamte Gebäude durchsucht, mit Speichern, Zwischendecken und in keinem Plan verzeichneten Gängen. Echte Millimeterarbeit, die den Rektor Huidobro verärgert: »Man hat in der Basilika mit ziemlicher Verbissenheit nach den Überresten des Mädchens gesucht, kein Zentimeter ist verschont geblieben.«[1] Am Ende liegt den Ermittlern ein Bericht vor:

Bei der Suche nach Gebeinen in der Kirchenkrypta wurden im Raum gegenüber des Grabs [von De Pedis, A.d.A.] 89 eingemauerte Kassetten und ein schwarzer Sack mit Knochen gefunden, sowie in einer Grube unter dem Kryptaboden, »Grotte der Märtyrer« genannt, 240 [Kassetten, A.d.A.] Insgesamt fanden sich 409 Kassetten und damit mehr als die 200 ursprünglich vermuteten.[2]

Während Analysen und Grabungsarbeiten weitergehen, befragen die Ermittler alle, die für die Renovierungsarbeiten, die Beschaffung der Kassetten und die Einlagerung der Knochen zuständig waren. Es ergeben sich erste Verdachtsmomente, auf die auch der von der Staatsanwaltschaft bestellte Sachverständige verweist, die aber in den Medien bislang nie wirklich thematisiert wurden. Der Sachverständige äußert in seinem Abschlussbericht »Restzweifel hinsichtlich der laut Zeugenaussagen 100 oder 110 fehlenden Skelette«.[3] Mit anderen Worten: Zahlreiche Zinkkassetten fehlen. Wann und von wem wurden sie weggeschafft? Und vor allem warum? Dass Kassetten fehlen, scheint keine bedeutungslose Nebensache, denn es bieten sich hierfür unzählige Erklärungen an. Der Leitende Oberstaatsanwalt Pignatone ist allerdings schnell mit einer Erklärung bei der Hand:

Selbst wenn man davon ausgeht, dass tatsächlich eine nicht unbeträchtliche Zahl an Skeletten zu unterschiedlichen Zeiten entfernt, in Kassetten verpackt und anschließend nicht nach Sant'Apollinare zurückgebracht wurde, ist zu berücksichtigen, dass gerade die von dem Sachverständigen beschriebene Typologie der Gebeine und der Skelettaufbewahrung dieser mit Kleidungsstücken und Schildern in Kassetten aufgefundenen Gruppe darauf schließen lässt, dass auch die fehlenden Kassetten zu dieser Gruppe gehörten und somit ähnlich alt sind.[4]

In Ermangelung gesicherter Erkenntnisse muss man sich in der Ermittlungsarbeit manchmal mit Hypothesen zufriedengeben. So auch hier. Pignatone vermutet, dass den verschwundenen Knochen keine Bedeutung zukomme, weil sie höchstwahrscheinlich zu einer bedeutungslosen typologischen Gruppe gehören. Ebenso denkbar wären aber auch völlig andere Szenarien, etwa dass die sterblichen Überreste des jungen Mädchens längst fortgeschafft wurden, damit sie nicht entdeckt würden. Gerade in den Kassetten mit bedeutungslosen Gebeinen hätte jemand ohne Weiteres Knochen verstecken können. Konnte es denn ein besseres Versteck geben? Die Ermittler versuchen zudem herauszufinden, ob während der Renovierung von Sant'Apollinare oder in den Folgejahren Zinkkassetten mit Knochen an andere Kirchen überstellt wurden: »Das wurde jedoch ausgeschlossen. Daher konnte dem nicht weiter nachgegangen werden, auch in Anbetracht der objektiven Schwierigkeiten, andere kirchliche Liegenschaften bei einem aller Voraussicht nach negativen Ergebnis zu durchsuchen.«[5] Eine vielleicht etwas voreilige Schlussfolgerung.

Eine »komplizierte« Wahrheit

Und wehe, wenn jemand mit Petitionen, Demonstrationen oder Appellen Gerechtigkeit verlangt, wie die Familie Orlandi, die sich seit Jahren an den Papst wendet. »Was wollen die überhaupt? Was hat der Papst damit zu tun?«, platzt Vergari am Telefon heraus. An jenem Tag rückt die Spurensicherung zur Durchsuchung der Krypta an, und Vergari ist nervös. »Was hat der Vatikan damit zu tun? Und was ist mit all den anderen, die tot oder spurlos verschwunden sind? Was soll man denn da machen? Nur weil die Krach schlagen, sollen die jetzt die Wahrheit hören? Die Wahrheit ist eben kompliziert!« Vergari, zur Zeit von Emanuelas Verschwinden Rektor der Basilika, scheint die Wahrheit also nicht unbekannt gewesen zu sein, auch wenn er nun gegenüber jedem behauptet, er kenne sie nicht.

Eben, die Wahrheit im Fall der verschwundenen und vermutlich ermordeten Emanuela Orlandi ist »kompliziert«. Dieses Adjektiv verwendet auch der erste Mitarbeiter von Papst Franziskus, Kardinalstaatssekretär Pietro Parolin, 2017 bei einem bis heute geheim gebliebenen Treffen. Alles begann am 27. März 2016, einem Ostersonntag. Die aufrüttelnde Osterbotschaft von Papst Franziskus hallt über die Menschenmenge, die sich zum Segen *Urbi et Orbi* auf dem Petersplatz drängt: »Überall setze man sich dafür ein, eine Kultur der Begegnung, der Gerechtigkeit und der gegenseitigen Achtung zu ermöglichen, die allein das geistige und materielle Wohl der Bürger garantieren können.«[6] Unter den Zuhörern auf dem Platz ist auch Pietro Orlandi, Emanuelas Bruder. Wenn er die Stimme des Papstes hört, muss er unweigerlich an jenen glücklichen Tag, den 7. März 2013 denken. Der neue Papst war gerade gewählt worden und wenige, entscheidende Sekunden lang konnte er ihn treffen und mit ihm sprechen.

> Als ich erfuhr, dass Papst Franziskus an diesem Tag die Messe in Sant'Anna halten würde, ging ich mit meiner Mutter dorthin. In der Hoffnung, den Papst nach der Messe zu treffen, begab ich mich kurz vor Ende in die Sakristei. Dort wartete ich einige Minuten, aber er kam nicht. Ein paar Diener sagten mir dann, er verabschiede die Gläubigen auf dem Kirchplatz. Also reihte ich mich mit meiner Mutter in die Warteschlange ein. Als mich Domenico Giani, der Chef der Gendarmerie, sah, flüsterte er dem Papst, der etwa einen Meter neben ihm stand, etwas zu und blickte dabei in meine Richtung. Als ich an der Reihe war, habe ich allen Mut zusammen-

genommen und dem Papst die Hand gegeben. Da sagte er zu mir: »Emanuela ist im Himmel.« Ich konnte vor Schreck nichts sagen. Das Blut gefror mir in den Adern. Dasselbe hat er eine Minute später auch zu meiner Mutter gesagt. Es waren nur vier Worte, aber die haben mir nie gereicht. Auch weil wir keinen Beweis dafür hatten, dass Emanuela ermordet worden war. Warum hat der Papst das gesagt? War es ein Zeichen, dass die Zeit des Schweigens nun beendet war? Ab diesem Tag habe ich den Papst und seine engsten Mitarbeiter daher um Hilfe gebeten.[7]

An jenem Tag auf dem Petersplatz lässt sich Orlandi die Worte des Papstes durch den Kopf gehen: Achtung, Begegnung, Gerechtigkeit. Die Worte vertragen sich schlecht mit dem, was er vor Kurzem erfahren hat: In den Archiven des Vatikans liege ein geheimer Bericht über Emanuela. Wieder hofft er, endlich die Wahrheit zu erfahren. Was wohl darin steht? Wenige Wochen zuvor hat er einen Assistenten von Kardinal Parolin kontaktiert und um ein Treffen mit dem Staatssekretär gebeten. Er möchte endlich an höchster Stelle vorsprechen. Und tatsächlich wird ihm das Treffen gewährt. Ein paar Tage nach Ostern betritt Emanuelas Bruder die Büroräume im ersten Stock des Apostolischen Palasts: »Setz dich, Pietro«, sagt Parolin jovial und lässt ihn im Vorraum des päpstlichen Arbeitszimmers Platz nehmen. Pietro Orlandi setzt sich und redet fast eine Stunde, geht alle Ereignisse noch einmal durch und erwähnt auch den geheimen Bericht. Der Staatssekretär hört aufmerksam zu, stellt Fragen und zeigt sich angesichts mancher Details, wie jener über Vergari, überrascht. Als Orlandi ausgeredet hat, schweigt Parolin, spannt einen Moment die Gesichtsmuskeln an, doch wirkt er betroffen und bereit, der Sache nachzugehen: »Da muss man unbedingt etwas tun: Natürlich frage ich mich, was dahinter steckt, und mir ist klar, dass das eine schwierige Sache ist. Ich werde mit dem Papst sprechen und dich auf dem Laufenden halten.« Seitdem wartet Pietro Orlandi.

Luca und Emanuela, Musik und Gewalt

Luca B. ist, wie Emanuela Orlandi, ein Teenager. Beide haben vieles gemeinsam. Sie lieben die Musik, sind eher schweigsam, aber unter engen Freunden gesellig und gesprächig. Und sie tragen immer ein Lächeln auf dem Gesicht. Doch eines Tages sollte sich alles ändern. Für Emanuela und für Luca.

An einem Nachmittag im Frühsommer lädt Luca seine Freundin auf ein Eis ein. Sie quatschen so unbekümmert, wie man es in dem Alter eben tut, verabreden sich für den nächsten Tag und verabschieden sich. Das Mädchen schaut sich noch einmal zu ihm um, ist einen Moment lang abgelenkt und wird beim Überqueren der Straße von einem Auto überfahren. Von Todeskrämpfen geschüttelt und schreiend stirbt sie vor Lucas Augen.

Seitdem redet Luca fast nicht mehr. Die Eltern versuchen ihn aufzumuntern und abzulenken, aber der Schock drückt ihm wie ein Felsblock aufs Herz. Er scheint beinah nicht mehr leben zu wollen, hat das Interesse an allem verloren und verkriecht sich jeden Tag ein bisschen mehr in sein Schneckenhaus. Doch es gibt eines, was seine Umgebung noch hoffen lässt. In seinem Zimmer läuft ständig der Kassettenrekorder. Er hört seine Lieblingsmusik, italienische Lieder und Rockmusik. Der Vater meldet ihn in einer letzten verzweifelten Eingebung zum Musikunterricht an.

Die Musikschule wurde dem Vater von Freunden der Familie empfohlen, eine Schule im Komplex von Sant'Apollinare. Es ist dieselbe Schule, die die Nonnen an Emanuelas Mittelschule »Maria Santissima Bambina«, neben dem Petersplatz, auf der linken Seite der Kolonnaden, Emanuelas Eltern nahegelegt hatten.

Der Vater nimmt seinen Sohn also an die Hand und bringt ihn in die Basilika Sant'Apollinare, weil er hofft, dass dessen große Musikleidenschaft dort mithilfe von Partituren, Noten und Klängen neu zum Leben erweckt wird. Zuerst möchte er allerdings mit dem Lehrer reden, dem er seinen Jungen anvertraut. Er informiert ihn über das Trauma seines Sohnes, der fast nur noch schweigt, und bittet ihn, ein besonderes Augenmerk auf ihn zu haben und sich um den beinah verloren gegebenen Jungen zu kümmern. Der Lehrer hört aufmerksam zu und lächelt. Er möchte das Vertrauen des Vaters gewinnen, was ihm schließlich auch gelingt. »Ich werde persönlich auf ihn achtgeben«, sagt er beruhigend zu dem Vater. »Machen Sie sich keine Sorgen. Ich werde ihm besondere Aufmerksamkeit schenken, damit er wieder neuen Lebensmut gewinnt.«

Es ist Anfang Herbst. Zögernd schreitet Luca durch das Tor von Sant'Apollinare, durch das einige Jahre zuvor auch Emanuela gegangen ist. Die beiden kennen sich nicht, weil Luca die Musikschule erst im Oktober 1988, fünf Jahre nach Emanuelas Verschwinden besucht. Doch zwischen beiden gibt es einen Berührungspunkt: Sie werden vom selben aufmerksamen Lehrer unterrichtet. Die Geschichte des Jungen nimmt sich der Lehrer so sehr zu Herzen, dass er ihn mehrfach missbraucht. Er ist pädophil. Luca ist für ihn ein Spielzeug, mit dem er seine perfiden Gelüste befriedigt.

Luca hat Angst, das zu erzählen. Doch nach und nach wagt er es. Und redet. Im Jahr 1990 vertraut er sich einem Geistlichen an, den der Vatikan geschickt hat, und nennt den Namen des Mannes, der ihn missbraucht hat. Am 23. Februar 2013 soll Luca in der Staatsanwaltschaft erscheinen, aber statt seiner kommt sein Bruder, mit ärztlichen Unterlagen, aus denen hervorgeht, dass Luca »psychisch schwer erkrankt ist«. »Mein Bruder ist seit 1986 krank«, bezeugt er. »Durch seine Krankheit kann er keine normalen Beziehungen mehr leben und nur noch aus dem Haus gehen, wenn er auf bekannten Straßen in unmittelbarer Nähe bleibt. Damals erlaubte es sein Gesundheitszustand noch, dass er eine Musikschule besuchte. Solange er die Schule besuchte, ging es ihm relativ gut; sein Zustand verschlechterte sich aber, als die Musikschule 1991 geschlossen wurde.« Als psychisch Kranker gilt Luca als unzuverlässig.

»Natürlich konnten wir ihn nicht vor Gericht als Zeugen präsentieren«, sagt Capaldo, »aber was er erzählt hat, ist zu detailliert, um erfunden zu sein. Dem müsste man eigentlich nachgehen.« Doch seither sind dreißig Jahre vergangen und die mutmaßlichen Taten damit verjährt. Der Justiz sind die Hände gebunden. Die Wunden, die die Ereignisse in Lucas Herz geschlagen haben, werden dennoch niemals wirklich heilen.

Ein höchst peinliches Telefonat

Die Basilika Sant'Apollinare verwandelt sich Tag für Tag mehr von einem Ort des Betens und Musizierens in einen Ort des Schreckens. Die Ermittlungen decken Geschichten auf, die den Tempel der Religion als einen düsteren Tümpel erscheinen lassen, aus dem die unvorstellbarsten Dinge aufsteigen können. Hier ist nicht nur Emanuela verschwunden, durch das Kirchenschiff zieht sich auch ein verwirrendes Knäuel aus Perversionen und Skandalen, die nun endlich ans Tageslicht kommen.

Als Erstes fallen den Ermittlern, die nun endlich kritisch und sehr genau hinschauen, die Seminaristen auf. Der Rektor von Sant'Apollinare widmet den oft armen, aus Entwicklungsländern stammenden Jugendlichen, die man wegen »moralischer Verwirrung« aus Kirchen, Schulen und Klöstern hinausgeworfen hat, ausgesprochen viel Zeit und Aufmerksamkeit, um sie wieder auf den Pfad der Tugend zurückzuführen. Die jungen Menschen sind psychisch labil, manche zweifeln auch an ihrer Berufung. Zur Zeit von Emanuela Orlandi wohnen sie in einem schmucklosen Raum des Gebäudekomplexes. Essen bekommen sie gratis bei »Popi Popi«, der Pizzeria des Bruders von De Pedis in Trastevere. Renatino lässt mitunter Pasta, Fleisch und Wein für vierzig Leute in die Kirche bringen. Als De Pedis' Witwe im Winter 2009 von Capaldo als Zeugin befragt wird, erinnert sie sich, dass im ersten Stock von Sant'Apollinare sechs bis sieben Seminaristen in winzigen Zimmern mit Stockbetten untergebracht waren. Vergari bestreitet gegenüber der Staatsanwaltschaft allerdings, jemals Seminaristen beherbergt zu haben. Warum streitet er ab, was zweifelsfrei bewiesen ist? Der Ex-Rektor hatte starken Einfluss auf die »verwirrten« Jungen, die auf der Suche nach einem Halt waren. Die Ermittler hegten sogar den Verdacht, dass er mit einigen sexuelle Beziehungen unterhielt. Dafür sprach unter anderem, dass die Nonnen der anliegenden Musikschule, angefangen mit der verantwortlichen Schwester Dolores, ihre Chorproben nicht in Sant'Apollinare, sondern lieber in weit entfernten Kirchen abhielten.[8] Und obwohl der damalige Rektor alle Vorwürfe stets bestritt, scheint ein bisher unveröffentlichter Telefonmitschnitt den Verdacht der Ermittler zu bestätigen:

Im August 2009 telefoniert Vergari mit dem Seminaristen Don Firmino, eigentlich Htwe Khin Maung, der 1971 in Myanmar geboren wurde, aber in Italien nun seiner Berufung nachgehen möchte. Das Telefonat gehört zu den wenigen, die zum besseren Verständnis der »Persönlichkeit« vollständig in den Ermittlungsakten wiedergegeben sind:

Vergari: Hallo.
Seminarist: Ja.
Vergari: Ich bin's.
S.: Guten Abend.
V.: Firmino!... Gestern war die Heilige Firmina! Ich habe an dich gedacht; ich habe gedacht, das ist dein Fest. Aber wo finde ich dich überhaupt, habe ich gedacht. Ich habe noch nicht einmal die Telefonnummer von Firmino...
S.: Wo sind Sie jetzt?
V.: In Sigillo... in Sigillo! Und du?
S.: In meinem Zimmer...
V.: In Foligno?
S.: Nein, nein, auf halbem Wege.
V.: Sehr gut, sehr gut... Wie geht es dir? Was machst du?
S.: Ööh, ich spiele.
V.: Du spielst? Okay... Wenn man spielt, dann läuft wohl alles gut oder?
S.: Öh.
V.: Wenn du spielst, läuft alles gut, weil man dann Spaß hat...
S.: Mmmh, ich spiele allerdings mit meinem Penis.
V.: Ach so, schon gut, schon gut.
S.: Sind Sie allein in Sigillo?
V.: Ja, ich bin allein.
S.: Es ist keiner da? Keiner?

V.: Nein, keiner. Weil ich mir gesagt habe, jetzt ist es genug. Sonst hört das ja gar nicht mehr auf, und da haben wir das mit den Jungen gelassen...

S.: Könnte ich nicht ab und zu mal kommen?

V.: Tja, okay. Wenn du willst. Ich bin hier. Hey, hey, das ist kein Problem...

S.: Aber ich habe Angst.

V.: Vor wem?

S.: Ich habe Angst, allein zu schlafen.

V.: Ach komm, du brauchst keine Angst haben. Ich bin doch da...

S.: Kann ich bei Ihnen schlafen?

V.: Natürlich, klar. Ich habe ein großes Zimmer.

S.: In einem Bett mit Ihnen, da würde ich gern schlafen.

V.: Nein, das geht nicht, nein...

S.: Weil jeder in seinem eigenen Bett schlafen muss, ich hab verstanden, in seinem Bett. Aber ich hab doch Angst!!! Angst... Kann ich also in Ihrem Bett schlafen?

V.: Oh... Sag mal, du studierst so viel, du studierst doch oder was machst du?

S.: Ich spiele.

V.: Okay, gut. Ich meine, studierst du an keiner Fakultät?

S.: Nein, nein, ich spiele, ich spiele oft.

V.: Ach so, ja, ja gut... mmmh.

S.: Jeden Abend!!!

V.: Ja, ist ja gut... gut, hey.

S.: Ich spiele mit meinem Penis, ich spiele mit meinem Penis. Alleine. Keiner ist da.

V.: Was ist mit dem Garten? Dem kleinen Garten?

S.: Nein, da ist kein Platz. Ich spiele, ich spiele einfach [...] Wenn ich spiele, werde ich müde, sehr sehr müde.

V.: Du musst arbeiten... Erinnerst du dich noch daran, wie das da unten war, wie hieß der Ort, wo wir hingefahren sind? Wo du im Naturschutz gearbeitet hast. Du hast den kleinen Garten gemacht und mir das Gemüse gegeben. Die Zucchini, die Auberginen...

S.: Bananen... die Bananen

V.: Nein, Bananen nicht. In Neapel gibt es keine Bananen, nicht in Italien, nein hier nicht...

S.: Die Bananen.

V.: Da musst du nach Neapel gehen, was heißt Neapel, nach Afrika, nach Myanmar…

S.: Bananen, Zucchini, Auberginen. Die sind alle lang, lang und rund. Ich spiele, Sie nicht?

V.: Firmino, hör mal Firmino…

S.: Sollen wir spielen?

V.: Okay.

S.: Sollen wir spielen?

V.: Das nächste Mal, ja? Okay.

S.: Das nächste Mal spielen wir zusammen?

V.: Wir seh'n uns. Aber wann! Du bist immer so weit weg.

S.: Ich spiele.

V.: Ist gut. Jetzt sagen wir uns gute Nacht, was meinst du, ja?

S.: Es ist Milch gekommen.

V.: Ja, ist gut.

S.: Sahne.

V.: Ja, hör mal.

S.: Er zittert!

V.: Wir sagen uns jetzt gute Nacht, ja?

S.: Warum zittert er?

V.: Ich hab keine Ahnung, ob er zittert. Es wird ja wohl nicht die Grippe sein, du bist doch nicht krank?

S.: Er zittert wegen der Banane.

V.: Na also.

S.: Von der Banane.

V.: Ist ja gut.

S.: Es kommt immer noch was.

V.: Hör mal, mein Kleiner, also mein Kleiner. Erinnerst du dich noch, wie du einmal zum Superior gesagt hast: »Don Piero, was hast du denn verstanden?« [er versucht, das Thema zu wechseln, A.d.A.]

S.: Ich spiele. Ich glaub', es ist besser, wenn man spielt, weil die Gedanken, all die Gedanken … oder?

V.: Komm schon, hör auf Firmino. Sei jetzt brav, bete ja?

S.: Nein, ich spiele ganz viel!

V.: Aber danach bist du doch müde, oder?

S.: Ja, aber wenn die Milch kommt, dann bin ich sehr glücklich.

V.: Man kann nicht immer spielen. Das Leben ist ernst, verstanden?

S.: Nein … ich spiele zwei Mal am Tag.

V.: Ja, ist ja gut.

S.: Er wird auch länger.

V.: Ja, ist gut jetzt, jetzt sagen wir ciao, ja? Okay?

S.: Kann ich dann bei Ihnen schlafen?

V.: Ist ja gut, ist ja gut, aber in deinem eigenen Bettchen zwei Meter von mir entfernt. Okay?

S.: Wer weiß. Schauen wir mal. Ich spiele so gern … Ich bin dünner geworden, vor allem im Gesicht.

V.: Bist du wieder klein? Bist du wieder ein kleiner Mann? Ja?

S.: Weil ich so viel spiele.

V.: Ja? Okay. Das tut dir gut. Sagen wir, das ist ein bisschen Gymnastik, oder? Das tut deinem Körper gut.

S.: Ich spiele viel.

V.: Ist gut Firmino, also …

S.: Es kommt noch, ganz langsam. Es sieht aber wie Milch aus, wie Milch.

V.: Ja, ich weiß.

S.: Es sieht ein bisschen wie Milch aus. Oh Mamma mia. So viel.

V.: Ist gut Firmino. Jetzt sagen wir uns aber gute Nacht. Ciao.

S.: Gute Nacht, bis zum nächsten Mal.

V.: Bis zum nächsten Mal, was?[9]

Bei der Befragung durch die Ermittler hat der Seminarist zunächst jeglichen sexuellen Annäherungsversuch an Vergari abgestritten, woraufhin ihm die Staatsanwaltschaft das obige Telefonat vorspielte. Als er nicht mehr leugnen konnte, behauptete er nun, das Ganze sei ein Scherz gewesen, und als ihm auch das keiner abnahm, er habe den Ex-Rektor provozieren wollen. Die Ermittler glaubten ihm keine der drei Versionen.

Ich beschloss darum, den Seminaristen persönlich aufzusuchen. Nachdem ich seine Adresse ausfindig gemacht hatte, besuchte ich ihn in einem kleinen Dorf in Kampanien, wo er mit anderen Seminaristen wohnte. Er öffnete mir die Tür, bat mich, in einem sehr kahlen Wohnzimmer Platz zu nehmen und bot mir Kaffee an. Als er erfuhr, dass ich das peinliche Telefonat mit Vergari kannte, wurde er erst bleich und ließ dann eine Schimpftirade gegen mich und alle Journalisten insgesamt los. Ich sollte bei der Bibel, mit der er mir vor der Nase herumfuchtelte, schwören, dass er keine Schwierigkeiten bekommen würde. Scham oder eine Abwehrhaltung konnte ich in seinen Reaktionen nicht erkennen. In seinem Blick sah ich vor allem Angst, die Angst eines Menschen, der ahnt, dass er sich unvorsichtigerweise in etwas begeben hat, das größer ist als er. »Don Vergari hat uns aufgenommen. Wir waren fünf oder sechs. Wir wollten wieder zu Gott finden und Priester werden«, erzählte er schließlich. »Er hat uns ein Zuhause gegeben. Es ging uns damals nicht anders als den Jungen, die an den Ampeln Windschutzscheiben waschen, nur damit sie zu essen und einen Platz zum Schlafen haben. Wir waren in einer schwierigen Situation, wir wollten Priester werden, aber wussten nicht, wohin.«

Ich habe auch versucht, mit Piero Vergari zu sprechen, und ihn darum in Taurania, einem kleinen Dorf in der Nähe von Rieti aufgesucht. Der Ex-Rektor von Sant'Apollinare hatte dort Ende der achtziger Jahre einen Verein gegründet, der seine Aufgabe in einem großen »Werk der Berufungsentscheidung« sah. Er unterstützte junge Ausländer, bot ihnen Unterkunft, half ihnen bei der Beschaffung der italienischen Aufenthaltserlaubnis, beurteilte ihre Möglichkeiten, in ein Seminar aufgenommen zu werden und ihre Eignung als Priester. Der Verein war nicht unbedeutend: »Von 1988 bis 1991 sind gut 130 meiner Jungen Priester geworden«, verkündete Vergari stolz gegenüber den Ermittlern. Doch der Verein hatte auch seine Schattenseiten. Er wurde schon bald durch den Bischof von Tivoli aufgelöst, und 2002 wies die italienische Bischofskonferenz die Diözesen an, niemanden aus dem Umfeld Vergaris anzustellen oder zum Priester zu weihen. Meine Begegnung mit Vergari sollte nur wenige Minuten dauern. Er öffnete mir die Tür, bat mich herein, und als er hörte, dass ich Journalist bin, warf er mich hochkant wieder hinaus.

Als Seine Exzellenz auf das überwachte Telefon verwies

Am 3. Mai 2012 nimmt die Staatsanwaltschaft Ermittlungen wegen Entführung mit Todesfolge gegen den ehemaligen Rektor von Sant'Apollinare auf, muss aber bald erkennen, dass Vergari trotz seiner wenig vorzeigbaren sexuellen Orientierung großen Schutz im Vatikan genießt. Am 19. Mai, als Sant'Apollinare gerade durchsucht wird, erfährt Vergari aus der Zeitung, dass sich aufgrund der Aussagen von Sabrina Minardi und anderer Erkenntnisse die Ermittlungen im Fall Orlandi nun auf die Basilika konzentrieren und auch gegen ihn ermittelt wird. Er bekommt es mit der Angst zu tun. Um 11.01 Uhr wählt er eine Nummer im Vatikan. Er ahnt nicht, dass sein Telefon überwacht wird, doch die Ermittler hören jedes Wort mit. Nach dem dritten Klingeln wird abgehoben. Vergari hat Angst, ist aber wie sonst auch gegenüber Oberen unterwürfig. Er nennt seinen Gesprächspartner »Exzellenz«, es dürfte sich also um einen höheren Prälaten oder Bischof handeln, auch wenn seine genaue Identität leider nie festgestellt werden konnte. Aus den Abhörberichten, die im Anhang wiedergegeben sind, lässt sich jedenfalls Erstaunliches entnehmen. Nach wenigen Sätzen teilt »Exzellenz« dem alten Priester etwas mit, was diesen offensichtlich schockiert:

Vergari: Exzellenz, hören Sie. Hier spricht Don Piero.

Exzellenz: Ja.

V.: Also ... was soll ich machen ... diese Leute.

E.: (unterbricht ihn brüsk) Da müssen Sie nicht mich fragen, Don Piero, weil ... seien Sie doch ... seien Sie ruhig ... seien Sie still. Ich hab es Ihnen von Anfang an gesagt ...

V.: Ich bin ganz ruhig. Hören Sie, ich sage die Wahrheit. Ich habe diese Person nie in meinem Leben gesehen, ich kenne sie überhaupt nicht.

E.: (unterbricht ihn wieder) Ja, aber so bleiben Sie doch ruhig.

V.: Jawohl.

E.: Wie ich Ihnen schon immer gesagt habe, denn immer, wenn Sie den Kopf verlieren, passiert, was passieren muss.

V.: Jawohl.

E.: Bleiben Sie also jetzt ruhig.

V.: Jawohl.

E.: Sie brauchen nicht…

V.: Jawohl. Aber hören Sie, die Leute rufen mich an… Da kommen Anrufe. Ich antworte niemandem… Wenn die Journalisten etwas von mir wissen wollen…

E.: Passen Sie bloß auf. Ihr Telefon wird abgehört.

V.: Jawohl. Ja.

E.: (in entschiedenem Ton) Ich will damit nichts zu tun haben. Die haben mich schon wie eine Zitrone ausgepresst.

V.: Okay. So gehe ich vor. Ich sage keinem Journalisten auch nur ein einziges Wort.

E.: Genau, Sie sagen gar nichts… Punkt, aus!

V.: Ich danke Ihnen.

E.: Die Oberen wissen ja Bescheid.

V.: Ja, ja. Sie wissen das. Das kann ich mir schon denken…

E.: (unterbricht ihn, er will das Telefonat beenden) Auf Wiedersehen.

V.: Jawohl. Wir sehen uns. Danke.[10]

Vergari wird also von einem hohen Prälaten darüber informiert, dass sein Telefon abgehört wird. Ein anderer Satz des Gesprächspartners lädt zudem zu höchst beunruhigenden Interpretationen ein: »Immer, wenn Sie den Kopf verlieren, passiert, was passieren muss.« Was meint er überhaupt damit? Der Prälat ermahnt ihn und fordert ihn auf, keine falschen Schritte zu unternehmen. Ab jetzt ist Vergari beim Telefonieren sehr vorsichtig. Doch woher weiß die geheimnisvolle »Exzellenz«, dass das Telefon des Ex-Rektors abgehört wird? Von wem hat er diese entscheidende Information? Handelt es sich um eine pure Vermutung, mit der Vergari eingeschüchtert werden soll? Oder konnte sich der Vatikan auf einen Maulwurf in den Ermittlungsbehörden verlassen? Leider wurde diese Frage nie geklärt, weil ihr niemand wirklich nachgegangen ist.

Im Übrigen herrscht im Vatikan große Aufregung. Man bietet dem Ex-Rektor in der schwierigen Lage, die ihn erheblich unter Druck setzt, umfassende Hilfe an. Bischöfe, hohe Prälaten und einfache Priester rufen ihn an: Alle ermuntern ihn, sich nicht unterkriegen zu lassen. Besonders Wagemutige entwickeln Strategien und geben ihm Ratschläge. So empfiehlt ihm ein Geistlicher, sich auf das Beichtgeheimnis zu berufen, um nichts über sein Vertrauensverhältnis zu De Pedis sagen zu müssen. Die verblüffende Verteidigungsstrategie zeugt von bedingungsloser Unterstützung, als wäre Vergari eine arme, verlorene Seele.

Drei Tage nach dem Telefonat mit »Seiner Exzellenz« ist die Reihe an Ennio Appignanesi, dem ehemaligen Bischof von Potenza. Laut der Ermittler wendet sich Vergari an ihn, um zu erfahren, wie er sich bei einem Verhör verhalten soll. Der Bischof kennt sich mit Ermittlungen und Verhören aus: Beinah stolz berichtet er dem Ex-Rektor von Sant'Apollinare, dass er im Fall der 1993 ermordeten Elisa Claps befragt worden war, deren Überreste man auf dem Speicher der Kirche Santissima Trinità in Potenza gefunden hatte. Wie von »Seiner Exzellenz« wird Vergari auch von dem Bischof Appignanesi gewarnt. Aus den Ermittlungsakten geht hervor:

> [Der Bischof Appignanesi, A.d.A.] warnt Vergari, dass sein Telefon mit Sicherheit abgehört werde. Bei dem Gespräch scheint es sich weniger um eine Unterhaltung unter Freunden zu handeln als um die Planung einer Prozessstrategie, in der alle Aussagen übereinstimmen müssen: Der Bischof erklärt Vergari, dass er nur glaubwürdig sein könne, wenn er stets bei demselben bleibe, wobei es noch besser sei, sich auf sein Aussageverweigerungsrecht zu berufen, da alles »falsch interpretiert« werden könne. Vergari scheint lange darüber nachgedacht zu haben, wie er sich bei der Staatsanwaltschaft am besten verhalten soll, und sagt, er werde sich als geistiger Führer von Enrico De Pedis präsentieren. Der Bischof zeigt sich begeistert. Eine solche Aussage würde allen weiteren Fragen einen Riegel vorschieben, da sich Vergari damit auf das Beichtgeheimnis berufen könne.

> Vergari: [...] Ich kannte da mal jemanden, Enrico De Pedis. Wohlgemerkt ... Enrico De Pedis. Er heißt Enrico! Dann gibt es einen, der Renatino genannt wird.

Appignanesi: Ehm … hör mal … am Telefon. Wenn gegen dich ermittelt wird … als … aufgrund … kann gut sein, dass sie dein Telefon überwachen.

V.: Meinen Sie?

A.: … Wir haben doch nichts zu verbergen, vor niemandem.

V.: … Nein, nein … nichts … nichts zu verbergen? Nichts zu verbergen! Weil, was meinen Sie, machen wir jetzt weiter oder nicht? Was sagt Don E …?

A.: […] Nein, was ich sagen will. Wenn sie dich schon zum dritten Mal vorgeladen haben, dann pass auf! Vor allem muss man immer bei demselben bleiben! […] Damit man glaubwürdig bleibt … Vielleicht können dir da auch andere raten … Wenn du nämlich offen und ehrlich bist … Man kann die Dinge ja immer auf zig Weisen auslegen …

V.: Ja.

A.: Also greift man manchmal zurück auf … will man nicht aussagen, ob einer schuldig ist oder dies und das … Stellt doch Ermittlungen an, ich habe dazu nichts zu sagen … Ich weiß es einfach nicht … ich höre die Frage …!

V.: Im Grunde bin ich 25 Jahre ins Gefängnis Regina Coeli gegangen, ich war so etwas wie ein geistlicher Führer … sozusagen ein Hilfskaplan, nicht? Und als geistiger Führer habe ich das noch einige Jahre weitergemacht … So könnte man sagen, oder? […] Man könnte also sagen, im Grunde war ich ein geistiger Führer, nicht? […]

A.: Ja, und dazu darf dich niemand befragen … das geht niemanden etwas an … da gilt das Beichtgeheimnis … das darf man nicht entwerten. [Du sagst, A.d.A.] Dazu sage ich nichts … Darüber spreche ich nur mit meinem Gewissen und Gott! … Ich habe nur getan, was jeder Geistliche getan hätte. Punkt und aus!

V.: Genau! Richtig! Ich habe keine anderen verschwundenen Personen gekannt, mehr oder weniger.

A.: Sehr gut … sehr gut, wirklich!

Das undurchdringliche Schweigen

Die Ermittler sind von dem, was sie in den Telefongesprächen hören, nicht überrascht. In den vergangenen Jahren hatten Zeugen immer wieder versucht, ausweichend zu antworten, sobald es unbequem wurde. Das zeigt auch der Mitschnitt eines peinlichen Telefonats zwischen dem Vatikanpolizisten Raul Bonarelli und einem von diesem »Capo« (Chef) genannten Mann, bei dem es sich, wie sich später herausstellte, um Camillo Cibin, den Generalinspekteur des damaligen Gendarmeriekorps Vigilanza del Vaticano handelte. Das Telefonat wird am 12. Oktober 1993 geführt, einen Tag, ehe Bonarelli von der italienischen Justiz zum Fall Emanuela Orlandi befragt werden soll:

> Cibin: Ich habe mit Seiner Exzellenz Bertani gesprochen... Und er sagt... als Zeuge, du sagst einfach, was du weißt... und was weißt du über den Fall Orlandi? Nichts! Wir wissen nichts darüber!... Wir wissen, was in den Zeitungen steht, aus den Nachrichten! Von der Sache, die herauskam... zuständig ist... die italienische Rechtsordnung.
>
> Bonarelli: Das soll ich also sagen?
>
> C.: Tja, ja... Was wissen wir schon? Wenn du sagst: Ich habe hier nie ermittelt... Das Amt hat intern ermittelt... die Sache ging dann an... Aber sag nicht, dass sie ans Staatssekretariat gegangen ist.
>
> B.: Nein, nein. Über interne Sachen darf ich nichts sagen.
>
> C.: Nichts.
>
> B.: Ich muss sagen, über die internen Sachen darf ich nichts sagen. Und außen...
>
> C.: Außen hingegen, wenn es die vatikanische Justiz war... kümmert sich die vatikanische Justiz darum... unter sich... du sagst nichts, du weißt ja nichts!
>
> B.: Und wenn sie sagen, ich bin ja beim Vatikan angestellt, welches denn meine Aufgaben sind, ich muss mich ausweisen, sie wissen, wer ich bin.
>
> C.: Na ja, dann wissen sie's eben, was machst du schon? Du schiebst deinen Dienst, deine Schichten, für die Sicherheit in Vatikanstadt. Das ist doch alles.

B.: Ja... Okay. Morgen früh gehe ich also, mache meine Zeugenaussage und dann komme ich, oder?
C.: Dann kommst du, ja.
B.: Okay.
C.: Schon gut, ciao.

Am 22. April 2004 wandten sich die Ermittler mit einem Rechtshilfeersuchen an den Vatikan, um Genaueres über die Rolle von Bonarelli und dem damaligen Generalsekretär des Governatorats Bruno Bertagna zu erfahren, dem das Gendarmeriekorps unterstellt war. Die beiden Männer sind Vatikanbürger und dürfen laut Lateranverträgen nicht einfach von ausländischen Staaten befragt werden. Die vatikanischen Behörden haben nie auf das Rechtshilfeersuchen reagiert.

Zurückblickend kann man sagen, dass die Ermittlungen von Anfang an durch ein ausweichendes Verhalten des Vatikans geprägt waren. In einem Bericht an den Untersuchungsrichter vom 9. Februar 1994 fand der damalige Vizedirektor des italienischen Inlandsgeheimdienstes Sisde, Vincenzo Parisi, deutliche Worte: »Meiner Meinung nach wurden die Ermittlungen dadurch beeinträchtigt, dass zwischen dem italienischen Staat und dem Heiligen Stuhl eine Barriere errichtet wurde.« Ähnlich äußerte sich 1997 auch Generalstaatsanwalt Giovanni Malerba: »Die gesamte Angelegenheit Orlandi war durch das durchgehend reservierte Verhalten des Vatikans geprägt, der sicherlich über die telefonischen Kontakte verfügte, aber den Inhalt seiner Berichte nicht an Justiz- und Polizeibehörden weitergab.«[11]

Im Übrigen wurden vielleicht auch die letzten Ermittlungen im Fall Orlandi von Anfang an durch unbedachte Veröffentlichungen und befremdliche Fehler zum Scheitern gebracht. Am schlimmsten und verheerendsten war in dieser Hinsicht das unglaubliche Informationsleck vom Juni 2008. Am 22. Juni 2008 stellt Rosa Polito von der Presseagentur Agi eine Meldung ins Internet: Die ehemalige Geliebte von De Pedis, Sabrina Minardi, sei bereit, mit den Ermittlern zu kooperieren und über die Ermordung von Orlandi sowie die Beziehungen zwischen ihrem Ex-Freund und dem Vatikan auszusagen, angefangen von den Geldwäscheoperationen der Vatikanbank unter Marcinkus: »De Pedis hatte Interesse daran, mit Marcinkus zu dingsbumsen [sic], weil dieser Gelder aus den Entführungen im Ausland anlegen konnte.« Mit der Meldung hatte Polito zweifellos einen Coup gelandet, aber die Veröffentlichung der durchgesickerten Information durch die großen Tageszeitungen und Fernsehsender sollte sich auf die Ermittlungen negativ auswirken: unter anderem auf die Befragung von Sabrina Minardi durch die Staatsanwaltschaft. Die verängstigte Frau macht nur noch unglaubwürdige Angaben und ändert ihre Aussage mehrfach. Kurzum, sie ist eine unzuverlässige Zeugin. Durch die Veröffentlichung ihrer Aussage werden zudem alle Mitglieder der Magliana-Bande, die etwas über das Verschwinden von Emanuela Orlandi wissen könnten, gewarnt; sie passen nun genau auf, was sie am Telefon sagen, und stimmen ihre Aussagen untereinander ab. Und es gab noch einen seltsamen Zufall: Die Informationen sickern ausgerechnet zu dem Zeitpunkt durch, als die Leitung der Ermittlungen im Fall der Entführung und Ermordung von Emanuela Orlandi in andere Hände übergeht. Am 1. Juli 2008 wird der damalige Ermittlungsleiter Italo Ormanni den Fall an Giancarlo Capaldo übergeben.

Ormannis Ermittlungsarbeit stellte im Vergleich zu früher zweifellos eine Kehrtwende dar. Auf einmal hatten sich neue Perspektiven eröffnet. Die Aussage von Sabrina Minardi hätte auch andere dazu bewegen und ermutigen können, als Kronzeuge auszusagen. Doch dieser Weg war jetzt zur Sackgasse geworden. So wie 2012 plötzlich der Deal mit dem Heiligen Stuhl.

Ungeschickte Ermittlungen

Fehler, falsche Fährten, Informationslecks, die mögliche Kronzeugen zum Verstummen bringen, und das undurchdringliche Schweigen der Kurie führen die Ermittlungen 2015 schließlich aufs Abstellgleis.

Nachdem der Chefermittler Pignatone den im Grunde ergebnis-
losen Bericht der Durchsuchung von Sant'Apollinare erhalten hat,
lädt er am 14. April 2015 alle Ermittler in dem Fall zu einem vertraulichen Gespräch, um über das weitere Vorgehen zu beraten. Ein ent-
scheidender Moment also. Soweit sich das heute noch rekonstruieren
lässt, standen damals drei mögliche Szenarien zur Auswahl: die Ermittlungen fortzusetzen, gegen die Verdächtigen Anklage zu erheben
oder den Fall zu den Akten zu legen. Capaldo wollte die Mafiamit-
glieder, die Emanuela beschattet hatten, vor Gericht bringen. Seiner
Überzeugung nach gab es genügend Anhaltspunkte für die Eröffnung
eines Hauptverfahrens, das dann auch dazu beitragen würde, die
Mauer des Schweigens unter den Zeugen zu brechen. Zudem wollte
er unter den Klassenkameraden von Emanuela ermitteln, weil ihm
dort einiges widersprüchlich schien. »Einige Schüler wussten offensichtlich etwas«, so der Oberstaatsanwalt, »wurden aber wahrscheinlich durch ihre Eltern zum Schweigen angehalten, andere wirkten
förmlich durchgedreht oder als würden sie gar bedroht.« Tatsächlich
hatten ziemlich viele vor, nach oder während der Ermittlungen zum
Fall Orlandi den Verstand verloren, unter anderem Raffaela Monzi,
eine Mitschülerin aus der Musikschule, die Emanuela als letzte noch
gesprochen und lebend gesehen hatte.

Der Leitende Oberstaatsanwalt Pignatone vertritt hingegen von
vornherein die entgegengesetzte Position. Er will die Ermittler davon
überzeugen, den Fall zu den Akten zu legen. Zu dem unerwarteten
Ende der Ermittlungen passt ein vielsagender Zufall: Als man drei
Jahre zuvor das Grab von De Pedis geöffnet hatte, war genau das von
einem Zeugen vorhergesagt worden. Es ist der 20. Mai 2012. Pignatone hat gerade das Ruder übernommen und beschlossen, das Grab
öffnen zu lassen. Das Telefon von Vergari wird noch abgehört. In
einem der mitgeschnittenen Telefonate beruhigt Vergari einen be-
sorgten Freund mit einer unglaublichen Feststellung. In dem Ermitt-
lungsbericht ist das Gespräch so zusammengefasst: »Piero Vergari
sagt, das Grab sei ja jetzt geöffnet, es gäbe nichts, was er in diesem
Zusammenhang sagen oder tun könne, und im Übrigen seien die

Akten ja nun in den Händen eines Richters, der die Ermittlungen beenden will.« Eine Indiskretion oder eine bloße Vermutung? Die Information hatte er jedenfalls wenige Tage zuvor von De Pedis' Witwe bekommen: »Unser Staatsanwalt spricht sowieso alle frei … er legt alles zu den Akten … Es kann sich nur noch um ein paar Tage handeln. Halten Sie einfach noch ein bisschen durch, Don Piero. Kopf hoch!«

Durch die Staatsanwaltschaft geht also ein bislang nie dagewesener Riss. Am 17. April 2015, drei Tage nach dem vertraulichen Gespräch, schickt Capaldo einen bislang unveröffentlichten Brandbrief an den Leitenden Oberstaatsanwalt, den wir im Anhang abdrucken. Darin unterstreicht er noch einmal, dass die »Stichhaltigkeit« der gegen diverse Mitglieder der Magliana-Bande gesammelten Indizien es »zwingend erfordere, eine Vorverhandlung in Erwägung zu ziehen«. Einig sind sich die beiden Männer nur in einem Punkt, die Ermittlungen gegen Piero Vergari einzustellen, weil »die Indizien gegen ihn nicht ausreichen, nicht jedoch, weil er nachweislich nichts mit der Entführung zu tun hätte«. Capaldo möchte zudem gegen einen zwielichtigen Mann ermitteln, der einige Monate zuvor auf der Bildfläche erschienen war. Marco Accetti, von Beruf Regisseur und voller Widersprüche, hatte mehrere Journalisten kontaktiert, unter anderem auch mich, und anschließend die Behörden aufgesucht. Er war anscheinend bestens über den Fall informiert und wies den Ermittlern den Weg zu einer Querflöte, die sich allerdings nicht mit abschließender Sicherheit Emanuela zuordnen ließ. In seinem Schreiben listet Capaldo alles auf, was darauf hindeutet, dass Accetti beunruhigend viel weiß und somit verdächtig ist. Aber Pignatone will davon nichts wissen und weist alle Wünsche seines höchsten Mitarbeiters zurück. Nachdem er noch die Meinung von Staatsanwältin Maisto eingeholt hat, beantragt er beim Ermittlungsrichter am 5. Mai 2015, den Fall zu den Akten zu legen. Allerdings ist Capaldo nicht gewillt, aufzugeben. Er verweigert seine Unterschrift auf dem Antrag, ein Ausdruck schärfster Kritik. Doch obwohl er die

Ermittlungen im Fall Emanuela Orlandi seit Jahren geleitet hat, wird der Antrag auch ohne seine Unterschrift angenommen. Alle Richter der nachfolgenden Instanzen teilen die Haltung des Leitenden Oberstaatsanwalts. Am 6. Mai 2016 werden die Ermittlungen vom Kassationsgerichtshof endgültig eingestellt.

Im Oktober darauf bringt der Regisseur Roberto Faenza einen Film über die Geschichte von Emanuela Orlandi heraus: *La verità sta in cielo* (Die Wahrheit kennt der Himmel). In der Schlussszene sieht man, wie sich ein Staatsanwalt mit einem hohen Würdenträger trifft und man sich gegenseitige Unterstützung verspricht. Aber obwohl der Regisseur erklärte, alles in dem Film entspreche genauestens den Tatsachen, wollte sich niemand näher mit dieser Szene beschäftigen. »Viele Filme«, so Faenza, »weisen den Zuschauer explizit darauf hin, dass alle Personen und Orte frei erfunden sind. Damit soll häufig von vornherein jeder Ärger vermieden werden. Aber in meinem Film nenne ich alle Personen mit vollem Namen und erzähle, was sich tatsächlich zugetragen hat.«[12] Die neuen, beunruhigenden Erkenntnisse, die dieses Buch enthüllt, bestätigen jetzt, was in dem Film nur angedeutet wurde: Monatelang hat die römische Staatsanwaltschaft mit hohen Würdenträgern des Vatikans geheim verhandelt.

Als letzte Hoffnung blieb der Familie Orlandi jetzt nur noch, dass Kardinalstaatssekretär Parolin Emanuelas Bruder versprochen hatte, mit dem Papst über die Angelegenheit zu sprechen. Kurz vor Ostern 2017 lässt der Staatssekretär den Bruder erneut in sein Büro kommen. Er empfängt ihn in demselben Raum wie beim ersten Mal und kommt, wie sich Pietro Orlandi erinnert, sofort zur Sache: »Ich habe mit Franziskus gesprochen, aber man redet offenbar nicht gern darüber. Die ganze Sache ist wohl kompliziert.« Mit wenigen Worten nimmt er der Familie alle Hoffnung. »Die Wahrheit wiegt auch heute anscheinend noch zu schwer«, bemerkt Orlandi. Allerdings überrascht, dass Parolin indirekt zugibt, etwas zu wissen, was nicht für die Öffentlichkeit bestimmt ist. Als sich wenige Monate später, im Juni 2017, das Verschwinden von Emanuela erneut jährt, stellt die Familie Orlandi einen offiziellen Antrag auf Einsicht in den Bericht über Emanuela. Doch der Substitut des Staatssekretariats, Giovanni Angelo Becciu, nimmt der Familie auch diesmal alle Hoffnung: »Der Fall Orlandi ist für uns abgeschlossen. Wir haben alles gesagt, was man von uns wissen wollte. Wir können nichts mehr weiter tun, als den Angehörigen zu versichern, dass wir zutiefst mit ihnen fühlen und leiden. Ich weiß nicht, ob die italienische Staatsanwaltschaft neue Erkenntnisse hat, aber vonseiten des Vatikans ist alles gesagt.«

Jedes Mal, wenn sich die Tür einen winzigen Spalt zu öffnen scheint, wird sie sofort wieder zugeschlagen. Damit bleibt die Wahrheit das Geheimnis weniger Eingeweihter und wird, wie andere Geheimnisse im Vatikan auch, zur ungesicherten Waffe, die jederzeit als Druckmittel, zur Erpressung und für andere Gewaltakte eingesetzt werden kann. Das war wohl auch die Situation, die Johannes Paul I. vorfand, als er wenige Jahre vor Emanuelas Verschwinden zum Papst gewählt wurde. Er war zutiefst erschüttert. Die Händler hatten sich des Tempels mittlerweile vollständig bemächtigt. Es war eine unbequeme Wahrheit, die unter keinen Umständen ans Tageslicht kommen durfte.

---

1 Interview des Autors mit Pedro Huidobro, Rektor von Sant'Apollinare.

2 Aus dem Antrag auf Einstellung des Ermittlungsverfahrens, unterzeichnet von dem Leitenden Oberstaatsanwalt Giuseppe Pignatone. Die Differenz zwischen den 329 Kassetten in der Krypta und der Gesamtzahl von 409 Kassetten in den Unterlagen ergibt sich durch den Fund von Kassetten und sterblichen Überresten an verschiedenen Stellen im Keller. Insbesondere »wurden drei Typen von Gebeinen gefunden«, so das Dokument: »a) 349 Kassetten mit erdverschmierten Knochenfragmenten, b) 16 Kassetten mit Knochen in einer weißlichen, zerbrochenen Konkretion, c) 44 Kassetten mit gereinigten, vollständigen Knochen und teilweise Geweberesten. Anhand dieser Typologie konnte man bestimmen,

dass die Knochen zu mindestens 35 Personen gehören mussten. Der Zustand der Gebeine entsprach dem einer lange zurückliegenden Sargbeerdigung«.

3 Ebd.

4 Ebd.

5 Ebd.

6 https://w2.vatican.va/content/francesco/de/messages/urbi/documents/papa-francesco_20160327_urbi-et-orbi-pasqua.html [Zugriff am 9.4.2018]. (A.d.Ü.)

7 Interview des Autors mit Pietro Orlandi, dem Bruder von Emanuela.

8 Ebd. Pietro Orlandi führt aus: »Eine Mitschülerin erklärte mir, dass Schwester Dolores die Chorproben nach Möglichkeit nicht bei Don Vergari abhielt und lieber in eine andere Kirche ging. Laut der Schülerin mochte Schwester Dolores Vergari überhaupt nicht.«

9 Der Text gehört zusammen mit anderen transkribierten Telefonmitschnitten der Gerichtspolizei zu einem umfangreichen Bericht an Staatsanwältin Simona Maisto.

10 Ebd.

11 Aus dem Antrag auf Einstellung des Verfahrens vom 5. August 1997 an den Ermittlungsrichter.

12 Aus dem Heft *La verità sta in cielo*, das bei der Filmvorführung verteilt wurde und zusammenfassend erläutert, wie der Regisseur Roberto Faenza seine Geschichte überprüft hat.

Der (moralische) Mord an Johannes Paul I.

Das unbekannte Treffen zwischen Papst Johannes Paul I. und Marcinkus

Am 29. September 1978 wurde die Welt von der Nachricht erschüttert, man habe Johannes Paul I. tot in seinem Bett aufgefunden. Seit seiner Ernennung waren erst dreiunddreißig Tage vergangen; sein Pontifikat war damit eins der kürzesten der Kirchengeschichte.[1] Im Lauf der Jahre wurden zahlreiche Thesen aufgestellt, um seinen Tod zu erklären, man sprach sogar von Mord: Der Papst sei dem damaligen Präsidenten der Vatikanbank Paul Casimir Marcinkus und der Welt, für die er stand, im Weg gewesen. Ein erstklassiges Mordmotiv, zweifellos, aber auch nicht mehr. Abgesehen von kaum haltbaren Beweisen und ein paar Schlussfolgerungen fand sich nichts, was für diese Ermittlungsrichtung sprach. Allerdings wurde das Image des Kirchenstaats dadurch beschädigt, dass sich die Todesursache nicht eindeutig nachweisen ließ und somit der Vatikan gar Schauplatz eines fürchterlichen Verbrechens hätte sein können. Der düstere Schatten dieses Ereignisses fiel noch auf die nachfolgenden Pontifikate von Johannes Paul II. und Benedikt XVI. Und bis heute verbreitet der Tod von Johannes Paul I. in der Kurie Angst und Schrecken, weil mancher dort noch diejenigen herumlaufen sieht, die den Mord ausgeführt und davon profitiert haben könnten.

In diesem Kapitel widme ich mich einer bislang überwiegend ungeklärten Frage: Vor welcher Situation stand Papst Johannes Paul I. nach seiner Wahl im Vatikan? Wie stark wurde der Vatikan von Marcinkus' Seilschaften beherrscht? Inwiefern konnte Marcinkus auf den Rückhalt und das stille Einverständnis mächtiger Kardinäle und hoher Würdenträger zählen? Dank bislang unveröffentlichter interner Dokumente der Vatikanbank kann an dieser Stelle erstmals von dem beeindruckenden Finanznetz berichtet werden, das die Kurie bis in die höchsten Kreise hinein durchzog. Kurz vor dem vierzigsten Todestag des vielleicht beliebtesten Papstes und seiner voraussichtlichen Seligsprechung kann die schmutzige Spur von Marcinkus' Geld, die bis in die Räume des Vorgängers von Johannes Paul I., Papst Paul VI., führt, die entscheidende Antwort auf zahlreiche Fragen liefern, die im Zusammenhang mit dem überraschenden Papsttod ungeklärt geblieben sind.

Allerdings setzt mein Bericht schon einige Jahre früher ein, im Frühjahr 1972. Damals wurde der künftige Papst Johannes Paul I. und damalige Patriarch von Venedig Albino Luciani von dem Präsidenten der Vatikanbank Marcinkus im Vatikan empfangen.

»Bieten Sie ihm einen Platz an«, sagt der unumschränkte Herrscher der Vatikanbank zu seiner Sekretärin, der schweigsamen Maria Vittoria Marigonda. Sie soll den bekannten Gast, der im Vorraum langsam ungeduldig wird, hereinbitten. Albino Luciani war schon vor vierzig Minuten in Begleitung seines Sekretärs und eines Freunds aus Venedig durch den Eingang des altehrwürdigen Turms Niccoló V. geschritten, in dem die Bank residiert, und die Stufen zum Präsidentenbüro hinaufgeeilt. Er ist äußerst beunruhigt. Ihm macht insbesondere ein Punkt zu schaffen, der sich in seinem künftigen, kurzen Pontifikat als entscheidend erweisen wird. Er lässt sich weder von Marcinkus' rüden, arroganten Umgangsformen beeindrucken, vor denen ihn einige Freunde gewarnt haben, noch überrascht ihn die Extravaganz des Bischofs, der seine ungewöhnliche Leidenschaft für Zigarren, Golfplätze und Sporthallen auf eine für damalige Zeiten unverschämte Weise zur Schau stellt. Auch dass der Amerikaner mit litauischen Wurzeln 1,86 Meter groß und kräftig ist, schüchtert ihn nicht ein.[2]

Doch was ihm zu schaffen macht, ist die Nähe von Marcinkus zu Papst Paul VI., einem aufrechten und über jeden Zweifel erhabenen Hirten der katholischen Kirche. Schon räumlich ist die Nähe offensichtlich: In nur wenigen Minuten gelangt man, ohne von ungebetenen Lästermäulern gesehen zu werden, vom Büro des IOR-Präsidenten in die Papstwohnung. Schaut man vom Petersplatz auf den Apostolischen Palast, dann liegen die beiden Räume nur wenige

Meter Luftlinie voneinander entfernt. Das Gebäude der Vatikanbank grenzt an den Papstpalast, in dem gleich hinter dem Damasushof die Päpste wohnen. Außer Franziskus, der sich entgegen des Protokolls für das Gästehaus Santa Marta entschieden hat.

Doch Luciani fragte sich vor allem, wieso dieser mürrische Geistliche mit den geringen Finanzkenntnissen eine so steile Karriere im Kirchenstaat gemacht hat. Scheinbar unaufhaltsam führte sein Aufstieg vom Generalsekretär über den Präsidenten der Organisation für die Sicherheit der Papstreisen bis in die strategischen Höhen der Vatikanbank.[3] Marcinkus verfügte zweifellos über Organisationstalent und Führungsqualitäten[4], doch er verstand nichts vom Bankwesen, was für einen solchen Posten eigentlich Voraussetzung gewesen wäre. Lucianis negative Einschätzung verstärkte sich noch, als die Vatikanbank ihre Aktienmehrheit an der Banca Cattolica del Veneto an die Banco Ambrosiano von Roberto Calvi abgab. Der Aktienverkauf war von raffinierten Finanzjongleuren[5] eingefädelt worden. Wie alle im Vatikan wussten, war das nicht das Werk des amerikanischen Bankiers und Bischofs, sondern skrupelloser Führungskräfte wie Luigi Mennini, dem mächtigsten Laien in der Bank. Als erfahrener Bankier hielt der Eisenbahnersohn und Vater von vierzehn Kindern, der in einem bescheidenen, bieder eingerichteten Büro residierte, die Fäden in der Hand.

Das Aktiengeschäft mit Roberto Calvi hatte der Präsident der Vatikanbank im Alleingang abgeschlossen, ohne den Patriarchen von Venedig und die venezianischen Bischöfe einzubeziehen oder zumindest vorab zu informieren. In Venedig war man verärgert. Warum überließ man eine katholische Traditionsbank einem eher undurchsichtigen Privatbankier wie Calvi? Luciani wollte Erklärungen, aber auch seinen Unwillen zum Ausdruck bringen. Nach einem Termin bei Giulio Andreotti hatte er einen Audienztermin bei Paul VI. erhalten. Dort wollte er sein persönliches Bedauern über den Vorgang zum Ausdruck bringen. Der Papst hatte ihn herzlich empfangen, aber seine Beschwerde nicht sonderlich ernst genommen. Doch um den

Patriarchen von Venedig zu besänftigen, hatte er ihm ein direktes Treffen mit Marcinkus angeboten, weil dieser bestimmt alles genau erläutern könne. Das zumindest hoffte Albino Luciani. So weit der Hintergrund des Treffens zwischen dem Patriarchen aus Venedig und der Nummer eins der Vatikanbank, über dessen Inhalt hier erstmals berichtet wird.

Die Sekretärin von Marcinkus kündigt Luciani also an. Während seine Begleiter im Vorraum zurückbleiben, betritt er ohne besondere Begeisterung das Büro und geht auf Marcinkus zu. Als er vor ihm steht, bringt er ohne jedes Vorgeplänkel, aber auch ohne laut zu werden, sofort seine Beschwerde vor. Er nimmt sogar die These vorweg, dass die venezianische Diözese alle Konten schließen und zur Banco San Marco transferieren wolle.[6] Luciani ist dafür bekannt, dass er sensibel und eher zurückhaltend ist. Sein sanftes Lächeln wird Jahre später um die Welt gehen. Doch anders als man vielleicht denken würde, ist er keinesfalls anpassungsbereit und nachgiebig. Er trägt seine Vorstellungen mit Entschiedenheit vor. Er ist es nicht gewohnt, zurückzuweichen. Kompromisse liegen ihm nicht.

Marcinkus lässt ihn reden, ohne etwas zu sagen oder eine Miene zu verziehen. Wie der Patriarch von Venedig bald merkt, hört ihm sein Gegenüber nur aus Höflichkeit zu, ohne von seinen Fragen irgendwie beeindruckt oder überhaupt daran interessiert zu sein. Der Präsident der Vatikanbank ist kühl und selbstsicher. Ihn kann scheinbar nichts erschüttern. Egal, was Luciani fragt, er erhält keine Antwort. Schon nach wenigen Minuten ist das Treffen beendet. Doch die unüberbrückbare Distanz, die hier zwischen den beiden Männern sichtbar wird, wird in den nächsten Jahren noch zunehmen. Sie sind in allem unterschiedlicher Meinung, angefangen beim Evangelium. Während Luciani, wie heute Papst Franziskus, eine Kirche der Armen wollte, weil die Kirche nur so glaubwürdig sein könne, konnte Marcinkus besser als die *Ave Maria* am Rosenkranz Geldscheine zählen. Dass Paul VI. seinen künftigen Nachfolger ausgerechnet zu Marcinkus schickte, der ihn derart behandelte, lässt das Verhältnis zwischen Papst und Bankier noch merkwürdiger erscheinen. Warum förderte der Papst diesen Mann? Eine offene Frage, vor allem für den bescheidenen Pastor Albino Luciani aus Canale d'Agordo in den Dolomiten, einem kleinen Dorf, das in dessen Geburtsjahr 1912 nur knapp zweitausend Einwohner hatte.

Luciani verlässt Marcinkus' Büro mit düsterer Miene und leicht irritiert. Gegenüber seinen Begleitern erwähnt er nur einen einzigen kurzen und bislang unbekannten Satz des mächtigen Bankiers in Priesterkleidung, der ihn besonders verstört hat: »Während Sie für die Diozöse arbeiten«, hatte Marcinkus beim Abschied gesagt, »arbeite ich für das Überleben der Kirche«. Der scharfe, verächtliche Ton verriet viel über den mächtigen Mann, der mit einer Laienschar selbstherrlich über das Finanznetz im Vatikan herrschte. Albino Luciani war für Marcinkus damals ein Niemand, der sicherlich kein Problem darstellen würde; er war nur einer von vielen italienischen Bischöfen, die sich über Dinge beschwerten, die sie nichts angingen.

Der Bankier der Vatikanbank konnte damals nicht ahnen, dass dieser sanft lächelnde Venezianer kaum sechs Jahre später vom Konklave zum Nachfolger von Paul VI. bestimmt werden würde, und hätte wohl auch niemals gedacht, dass Johannes Paul I., wie er sich dann nannte, so entschlossen wie niemand vor und nach ihm versuchen würde, Führung und Finanzen des Vatikans transparent zu gestalten.[7]

Ein hervorragendes Motiv

Wieso konnte Marcinkus sich dieses Verhalten überhaupt erlauben? Weil ihm Anfang der siebziger Jahre eine strategische Aufgabe zugefallen war: Er sollte das von verschiedenen Seiten in Bedrängnis geratene Vermögen des Vatikans retten. Und zwar schnell. Nach dem Tod von Johannes XXIII. waren die Spenden der Gläubigen dramatisch zurückgegangen, von 19 auf 5 Milliarden Lire. Zudem schwebte über dem Vatikan das drohende Damoklesschwert der Steuer: Seit die Sozialisten in der Regierung waren, plante man, Dividenden zu besteuern. Für die Kirche bedeutete das angesichts eines Aktienvermögens von 1,2 Milliarden heutiger Euro eine erhebliche Belastung.

Um der Steuer zu entgehen, musste man das italienische Aktienvermögen schnellstens loswerden. Paul VI. hatte diese Aufgabe Marcinkus und dessen ziemlich effektivem Steuerberater, dem Sizilianer Michele Sindona, anvertraut.[8] Sindona machte gerade steil Karriere. Bei waghalsigen Finanzgeschäften wandte sich die italienische Geschäftswelt gern an ihn. Und nicht nur das. Er schuf auch Finanzkanäle, über die die Mafia ihre Gelder waschen konnte; zu seinen Kunden gehörten Bosse wie der Italoamerikaner Joe Adonis aus der Familie Vito Genovese. Gleichzeitig war Sindona unentwegt bemüht, das Aktienvermögen des Vatikans ins Ausland zu transferieren: ob Aktien der Immobiliengesellschaft Bastogi, der ältesten italienischen Aktiengesellschaft, oder des Unternehmens Pastanella. Dass er diese Aufgabe übernehmen konnte, lag an seiner Seilschaft mit Marcinkus und dem Mailänder Privatbankier Roberto Calvi. Es war Sindona gewesen, der dem Präsidenten der Vatikanbank gleich nach dessen Amtsübernahme Calvi vorgestellt hatte. Bei Sindona liefen die Fäden zweier Welten zusammen, die eigentlich unterschiedlicher kaum sein konnten: Mafia und Vatikan. Dieses Triumvirat konnte die Aktienkurse an der Mailänder Börse beeinflussen und manipulieren. Denn die drei Männer bildeten einen starken Interessenblock, der von mächtiger Seite, wie von der Freimaurerloge P2 (Propaganda Due), geschützt wurde. So konnte Licio Gelli, der »Meister vom Stuhl« der Loge – er ist zugleich ein Freund Marcinkus' und pflegt gute Beziehungen zu Paul VI. – viele Führungskräfte aus Justiz, Streitkräften, Polizei, Politik und Wirtschaft um sich versammeln. Giulio Andreotti nannte Sindona 1973 sogar den »Retter der Lira«, weil er dessen Meinung nach in der Lage war, die italienischen Märkte, aber auch das politische und wirtschaftliche Establishment zu schützen.

Doch das Problem waren nicht nur die Geschäfte der Vatikanbank, auf die Sindonas und Calvis Leute mit Marcinkus' Zustimmung nach Belieben Zugriff hatten. Hinzu kommt eine weitere erschütternde Tatsache, die erst heute, 45 Jahre später, deutlich zutage tritt und entscheidend zum Verständnis der Gründe beiträgt, die zum Tod von Johannes Paul I. führten. Denn das in der Vatikanbank entwickelte System hatte die Grenzen des altertümlichen Turms, in dem sich die Bankbüros noch heute befinden, längst überschritten. So wie ein Magnet alles an sich zieht und alle Widerstände überwindet, hatte der Machtblock seine Tentakel bis in die Räume des Apostolischen Palastes ausgestreckt, bis in die Papstwohnung hinein. Marcinkus und seine Truppe in der Vatikanbank betreuten umfangreiche Girokonten verschiedener unverdächtiger vatikanischer Würdenträger, und zur Freude der hochgestellten Kontoinhaber vermehrte sich das Geld auf den Konten prächtig. Das Treffen zwischen Luciani und Marcinkus, das auf den ersten Blick unbegreiflich scheint, konnte derart verlaufen, weil Marcinkus mittlerweile zum Alleinherrscher in der Bank aufgestiegen war und im Vatikan über enorme Macht verfügte. Die Lage war schlimmer, als man es sich überhaupt vorstellen kann.

Das ausgedehnte Machtsystem um Marcinkus war durch unüberschaubare Verzweigungen und Absprachen gekennzeichnet. Marcinkus' Netzwerk umfasste hohe Prälaten, Bischöfe und unverdächtige Kardinäle, darunter die engsten Mitarbeiter von Paul VI., zuständig für Vorgänge, die auch den Papst betrafen. Die Kurie wurde von Marcinkus' Seilschaft beherrscht. Was dem Patriarchen von Venedig widerfahren war, war nur die logische Folge davon, denn der Bankier Gottes fühlte sich unantastbar. Niemand konnte mit dem Finger auf ihn zeigen und ihn bei den Oberen ankreiden, denn er betreute deren Konten und fädelte die Finanzgeschäfte ein – und diese Geldströme hatten nichts mit den religiösen Werken zu tun, die die Vatikanbank im Namen trägt: IOR – Institut für die religiösen Werke (Istituto per le Opere di Religione). Theoretisch könnte man natürlich auch denken, dass Marcinkus und seine Mitarbeiter durch ihre überwältigende Machtfülle und ihren großen Einfluss dazu verführt wurden, Girokonten einfach ohne Wissen der Inhaber für ihre eigenen schamlosen Geschäfte zu nutzen. Doch der hohe Rang der beteiligten Kontoinhaber macht das unwahrscheinlich. Damit hätten sich Marcinkus und Co. auf gefährliche und noch dazu völlig überflüssige Weise angreifbar gemacht und falls sie aufflogen, den konkreten Vorwand für ihren Rausschmiss gleich mitgeliefert.

Die Girokonten des Papstes und seines Privatsekretärs

Am bemerkenswertesten in diesem Zusammenhang ist allerdings, dass die Beziehung zwischen Marcinkus und Paul VI. weit enger und umfassender war, als bisher öffentlich bekannt und als Albino Luciani bei seiner Wahl zum Papst jemals hätte ahnen können. Die beiden Männer hatten sich über den einflussreichen Prälaten Pasquale Macchi kennengelernt, der schon Mitte der fünfziger Jahre zum Privatsekretär des einstigen Erzbischofs von Mailand Giovanni Battista Montini und späteren Papstes Paul VI. geworden war.[9] Macchi hatte die Ernennung von Marcinkus zum IOR-Präsidenten befürwortet und war, wie auch Kardinal Giovanni Benelli, zum wichtigen Ansprechpartner des Papstes geworden. Der vertrauensvolle Privatsekretär teilte mit Marcinkus und Calvi die Liebe zur Kunst,[10] doch der eigentliche Dreh- und Angelpunkt ihrer Beziehung war das Geld. »Macchi hatte das Ohr des Papstes und Marcinkus seinen Geldbeutel«, stellte der Autor John Cornwell sehr treffend fest.[11]

Die größten Überraschungen hält allerdings die Analyse der Kassenblätter der Vatikanbank jener Jahre bereit, auf denen sämtliche Kontobewegungen – die wichtigsten Belege finden sich im Anhang –, dokumentiert sind. Insbesondere die Konten von Macchi deuten auf eine ungewöhnliche Vermögenssituation für einen Priester hin, der sich eigentlich um die Seelen der Gläubigen kümmern soll. Zum besseren Verständnis empfiehlt es sich, in die Mitte der siebziger Jahre zurückzukehren, wenige Jahre nachdem sich Luciani und Marcinkus zum ersten Mal begegnet waren. Damals verdiente ein durchschnittlicher Arbeiter – inflationsbereinigt – ungefähr 800 heutige Euro, während ein Kleinwagen wie der Fiat 126 6000–7000 Euro kostete. Macchi besaß im Wesentlichen zwei Konten mit schwindelerregend hohen Einlagen, ein Lira- und ein Dollarkonto. Sein persönliches Girokonto mit der Kontonummer 051 3 01303L, von dem hier erstmals öffentlich die Rede ist, wies am 20. März 1974 einen Saldo von sage und schreibe 1.707.364,54 Lire oder inflationsbereinigt nach Istat, dem italienischen Bundesamt für Statistik, 9,5 Millionen Euro auf.[12] An diesem Tag wird das Konto durch eine gewaltige Finanz-operation fast leergeräumt: Der Gegenwert von 1.687.071,96 Dollar wird entnommen und anschließend, wieder in Lire, auf ein zweites persönliches Girokonto mit der Nummer 001 2 01103Y umgebucht. Auf diesem befinden sich nun, wiederum inflationsbereinigt, 9.325.844,54 Euro. Ebenso verdächtig scheinen auch die Beträge auf anderen Konten, etwa dem Depotkonto 051 6 00555K von »Privat-sekretär Seiner Heiligkeit (M.M.)«,[13] mit Aktiva im Wert von 2.126.608,54 Dollar, was heute ungefähr 11.700.000 Millionen Euro entspricht.

Ungewöhnliche Kontobewegungen für einen Privatsekretär, erst recht für den des Papstes, ungewöhnlich aber auch im Vergleich zu den Vorjahren. Das Dollarkonto von Macchi erlebt ausgerechnet im Jahr 1974 einen nie dagewesenen Höhenflug. Auch wenn das am 8. Januar 1970 eröffnete Konto von Anfang an prächtig gedieh, blieb der Zuwachs verglichen mit dem Zeitraum der Jahre 1973–74 doch bescheiden. In dem von uns betrachteten Zeitraum lag der höchste Saldo am 28. Januar 1971 bei 200.000 heutigen Euro.

Aber damit noch nicht genug der Überraschungen. Am 23. März 1974 taucht in einem Vorgang mit einer US-Bank sogar Papst Paul VI. auf. Auf zwei Schecks ist sein Name ausdrücklich vermerkt. So muss der Scheck Nummer 0152 der New Yorker FNCB-Bank im Wert von 1.150.000 Dollar oder 6.355.963 heutiger Euro in der Vatikanbank verbucht werden.[14] Und wer ist der Empfänger? »Zu Gunsten S. H. Paul VI. als Auszahlung Jahresergebnis 1973«, heißt es in dem entsprechenden Kassenblatt. Höchstwahrscheinlich handelt es sich um die Dividenden einer mit dem Vatikan verbundenen Aktiengesellschaft, auch wenn das daraus leider nicht hervorgeht. Die Dividenden stehen also Paul VI. zu. Abgewickelt wird das Ganze über das Konto der New Yorker FNCB bei der Vatikanbank. Zur gleichen Zeit sind in den Büchern der New Yorker Bank – sicherlich rein zufällig – ziemlich undurchsichtige Geschäftsvorgänge zwischen Ita-lien und den USA verzeichnet.[15]

Kontobewegungen des Kontoinhabers »Mons. Macchi«, Privatsekretär von Paolo VI.

Datum	Konto	Kontoinhaber	Vorgang	Betrag	Entsprechender Betrag in Euro (August 2017)
20. März 1974	051 3 01303L	MONS. P. MACCHI	ZINSAUSZAHLUNG 20.292,58 DOLLAR	SALDO 1.707.364,54 DOLLAR	9.436.474,82
20. März 1974	001 6 00259M	PRIVATSEKRETÄR S.H. (M.M.)	ZINSAUSZAHLUNG 20/3/74	6.614.920 LIRE	44.477,08
20. März 1974	001 2 01103Y	MONS. PASQUALE MACCHI	ZINSAUSZAHLUNG 20/3/74	2.457.535 LIRE	16.523,86
20. März 1974	051 6 00555K	PRIVATSEKRETÄR S.H. (M.M.)	ZINSAUSZAHLUNG 20/3/74 7663,54 DOLLAR	SALDO 2.126.608,54 DOLLAR	11.753.604,73
20. März 1974	001 2 01103Y	MSR. P. MACCHI	DOLLARVERKAUF 1.687.071,96	GUTSCHRIFT 1.387.000.000 LIRE	9.325.844,54
20. März 1974	051 6 00555K	PRIVATSEKRETÄR S.H. (M.M.)	DOLLARVERKAUF 2.118.945	GUTSCHRIFT 1.742.000.000 LIRE	11.712.776,63
23. März 1974	051 6 00555K 001 6 00259M	PRIVATSEKRETÄR C/M.P.M. IDEM	VON KTN 051 6 00555 585.885 DOLLAR 440.000.000 LIRE AN KTN 001 6 00259	GUTSCHRIFT LIRE 440.000.000	2.958.451,04
1. August 1974	VON: 051 3 01303L AN: 001 2 01103Y	PRIVATSEKRETÄR C/M.P.M. IDEM	UNSER ANKAUF VON KTN 051 3 01303 DOLLAR 1.250.758 UMTAUSCH IN LIRE 938.068.855	GUTSCHRIFT 938.068.855 LIRE	5.764.249,43
1. August 1974	VON: 051 6 00555Y AN: 001 6 00259M	PRIVATSEKRETÄR C/M.P.M. IDEM	DOLLARANKAUF UND UMTAUSCH IN LIRE	GUTSCHRIFT 318.778.125 LIRE	1.958.829,16
7. August 1974	051 3 01303L 001 2 01103Y	PRIVATSEKRETÄR C/M.P.M. IDEM	UNSER ÜBERTRAG AN KTN 051 3 01303 DOLLAR 1.359.520	GUTSCHRIFT 1.359.520 DOLLAR	6.265.488,14
7. August 1974	VON: 001 6 00259M AN: 051 6 00555K	PRIVATSEKRETÄR C/M.P.M. IDEM	ANKAUF UND UMTAUSCH VON LIRE IN DOLLAR	GUTSCHRIFT 462.000 DOLLAR	2.129.174,65
31. Oktober 1975	VON: 001 2 01103Y AN: 051 3 01303L	PRIVATSEKRETÄR M.P.M. PRIVATSEKRETÄR M.P.M.	GIROKONTO	GUTSCHRIFT 1.500.000 DOLLAR	5.108.270,54
10. Juni 1976	VON: 001 2 01103 AN: 051 3 01303	M.P.M. M.P.M.	VORGANG ORD/E C	GUTSCHRIFT 1.200.000 DOLLAR	5.206.837,48

Doch zurück zu den beiden Schecks für den Papst, denn der zweite ist noch vielsagender. Der Scheck Nummer 0153 hat denselben Empfänger (»Zu Gunsten S.H. Paul VI.«) und führt ebenso zu der New Yorker FNCB. Doch diesmal handelt es sich um eine Verbindlichkeit und einen erheblich geringeren Betrag: 275.000 heutige Euro. Das Außergewöhnliche an diesem Vorgang ist jedoch der Inhaber, dessen Konto 051 3 01588 mit diesem Betrag belastet wird. In dem entsprechenden Kassenblatt – siehe Anhang – steht überraschenderweise: Cisalpine Fund. Um wen handelt es sich hier? Vermutlich um die Geisterbank Cisalpine Overseas von Calvi, dem entscheidenden Faktor beim Zusammenbruch der Banco Ambrosiano. Die wenige Jahre zuvor, am 23. März 1971, gegründete Cisalpine Overseas Bank hatte ihren Sitz in Nassau, Bahamas, und sollte 1980 zur Banco Ambrosiano Overseas werden, mit Marcinkus, Sindona und Gelli im Vorstand. Die Cisalpine gehörte zu den führenden Gesellschaften der sogenannten »Auslandsabteilung« der Ambrosiano, zu der Calvi Bankgelder umlenkte, die er unbeobachtet verwalten wollte. Die römischen Staatsanwälte Luca Tescaroli und Maria Monteleone, die später im Todesfall Calvi ermittelten, halten in ihrem Gedächtnisprotokoll fest:

> Die Gründung der Cisalpine Overseas Bank durch Roberto Calvi, Michele Sindona und Prälat Marcinkus im Jahr 1971 erweckt Aufmerksamkeit, weil die Bank bei ihrer Gründung Einlagen in Höhe von 240 Millionen Dollar von der Ambrosiano erhielt, die 1977 schließlich sogar bei 456,6 Millionen Dollar lagen. Doch offensichtlich stammten nur 254 Millionen Dollar von den Beteiligungsgesellschaften der Ambrosiano-Gruppe. Die Herkunft der restlichen 211,6 Millionen Dollar konnte von den Prüfern der italienischen Zentralbank Banca d'Italia nie geklärt werden.

Es gibt verschiedene Anhaltspunkte dafür, dass der Cisalpine Fund zu der Gesellschaft in Nassau gehörte. Da Marcinkus' Vatikanbank Anteile an dem Fond hielt, kann man davon ausgehen, dass die Bank Dividenden einnahm und für eventuelle Kosten aufkam. Und genau dafür wurde der Cisalpine Fund gegründet. Allerdings erscheint hier zum ersten Mal der Name von Papst Paul VI. auf einem Dokument der Vatikanbank, das im Zusammenhang mit der Ambrosiano steht, oder eigentlich, noch schlimmer, mit einer Scheingesellschaft von Calvi, die man den »Geldspeicher des Parallelimperiums von Roberto Calvi« genannt hat.[16] Viel Erklärungsspielraum gibt es hier nicht. Am naheliegendsten ist wohl die Annahme, dass der Papst auf dem Scheck angeführt wurde, um von vornherein jede Kritik an den klassischen Back-to-Back-Vorgängen von Calvi zum Schweigen zu bringen, daran, dass zwischen Calvis Banken Gelder hin- und hergeschoben wurden, um Empfänger und Aussteller zu verschleiern. Die zweite mögliche Erklärung wäre noch besorgniserregender: Paul VI. hat tatsächlich von den Auslandsspekulationen der Achse Marcinkus-Calvi profitiert und wäre somit unauflöslich mit dem Präsidenten der Vatikanbank verbunden. In gewissem Sinne lässt sich auch aus Marcinkus' eigenen Aussagen eine Erklärung herauslesen. Er stellt nämlich wiederholt fest, dass »der Papst über sämtliche Gewinne der Vatikanbank verfügt«.[17] Doch das scheint vor allem ein windiger Schachzug zu sein, mit dem er dem Vatikan eine offensive Verteidigungsstrategie auferlegen will. Marcinkus spricht hier lediglich von einer sehr allgemeinen Verfügbarkeit, während die Kassenblätter von sehr greifbaren, realen Erträgen zeugen.

Johannes Paul I. und Franziskus träumen von demselben
Wenn die Gewinne aus Calvis Cisalpine Overseas Bank dem Papst unmittelbar zu Verfügung standen, konnte das nur eins bedeuten: Der Papst war mit dem System einverstanden. Oder sollte er von den Vorgängen, bei denen es in den Kassenblättern »Zu Gunsten von S.H. Paul VI.« heißt, nichts gewusst haben? Allerdings würde das andere, ebenso besorgniserregende Fragen aufwerfen: Wie konnte es sein, dass Paul VI. von den gewaltigen Geldströmen, die über das Konto seines Privatsekretärs flossen, nichts wusste? Woher stammten die beträchtlichen Geldmengen, die über das Kontennetz von Macchi bewegt wurden? Und zu welchem Zweck wurden sie

sogar auf die Privatkonten des päpstlichen Privatsekretärs eingezahlt? All diese Fragen sind bis heute ungeklärt. Doch angesichts der
engen persönlichen Beziehung zwischen Macchi und Marcinkus
muss man wohl davon ausgehen, dass die Konten der sichtbare
Spiegel ihrer Beziehung waren und der eigentliche Empfänger der
Gelder Macchi war.[18]

Ein Jahr später zeigten sich erste Risse im System. Schon im
Spätsommer 1974 sollte sich der Zusammenbruch von Sindonas
Galaxie ankündigen.[19] Die italienische Zentralbank bestellte den Anwalt Giorgio Ambrosoli zum Konkursverwalter. Wenige Jahre später,
1979, sollte Ambrosoli dann von einem Auftragskiller Sindonas ermordet werden. Doch wer nun geglaubt hatte, dass das ganze System
mit Sindonas Niedergang zusammenbrechen würde, sah sich enttäuscht: Es handelte sich nur um leichte Setzrisse. Durch das Ende
der Ära Sindona wurde Marcinkus' und Calvis Rolle in dem System
noch gestärkt. Calvi leitete in jenen Jahren mehr Gelder denn je von
der Banco Ambrosiano zu der im Schatten zwischen Bahamas, Südamerika und Schweiz prächtig gedeihenden Offshore-Galaxie um.

Für Italien ist es eine dunkle Zeit. Die Unternehmen leiden unter
der Wirtschaftskrise, die sozialen Konflikte nehmen zu und der
Terrorismus verbreitet Angst und Schrecken. Besonders die Entführung und anschließende Ermordung des christdemokratischen Politikers Aldo Moro, der am 9. Mai 1978 tot aufgefunden wird, erschüttert das Land. Am 6. August desselben Jahres stirbt Paul VI. nach
15 Papstjahren in Castel Gandolfo.[20] Im Konklave, das darauf folgt,
wird Albino Luciani zum 263. Papst gewählt: »Möge der Herr euch
verzeihen, was ihr mit mir gemacht habt«, waren die ersten Worte
des neu gewählten Papstes.

Johannes Paul I. möchte die Kurie von Anfang an reformieren.
Sein Ziel ist es, die Organisationsstruktur umzukrempeln und dem
intern herrschenden Machtsystem das Haupt abzuschlagen. Schon
am Nachmittag des 28. September 1978 bestellte er seinen höchsten
Mitarbeiter, Kardinal Jean-Marie Villot, ein, um ihm mitzuteilen,
dass er entlassen ist. Dasselbe Schicksal ereilte bald auch Marcinkus

und dessen engste Mitarbeiter, den Generalsekretär der Bank, Prälat Donato de Bonis, und Luigi Mennini, den Kopf des Finanznetzes.

Johannes Paul I. stellte sich eine transparente Kirche vor, die für die Armen da ist; er wollte den zunehmend größer und stärker werdenden Machtblock in und um die Vatikanbank, der sich seiner Verbindungen zu Gelli, zur P2, zu Calvi und wer weiß welchen anderen kriminellen Unterwelten rühmte, aufbrechen.[21] Auch wenn Paul VI. mithilfe dieses Systems vielleicht die Vatikanfinanzen hatte sanieren können, waren die Methoden und Geldströme für Johannes Paul I. inakzeptabel. Die Kardinäle versuchten, ihm das Vorhaben – aus Eigeninteresse oder um einen Skandal zu vermeiden – auszureden, und rieten ihm stattdessen zu kleineren Veränderungen der Fassade, indem man gewisse Leute wegbeförderte.[22] Doch der Papst hörte auf niemanden, auch nicht auf Kardinal Villot, der ihn mit sanfter Überredungskunst dazu bringen wollte, die Meinungsverschiedenheit diplomatisch beizulegen. Obwohl das Vorhaben in der Kurie ein Erdbeben auslösen würde, wollte es der Papst voranbringen, um mit den skrupellosen Geschäften des Trios Sindona-Calvi-Marcinkus endlich Schluss zu machen. Vom ersten Tag an ging er auf Konfrontationskurs. Doch er konnte nicht wissen, wie weit verzweigt das Netz und wie groß die Macht des monolithischen Blocks war. Man nimmt ihn erbarmungslos unter Dauerbeschuss. Man will ihm die Selbstachtung nehmen und ihm das Gefühl geben, der Rolle nicht gewachsen zu sein. Man will ihn isolieren. Marcinkus' rüde Aussage über den neuen Papst ist in dieser Hinsicht äußerst vielsagend:

> Dieser arme Mann, Papst Johannes Paul I., kommt aus Venedig, das ist eine kleine überalterte Diözese, 90.000 Menschen in der Stadt, alte Priester. Auf einmal verschlägt es ihn dann hierher, und er weiß nicht einmal, wo die Büros *sind*. Er weiß überhaupt nicht, was das Staatssekretariat *macht*. [...] Sie nannten ihn den *lächelnden* Papst [...] Aber lassen Sie mich eines sagen ... das war ein sehr *nervöses* Lächeln. [...] Er übernimmt also das Ganze. [...] Er setzt sich hin, der Staatssekretär bringt ihm einen Stoß Papiere und sagt: »Gehen Sie das durch!« Er weiß nicht einmal, wo er anfangen soll.[23]

Das große Bedürfnis, eine andere Kirche aufzubauen, lässt den Papst Tag für Tag angespannter werden, wie auch sein persönlicher Arzt, Giuseppe Da Ros, feststellen sollte, der ihn nur eine Woche vor seinem Tod untersuchte: »Seine neue Rolle bedeutete eine erhebliche Belastung. Auf diese Verantwortung war er nicht vorbereitet oder daran gewöhnt. Ich habe ihm gesagt, dass er mit diesem Pensum nicht weitermachen könne, aber er antwortete mir nur, das ginge eben nicht anders.«[24] Trotzdem kann die Todesursache nicht einfach nur übermäßiger Stress gewesen sein.

Die Händler im Tempel

Papst Johannes Paul I. stirbt am 28. September, nachts. Am nächsten Tag erläutert der Vatikan in einer Pressemitteilung, dass der päpstliche Leibarzt, Renato Buzzonetti, als Todesursache »einen akuten Infarkt des linken Herzmuskels« festgestellt habe:

> Heute Morgen, den 29. September 1978, gegen 5.30 Uhr fand der päpstliche Privatsekretär John Magee den Papst nicht wie sonst in der Privatkapelle vor und suchte ihn darum in seinem Zimmer auf. Dort fand er ihn tot in seinem Bett. Das Licht war eingeschaltet, als würde er lesen. Der Arzt Renato Buzzonetti, der sofort herbeigeeilt kam, stellte den Tod fest. Vermutlich ist dieser am Vorabend gegen 23 Uhr durch einen akuten Infarkt des linken Herzmuskels eingetreten.

Als man die Öffentlichkeit informierte, entstanden sofort zwei Lager. Während die einen meinten, der Papst sei ermordet worden, sagten die anderen, er sei der Last des Amtes aufgrund seiner schwachen Gesundheit nicht gewachsen gewesen. Zu den verschiedensten Vermutungen trugen zahlreiche Ungereimtheiten bei, die die veröffentlichte Darstellung des Todes von Anfang an begleiteten. Wer hatte den leblosen Körper von Johannes Paul I. wirklich gefunden? Laut Vatikan der päpstliche Privatsekretär, doch das wurde schon kurze Zeit später bestritten. Wesentlich glaubwürdiger scheint, was die Sekretäre des Papstes sagen. Pater John Magee habe das päpstliche Schlafzimmer als Erster betreten, gefunden habe ihn aber jemand anders: Schwester Vincenza Taffarel. Die Krankenschwester betreute den Papst seit über zwanzig Jahren, seit seiner Zeit in Venedig. Pater Magee berichtet:

> Die Schwestern brachten dem Papst gewöhnlich um 5.00 Uhr morgens Kaffee, weil er um 4.30 Uhr aufstand und dann Kaffee trank. Sie stellten den Kaffee auf die Brüstung, wo er ihn wegnehmen konnte. Doch an jenem Morgen bemerkten sie, dass er den Kaffee nicht getrunken hatte. Sie klopften an die Tür, aber niemand antwortete. Als sie die Tür öffneten, sah eine der Schwestern (Vincenza Taffarel), dass über dem Bett die Leselampe brannte. Der Papst war tot. Die Schwestern klopften daraufhin an meine Tür und riefen: »Der Papst ist tot, der Papst ist tot.« Ich antwortete: »Das kann nicht sein. Ich habe gestern noch mit ihm gesprochen, er war völlig gesund.« »Doch, doch, kommen Sie, so kommen Sie doch«, riefen sie. Also habe ich mir die Soutane übergeworfen und bin hinuntergerannt. Den Schwestern sagte ich, sie sollten draußen warten; ich bin allein in das Zimmer gegangen und habe gesehen, dass der Papst tot war. Er saß dort, als würde er lesen: In den Händen hielt er die Blätter einer Predigt. Ich erinnere mich, dass die Fingerspitzen das Papier geradezu durchbohrt hatten. Er hatte noch die Brille auf und lächelte. Aber als ich ihn berührte, war er steif und kalt. Der Tod musste schon vor längerer Zeit eingetreten sein. Ich habe mich niedergekniet und geweint.[25]

Warum wurde keine Obduktion vorgenommen? Nach Bekanntwerden des Todes kamen die in Rom anwesenden Kardinäle zusammen und berieten darüber, entschieden aber, den Leichnam lediglich von drei Ärzten untersuchen zu lassen. Am 2. Oktober lag der Arztbericht dann auf dem Schreibtisch von Privatsekretär Kardinal Villot: Buzzonettis Diagnose wurde bestätigt, nur einer der drei Ärzte empfahl eine Obduktion. Als sich die Kardinäle zum zweiten Mal trafen, beurteilten sie den auf Tod durch Herzinfarkt ausgestellten Totenschein als zuverlässig und sprachen sich mit großer Mehrheit gegen eine Obduktion aus. Damit war der Leichnam ohne weitere Überprüfungen oder Untersuchungen zum Begräbnis freigegeben.[26]

Doch die These vom natürlichen Tod krankt an einem Widerspruch. In der gesamten Geschichte des Vatikans gehörte die Gesundheit der Päpste stets zu den bestgehütetsten Geheimnissen. Die Gläubigen werden zwar informiert, wenn der Papst ins Krankenhaus eingeliefert wird oder sich die Audienz- und Reisezeiten ändern, aber kaum oder nie über Einzelheiten seines Gesundheitszustands. Die Krankenakte des Papstes wird in der Papstwohnung sorgfältigst gehütet, und ohne die ausdrückliche Zustimmung des Papstes hat dazu niemand Zugang. Wie konnte also Buzzonetti, der den Papst noch nie untersucht hatte, einen akuten Infarkt des linken Herzmuskels diagnostizieren? Nur der Leibarzt Da Ros kannte den Gesundheitszustand oder mögliche Leiden des Papstes. Er hat aber stets gesagt, sein Patient habe keinerlei Herzprobleme gehabt, kein Diabetes und noch nicht einmal einen erhöhten Cholesterinwert. Kann man die vom Vatikan genannte Version also wirklich für glaubwürdig halten, ist ein lächelnder, wie lesend im Bett sitzender Papst ohne jeden Anflug von Leiden im Gesicht bei einem Infarkt eigentlich zu erwarten? Ein lächelndes Gesicht passt eher zu einem Tod durch Vergiftung: Aufnahme des Gifts beim Lesen, dann Koma und Tod. Das würde auch erklären, warum sich die Kardinäle gegen eine Obduktion aussprachen. Das Gift hätte man im Körper nachweisen können. Wäre es nicht besser gewesen, alle Zweifel durch eine Obduktion auszuräumen? »Das hat man bei Päpsten noch nie gemacht«, sagt die Kurie dazu. Doch auch einen solchen Tod hatte es noch nie gegeben und er hätte daher vielleicht noch nie dagewesene Maßnahmen erfordert.[27]

Die persönlichen Assistenten und Mitarbeiter von Johannes Paul I. wussten allerdings, dass er gesundheitliche Probleme hatte. Nach der Generalaudienz des Papstes vom 28. September 1978, dem Tag seines Todes, hatte Schwester Taffarel noch ein dramatisches Gespräch mit Johannes Paul I. geführt. Der Schwester war aufgefallen, dass sich die Falten im Gesicht des Papstes vertieft, seine Hände schwer geworden waren:

> Schwester: Heiligkeit, ich habe den Eindruck, dass Ihre Hände dicker geworden sind.
> Papst: Nicht nur die Hände, Schwester, auch die Füße kommen mir wie tote Gewichte vor, die mich nach unten ziehen. Ich kann die Knie kaum noch bewegen. Aber sicher kommt das von der großen Belastung, das geht vorbei.
> S.: Soll ich nicht Doktor Da Ros rufen?
> P.: Nein, nein. Wegen ein paar schweren Beinen wollen wir doch niemanden stören. Da Ros ist erst am Samstag hier gewesen und hat gesagt, mit meinem Herzen sei alles in Ordnung.[28]

Das passt zu dem, was zwei Privatsekretäre des Papstes – leider erst Ende der achtziger Jahre – gesagt haben. Am 2. Oktober 1987 erzählte Prälat Diego Lorenzi in einem Interview mit Enzo Tortora, dass der Papst am Tag vor seinem Tod über Stiche in der Brust geklagt habe. Der Privatsekretär Pater Magee bestätigte dies dann ein Jahr später in einem Interview mit »30Giorni«. Der Papst habe am Nachmittag des 28. September über Schmerzen und Stiche in der Brust sowie ein Beklemmungsgefühl geklagt und Schwester Vincenza daher »um eine der Tabletten« gebeten, »die man auf die Zunge legt«. Anschließend habe er gesagt: »Ich fühl mich gut, Schwester Vincenzas Pillen wirken wirklich Wunder.«

Privatsekretär Lorenzi erinnert sich:

> Ungefähr in der Mitte des Abendessens (gegen 20.15 Uhr) klagte der Papst über Stiche in der Brust. Auf unsere Bitte, einen Arzt zu rufen, antwortete er: »Ach was, das vergeht, das vergeht schon wieder.« Da es uns unsere Erziehung verbot, dem Willen Höhergestellter und erst recht dem des Papstes zu widersprechen, haben wir keinen Arzt gerufen. Welche Folgen das haben sollte, konnten wir zu diesem Zeitpunkt nicht beurteilen. Nach dem Abendessen rief der Papst Kardinal Giovanni Colombo an, damals Erzbischof von Mailand. Ich glaube, sie suchten einen Nachfolger für das Patriarchat in Venedig.

Anschließend begleiteten wir den Papst zu seinem Schlafzimmer. Pater Magee sagte noch: »Über dem Bett ist eine Schnur mit einem Schalter. Wenn in der Nacht irgendetwas sein sollte, können Sie den Schalter betätigen. Wir leiten dann alles Notwendige in die Wege.« Der Papst verabschiedete sich mit den Worten: »Bis morgen, so Gott will.« [29]

Wurde Johannes Paul I. also ermordet, oder von einem Infarkt dahingerafft? Keine der zahlreichen Rekonstruktionen jener Nacht kann diese Frage eindeutig beantworten. Ein Motiv, den Papst aus dem Weg zu räumen oder seinen Tod zumindest nicht zu bedauern, hätten viele gehabt. Aber wie so oft, liegt die Wahrheit wohl in der Mitte. Der Papst wurde nicht mit Vorsatz ermordet, aber man kann auch nicht sagen, er sei einfach nur an den Belastungen seiner Aufgabe gestorben. Der Papst fühlt sich Tag für Tag mehr umzingelt und hat Angst, sich irgendjemandem anzuvertrauen. Jeden Tag muss er neue furchtbare Zustände entdecken. In diesem Buch wird endlich über diese Zustände berichtet, die sich durch die damaligen Kassenblätter der Vatikanbank beweiskräftig dokumentieren lassen: Der Machtapparat um Marcinkus, Mennini und De Bonis wucherte nicht nur außerhalb des Vatikans, wie bisher stets behauptet, sondern auch im Innersten des Heiligen Stuhls. Es lag nicht nur einfach an der Arbeitsbelastung, sondern an der zunehmenden Erkenntnis, dass die Händler den Tempel gestürmt hatten und die Kurie mittlerweile in ihren Händen war. Die zuvor aufgeführten Kassenblätter liefern dafür den vernichtenden Beweis: Bei Geschäften und Kontovorgängen, die über die Vatikanbank abgewickelt wurden, landeten nicht nur unglaubliche Beträge auf dem Konto der rechten Hand von Paul VI., sondern es wurden auch Schecks auf den Papst ausgestellt, deren Spur zu der Gesellschaft von Calvi führte.

Jeder Vorgang der Vatikanbank erschütterte den Papst aufs Neue. Weil die Bank Schutz von oberster Stelle genoss, bekamen die Bischöfe und Kardinäle dort alles, was sie wollten. Genauso wie Schauspieler, Regisseure, Politiker und Unternehmer, wie das nächste Kapitel zeigen wird. Die Tentakel des Systems reichten bis in den letzten Winkel des Vatikans und haben vermutlich auch Papst Johannes Paul I. erdrückt. Als er sich der unbeschreiblichen und tragischen Zustände bewusst wurde, verschlechterte sich sein Gesundheitszustand derart, dass er starb.

---

1 Das kürzeste Pontifikat der Kirchengeschichte war das von Urban VII., der 1590 nach nur 13 Tagen an Malaria starb.

2 Marcinkus wurde in Chicago geboren und wuchs in Cicero auf, einer von Gewalt beherrschten Vorstadt Chicagos, in der Al Capone in den Zwischenkriegsjahren sein Hauptquartier aufgeschlagen hatte. Im Vatikan kursierte die Story, dass ausgerechnet der 1908 aus Litauen emigrierte Vater von Marcinkus, Mykolas, zu den Fahrern Al Capones gehörte.

3 »In den fünfziger Jahren betrat ein junger amerikanischer Priester die Korridore des Vatikans. Er war nach Rom gekommen, um an der Päpstlichen Universität Gregoriana kanonisches Recht zu studieren. [...] [1947 wurde Marcinkus] zum Priester geweiht. Nach Abschluss seines Studiums besuchte er die Päpstliche Kirchenakademie, eine Kaderschmiede für die Diplomaten des Heiligen Stuhls. Dass er eine strahlende Zukunft vor sich hatte, war jedem sofort klar. 1952, als 30-Jähriger, hatte er im Staatssekretariat bereits einen eigenen Schreibtisch. Die Nachricht von seinem kometenhaften Aufstieg in der Hierarchie des Vatikans machte die Runde. Kardinal Giovanni Benelli, so wurde gemunkelt, wolle ihn als Mitarbeiter und betrachte sich als seinen Mentor. Andere sahen den Schlüssel für seinen Eintritt in die Schaltzentrale Papst Pius' XII., der den antikommunistischen Thesen des New Yorker Kardinals Francis J. Spellman sehr aufgeschlossen gegenüberstand, in den amerikanischen Referenzen des jungen Priesters. [...] [Es war] eine Begegnung in den Amtsräumen des Staatssekretariats, die Marcinkus' Leben verändern sollte und in der Folge die Finanzen des Vatikans ins Trudeln brachte. Als päpstlicher Prosekretär war Giovanni Battista Montini die rechte Hand Pius' XII. So gegensätzlich Montini und Marcinkus in Auftreten und Charakter auch waren, schlossen sie nach anfänglichen Vorbehalten einen eisernen Pakt. 1963, nach dem Tod Johannes' XXIII., wurde Giovanni Battista Montini, der Bankierssohn aus Brescia, zum Papst gewählt. Nach einer Übergangsphase, in der die Finanzgeschäfte des Heiligen Stuhls eher unauffällig verliefen, lenkte Papst Paul VI. sie in aggressive und gewagte Bah-

nen. [...] 1964 kam es zu einem kleinen Zwischenfall. Bei einer Fahrt durch Rom blieb Paul VI. in der Menschenmenge stecken und wurde fast erdrückt. Geistesgegenwärtig warf sich Marcinkus ins Getümmel und rettete seine Heiligkeit. Vom nächsten Tag an war Marcinkus der Leibwächter des Papstes und verantwortlich für dessen Sicherheit bei seinen Reisen nach Indien und in die Türkei, nach Portugal und in die Vereinigten Staaten. Auf den Philippinen stellte sich Marcinkus 1970 einem Mann in den Weg, der sich mit einem Messer auf den Papst stürzen wollte. Der Amerikaner gewann Zugang zur Schaltzentrale der Macht im Vatikan und schloss unter anderem Freundschaft mit Pater Pasquale Macchi, dem Privatsekretär des Papstes, der auf den Heiligen Vater großen Einfluss ausübte. Beide verstanden sich auf Anhieb. Marcinkus wurde Bischof und 1971 Sekretär der Vatikanbank.« (Gianluigi Nuzzi, *Vatikan AG*, üb. Frederike Hausmann, Petra Kaiser, Rita Seuß, Salzburg 2010, S. 37–39).

4 Die These wird vor allem von Rupert Cornwell vertreten (*Il banchiere di Dio, Roberto Calvi*, Bari 1983) sowie von Leonardo Coen und Leo Sisti (*Il caso Marcinkus. Le vie del denaro sono infinite*, Mailand 1991).

5 Der Verkauf von 37 Prozent der Aktien erfolgte über die Auslandsabteilung der Banco Ambrosiano. Laut Carlo Calvi, dem Sohn von Roberto Calvi, »wurden 1972 13,5 Millionen Aktien der Banca Cattolica del Veneto, die die Vatikanbank der luxemburgischen Compendium (später Banco Ambrosiano Holdings) übertragen hatte, an die Gesellschaft Radowall verkauft. Weitere 4.560.000 Aktien der Banca Cattolica del Veneto blieben im Depot Nr. 90521 von Radowall bei der Vatikanbank. Als die beiden Aktienpakete an die Centrale verkauft wurden, erfolgte die Zahlung an die Vatikanbank in Lire. Da die Zahlung durch Radowall im Ausland in Dollar erfolgte, machte die Gesellschaft einen Wechselkursgewinn von 7,6 Millionen Dollar. Den Gewinn investierte Radowall in die Cisalpine Overseas in Nassau-Bahamas (später Banco Ambrosiano Overseas Limited). Im Jahr 1973 unterzeichnete die Vatikanbank Schuldverschreibungen zugunsten von Compendium in Höhe von 85 Millionen Schweizer Franken. Bürge war Radowall, worüber die Geschäfte abgewickelt wurden.« (Carlo Calvi, »Radowall, Ior e l'affaire Banca Cattolica e Toro Assicurazioni«, online unter: http://fraudauditing.blogspot.it/2013/07/radowall-ior-e-laffaire-banca-cattolica.html [Zugriff: 25.5.2018]).

6 Die Gründung erfolgte im Jahr 1895 in Venedig auf Initiative der Opera dei Congressi der Diözese Venedig.

7 Einige Episoden lassen die Zukunft jedoch schon erahnen. Am 16. September 1972 nahm Paul VI. nach einer Messe in Venedig, in San Marco, seine Papststola ab, zeigte sie der Menge und legte sie dem Patriarchen Albino Luciani um. Die

Geste, die den schüchternen Luciani in Verlegenheit brachte, wurde von vielen als »prophetisch« interpretiert.

8 Wie der Historiker Carlo Bellavite Pellegrini in seinem Monumentalwerk *Storia del Banco Ambrosiano* (Rom 2002) zeigt, hatte der Bankier 1958 dank eines Schreibens von Prälat Amleto Todini, einem entfernten Verwandten seiner Frau, Massimo Spada, die Schlüsselfigur in der Vatikanbank vor Marcinkus, kennengelernt. Dank ihm kam er im Erzbistum Mailand mit Papst Paul VI. in Kontakt. Zwei Jahre später erwarb er für den Vatikan – über die liechtensteinische Gesellschaft Fasco A.G. – die Banca Privata Finanziaria, während die Vatikanbank 1964 die Aktienmehrheit der Genfer Banque de Financement (Finabank) an Sidona verkaufte und lediglich 29 Prozent der Aktienanteile behielt. Vier Jahre später, 1968, kaufte der Bankier die Banca Unione, einst im Besitz der Familie Feltrinelli.

9 Nach seinem Abschluss an der Università Cattolica in Mailand erhielt Pasquale Macchi, geboren 1923 in Varese, 1946, im Alter von 22 Jahren, die Priesterweihe. Er habe ein Engelsgesicht, aber eine harte Hand, schrieb Giancarlo Galli in *Finanza Bianca* (Mailand 2004). »Bei der Azione cattolica in Mailand kannte man ihn gut: ein Herz so groß wie ein Haus, äußerst ›verständnisvoll‹, aber absolut unnachgiebig in seiner Haltung. ›Ein Priester bleibt ein Priester‹, sagte er unermüdlich und ärgerte sich über seine ›Kollegen‹, die die Priesterkleidung gerne ablegten.« Macchi blieb Paul VI. stets eng verbunden und teilte jede seiner Entscheidungen. Etwa die, Marcinkus 1968 zum Sekretär der Vatikanbank zu machen, nachdem dieser gerade Bischof von Orta, einem Bischofssitz nahe Karthago in Tunesien, geworden war. Nach dem Tod von Paul VI. kehrte Macchi als Erzpriester von Sacro Monte nach Varese zurück und wurde 1989 von Johannes Paul II. zum Erzbischof von Loreto ernannt, wo er bis zu seinem Ruhestand 1996 blieb. In seinen letzten Jahren befasste er sich näher mit der Person Paul VI. Er starb am 5. April 2006 mit 82 Jahren in Mailand.

10 Macchi widmete sich auch mit besonderem Engagement der Pflege der Sammlung Moderner Kunst der Vatikanischen Museen, was ihm die Anerkennung und Achtung von Marcinkus und Calvi einbrachte, wie Philip Willan schreibt (»Calvi e l'Italia dei poteri occulti«, *MicroMega*, Nr. 5, 2008).

11 John Cornwell, *Wie ein Dieb in der Nacht*, München 1989, S. 90.

12 https://rivaluta.istat.it.

13 Mit höchster Wahrscheinlichkeit besagt die Ausstellung des Schecks »Privatsekretär Seiner Heiligkeit (Monsignore Macchi)«.

14 Die Gelder kamen vom Konto 051 7 10000Y, das die New Yorker FNCB bei der Vatikanbank eröffnet hatte.

15 Zu diesen wenig durchsichtigen Vorgängen gehören auch hohe Geldüberweisungen im Zusammenhang mit dem Lockheed-Skandal. Das amerikanische Luftfahrtunternehmen zahlte, wie es zugegeben hat, Bestechungsgelder an Militär und Politik, um Aufträge zu erhalten, was 1978 zum Rücktritt des italienischen Präsidenten Giovanni Leone führte. Im Februar 1976 nahm die römische Staatsanwaltschaft Ermittlungen im Zusammenhang mit der Lieferung von 14 Lockheed-Flugzeugen Typ Hercules C 130 an die italienische Luftwaffe auf. Dabei stellte man fest, dass die New Yorker FNCB am 8. November 1971 »eine dritte Überweisung an die römische Filiale der Bank in Höhe von 600.000 Dollar angekündigt hatte, die zu Gunsten von William Cowden, dem Internationalen Vertriebsleiter des Unternehmens erfolgte.« (Aus dem Urteil des italienischen Verfassungsgerichts vom 2. August 1979 in der Anklage gegen Luigi Gui, Mario Tanassi und andere.).

16 Francesco Anfossi, »La vera storia della banca del Vaticano«, *Famiglia Cristiana*, 22. März 2013.

17 *Relazione conclusiva della Commissione mista italo-vaticana*. Abschlussbericht der italienisch-vatikanischen Untersuchungskommission. Die Kommission wurde am 24. Dezember 1982 eingerichtet und schloss ihre Arbeit im Herbst des folgenden Jahres ab. Der umfangreiche Abschlussbericht liegt im Dokumentationsarchiv von Professor Mario Cattaneo, Hochschullehrer an der Università Cattolica in Mailand, und unmittelbar nach dem Tod von Roberto Calvi Mitglied der Aufsicht über die Banco Ambrosiano.

18 Laut der anderen These erfolgten, wie gesagt, die Vorgänge auf den Konten von Macchi, durch die Paul VI. unter dem Deckmantel der Cisalpine Gelder zur Verfügung standen, ohne Wissen der Beteiligten. Das würde allerdings bedeuten, dass Marcinkus' Truppe unnötige Risiken eingegangen wäre. Warum hätten sie Vorgänge unter dem Namen des Papstes und seines Mitarbeiters durchführen sollen, wenn es viel brauchbarere Empfänger gab? Ohne Zweifel gab es aber ein heikles Informationsnetzwerk, das einen apokalyptischen Skandal ausgelöst hätte, wäre es der Öffentlichkeit damals bekannt geworden. Wertvolle Informationen also für Machtspiele und Erpressungen im Vatikan.

19 Der Zusammenbruch war von beträchtlichem Ausmaß: Die Franklin-Bank beklagte Verluste in Höhe von zwei Milliarden Dollar, die Banca Privata mit dem Konkursverwalter Giorgio Ambrosoli 300 Millionen und die Finbank nur für ihr Wechselkursgeschäft Verluste von 82 Millionen Dollar.

20 Der Sensationsbericht über den Tod von Paul VI. gelingt einem jungen Journalisten der Agentur Ansa: Luigi Bisignani war nicht nur Mitglied der P2 und enger Freund von Andreotti, sondern besaß auch ausgezeichnete Verbindungen nach Südamerika und zum Vatikan.

21 Johannes Paul I. hatte auch vor, Kardinal John Patrick Cody von der Diözese Chicago, der größten der USA, zu entfernen. Der Kardinal, der Marcinkus eng verbunden war, stand im Mittelpunkt von Wirtschafts- und Sexskandalen. Er stand nicht nur im Verdacht, mit einer Angestellten der Bischofskanzlei eine Beziehung zu unterhalten, sondern war zudem ein äußerst schlechter Verwalter und stand als Priester in starkem Gegensatz zum Klerus der Diözese. Nach der Wahl von Johannes Paul I. wurde Cody von seinen Unterstützern in Rom gewarnt, dass der für ungewöhnliche Einfälle bekannte Papst die geplante Entfernung aus der Diözese mit Sicherheit auch umsetzen würde, da erste Gerüchte über ihn den Vatikan bereits erreicht hätten. Laut David A. Yallop (*Im Namen Gottes?* Reinbek bei Hamburg 2001, S. 424) hätte Cody daher (wie Marcinkus oder Villot) ein Motiv gehabt, den Papst mithilfe von Freunden in Rom umzubringen. Nachdem der Papst gestorben war, leitete Cody die erzbischöfliche Diözese noch bis 1989 und Villot wurde als Staatssekretär von Johannes Paul II. bestätigt. Letzterer starb jedoch am 9. März 1979 an einer Lungenentzündung, und liegt heute in der Kirche Trinità dei Monti in Rom begraben.

22 Marcinkus bestritt vehement, dass Johannes Paul I. ihn von der Spitze der Vatikanbank entfernen wollte, er somit ein Mordmotiv gehabt hätte, oder dass es im Vatikan Freimaurer gab. Siehe John Cornwell, a. a. O., S. 157f.

23 Ebd., S. 76.

24 Da Ros, zitiert nach: Hilmi Toros, »Vatican City«, A.M. cycle, 16. Oktober 1978.

25 Interview mit Magee in *Giovanni Paolo I. Il Papa del sorriso – La grande storia*, Raitre, gesendet am 17. August 2012.

26 Claudio Rendina, »Giovanni Paolo I. La morte del Papa del sorriso – La grande storia«, *La Repubblica*, 29. September 2013.

27 Die Zweifel, Ungereimtheiten und Widersprüche, die im Lauf der Jahre im Zusammenhang mit einem der rätselhaftesten Vorkommnisse in der neueren Kirchengeschichte aufgetaucht sind, waren auch Gegenstand zahlreicher Publikationen, die als Todesursache eine Vergiftung annehmen, etwa des Bestsellers *Im Namen Gottes?* des amerikanischen Journalisten David A. Yallop.

28 Giancarlo Zizola, *Il conclave. Storia e segreti*, Mailand 1993.

29 Interview mit Diego Lorenzi in *Giovanni Paolo I. Il Papa del sorriso*, (Film, RAI 2012). Vertraute des Papstes, die ihn schon als Priester kannten, sprachen auch von Atemwegsproblemen. Mitte der fünfziger Jahre wurde bei dem späteren Papst Tuberkulose diagnostiziert, er musste die Pfarrei verlassen und sich ins Sanatorium in Sondalo begeben. Dort erkannten die Ärzte dann, dass es sich nicht um Tuberkulose, sondern um eine Lungenentzündung handelte. In den Jahren nach seinem Tod haben viele berichtet, dass der Papst an Atemwegsproblemen gelitten habe. Lorenzi sah sich daher genötigt, am 19. August 1980 an Andreotti zu schreiben: »Ich möchte Ihnen mitteilen, dass Johannes Paul zwei bestens funktionstüchtige Lungenflügel besitzt und keiner der beiden stillgelegt wurde.« Dennoch bestritten viele Buzzonettis Diagnose und gingen von einer Lungenembolie aus, unter anderem der Mediziner Joaquín Navarro-Valls, später Leiter des Presseamtes des Heiligen Stuhls. Navarro-Valls stellte in einem Interview gegenüber Cornwell (a. a. O., S. 55) die These auf, dass ein derart plötzlicher Tod nur durch eine Lungenembolie hervorgerufen werden könne. Der Bruder von Johannes Paul I., Edoardo, starb 2008 eben an einer Lungenembolie.

Teil 2

— Geld —

Die Gespenster des IOR

Marcinkus' Spinnennetz

Viele Wahrheiten, allzu viele sind es, die sich wie ein undurchdringlicher Nebel über das IOR legen. Paul Casimir Marcinkus, der langjährige Direktor der Vatikanbank IOR sei ein liebenswürdiger, großzügiger Prälat gewesen, der für jeden ein offenes Ohr gehabt habe, selbst für den bescheidensten Priester, dem er in den heiligen Hallen begegnete. Er sei sozusagen das »Opfer« dreier skrupelloser Laien geworden. Wie sie hießen? Roberto Calvi, Michele Sindona und Licio Gelli. Der Mann Gottes sei von diesem Machtblock verraten worden, der damals außerhalb des Vatikans sein Unwesen trieb. Das System aus Interessen und Allianzen habe ihn erst willkommen geheißen und dann in einer tödlichen Umarmung nicht mehr losgelassen. Dabei sei die Bank des Papstes in eine Reihe unsäglicher Geschäfte verwickelt worden. Viele im Vatikan behaupten, so sei es gewesen. Über die Jahre wurden viele Rechtfertigungen verbreitet, die darauf hinauslaufen, Marcinkus als Opfer erscheinen zu lassen. Oder höchstens als Einzelgänger, der mit der Welt der Kurie nicht viel zu tun hatte, und mit der Kirche schon gar nicht. In Wahrheit liegen die Dinge ganz anders.

Dank bisher unveröffentlichter Unterlagen kann dieses Buch belegen, dass der amerikanische Geistliche innerhalb des IOR und des Vatikans eine absolut bedeutende, zentrale Position einnahm. Marcinkus war nicht nur, wie manche lange geglaubt haben, ein schwarzes Schaf in einer Welt der Guten. Der Prälat war Teil eines

Systems, das sowohl innerhalb wie außerhalb der vatikanischen Mauern verbreitet war und auf viele Helfer zählen konnte. Kardinäle, hohe Prälaten und mehrere Persönlichkeiten ersten Ranges innerhalb der Kurie.[1]

Auf der Karteikarte des IOR stand der vollständige Name der Zeichnungsberechtigten für das Girokonto der Missionarinnen der Nächstenliebe: Anjezë Gonxha Bojaxhiu. Ohne Zweifel eine der bekanntesten Persönlichkeiten weltweit, doch nur die wenigsten wissen, wie die albanische Ordensschwester kosovarischer Abstammung eigentlich hieß. Alle Welt kennt sie nur unter dem Namen Mutter Teresa von Kalkutta. Bis zum Dezember 1964 war die Ordensschwester außerhalb Indiens eine Unbekannte. Erst Papst Paul VI. machte die Welt auf sie aufmerksam, als er am Ende seiner Indienreise öffentlich kundtat, man möge das weiße Auto mit offenem Verdeck, das er während seines Besuchs benutzt hatte, Mutter Teresa überlassen. So nahm der Ruhm dieser kleinen, außergewöhnlichen Frau über alle Maßen zu. Ihre unermüdliche Arbeit für die Armen in Indien brachte ihr 1979 den Friedensnobelpreis ein. 2016 sprach Papst Franziskus sie heilig. Zwanzig Jahre nach ihrem Tod ist Mutter Teresa noch immer die beliebteste Nonne der Welt. Dank ihrer aufopfernden Hingabe in den Armenvierteln Kalkuttas bekam sie täglich Opfergaben aus allen Ecken der Welt. Die Gelder wurden in humanitäre Projekte investiert oder füllten die Konten der Missionarinnen der Nächstenliebe, der Ordensgemeinschaft, die sie 1948 gegründet hatte.

Mutter Teresa hält auch andere Rekorde, darunter einen bislang unbekannten: In den Jahren der Präsidentschaft von Marcinkus konnte sie unter den wenigen weiblichen Kunden der Vatikanbank über das mit Abstand größte Konto verfügen. Ausgerechnet in jenen Jahren war sie für die Dollar- und Lira-Einlagen des Kontos der Missionarinnen der Nächstenliebe allein zeichnungsberechtigt. Der Gesamtkontostand bleibt eines der bestgehüteten Geheimnisse des IOR; die Öffentlichkeit hat noch nie Einblick in die Rechnungslegung der Mission von Mutter Teresa erhalten. Doch unter den Angestellten der Vatikanbank waren jene Konten bereits zur Legende geworden: Man raunte sich zu, dass sich dort Jahr für Jahr ein enormer Zinsenberg aufhäufte. Hätte Mutter Teresa ihre Konten aufgelöst oder abgezogen, wäre die Bank möglicherweise in Konkurs gegangen.

Mutter Teresa reiste oft von Bombay nach Rom, um beim jeweiligen Papst vorzusprechen. Die ersten Besuche galten Paul VI., aber vor allem mit Johannes Paul II.[2], dem Nachfolger Albino Lucianis, der im Konklave vom 16. Oktober 1978 auf den Thron des Petrus gewählt wurde, traf sie sich öfter. Nach der Stippvisite beim Papst begab sich Mutter Teresa dann in die Räume des IOR.[3] Hier erwarteten sie bereits die vertrautesten Mitarbeiter Marcinkus', um ihr volle Aufmerksamkeit zu widmen. Sie ging allerdings nicht in die Haupthalle, wo sie sich unter Kardinäle, Prälaten, Pfarrer, Geistliche, Mitglieder von Kongregationen und Laien hätte mischen müssen, jene katholische Welt, die vor den wenigen Schaltern der Bank Schlange stand. Die Diskretion verlangte, dass Mutter Teresa von einem Geistlichen empfangen wurde. Daher ging sie direkt zur rechten Hand von Marcinkus, Prälat Donato de Bonis.[4] Dieser empfing sie mit Begeisterung und ging mit ihr hinter verschlossenen Türen die anstehenden dringenden Angelegenheiten durch.

De Bonis beruhigte die Schwester auch, als sie einen Ermittlungsbescheid wegen eines mutmaßlichen Verstoßes gegen italienische Devisenbestimmungen erhielt. Der römische Staatsanwalt Orazio Savia wollte Unregelmäßigkeiten im Umgang mit in den Vatikan überwiesenen Spendengeldern und Devisen nachgehen. Er wollte Licht in eine Welt bringen, die bislang noch nie unter die Lupe genommen worden war, aber seine Ermittlungen verliefen bald im Sand.

Marcinkus und De Bonis hielten die Führung der Bank damals fest in den Händen. Die beiden hatten sich in den 1960er-Jahren über die Arbeit in der Kurie kennengelernt und verstanden sich gut. De Bonis kannte die Bank von Grund auf. Er war 1954 als enger Vertrauter des Kardinals Alberto di Jorio, des ersten Präsidenten in der Geschichte des Istituto per le Opere di Religione eingetreten. Nachdem Paul VI. Marcinkus 1970 zum Präsidenten befördert hatte, machte dieser De Bonis aufgrund seiner profunden Kenntnisse über alle Vorgänge in der Bank zu seinem Generalsekretär. Von jenem Moment an gewann die Achse der Macht Tag für Tag mehr Einfluss. De Bonis kannte sämtliche geheimen Ganglien der Bank. Und in der Kurie wusste er sich geschickt zu bewegen, wobei er zum Jetset der italienischen Filmindustrie eine größere Nähe entwickelte als zu den trostbedürftigen Seelen der Gläubigen, zu den Herrschaften der römischen Palazzi eine größere Seelenverwandtschaft als zu den Armen Mutter Teresas. Als Sohn eines Bankiers und Bruder des Generaldirektors der Banco di Napoli war De Bonis ein Geistlicher der Macht und des mondänen Lebens. Er knüpfte strategische Beziehungen sowohl zur Welt der Politik, von Giulio Andreotti bis Francesco Cossiga, als auch zur Welt des Showbusiness. Ideologische Vorbehalte oder Vorurteile kannte er nicht. »Geld ist immer nur Geld«, hieß es in der großen Halle der Bank schon beim geringsten Anflug von Würde. Der Prälat reichte eine Hand, gab eine Empfehlung und – warum nicht? – bot den Angehörigen des Establishments die Möglichkeit einer Anlage in der Bank des Papstes. Deshalb war alle Welt bereit, ihm den Ring zu küssen: Man huldigte ihm, verherrlichte ihn, machte ihm den Hof. In den Herrenhäusern der römischen Macht hieß das Alter Ego von Marcinkus einfach »Donatino«. Bei Bedarf bot Donatino ganz besondere Finanzdienste an: Willkommen im IOR, der einzigen Offshore-Bank mitten in Rom. Man brauchte nicht in die Schweiz, nach Luxemburg oder nach Monte Carlo zu reisen, es genügte, in die Hauptstadt zu fahren, ein Taxi zu nehmen und am Petersplatz auszusteigen. Noch dreihundert Schritte, und schon war man über die Schwelle der für Normalsterbliche unzugänglichen Vatikanbank gelangt, in der jeder gern ein Konto geführt hätte. Der Grund war ganz einfach: Dank der Lateranverträge sicherte ein gerichtsfester Schutzschild die Tätigkeit der Kunden vor jeder Neugier der Staatsanwaltschaft oder des Fiskus ab. Und als sei das nicht genug, genossen die Angestellten der Bank Immunität hinsichtlich jeder Ermittlung italienischer Behörden. Das Tun und Handeln des IOR durfte von keiner Gerichtsbehörde, auch keiner ausländischen, belauscht oder untersucht werden, es sei denn, sie wandte sich an die vatikanische Gerichtsbarkeit, die jedes Rechtshilfeersuchen regelmäßig abwies.

De Bonis hatte so die Möglichkeit, seinen Kunden ein ausgeklügeltes Netz fiktiver Girokonten anzubieten, die offiziell auf Stiftungen oder auf wohltätige Zwecke lauteten und für Transaktionen aller Art genutzt werden konnten. Bereits 2009 habe ich in dem Buch *Vatikan AG* erstmals davon erzählt und De Bonis als Schöpfer einer »Parallelstruktur des IOR« für Geldwäsche bezeichnet. Doch die unveröffentlichten internen Unterlagen der Bank, die ich für das vorliegende Buch zusammengetragen habe, lassen endlich eine weitere Schlussfolgerung zu. Nun erweist sich, dass De Bonis dieses Netz schon Anfang der 1970er-Jahre aufgebaut hatte, nachdem er zur Nummer zwei der Bank aufgestiegen war, und nicht erst, wie bisher bekannt, nach dem Niedergang von Marcinkus.[5] Doch das ist nicht nur eine Frage des Datums. Es bedeutet, dass dieses System schwarzer Kanäle bereits zu Zeiten Sindonas und Calvis aktiv war. Der deutlichste Beweis hierfür ist das Konto Nummer 0511 01538A, das De Bonis als allein Zeichnungsberechtigter am 19. August 1972 eröffnet und auf »Opus Caritatis« ausgestellt hat. Aus der Karteikarte (siehe Anhang) ergibt sich eindeutig, dass das Depot über seine Inhaberschaft mit den Konten Nr. 0513 06721A (»Fond. A. Alberto«) und Nr. 0011 12567 (»Opus Pauli«) verknüpft ist. Auf dem Titelblatt der Karteikarte sind nämlich beide Konten mit Bezeichnung und Referenznummer klar aufgeführt. Sie bilden die Eckpunkte des parallelen IOR, eines verzweigten Systems Dutzender von Depots, die auch Jahre später noch dazu benutzt wurden, die größte je aufgedeckte Schmiergeldzahlung in der Geschichte Italiens reinzuwaschen: das Enimont-Schmiergeld, das dunkelste Kapitel des Tangentopoli-Skandals.[6] Es ist nicht einfach, sich in diesem Labyrinth von Transaktionen und sehr ähnlich klingenden Kontobezeichnungen zurechtzufinden. Das Konto »Opus Pauli« hat unter der

Kontonummer 001 3 11419F ein fast gleichlautendes Pendant, das auf den Namen »Opus B. Pauli« ausgestellt ist. Im Mai 1978 werden darauf beispielsweise über 2 Milliarden und 858 Millionen Lire gutgeschrieben, die heute nach der Neubewertung des Statistikamtes Istat über 10 Millionen Euro entsprechen würden.[7] Sie stammen aus der Veräußerung einfacher italienischer Staatsanleihen. Doch wer ist der eigentliche Inhaber des Kontos? Das geheimnisvolle und wenig eindeutige »Privatsekretariat« auf dem Buchungsbeleg der Bank – der angesichts des Akronyms SCV (Stato Citta del Vaticano) an das Sekretariat des Staatssekretariats oder des Papstes denken lässt –, oder einer der vielen besonderen Kunden von De Bonis, die um Vertraulichkeit und Anonymität bemüht waren? Wer weiß.

Wenn man die Buchungen jener Jahre näher in Augenschein nimmt, ergibt sich noch ein weiterer wichtiger Aspekt, der zur Aufklärung beiträgt. Je mehr man sich in die Geschichte des IOR der 1970er-Jahre vertieft, desto deutlicher zeigt sich, dass die Bank damals von mehreren Tendenzen geprägt war, die miteinander im Widerstreit lagen. Ein doppelgesichtiger Janus, ein Wesen mit tausend Gesichtern und ebenso vielen Konten, die aus Welten stammten, die eigentlich nichts miteinander gemein hatten. Auf der einen Seite Konten, die dazu dienten, den Hunger in der Welt zu bekämpfen, auf der anderen solche von Männern, die Sindona und der italo-amerikanischen Mafia nahestanden. Nach Weihrauch duftendes Geld vermengte sich mit blutbefleckten Drogengeldern. Neben den Einlagen von Prälaten, religiösen Einrichtungen und Kongregationen machte sich in der Bank auch eine geheime Welt aus Konten und Unterkonten breit, ein der Geldwäsche dienendes System aus dunklen Kanälen für Leute, die ihr Geld vor neugierigen Augen verbergen wollten. Wenn man sich die Kundenliste anschaut, stößt man auf etliche Überraschungen. Damals war einiges anders als heute: In Italien gab es nur lasche Vorschriften gegen Geldwäsche, im Vatikan überhaupt keine. De Bonis liebte es auch, Schauspieler beiderlei Geschlechts ins IOR zu bringen. Er knüpfte Beziehungen und Freundschaften zu Stars wie Alberto Sordi und Sophia Loren, um nur einige der berühmtesten zu nennen, die im Wehrturm der Bank gesichtet wurden. Ging es dabei lediglich um persönliche Freundschaften des Monsignore, oder kamen manche auch in den Genuss eines Sonderkontos?

Schauspieler und Politiker: Ein Konto beim IOR wird niemandem verweigert

Eine erste verblüffende Antwort ergibt sich aus den Kassenblättern der Bank, die ich für dieses Buch zusammengetragen und geprüft habe. Überweisung vom 19. Januar 1977: Die Marine Midland Bank aus London schreibt einen Betrag in britischen Pfund gut, der heute über 615.000 Euro wert wäre. Er ist für das Konto Nr. 051 3 02113R bestimmt. Auf dem Kassenblatt ist ein überraschender Kontoinhaber eingetragen, einer der berühmtesten italienischen Theaterschauspieler des 20. Jahrhunderts: Eduardo De Filippo. Auch er besaß ein Konto beim IOR, dank seiner Freundschaft zu Prälat De Bonis. Ein Bruder des Geistlichen, Mario de Bonis, erzählte später überschwänglich von der Verbindung zwischen dem Prälaten und dem Schauspieler:

> Donato, einer meiner neun Brüder [...], der drei Hochschulabschlüsse hat, einen davon in Theologie, und vier Sprachen spricht, verkehrte mit dem großen Komödiendichter, den er sehr schätzte und mit dem ihn kulturell, künstlerisch und geistig vieles verband. Eduardo und Donato liebten sich wie Brüder.[8]

Schade, dass Mario De Bonis bei sämtlichen Feiern zu Ehren seines Bruders außer Acht ließ, dass Letzterer vor allem die rechte Hand von Marcinkus war. Dabei konnte ihm das nicht entgangen sein. Er hatte selbst mit dem IOR zu tun, und zumindest einmal brachte er ein Geldköfferchen vorbei. Dies ergibt sich zumindest aus den geheimen Archiven der Bank. 1978, wenige Tage vor Weihnachten, zahlt Mario de Bonis auf das Konto seines Bruders mit der Nummer 001 6 02477W gut 55 Millionen Lire ein, die heute 181.000 Euro entsprechen. Alles in bar, natürlich.[9]

In seinen Erzählungen konzentriert Mario sich allerdings lieber auf andere Aspekte:

> Ein schwarzes Schaf, er? Ach woher! Als Kind war er bei den Prozessionen Ministrant. Man sah ihm die Berufung an, er liebte Jesus sehr. Dann kam das Seminar in Potenza (als stellvertretender Rektor und als Rektor), später Salerno. […] Mein Bruder hat drei Päpsten gedient, er hat Werke hinterlassen, keine leeren Worte. Er hat nicht einen Stein vererbt! Er war sehr wohltätig. Er mochte die jungen Leute, sein ganzes Leben lang hat er Gutes getan. Er hat immer verteilt und nie genommen, in den heutigen Zeiten hätte er den Nobelpreis verdient. Luigi Bisignani hat gesagt, wie es wirklich war: »Donato de Bonis war stets ein ehrlicher Geistlicher, ein echter Priester in Christus.«[10]

Der »Priester in Christus« stand auf der Kommandobrücke des IOR, einer Bank, die sich von schwindelerregenden Geldströmen mitreißen ließ, von enormen Geldflüssen unklarer Herkunft, die jahrelang über ein weitverzweigtes Kontennetz verteilt wurden. Die gigantischen Beträge waren das Ergebnis von Devisenspekulationen (vor allem Dollar, Schweizer Franken und D-Mark), einem schwungvollen Wertpapierhandel sowie Ankäufen von Goldbarren und Palladium in Mengen, die jeden Edelmetallhändler hätten vor Neid erblassen lassen.

Palladium ist ein silbrig-weißes Edelmetall aus der Gruppe der Platine. Es ist äußerst wertvoll und wird in erster Linie zur Herstellung von Weißgold verwendet, bei dem das Gold durch Palladium entfärbt wird. Im Vatikan war vor allem Marcinkus sehr davon angetan. Die Nummer eins des IOR verfolgte wie alle Spekulanten die Kurse der Edelmetalle sehr genau. Er hatte eine Vorliebe für Gold und Palladium. Ankauf, Verkauf, Gewinne: Obwohl er gewiss kein Fachmann war, war der Bankier des Papstes von solchen Spekulationen wie gebannt. Er folgte den Empfehlungen der Bankmanager und investierte erheblich. Auch hier können etliche Unterlagen des IOR zu den Buchungsbewegungen auf den Depots des damaligen

Präsidenten eindeutig belegen, dass in seinem Geschäftsgebaren Spekulationen und Profitstreben eine zentrale Rolle spielten. Ausgangspunkt sind seine beiden persönlichen Konten (Nummer 001 8 22126, in Lire, und Nummer 051 6 04568, in Dollar), auf denen Marcinkus je nach Lage problemlos die aus dem Verkauf der Edelmetalle erzielten Beträge gutschrieb oder abhob. Am 8. Juni 1976 unterzeichnete er unbefangen das Kassenblatt Nummer 359769, auf dem eine Veräußerung von Gold und Palladium zu seinen Gunsten in Höhe von 135 Millionen Lire verbucht wurde, die heute 627.000 Euro entsprechen würden (siehe Buchungsbeleg im Anhang).

Im IOR des Marcinkus sind Investitionen in Edelmetalle an der Tagesordnung. Wer im Vatikan zählt, spielt mit: Kardinal Sergio Guerri beispielsweise, ein mächtiger Kardinal der römischen Kurie, der Jahre zuvor auf Anweisung von Paul VI. Sindona den Auftrag erteilt hatte, die Beteiligungen des Heiligen Stuhls an verschiedenen italienischen Gesellschaften abzustoßen. Ausgerechnet er kauft am 17. Januar 1980 »Feingold Once troy« im heutigen Wert von 170.000 Euro, die Zahlung erfolgt über sein Konto beim IOR mit der Nummer 051 6 00231. Interessant ist, mit welchen Worten Johannes Paul II. am 17. März 1992 den Kardinal bei dessen Totenmesse würdigte:

> In all seinem Tun und Wollen war Kardinal Guerri in erster Linie Priester mit völliger Hingabe an Gott und an die Kirche. Er war geprägt von tiefer und überzeugter eucharistischer Frömmigkeit, verbunden mit Besonnenheit, Weisheit und unbezweifelbaren professionellen Fähigkeiten. Seinen Vorgesetzten stets treu ergeben und gehorsam, arbeitete er voller Hingabe, ohne Zeit und Mühe zu scheuen. Er war ein Mann von wenigen, aber klaren und wirksamen Worten, und als er 1980 das Alter des verdienten Ruhestands erreichte, legte er seine Ämter nieder und begann in Stille seinen dritten und letzten Lebensabschnitt.

Da ist auch Prälat Marcello Magliocchetti, der unter Pius XII. Überzähliger Geheimkämmerer gewesen war[11], einer der wichtigsten

Juristen im Vatikan. Magliocchetti war in der Hauptstadt bestens vernetzt. 1960 zelebrierte er in der Vikariatskapelle der Lateranbasilika die Hochzeit von Renato und Maria Angiolillo, die später wegen ihres Salons Berühmtheit erlangen sollte.[12] So wie alle Kurienmitglieder, die auf sich hielten, verfügte auch Magliocchetti über ein Konto in Lire und eines in Dollar[13], wobei er häufig Devisengeschäfte tätigte. Für den Herbst 1976 belegen die Unterlagen des IOR einen Dollarankauf im Wert von heutigen 113.000 Euro: nicht schlecht für einen Prälaten, der sich eigentlich dem Recht und der Seelsorge widmet.

Weitere beunruhigende Aspekte ergeben sich aus dem Studium des Kundenportfolios jener Jahre. Michele Sindona war nicht nur Partner und Berater des IOR. Die Mannschaft des skrupellosen sizilianischen Finanziers, Vertrauensmanns von Mafiosi vom Kaliber eines Stefano Bontate, eines Vito Genovese, also der Spitzen der italoamerikanischen organisierten Kriminalität, schöpfte in der Vatikanbank aus dem Vollen: Sie wurde für große internationale Geschäfte ebenso wie für private Transaktionen benutzt. Sindona hatte seine Gewährsleute wohl angewiesen, ihre Konten dort zu eröffnen, und verlangte von Marcinkus und Mennini immer höhere Renditen. Diese gingen offensichtlich gerne darauf ein und ermöglichten Depots, die Operationen abseits neugieriger Augen möglich machten. Allen voran bediente sich die rechte Hand des sizilianischen Bankiers, Pietro Macchiarella, der in der Vergangenheit Generaldirektor der Banca dell'Agricultura gewesen war und den Sindona zum Vizepräsidenten des Verwaltungsrats der Banca Privata Italiana erkor. Am 1. Juni 1974, kurz vor dem Crash von Sindonas Banken, werden von dem Nummernkonto DI 90537 im IOR 40 Millionen Lire in Dollar umgewandelt und auf das Depot Macchiarellas, Nummer 051 3 01560, überwiesen, ein Wert, der heute 257.000 Euro entspricht. Unter den Vertrauten Sindonas hatte Macchiarella vermutlich die besten Beziehungen zum Vatikan, wie er selbst Jahre später vor der Enquetekommission des italienischen Parlaments bezeugen sollte. Er enthüllte, dass Sindona der Democrazia Cristiana, der damals größten italienischen Partei, mit einer Überweisung von 200 Millionen unter die Arme gegriffen hatte, und zwar über den christdemokratischen Politiker Giulio Andreotti und ein Konto bei der Vatikanbank. In der Tat war Andreotti zusammen mit De Bonis für das auf die inexistente Fondazione Spellman lautende Konto zeichnungsberechtigt. Der mit Sindonas Bankrott befasste Ermittlungsrichter Guido Viola schilderte diese Verstrickung von Bündnissen und Mitwisserschaft später so:

> Es steht außer Frage, dass um Sindona herum ein ganzes Netz von Protektionen errichtet wurde, das der ohnehin schon schwierigen Arbeit der Ermittler zum Trotz über Jahre darauf ausgelegt war, einen Schutzschirm für den Bankrotteur zu errichten. Sindona hatte ebenso wie viele andere Vertreter der italienischen Finanzwelt in der Hoffnung auf eine künftige Investition unzählige Politiker mit großzügigen Zuwendungen in sein Netzwerk hineingezogen.[14]

Der Trick, das IOR als Schutzschild für ihre Kontobewegungen und auch für persönliche Angelegenheiten zu nutzen, war für die Männer Sindonas von strategischer Bedeutung. Besonders, als durch die Ermittlungen von Gerichts- und Aufsichtsbehörden versucht wurde, Licht in das unter der Protektion von Licio Gelli und Giulio Andreotti errichtete Labyrinth der Finanzkriminalität zu bringen, und das Machtsystem des Bankiers dadurch geschwächt wurde. Denn bei der Vatikanbank würde kein Untersuchungsbeauftragter je nachforschen können. Das beweisen eindeutig die Kontobewegungen, die auch nach dem Zusammenbruch von Sindonas Bank noch stattfanden. Während die Staatsanwaltschaft sich auf die Männer und auf die Banken Sindonas konzentriert und die Zahl der Verhaftungen, Durchsuchungen und Beschlagnahmen zunimmt, führt diese Welt ihre Operationen über die Konten beim IOR fort. Die vom Heiligen Stuhl geschützten Finanzkanäle werden dazu benutzt, die angehäuften Reichtümer ins Trockene zu bringen.

Der Umfang der ein- und ausgehenden Kontobewegungen ist beeindruckend. Sie gehen auch nach dem 1. August 1974 weiter, als die Banca Unione mit der Banca Privata Finanziaria zur Banca Privata Italiana wird, mit Macchiarella als Vorstand. Im Frühjahr 1975 werden über das Konto der Banca Unione beim IOR zahlreiche Überweisungen in ausländischen Währungen zugunsten des Depots der verschwisterten Banca Privata getätigt, die in der Zwischenzeit der Konkursverwaltung Giorgio Ambrosolis unterstellt worden ist.[15] Es handelte sich um ein undurchsichtiges Buchungssystem, in das Steueroasen, Banco Ambrosiano, andere Institute Sindonas und IOR einbezogen waren: Weder die Finanzpolizei noch die Staatsanwaltschaften oder Konkursverwalter Ambrosoli haben es vermocht, das äußerst komplizierte Netz aus Machtstrukturen und wirtschaftlichen Interessen wirklich nachzuzeichnen.

Gesellschafter und Freunde Sindonas im Vatikan, Sonderkunden im IOR

In diesen Jahren eröffneten auch zahlreiche Personen, die mit Marcinkus und Sindona zu tun hatten, Konten beim IOR. Unter ihnen verdienen der Unternehmer Stefano Falez (Konto Nr. 001 2 01562X) und der italoamerikanische Geschäftsmann Mark Antonucci (Konto Nr. 001 5 90533Q) unsere Aufmerksamkeit: Beide führen direkt in die Verließe der Macht jener Zeit.

Falez ist ein Unternehmer jugoslawischer Abstammung, der am IOR eigene Konten sowie Konten der Gesellschaft Sicar besaß. Interessant sind die Ämter, die er damals innehatte: Alleingeschäftsführer der Immobiliengesellschaft Compagnia San Giorgio, in der Luigi Mennini Vorsitzender des Aufsichtsrats war, und Geschäftsführer der Gesellschaft Brink's Securmark:

> Die Compagnia San Giorgio Spa Real Estate wurde 1951 im Auftrag des Vatikans von dem französischen Priester Georges Roche gegründet, der einen interessanten Lebenslauf vorweisen kann. Er ist Sekretär des Kardinals Eugène Tisserant, eines bedeutenden Bibelforschers und Strategen des Vatikans für die Beziehungen zum kommunistischen Osten. Tisserant war 1965 Oberhaupt des Ritterordens vom Heiligen Grab zu Jerusalem, als Licio Gelli, der spätere Meister vom

Stuhl der Loge P2, mit dem Titel eines Komtur geehrt wurde. [...] Einige der Personen, die die Finanzen der Compagnia San Giorgio verwalteten, sind in äußerst brisante Episoden der jüngeren Geschichte Italiens verwickelt. Nach Recherchen des Journalisten und Historikers Gian Paolo Pelizzaro setzte sich das Rechnungsprüferkollegium des Jahres 1976 aus Steuerberatern zusammen, die alle ihren Sitz in Rom, Piazza Navona 49, bei der Treuhandgesellschaft Fidrev Spa hatten. Fidrev war seit der Gründung beratend für den Inlandsgeheimdienst Sisde tätig und ebenso Mehrheitsaktionärin der Immobiliare Gradoli Spa. Letztere und andere mit ihr verbundene Unternehmen waren Eigentümer einer Reihe von Wohnungen in der Via Gradoli 96, dem Wohnhaus, in dem das Mitglied der Roten Brigaden Mario Moretti während der Entführung Aldo Moros einen Unterschlupf einrichtete. [...] Stellvertretender Rechnungsprüfer in der Compagnia San Giorgio ist 1971 ein Kollege Menninis, der Chefbuchhalter des IOR Pellegrino de Strobel. Dessen Bruder Pietro übte 1979 ein ähnliches Amt in einer anderen »katholischen« Gesellschaft aus, der Werttransportfirma Brink's Securmark.[16]

Antonucci hatte Brink's Securmark 1972 zusammen mit Sindona gegründet, den er auch als Taufpaten für seinen Sohn David auswählte; Marcinkus höchstpersönlich zelebrierte:

1984 wurde Brink's Opfer eines aufsehenerregenden und beunruhigenden Raubüberfalls, der den Dieben 35 Milliarden Lire einbrachte. Falez bekleidete damals keine Ämter mehr in der Gesellschaft, erwies sich aber als Eigentümer des Gebäudes in der Via Aurelia, in dem der Überfall stattfand. Einer der Gründer von Securmark, der Vorläufergesellschaft der ausgeraubten Firma, war Mark Antonucci, ein amerikanischer Bürger und Gesellschafter Sindonas bei der Tageszeitung »Daily American«. Sindonas Banca Privata Finanziaria zählt zu den Hauptkunden von Securmark. Vielleicht hatten die Räuber dies im Sinn, als sie in der Redaktion der Tageszeitung »l'Unità« anriefen, um die »proletarische Enteignung« in dem »multinationalen Konzern Sindonas« einzufordern. Ausgedacht hatte sich den Überfall Tony Chichiarelli, ein römischer Fälscher mit weitverzweigten Verbindungen. Unter Nutzung seiner Fähigkeiten als Fälscher hatte er das falsche Kommuniqué Nr. 7 der Roten Brigaden erstellt, das die Polizei zum Lago della Duchessa schickte, um dort vergeblich nach der Leiche Aldo Moros zu suchen.[17]

Falez seinerseits konnte sich auch in Italien auf sein Gespür für Geschäfte und auf seine hervorragenden Beziehungen verlassen. Einen seiner größten Erfolge verbuchte er, als es ihm gelang, das Hotelsystem von Holiday Inn aus den Vereinigten Staaten nach Italien zu importieren. Dabei ließ er keineswegs das umfangreiche Beziehungsnetz außer Acht, das er in den Jahrzehnten zuvor geknüpft hatte. Vor allem die diplomatischen Ämter hatte er im Blick, und sein besonderes Augenmerk galt dem Malteser Orden, den er zunächst beim Heiligen Stuhl und dann in Belgrad vertrat, bevor er 1992 Botschafter Sloweniens in Vatikanstadt wurde. Sein Sohn Alessandro sicherte das touristische Imperium des Vaters und ebenso die Beziehungen zum Vatikan. Nicht umsonst wurde Falez Junior zum Edelmann seiner Heiligkeit gewählt, was es ihm ermöglichte, die ranghohen Gäste zu den offiziellen Privataudienzen des Papstes mit den Granden der Welt zu begleiten. Als Freund und Gefolgsmann des Politikers Pier Ferdinando Casini hat Falez Junior das von ihm geleitete Hotel Minerva mitten in Rom in einen Salon der katholischen Politik Italiens verwandelt, in dem Kongresse und vertrauliche Besprechungen stattfanden, und zwar zu Zeiten, in denen Casinis Partei für die Regierungsbildung entscheidend war.[18]

Zu Beginn der 1980er-Jahre verlor die Achse Sindona-Calvi, mit dem IOR als Geldautomat, ohnehin ihre Schlagkraft. Sindona, der durch die Ermittlungen unter Druck geriet, täuschte sogar eine Entführung vor, während die Liquiditätskrise der Banco Ambrosiano und das Fehlen von Geldgebern den Kollegen Roberto Calvi in höchste Gefahr brachten. Calvi versuchte seine Bank zu retten, stieß aber überall auf taube Ohren. Dieselben Leute, denen er über die Jahre zu Reichtum verholfen hatte, verweigerten ihm nun jede Unterstützung. Die Ereignisse überschlugen sich, als am 17. März 1981 in der Fabrik La Giole in Castiglion Fibocchi in der Nähe von Arezzo die Mitgliederliste von Gellis Freimaurerloge P2 gefunden wurde.

Kaum zwei Monate später wurde Calvi verhaftet, vor Gericht gestellt und wegen Devisenvergehen verurteilt. Ein Machtsystem war dabei, zu implodieren.

Der König des Kokains und die Bank von Nassau: eine unveröffentlichte Zeugenaussage

Als Roberto Calvi am 18. Juni 1982 unter der Blackfriars-Brücke in London erhängt aufgefunden wurde, stand die internationale Finanzwelt unter Schock, während das Machtsystem, dem der Bankier angehörte, versuchte, die aus dem Ruder gelaufene Situation wieder in den Griff zu bekommen. Die ersten Ermittlungen zu Calvis Tod gingen sofort in Richtung Selbstmord. Man kam zu dem Schluss, er habe selbst Hand an sich gelegt, was rasch zur Einstellung des Verfahrens führte. Die Vorstellung, er habe Selbstmord begangen, kam vielen zupass. Vor allem jenen aus der Welt der Banken und der Unternehmen, die endlich die Gelegenheit witterten, sich die Bank unter den Nagel zu reißen. Ebenso der römischen Kurie, die damit einen mittlerweile unbequem gewordenen Akteur verlor, der sich an unzähligen krummen Finanzgeschäften beteiligt hatte oder davon wusste. Aber auch eine eher heterogen zusammengesetzte Front geriet in Aufruhr: Die Kleinaktionäre liefen Gefahr, ihre Ersparnisse zu verlieren. Sie waren verstört und erschreckt. Das galt wohl ebenso für die organisierte Kriminalität von der sizilianischen Cosa Nostra bis hin zur römischen Banda della Magliana, die über Calvi und das IOR Investitionen getätigt hatte und der nun wichtige Ansprechpartner abhandenkamen.

Dabei war eigentlich leicht zu erkennen, dass es sich um Mord handelte: Die Leiche des nicht mehr jungen Bankiers baumelte im Morgengrauen von einem Träger unterhalb der Brücke, mit mehreren Ziegelsteinen in den Taschen von Hose und Jackett beschwert. Eine makabre Inszenierung, um die Ermittler aufs Glatteis zu führen. Was dann auch geschah, wodurch wertvolle Zeit verloren ging, die für die Lösung eines solchen Falles wesentlich gewesen wäre. Jedes Handbuch der Spurensicherung macht deutlich, dass nach einem

Mord jede Stunde und jeder Tag zählt, wenn man ein brauchbares Ermittlungsergebnis erzielen will. Ist der Fall nicht innerhalb der ersten 48 Stunden gelöst, wird es kompliziert. In der Tat entpuppte sich dieser gewaltige Fehler bei den ersten Ermittlungen zu Calvis Tod als fatal. Und bis heute ist noch vieles unklar. Dabei war es schier unmöglich, dass sich der Bankier die Ziegelsteine in den Anzug gestopft hatte, dann wie ein trainierter Athlet an dem Gerüst hochgeklettert war, die Schlinge geknüpft und sich dann mit einem Hechtsprung ins Leere gestürzt und so erhängt hatte. Noch dazu, ohne dass die Fingernägel dabei in Mitleidenschaft gezogen wurden. Diese blieben so sauber wie nach der Maniküre: Dieses Detail hat mir der Ermittlungsrichter Otello Lupacchini anvertraut, der die Leiche des Bankiers 1998 exhumieren ließ.

Erst im Herbst 2005 erhob Staatsanwalt Luca Tescaroli nach langen Ermittlungen Anklage gegen eine ungewöhnliche Schar tatsächlicher oder mutmaßlicher Übeltäter, die Calvi gemeinsam beseitigt haben sollen. Leute, die nicht recht zusammenpassen wollen: Da ist der Geschäftemacher Flavio Carboni, aber auch der Boss der römischen Mafia, der Magliana-Bande, Ernesto Diotallevi. Da ist der Kassier der Cosa Nostra Pippo Calò, aber auch der Schmuggler Silvano Vittor. Es ist nur schwer vorstellbar, dass sich diese Männer mit so unterschiedlichem Hintergrund zusammengesetzt haben, um einen Mord zu planen. In der Tat haben die Gerichte diesen Ansatz noch in jeder Instanz verworfen und alle Angeklagten freigesprochen, mit einer klaren Begründung: Es gebe kein Motiv oder es sei zu bruchstückhaft und widersprüchlich, die belastenden Beweise seien nicht ausreichend. Die Staatsanwaltschaft hat ihren Ansatz nie überarbeitet, sondern in den anschließenden Instanzen immer wieder in gleicher Form vorgelegt. Schließlich hat der Kassationsgerichtshof das Verfahren endgültig eingestellt. Alle Angeklagten wurden freigesprochen. Bleibt der Trost, dass wenigstens feststeht, dass man Calvi umgebracht hat. 2011, beinahe dreißig Jahre nach seinem Tod, hat das Oberste Gericht endgültig festgestellt, dass Calvi ermordet wurde. Doch das ist nur eine partielle, bescheidene und unbefriedigende

Erkenntnis. Wer hat Calvi umgebracht? In einem unwürdigen Spiel wurden die Fakten manipuliert und die Wahrheit untergraben: Auf jeden Schritt nach vorn folgten zwei zurück.

Im November 2016 stellte die Richterin Simonetta D'Alessandro auch das Verfahren gegen die mutmaßlichen Auftraggeber ein (Gelli, Carboni und den Geschäftemacher Francesco Pazienza), bekräftigte dabei aber die Vermutung, dass Teile von Vatikan, Freimaurerlogen und Cosa Nostra Calvis Ermordung beschlossen hatten, nachdem die Banco Ambrosiano massenhaft Mafiagelder verloren hatte. Damit steht fest, dass sich in IOR und Banco Ambrosiano damals Gelder von italoamerikanischen Mafiaclans mit denen zur Finanzierung der antikommunistischen Dissidenten in Polen kreuzten. Weder konnte Calò für die Sizilianer noch Marcinkus für den Vatikan »das Risiko eingehen«[19], dass der in die Enge getriebene Calvi einem Richter gegenüber gestehen würde, »dass durch illegale Tätigkeiten Mafiagelder in bestimmte Richtungen gelenkt wurden und Geldwäschepraktiken über die Banco Ambrosiano liefen«. Eine eher historische als juristische Betrachtung, die mit jener anderen einhergeht, wonach Calvi ermordet wurde, weil er nicht mehr in der Lage war, enorme Geldbeträge an die Mafia zurückzuzahlen.

Diese Ermittlungen wurden durch die undurchdringliche Mauer noch erschwert, die der Vatikan errichtete. Die beantragte Rechtshilfe wurde regelmäßig verweigert und entsprechende Anträge liefen ins Leere: »Die an den Staat Vatikanstadt gerichteten Rechtshilfeersuchen führten praktisch zu keinerlei Ergebnis«, unterstrich Richterin D'Alessandro.

Würde der Heilige Stuhl beispielsweise die Unterlagen zur Verfügung stellen, die sich in den Archiven des IOR zu den mit Calvi in Italien und im Ausland angestoßenen Vorgängen befinden, könnte man auf Personen und Spekulationen stoßen, die bisher im Verborgenen geblieben sind, auf mögliche Motive für die Ermordung des Bankiers, vielleicht sogar auf die Auftraggeber. Entscheidende Erkenntnisse also, um den Fall zu lösen. Etwa jene zu den Beziehungen mit der Cisalpine Overseas Bank in Nassau auf den Bahamas, die in einigen Überweisungen genannt war, die auf den Kassenblättern des IOR auf Papst Paul VI. verweisen.

Wie umfassend und beunruhigend Calvis Netzwerk war, konnte ich erst einschätzen, als ich nach Buenos Aires flog, wo ich mich mit zwei Bolivianern verabredet hatte: mit Ayda Suárez Levy, Jahrgang 1934, der früheren Frau des Bolivianers Roberto Suárez Gómez, der in den USA »King of Cocaine« genannt wird, und ihrem Sohn Gary. Es ist Ende November 2012. Aus Sicherheitsgründen findet das Treffen in der obersten Etage des NH City Hotels statt, wenige Schritte von der Casa Rosada entfernt. Ein großer, völlig leerer Konferenzsaal bildet den Rahmen. Die Fenster geben den Blick auf die Dächer von Buenos Aires frei. In der Mitte des Raumes stehen nur zwei Stühle, einer für mich und einer für die grazile alte Dame. Als sie mir die Hand gibt, halte ich ihre Höflichkeit für ein Zeichen von Unsicherheit. Ich verbringe fast einen ganzen Tag mit ihr, bald gesellt sich auch ihr Sohn Gary zu uns. Anders als ihre unsicheren Schritte und ihre dem Alter geschuldete Gebrechlichkeit vermuten lassen, verfügt Ayda über ein eisernes Gedächtnis und ist voller Entschlossenheit und Zorn, der nur durch die bürgerliche Etikette abgemildert wird. Nachdem sie ein Leben lang geschwiegen hat, will sie nun über die Hintergründe des von ihrem Mann in Südamerika aufgebauten Imperiums sprechen. Sie hat sich von ihm getrennt, als sie seine Machenschaften entdeckte. Roberto Suárez Gómez stand an der Spitze eines Drogenkartells, das von den amerikanischen Behörden als »General Motors of cocaine« bezeichnet wurde: Das Kartell besaß 250.000 Hektar Weiden und Anbauflächen für Kokain, war in der Lage, in Südamerika einen Staatsstreich zu organisieren, verfügte über Hunderte von Millionen an Narcodollars, über Labore, die in goldenen Zeiten anderthalb Tonnen Kokain pro Tag veredeln konnten, und über ganze Flotten von Flugzeugen und Schiffen, um die Rauschmittel in die USA zu transportieren. Die Macht von Suárez Gómez beruhte auf drei Pfeilern. Zunächst einmal auf einer gnadenlosen Geheimpolizei, die von dem italienischen Faschisten Stefano Delle Chiaie und dem Nazi Klaus Barbie geleitet wurde. Barbie, der

Schlächter von Lyon, war nach dem Fall des Dritten Reichs nach Südamerika geflohen und nannte sich dort Klaus Altmann. Zweiter Pfeiler: die Fähigkeit, entscheidenden Einfluss auf die politische Macht zu nehmen, etwa 1980 in Bolivien durch die Finanzierung des Staatsstreichs von General Luis García Meza Tejaola. Und schließlich noch die Allianzen, die für den Vertrieb der Kokainpaste und zur Geldwäsche der eingenommenen Drogengelder erforderlich waren. Was das Kokain betraf, hatte er einen eisernen Pakt mit Pablo Escobar, dem Chef des Kartells von Medellín, geschlossen. Bei dem Thema Geldwäsche lässt mir der Bericht von Ayda Suárez Levy das Blut in den Adern gefrieren:

> 1980 stellte mir mein Mann in Venezuela Roberto Calvi vor, einen Bankpräsidenten, und sagte mir, Calvi könne in Zukunft für uns bürgen. Mein Mann Roberto war froh und glücklich, Calvi in Venezuela getroffen zu haben, denn bei einem Bürgen dieser Klasse würden die Geschäfte viel besser laufen ... mit dem Kokain, denke ich mir, er sagte es nicht ausdrücklich, aber ich stelle mir das vor ... Calvi war Gesellschafter meines Mannes ... Mein Mann war einmal mit meinem Sohn in St. Moritz gewesen, wo Gunter Sachs [der 2011 durch Selbstmord gestorbene Ehemann Brigitte Bardots, A.d.A.] ihm sagte, Calvi sei gerade sehr verängstigt und er würde sich daher gerne mit ihm besprechen. Sachs sagte, Calvi habe große Probleme mit Pablo Escobar, da dieser das Geld zurückverlangte, das er bei einer Bank in Nassau deponiert hatte. Ich erfuhr, dass sie sich in der Toskana trafen. Mein Mann Roberto sagte Calvi, er müsse die Millionen Dollar der Kolumbianer zurückzahlen, die bei der Cisalpine Overseas in Nassau lagen und Schulden betrafen, die er bei Escobar aufgenommen hatte; dadurch würde sich dieser beruhigen. Klar, wenn Calvi meinen Mann um Hilfe gebeten hat, heißt das natürlich, dass er völlig verzweifelt war.[20]

Sohn Gary ergänzt:

> Keiner der Kolumbianer oder der Bolivianer hatte Konten beim Ambrosiano, aber fest steht, dass sie bei anderen Banken und Gesellschaften Konten hatten, die mit dem Ambrosiano verbunden

waren … Mein Vater sagte mir, Calvi sei sehr stark … Er war Mitgesellschafter und auf seiner Seite, wie ein Partner, der bei einem Geschäft einen Anteil mitverdient aus dem, was du investierst … er verdiente einen Anteil dieses Geldes, das auf die Karibik gekommen war.

Diese Enthüllungen werfen ein neues Licht auf mögliche Beziehungen zwischen Calvi und Vertretern des Medellín-Kartells, die bereits in einem Bericht des FBI erwähnt werden, und die der Sohn des Bankiers, Carlo Calvi, nie abgestritten hat:

> Der wesentliche ausländische Standort des Ambrosiano bestand eben aus dem Ambrosiano von Nassau, und wenn dort Drogengelder ankamen, landeten sie wahrscheinlich in Gesellschaften, die von der ausländischen Schwesterbank oder von deren Angestellten treuhänderisch verwaltet wurden. Diese Gesellschaften sind dann wohl der Liquidation entgangen. An diesen Roberto Suárez Gómez kann ich mich nicht erinnern, weil mein Vater eine Menge Gómez kannte, aber es stimmt, dass eine der letzten Reisen meines Vaters nach Venezuela führte.[21]

Sollte zutreffen, was die Witwe von Roberto Suárez Gómez sagt, so ergäbe sich eine beunruhigende Verbindung: Escobar und das Kartell von Medellín hatten bei der Cisalpine Overseas Bank in Nassau, der Auslandsgesellschaft der Banco Ambrosiano, entweder direkt oder über verbundene Treuhandgesellschaften mehrere Depots mit Millionen von Dollar angelegt. Und es handelt sich tatsächlich um die Bank, die denselben Namen trug wie der »Fondo Cisalpine« bei der Vatikanbank IOR, der in Geschäfte über Millionen Dollar zugunsten von Paul VI. verwickelt war. Das haben wir im vorherigen Kapitel festgestellt, und es wirft die Frage auf, weshalb Paul VI. auf diesen Schecks erwähnt wird: Handelt es sich dabei um andere Vorgänge oder besteht doch eine Verbindung?

Im Vatikan danach zu fragen hätte keinen Sinn. Man zieht es dort immer noch vor zu schweigen, da man fürchtet, neue Nachrichten würden der Glaubwürdigkeit des Heiligen Stuhls schaden, die sperrigen Skelette in den Schränken der vatikanischen Paläste würden wieder rasseln. Die angekündigten Bemühungen um mehr Transparenz und sauberes Gebaren spielen hier keine Rolle. Offensichtlich zieht man es vor, die Wahrheit unter der Decke zu halten, wohl wissend, dass man sich auf diese Weise möglichen Erpressungen aussetzt. Denn wer die Wahrheit kennt, kann sie sich für allerlei unlautere Absichten zunutze machen.

Es ist dieselbe Situation wie im Fall der verschwundenen Emanuela Orlandi. Oder vorher noch beim Bankrott von Sindona. Dort war der Kassationsgerichtshof mit der Axt dazwischengegangen und hatte 1990 die meisten Angeklagten wegen Verjährung freigesprochen oder das Strafmaß radikal gekürzt. Mennini beispielsweise sah sich durch das Oberste Gericht von jeder Strafe befreit, da es einen Zuständigkeitsfehler des Gerichts erkannte, das ihn zuvor verurteilt hatte. Mit einem Schlag kam die zweite Reihe jener Unterwelt ungeschoren davon, die nun wieder Luft holen konnte. Dass man diese Taten nie wirklich aufgeklärt hat und sie zu großen Teilen straffrei blieben, hat verhindert, dieses kriminell-finanzielle System an der Wurzel zu packen. Auch wenn Spitzenleute wie Calvi, Marcinkus und Sindona verloren waren, hat der Machtblock es verstanden, sich zu regenerieren und kraft der erhalten gebliebenen Privilegien und der Erpressung jeden Versuch einer Veränderung und Reform bis in unsere Tage hinein zu unterbinden. Das beste Beispiel ist das IOR, das als letzte europäische Offshore-Bank die Regeln gegen Geldwäsche übernommen hat. Nach dem 11. September 2001 und vor allem nach dem anschließenden Druck auf Steueroasen wollte man weltweit die Finanzströme von Al-Qaida unterbinden und Geldwäsche erschweren.

Eine letzte Überlegung ist noch hervorzuheben: Die landläufige Meinung, wonach Marcinkus von Sindona und von Calvi hinters Licht geführt wurde, hat endgültig ihre Glaubwürdigkeit eingebüßt. Noch deutlicher trifft dies auf die Behauptung zu, dieses Machtsystem habe nichts mit dem Papsttum Pauls VI. und dann Johannes Pauls II. zu tun. Kein Papst sollte den hektischen Finanzgeschäften der Achse Sindona-Marcinkus-Calvi in die Quere kommen. Und nach dem Tod von Johannes Paul I. lief in der Tat alles noch ein Jahrzehnt weiter, bis der Tod wieder eingriff und die Hauptakteure beseitigte. Nach Calvi traf es 1986 Sindona, den man leblos in einer Zelle des Gefängnisses von Voghera auffand, nachdem er einen mit Zyankali versetzten Espresso getrunken hatte. Es blieb Marcinkus, den Papst Johannes Paul II. erst 1989 entließ. Aber auch hier beging man einen eklatanten Fehler. Das Unkraut hatte zu tiefe Wurzeln geschlagen, als dass man es hätte ausrotten können. Der Abgang Marcinkus' reichte nicht aus, um aus dem IOR eine saubere Bank zu machen, obwohl Johannes Paul II. medial geschickt versuchte, diese Botschaft zu verbreiten. Aber ihm das anzulasten, klingt wie der subtile Versuch, eine weitaus peinlichere Wahrheit unter den Teppich zu kehren: Denn zu viele Geschichten der letzten zwanzig Jahre belegen, dass das System Marcinkus-De Bonis-Mennini und *ihr* IOR die skrupellosen, anmaßenden oder gar kriminellen Geschäfte mindestens bis 2014 fortsetzte. Auch in diesem Fall übertrafen die Schüler ihre Meister.

---

1 Bei ihrer Gründung am 11. Februar 1887 entstand die Vatikanbank IOR ursprünglich unter dem Namen Ad Pias Causas [zu frommen Zwecken, A.d.Ü.]. Es handelte sich damals um eine Kommission aus Kardinälen, die sich nach dem Wunsch Papst Leos XIII. um die Mittel »frommer Stiftungen« kümmern sollte. Diese Vermögensverwaltung war eigens für Hinterlassenschaften und Schenkungen der Gläubigen geschaffen worden. Die entsprechenden Immobilien und Geldbeträge sollten damals verborgen bleiben und damit der Gefahr möglicher Einziehung durch italienische Behörden entgehen. Das IOR selbst wurde 1942 während des II. Weltkriegs durch zwei Chirographen von Papst Pius XII. ins Leben gerufen. Von Anfang an gewährte der Papst der Bank volle Eigenständigkeit gegenüber der Kurie. Das IOR wurde zu einer »zentralen Behörde der Katholischen Kirche« und erhielt dadurch gemäß Artikel 11 der Lateranverträge für seine Angestellten die Immunität. In seiner Geschäftsordnung werden hehre Ziele genannt: »Verwahrung und Verwaltung von Geldern (in Form von Wertpapieren oder Bargeld) und Vermögenswerten, die für religiöse Aufgaben und

solche christlicher Nächstenliebe bestimmt sind.« Doch jedem im Vatikan ist bekannt: Es handelt sich um ein rein formales Ziel. Seit den Zeiten des Präsidenten Alberto di Jorio und den Aktieninvestitionen von Geldern, die der Vatikan durch die Lateranverträge erhalten hatte, hat das Institut mehr Ähnlichkeit mit einer Geschäftsbank als mit einem Hüter der Ersparnisse frommer Bruderschaften.

2 Karol Wojtyła hatte Mutter Teresa gebeten, ihn jedes Mal wenn sie in den Vatikan kam, zu besuchen, und dies geschah in den 1980er- und 1990er-Jahren im Durchschnitt zweimal jährlich. José Luis González-Balado berichtet davon im Vorwort zu *Il cuore della preghiera*, Mailand 2012.

3 Mutter Teresa brachte auch großzügige Gönner ihrer Stiftung in den Vatikan, zum Beispiel ihre US-amerikanische Freundin Eileen Egan, Leiterin der Catholic Relief Services und Mitbegründerin der Gruppe American Pax Association.

4 De Bonis wurde am 13. April 1930 in Pietragalla in der Provinz Potenza geboren und 1953 zum Priester geweiht. 1993 empfing er durch Kardinal Corrado Ursi die Bischofsweihe. Er war zunächst Partikularsekretär von Kardinal Alberto di Jorio und wurde 1970 zum Generalsekretär der Bank ernannt.

5 Aus den im Archiv von Prälat Renato Dardozzi erhaltenen und in meinem Buch *Vatikan AG* veröffentlichten Unterlagen hatte sich ergeben, dass De Bonis die ›Parallelstruktur des IOR‹ bei zunehmender Schwächung der Person von Marcinkus gebildet hatte. Diese Schwächung hatte sich noch verschärft, als die Mailänder Staatsanwaltschaft 1987 wegen des Bankrotts der Banco Ambrosiano seine Verhaftung verlangt hatte – erfolglos.

6 »Tangentopoli« [Stadt der Schmiergeldzahlungen] bezeichnet ein weit verzweigtes System von Korruption, Amtsmissbrauch und illegaler Parteifinanzierung, das zu Beginn der 1990er-Jahre von der Mailänder Staatsanwaltschaft im Rahmen der umfangreichen Ermittlungen zu »Mani pulite« aufgedeckt wurde. Die gerichtliche Aufarbeitung führte zum Zusammenbruch der italienischen Parteienlandschaft und zum Entstehen der sogenannten »Zweiten Republik«. Der Enimont-Skandal bezeichnete im Rahmen von Tangentopoli die größte seither bekannte Schmiergeldzahlung von über 130 Milliarden Lire, die zu zwei Dritteln über das IOR verschoben wurden. Erläuterung zu Enimont im Text auf S. 131, [A.d.Ü.].

7 https://rivaluta.istat.it.

8 Gennaro Pucino, »Intervista a Mario de Bonis, amico del grande Eduardo e cultore della sua arte poetica«, Dezember 2010, nachzulesen auf der Website http://napolinternos.it/index.php?option=com_content&view=article&id=194%

3Aintervista-a-m-de-bonis-amico-del-grande-eduardo&catid=41%3Aattualita-e-cultura&Itemid=168&lang=it. Auch Mario de Bonis befreundete sich mit dem Schauspieler, befasste sich mit seiner gesamten Schauspiel- und vor allem mit seiner Dichtkunst. Mario de Bonis hat über die Jahre mehrere Essays und Studien über den Schauspieler verfasst; nicht zuletzt das Buch *Eduardo visto da vicino*, das am 7. Oktober 2014 in der Cineteca nazionale in Rom in Anwesenheit des ehemaligen Regierungschefs und Ehrengasts der Veranstaltung Gianni Letta vorgestellt wurde.

9 Aus der Einzahlung auf dem Kassenblatt des IOR Nr. C 187787 vom 19. Dezember 1978.

10 »Donato de Bonis. Intervista al fratello Mario – Incronaca«, *La nuova tv canale 12*, 12. Januar 2016.

11 Diese direkt vom Papst ausgesuchten Kämmerer gehörten zur päpstlichen Familie und übten jene Funktion aus, die heute den Gentiluomini di Sua Santità, den ›Edelmännern seiner Heiligkeit‹ vorbehalten ist und darin besteht, die Besucher bei den Privataudienzen des Papstes zu empfangen und zu betreuen.

12 Hochzeit mit außergewöhnlichen Trauzeugen: dem damaligen Ministerpräsidenten Fernando Tambroni und Maria Di Bernardo, der Ehefrau des Industriellen Franco Palma (Eigentümer der Firma Squibb und Onkel des ehemaligen Ministers Nitto Palma), damals Schwiegermutter von Francesco Bellavista Caltagirone und Zeugin im Prozess um die Ermordung des Journalisten Mino Pecorelli durch die Mafia.

13 Prälat Magliocchetti nutzte das Konto Nr. 051 6 03040L in Dollar und das Konto Nr. 001 3 06345Q in Lire.

14 So Staatsanwalt Guido Viola beim Plädoyer im Prozess wegen des Bankrotts von Sindona.

15 Am 7. April 1975 werden von den Girokonten Nr. 053 7 06229L und 057 7 06270G der Banca Unione 372.222 Schweizer Franken und 436.601 DM auf die Konten Nr. 053 7 35230J und 057 7 35270D der Banca Privata Italiana überwiesen.

16 Philip Willan, »Calvi e l'Italia dei poteri occulti«, *MicroMega*, Nr. 5, 1980.

17 Ebd.

18 Das Minerva war eine der guten Adressen der Hotelkette, die Vater Stefano und Sohn Alessandro Falez sich in Neapel mit dem Holiday Inn und vor allem in Rom mit dem Crown Plaza (in der Via Veneto der Dolce Vita), dem Hotel

Residence und eben dem Minerva unter den Nagel gerissen hatten. Hinzu kamen Beteiligungen im Gesundheitswesen, durch die sie über das Roma America Hospital, das Diagnostikzentrum Health Care Italia und das Pflegeheim Salvator Mundi verfügten.

19 Erlass zur Einstellung des Verfahrens gegen die mutmaßlichen Auftraggeber der Ermordung Roberto Calvis, Richterin Simonetta D'Alessandro, Landgericht Rom.

20 Das Interview wurde im Winter 2012 in der Fernsehsendung *Le inchieste di Gianluigi Nuzzi* des Kanals La7 veröffentlicht.

21 Ebd.

Das Übel

Das Eingeständnis vor Papst Franziskus

Wir schreiben den 3. Juli 2013. Nachdem er seine Notizen noch einmal durchgegangen ist, verlässt der deutsche Aristokrat Ernst von Freyberg, der wenige Monate zuvor, am 15. Februar, auf ausdrücklichen Wunsch von Benedikt XVI. die Präsidentschaft des IOR übernommen hat, sein Zimmer im Gästehaus Santa Marta, in dem auch Papst Franziskus wohnt. Er weiß genau, dass dieser Sommertag für ihn entscheidend sein wird.[1] Man erwartet ihn zu einer der heikelsten Besprechungen seines Lebens, an der die höchsten Vertreter des Heiligen Stuhls teilnehmen. Außer dem Papst und Staatssekretär Tarcisio Bertone ist auch der gesamte Kardinalsrat geladen. Anwesend sind die einflussreichsten Kardinäle, ebenso weitere Prälaten, die in der Machtgeometrie der Kurie wichtige Positionen einnehmen. Selbstverständlich findet die Besprechung hinter verschlossenen Türen statt. Franziskus ist erst seit wenigen Monaten im Amt, er stellt gerade die Weichen für die zukünftige Ausrichtung seines Pontifikats. Einer der Teilnehmer der Unterredung zeichnet daher jedes Wort des IOR-Präsidenten auf: Dank der Aussagen weiterer anwesender Prälaten kann hier erstmals berichtet werden, was in jener dramatischen Besprechung geschah und was der Bankier in seiner Rede vortrug.

Langsam betreten die Würdenträger den großen Saal in der dritten Etage des Apostolischen Palasts, der zwischen der nun verschlossenen Wohnung Benedikts XVI. und dem Staatssekretariat liegt.[2] Papst Bergoglio schaut jeden an. Die Mehrheit der anwesenden Kardinäle hatte sicherlich für ihn gestimmt, viele aber erst im letzten Wahlgang. Da waren die Spitzen der Kurie aufgefordert worden, sich der Linie anzuschließen, die sich im Konklave herauskristallisiert hatte. Von Freyberg tritt ein und sucht geradezu den Blick des Papstes. Der Heilige Vater zeigt keine Regung. Manche im Saal betrachten diesen Anwalt, Bankier und Geschäftsmann mit Neugier oder interessiert, andere herausfordernd oder, wie Bertone, mit demonstrativer Gleichgültigkeit. Von Freyberg rückt nervös seine Brille zurecht und tritt ans Mikrofon.

Man war in der Kurie aus zwei Gründen auf seine Ausführungen gespannt. Der eine war eher oberflächlicher Natur. Man interessierte sich aus einer gewissen am Heiligen Stuhl weit verbreiteten geschwätzigen Boshaftigkeit heraus für die Vergangenheit des Bankiers. Bis vor Kurzem war von Freyberg nämlich Aufsichtsratsvorsitzender von Blohm+Voss gewesen, der deutschen Werft mit Sitz in Hamburg, die schon für die NS-Wehrmacht Kriegsschiffe und U-Boote gebaut hatte. Dieser sanft wirkende, schlicht und elegant auftretende Bankier war gewiss kein Kriegstreiber, doch die Kardinäle konnten sich angesichts seiner vorherigen Funktionen einer scharfzüngigen Ironie und bissiger Bemerkungen nicht enthalten.

Der zweite Grund betraf ein zumindest gewagtes Interview, das von Freyberg kurz zuvor der »New York Times« gegeben hatte. »Zu einzelnen Kunden kann ich keine Kommentare abgeben«, hatte er bei der Ankündigung von Null-Toleranz gegenüber Geldwäsche geäußert, »aber ich kann Ihnen sagen, dass ich den in der Presse kursierenden Namen nachgegangen bin und sie persönlich überprüft habe. Ich habe keinen einzigen der Namen bei uns gefunden. Dieser eine Mafia-Boss, jener Politiker, Osama bin Laden. Keiner von ihnen hat ein Konto bei uns, noch haben sie eine Vollmacht für irgendein Konto.«[3] Tags darauf war der Bankier auf Radio Vatikan noch deutlicher geworden. Nummernkonten? Riesige Beträge ohne Eigentümer? »Das ist reine Erfindung. Es gibt keine Nummernkonten. Seit 1996 ist es technisch unmöglich, in unserem System ein Nummernkonto zu eröffnen und es wäre auch gegen Vatikanrecht. Ich habe mir selber das System angesehen und Zufallsproben gemacht: Ich habe keine Anzeichen für Nummernkonten gefunden.« Nicht einmal hinsichtlich der Vergangenheit? »Das würde in unserem System nicht funktionieren.«[4]

Die rundherum abwehrende Position wird von manchen Kardinälen als gefährlich betrachtet. Die gewagte Äußerung »dieses

Laien« – wie ihn einige Purpurträger barsch bezeichneten, ohne ihn beim Namen zu nennen –, der gerade erst in den Vatikan gekommen war, könnte den Heiligen Stuhl eklatanten Dementis aussetzen. Seit Marcinkus' Zeiten waren fiktive Inhaberangaben und Nummernkonten eine eingespielte Praxis. Das hatte sich 2009 herausgestellt und ist in dem Buch *Vatikan AG* unzweifelhaft belegt. Auch das vorliegende Buch dokumentiert dies mit weiteren Fällen und Unterlagen. Wozu also abstreiten, noch dazu in einem so heiklen Augenblick? Man schlug damit genau die entgegengesetzte Richtung zu der Linie ein, die Papst Franziskus tagtäglich vorgab, nämlich die Leichen aus dem Keller zu holen und nicht mehr zu verstecken. Daher wurde die Rede des IOR-Präsidenten mit Spannung erwartet: Würde der Bankier auf dieser riskanten Linie beharren? Von Freyberg entscheidet sich, Italienisch zu sprechen, damit er vom Großteil der Anwesenden verstanden wird. Er beginnt seinen Vortrag mit Zahlen, damit alle erkennen können, welche großen Geldmengen er zu verwalten hat. Im Saal ist es mucksmäuschenstill:

> Wir verwalten die Gelder des Heiligen Stuhls, der Diözesen, der männlichen und weiblichen Kongregationen, in einer Gesamthöhe von über 2 Milliarden. [Diese Konten bilden, A.d.A.] unsere wichtigste Nutzergruppe. Es gibt auch Einzelpersonen, 13.000 an der Zahl; diese sind vor allem die Angestellten und Rentner des Heiligen Stuhls, des Vatikanstaates und des IOR. Dann gibt es eine Gruppe von mehr oder weniger 1400 Personen, die nicht im engeren Sinn zu dieser katholischen Welt gehören: die diplomatischen Missionen, Diplomaten und ehemalige Diplomaten beim Heiligen Stuhl, nicht unsere, sondern die, die zu uns kommen, und es sind ehemalige Beziehungen des Heiligen Stuhls: das ist eine sehr unterschiedliche Gruppe... [Da sind, A.d.A.] viele Erbschaften [...] außerdem haben wir aus Gründen der Tradition diese Kundschaft. Wir verwalten mehr oder weniger 7 Milliarden, 5 Milliarden in unserem eigenen Haushalt und 2 Milliarden von Dritten. Die Nutzer hinterlegen ihre Mittel bei uns, und wir investieren sie vor allem in Staatsanleihen und bei anderen Banken. Wir geben nur ganz wenig Kredit. Bei einer Bilanz von 5 Milliarden haben wir Kredite über nur 25 Mil-

lionen. Unsere Hauptaufgabe besteht darin, das Vermögen zu schüt-
zen, nichts weiter, daher gibt es bei uns keine Swap-Geschäfte oder
Hedgefunds. Es ist eine reine Tätigkeit des Vermögensschutzes. Es
gibt noch einen zweiten Dienst, den wir leisten, und das ist der
Zahlungsdienst, der für unsere Nutzer wichtig ist, vor allem für die
Kongregationen, die viele Aktivitäten in der Welt haben.

Ab und zu macht der Bankier im Italienischen Fehler: Er sagt »Pen-
sionisten« statt »Pensionäre«, »Diplomierte« statt »Diplomaten«.
Bertone korrigiert ihn zuweilen, was den Kardinälen ein verhaltenes
Grinsen entlockt. Aber die Atmosphäre bleibt angespannt. Von
Freyberg weiß, dass er die heikelste Angelegenheit erst noch anspre-
chen muss. Es ist wohl sicher das erste Mal, dass ein Präsident der
Vatikanbank vor einem so qualifizierten Parkett mit Papst, Kardinal-
staatssekretär und den einflussreichsten Kurienkardinälen das heiße
Eisen der Geldwäsche anspricht.

Als ich hierhergekommen bin, war klar, wo ich anfangen sollte. Es
gibt zwei große Bereiche: das eine sind die illegalen Geschäfte unserer Kunden, das nennt sich heute anti money laundering [Geldwä-
schebekämpfung, A.d.A.], und das andere ist die Kommunikation.
Beide sind nämlich eng miteinander verknüpft. Zu unseren Nutzern
ist meine persönliche Beobachtung, heute… also… heutzutage…
ehm…, ist meine persönliche Beobachtung folgende: Bis zum 1. April
2011 hat es kein vatikanisches Gesetz zur Geldwäsche gegeben. Bis
zu diesem Zeitpunkt hat das IOR seine Geschäfte gehandhabt, wie
man es für richtig hielt, und wie man dachte, dass die Vorgesetzten
es wünschten. Das hat sich am 1. April 2011 verändert, mit einem
Gesetz [das erste Geldwäschegesetz im Vatikanstaat, A.d.A.], das im
IOR nicht sehr eingehend erläutert worden ist. Das heißt, es gab ein
Gesetz, aber es gab keine Einweisung, keine Vorschrift, wie es genau
umzusetzen war. Mit dem Ergebnis, dass es in den letzten beiden
Jahren Transaktionen gegeben hat, die nicht regelkonform waren,
und nicht immer wurden sie rechtzeitig gemeldet.

Eisiges Schweigen im Saal. Was der Bankier da gesagt hat, wiegt
schwer. Der Präsident lastet ausgerechnet den Vorgesetzten, also den

Kardinälen, die undurchsichtige Verwaltung der IOR-Gelder an, als es noch keinerlei Vorschriften zur Geldwäsche gab. Die Vatikanbank habe die eigenen Geschäfte so verwaltet,»wie die Vorgesetzten es wünschten«. Es handelte sich somit nicht um eigenständige Entscheidungen der Institutsführung, es war der ausdrückliche Wille der Vorgesetzten, der Kardinäle und des Papstes. Das ist noch nicht alles. Als das Gesetz gegen Geldwäsche – endlich, wenn auch mit enormer Verspätung – in Kraft trat, wurde es nicht angewandt. In der Presse und im Fernsehen wurden überall die neuen Vorschriften begrüßt, die der Vatikan sich gegen Geldwäsche zugelegt hatte, aber niemand befolgte sie beim IOR. Praktisch eine Reform, die auf halber Strecke steckenblieb. Es wurde den Forderungen der Medien und der Gläubigen nach Transparenz einerseits nachgegeben, aber nicht gesagt, was von Freyberg bei seiner mit Spannung erwarteten Rede anprangerte: Ohne entsprechende Anwendungsregeln konnte niemand beim IOR den neuen Regeln Folge leisten. Dadurch hat die Bank mitten in Rom weiterhin als Offshore-Bank gearbeitet. Und zwar trotz der Flut von Pressemeldungen, die übereifrig die angekündigte Transparenz zelebrierten.

Von Freyberg fährt mit der Frage der Nummernkonten und der anonymen Kunden fort, die er bereits in den Interviews mit der »New York Times« und »Radio Vatikan« angesprochen hatte, und es unterläuft ihm dabei, zumindest auf den ersten Blick, ein unerklärlicher Ausrutscher:

> Was haben wir für ein Problem? Es sind vor allem natürliche Personen, die ihre Konten für gesetzeswidrige Geschäfte nutzen, Geldwäsche in jeder Hinsicht. Es kann sich um Angehörige des Klerus handeln oder um Laien: Es gibt keine Regel, die besagt, bei welcher Gruppe dieses Risiko höher ist. Ich glaube nicht, dass es um viele Fälle geht. All jene, von denen in der Presse die Rede ist, habe ich eigenhändig am ersten Tag am Computer überprüft, und sie waren nicht dabei. Es gab kein Konto Andreotti, es gab unter uns nicht die gewissen Gentlemen, die in den Zeitungen standen: von alldem gab es nichts. […] Das zweite Thema ist die Kommunikation. Das

größte Problem des IOR besteht darin, dass es die Botschaft des Heiligen Vaters und des Vatikans vernachlässigt. Das ist meine Aufgabe: dass das gelöst wird. Ich habe mit der Kommunikation angefangen, und unser Problem ist folgendes: Wir leben in einem Dreieck aus tatsächlichen Ereignissen wie dem Ambrosiano; aus falschen Gerüchten wie Andreotti, Osama bin Laden und all den anderen; und aus einem vollkommenen Stillschweigen von unserer Seite. Was unsere Kommunikation betrifft, haben wir entweder mit niemandem gesprochen, oder in nicht sehr glücklicher Weise; oder in den letzten Jahren meines Vorgängers, sehr individuell, so würde ich das nennen. So haben wir uns nie wirklich gegen falsche Gerüchte zur Wehr gesetzt und auch nie zugegeben, was davon stimmte. Darum haben wir jetzt einen Fachmann für Kommunikation geholt, um systematisch auf die Kirche und die Öffentlichkeit zuzugehen. Daher gab es eine erste Woche mit den Journalisten, gerade ... einen Jahresbericht zu verfassen und ihn ins Internet zu stellen, so dass alle sehen können, dass er da ist. Hinsichtlich der Geldwäsche habe ich eine Firma geholt, die sich Promontory nennt, Weltmarktführer in diesem Bereich, glaube ich, und die schauen sich jetzt jedes einzelne Konto bei uns an, ob es in Ordnung ist oder nicht. Das sind derzeit etwas mehr als tausend Konten, und da sind vielleicht zehn, die nicht in Ordnung sind, und wo wir etwas machen müssen. Zum Dritten haben wir – und diese Arbeit ist fast schon beendet – eine große Rechtsanwaltskanzlei geholt, Cleary Gottlieb, das Büro in Rom, aber es ist eine us-amerikanische Kanzlei, und die haben ein Rechtsgutachten darüber erstellt, wie wir rechtlich einzuordnen sind. Denn wir leben in einer Welt und arbeiten in einer Welt. Wir sind nicht nur im Vatikanstaat, und wir müssen diese Regeln beachten. Das hat nichts mit der Frage der Souveränität zu tun, sondern das sind die normalen Regeln für jeden [der eine, A.d.A.] Summe von 7 Milliarden verwaltet, auch in anderen Ländern. Auch die anderen Länder wollen ein wenig wissen, was sich so tut. Und wir müssen uns auch den Regeln anderer Staaten anpassen. So, das ist eine Zusammenfassung unserer Situation, wie sie im Augenblick ist.

Papst Franziskus hört sehr aufmerksam zu. Der deutsche Bankier verleugnet das Konto Andreotti beim IOR. Das sieht nach einem ungeschickten Versuch aus, die ungelöste Vergangenheit der vatikanischen Bank auf die dunklen Jahre der Marcinkus, Sindona und Calvi einzugrenzen. Aber jenes Machtsystem war nur zunehmend schwächer geworden, verschwunden war es nicht. Es war zeitweilig abgetaucht, um dann umso stärker und mit neuen Leuten wieder aufzutauchen, um weitere Unmengen schmutzigen Geldes reinzuwaschen.

Die Zeit nach Marcinkus

Gewiss, manche Vorkommnisse konnten einen in die Irre führen. Man denke nur an die Entscheidung des IOR von 1984, 405 Millionen Dollar als »freiwilligen Beitrag« an die Liquidatoren der Banco Ambrosiano zu zahlen, um alle noch offenen finanziellen Streitigkeiten im Zusammenhang mit Calvis Bank beizulegen.[5] Aber es wäre eine sehr oberflächliche Lesart, deshalb anzunehmen, die Bank habe damit eine Kehrtwende vollzogen. Marcinkus wurde vom Vatikan nie im Stich gelassen. Auch dies wird durch die neuen Unterlagen sowie durch verschiedene Quellen belegt. Marcinkus' Verteidiger etwa, Adolfo Gatti, genoss im Vatikan höchstes Vertrauen. Aus den geheimen Buchungsunterlagen der Bank geht hervor, dass auch er über ein Konto beim IOR verfügte – und dass einige üppige Honorare mit dem Geld der vatikanischen Bank beglichen wurden: Ein Honorar von einer Milliarde Lire wurde am 31. Juli 1984 vom Konto Nr. 001 9 10420T bezahlt, das für Gerichtskosten vorgesehen war. Am selben Tag wurde ein weiterer Verteidiger Marcinkus' bezahlt, Professor Agostino Gambino, für den Heiligen Stuhl Mitglied in der italienisch-vatikanischen Kommission zum Zusammenbruch von Calvis Banco Ambrosiano und früher Anwalt von Sindonas Banca Privata. Im Rahmen der Kommission hatte Gambino sich bemüht, die Verantwortlichkeiten des IOR-Präsidenten kleinzureden und ihn praktisch als Opfer Calvis darzustellen: »Es gibt keinerlei Beleg für eine Schuld von Marcinkus«, sagte er. Am 31. Juli 1984 zahlt man ihm eine Milliarde Lire, genauso viel wie Adolfo Gatti.[6]

Die Mailänder Richter, die 1987 wegen des Bankrotts der Banco Ambrosiano den Haftbefehl für den amerikanischen Bischof und einige seiner Mitarbeiter ausstellten, sahen das anders.[7] Doch Marcinkus konnte sich in seiner einige Jahre zuvor geäußerten Vorhersage bestätigt fühlen: »Ich mag ein miserabler Bankier sein, aber wenigstens sitze ich nicht im Gefängnis.«[8] Der Haftbefehl wurde vom Kassationsgerichtshof aufgehoben, gab aber in Verbindung mit den Ermittlungen zu Calvi durch Staatsanwalt Pier Luigi Maria Dell'Osso für Papst Wojtyła und den damaligen Kardinalstaatssekretär Agostino Casaroli Anlass, den IOR-Präsidenten zum Rücktritt zu drängen. Erst 1989 stellte dieser sein Amt zur Verfügung.[9]

Bis 1996 blieb Marcinkus als ehemaliger Präsident im Vatikan. »Er fürchtet, beim Verlassen des Vatikans verhaftet zu werden«, tuschelten die Gegner vielleicht nicht ohne Grund: Da er sein jahrelanges mächtiges Amt nun nicht mehr innehatte, wäre möglicherweise beim Verlassen des kleinen Staates eine verfahrenssichernde Maßnahme gegen ihn verfügt worden. Nach dem Ende der gerichtlichen Wirren um die Banco Ambrosiano zog der vielleicht unbequemste Prälat der Kirche nach Sun City in Arizona: als Pfarrer, so wie viele andere alte Seelsorger. Zusammen mit Marcinkus waren 1989 auch seine Mitarbeiter Luigi Mennini und Pellegrino de Strobel von ihren Ämtern im IOR zurückgetreten, die ebenfalls im Fokus der Presse und der Staatsanwaltschaften standen. Doch die gesamte Führungsstruktur der Bank blieb unverändert. Nach zwanzig Jahren skrupellosen Geschäftsgebarens bei völliger Straffreiheit konnte das Geldinstitut nur schwerlich einen raschen Wandel vollziehen.

Marcinkus zieht sich aus der Bank zurück, De Bonis wird Prälat des Instituts und gibt ein paar Interviews, um sich von seinem Vorgänger und Mentor abzusetzen. Dessen Position hat in der Zwischenzeit Angelo Caloia übernommen, ein lombardischer Katholik, der dem Bankier Giovanni Bazoli sehr nahestand. Johannes Paul II. hatte Caloia im Juni 1989 wegen seiner allgemein geschätzten Tugenden ausgewählt, um endlich einen Schlussstrich unter eine allzu lästige und sperrige Vergangenheit zu setzen, die den Ruf des Vatikans schwer beschädigt hatte.

Man muss naiv oder böswillig sein, um zu glauben, das IOR sei nach dem Abgang von Marcinkus plötzlich zu einer ethischen Bank geworden. Tatsächlich gedeiht das unorthodoxe System munter weiter. Gerade in den Jahren nach 1989 wird in dem von Prälat Donato de Bonis geformten Kontensystem ein Großteil der Enimont-Schmiergelder reingewaschen. Die Industriellenfamilie Ferruzzi hatte sie an die Parteien der Ersten und Zweiten Republik[10] gezahlt, um die Geschicke der Montedison-Gruppe von denen des Energieriesen Eni zu trennen. Dadurch wurde der Enimont-Konzern aufgelöst, und Raul Gardinis Traum, die chemische Industrie Italiens in einem einzigen Konzern zusammenzufassen, war geplatzt. Die Ferruzzis bauten dabei auf einen Mann, der in Italien schon seit jeher im Mittelpunkt von Intrigen, Geschäften und geheimen Machenschaften stand: Luigi Bisignani. Und der pflegte beste Beziehungen zu Prälat De Bonis.

Die Probleme stellen sich ein, als die Ermittlungsrichter von Mani pulite den Schmiergeldskandal Tangentopoli näher ins Visier nehmen und gegen die Vermittler des Geschäfts Sergio Cusani, Mauro Giallombardo und eben Luigi Bisignani vorgehen. Die Ermittler verfolgen die Geldströme, und die stärksten führen direkt in den Vatikan. Den Ermittlern zufolge flossen zwei Drittel der 130 Milliarden Lire Schmiergeld, nämlich 88,9 Milliarden, über das IOR. Manche Gelder liefen insbesondere über das Konto Andreottis und konnten damit möglicherweise den Mann beschädigen, der damals als Kandidat für das Amt des italienischen Staatspräsidenten gehandelt wurde.

Von 1987 bis 1992 führt De Bonis dem Vatikan über 26 Milliarden Lire (heute etwa 26 Millionen Euro) flüssige Mittel zu und legt sie auf das Konto der »Fondazione Spellman«. Die Existenz des Depots Nummer 001 3 14774 C zu leugnen, das 1987 beim IOR auf den Namen einer inexistenten »Stiftung Francis Spellman« eingerichtet wurde, zu dessen Zeichnungsberechtigten auch der siebenmalige Ministerpräsident Giulio Andreotti gehörte, ist daher ein Schlag ins

Gesicht der Wahrheit, der plumpe Versuch, eine Sache abzustreiten, die längst zur historischen Tatsache geworden ist. Dieses Depot bildet den eigentlichen Kern des aus der Vatikanbank heraus betriebenen Geschäfts, um die größte je in der Geschichte Italiens aufgedeckte Schmiergeldzahlung zu vertuschen und umzuverteilen. Man brachte Staatsanleihen ein, die von Prälat De Bonis zu Geld gemacht wurden, das man dann auf die Konten von Politikern und Mittelsmännern verteilen konnte. Etwa an Sergio Cusani, der im Hauptverfahren von Mani pulite angeklagt und schuldig gesprochen wurde.

Dies alles geschieht, obwohl Caloia Präsident der Bank ist: Er ist die saubere Weste, mit der die allzu sperrige Vergangenheit in Vergessenheit geraten soll. Doch das Restyling ist eigentlich nur kosmetischer Natur. Es soll dazu dienen, das IOR wieder vorzeigefähig zu machen, damit der Druck durch die Medien nachlässt. In Wirklichkeit laufen die dunklen Machenschaften munter weiter. Auf Anweisung von Kardinal Casaroli versucht Caloia einerseits, die Neugier der Mailänder Staatsanwälte im Zaum zu halten, indem er deren Anfragen in irreführender Weise beantwortet. Andererseits ist er bemüht, nicht unter die Räder des kriminellen Systems zu geraten, das unter Paul VI. eingerichtet wurde. Es muss für ihn eine echte Demütigung gewesen sein, zu entdecken, dass unter seiner Präsidentschaft Milliarden an Schmiergeldern reingewaschen wurden, ohne dass er davon wusste. Wie bereits in *Vatikan AG* ausführlich beschrieben, fand Caloia heraus, dass auf den siebzehn Hauptkonten, die De Bonis nach und nach in der Bank eingerichtet hatte, von 1989 bis 1993 Transaktionen im Wert von über 310 Milliarden Lire vorgenommen wurden. Das entspricht heute etwa 300 Millionen Euro. Allein die Ein- und Auszahlungen in bar beliefen sich auf 110 Milliarden.[11] Das ist die mittlerweile gesicherte Wahrheit der Parallelstruktur des IOR, eines gigantischen Schwarzgeldsystems, das in den Jahren nach Marcinkus aufgebaut worden war.

De Bonis nutzte den Eintritt Caloias und das Machtvakuum nach dem Rückzug Marcinkus', um durch das Handling gewaltiger Summen die eigene Position zu stärken. Die anständigen Buchhalter des

IOR waren völlig desorientiert:»Der Neue«, ließen sie sich bei der Vorarbeit zu diesem Buch vernehmen,»war schlimmer als der Alte. Manche Männer waren noch dieselben, die Geschäfte wurden mit raffinierteren Mitteln betrieben, aber wie eh und je ohne jegliche Bedenken.« De Bonis gab sich jedermann gegenüber als bescheidener, großmütiger Priester. Wenn jemand aus seiner Heimatregion Basilicata in die Bank kam, empfing er ihn herzlich. Er öffnete das oberste Schubfach seines Schreibtischs, und die Jüngeren fragte er:»Wie lange hältst du dich in Rom auf?« Dann schenkte er ihnen ein paar Scheine als Taschengeld. In der Bank war er für sein Bonmot bekannt:»Ich bin keusch, aber ich habe nie ein Armutsgelübde abgelegt!« Dennoch distanzierte er sich ostentativ vom Geld, mit einer ungewöhnlichen Attitüde: Er nahm nur druckfrische Banknoten in die Hand und hütete sich davor, benutzte Geldscheine anzufassen. Dadurch könne man sich eine Infektion zuziehen, so seine Begründung.

Es stellt sich die Frage, wie dieser Fehler von Freybergs zu erklären ist. Schließlich hatte er sich nie etwas zuschulden kommen lassen und genoss einen ausgezeichneten Ruf. Benedikt XVI. hatte ihn nach der Ankündigung des eigenen Rückzugs im letzten Moment berufen, um den Einfluss der italienischen Kurie auf die Finanzen des Vatikans zurückzudrängen. Die Frage ist nicht unerheblich, denn die erwähnte Versammlung findet in einem entscheidenden Augenblick statt. Franziskus ist erst seit wenigen Monaten im Amt. Der Papst muss Prioritäten setzen und seine Mitarbeiter auswählen. Auf sie wird es entscheidend ankommen, wenn die angekündigten Reformen umgesetzt werden sollen. Doch von Freyberg wirft auf der einen Seite der obersten Hierarchie des Vatikans vor, dem IOR willentlich freie Hand gelassen zu haben, sodass die Geschäfte ohne jede Transparenz fortgesetzt werden konnten. Auf der anderen streitet er Andreottis Konto ab. Warum tut er das? Möglicherweise aus gutem Glauben. Vermutlich hat man ihm die Wahrheit vorenthalten, damit er sich vor Franziskus blamiert. Eine subtile Art, um ihn zu schwächen und ihn vor dem neuen Papst als unverlässlich erscheinen zu lassen. Tatsächlich trifft Franziskus ein Jahr später die Entscheidung, ihn zu ersetzen. Seit meinem Buch *Vatikan AG* wusste man, dass es ein Konto gab, für das Giulio Andreotti die Zeichnungsberechtigung hatte, aber vermutlich hat man dies von Freyberg gegenüber als verzerrte und interessengeleitete Darstellung abgetan.

Von Freybergs Präsidentschaft wurde zur kürzesten in der Geschichte der Vatikanbank. Zwanzig Jahre währte die Ära Marcinkus, weitere zwanzig jene Caloias. Der deutsche Bankier blieb nicht einmal sechzehn Monate, nur bis zum 9. Juli 2014. Hätte er die internen Unterlagen der Bank eingehender studiert, hätte sich ihm ein beunruhigendes Bild offenbart, von dem die Öffentlichkeit noch heute kaum etwas weiß.

Die neue Schwarze Liste der IOR-Kunden

Aus den Geheimarchiven der Vatikanbank, die ich zum Teil für dieses Buch einsehen konnte, ergibt sich ein ganz anderes Bild als jenes, das der deutsche Bankier entworfen hat. Die Dokumente belegen, wie weit dieses geheime System verbreitet war, das auch nach Marcinkus' Rückzug auf sehr solide Unterstützung hinter den Mauern des Vatikans zählen konnte.

Erst 1993, und somit erst vier Jahre nach dem Amtsantritt Caloias, beschloss Johannes Paul II., der Weltöffentlichkeit dieses System nicht länger zuzumuten, und gab dem neuen Chef des Staatssekretariats, Kardinal Angelo Sodano, Anweisung, für einen Wechsel in der Bank zu sorgen. Höchstvertraulich und diskret natürlich, ohne weitere Skandale auszulösen und die Öffentlichkeit aufzuschrecken. Caloia, der nur auf die Gelegenheit zum Befreiungsschlag gewartet hatte, wurde mit der Umsetzung beauftragt. Seine Arbeit erfolgte in direkter Absprache mit dem Kardinalstaatssekretär. Der Präsident hatte an zwei Fronten vorzugehen: Zunächst sollte er alle in die Machenschaften verstrickten oder willfährigen Leiter ihres Postens entheben, sodann alle Girokonten ausfindig machen und sperren lassen, die für unlautere Geschäfte verwendet oder auf zwielichtige Personen ausgestellt worden waren. Nachdem das Schmiergeldkarussell, das unter seiner Präsidentschaft stattgefunden hatte, ans Licht gekommen war, vertraute Caloia niemandem mehr. Am 11. April 1993 gelang es ihm, De Bonis abzusägen, der zum Prälaten des Malteserordens ernannt und mit einem gemütlichen Büro in der sehr zentral gelegenen Via Condotti in Rom abgespeist wurde. Doch es ist nur ein halber Erfolg. Denn De Bonis übt weiterhin Druck und Einfluss auf einige Angestellte und Führungskräfte der Bank aus, um die eigenen Geschäfte und Interessen zu verteidigen. Caloia hatte nahezu kein Vertrauen mehr zu Gianni Bodio, dem Nachfolger Menninis auf dem Posten des Generaldirektors, und misstraute den fünf Abteilungsleitern der Bank: Prälat Carmine Recchia, dem Komtur Lelio Scaletti, Pier Giorgio Tartaglia, Paolo Scarabelli und Mario Clapis. Er versuchte zwar, sie sich gefällig zu machen, indem er ihnen jedes Jahr einen Bonus gewährte (20 Millionen Lire an Bodio, 5 an Prälat Recchia, wie den vertraulichen Zahlscheinen zu entnehmen ist, die ich für dieses Buch in Augenschein nehmen konnte), aber die Atmosphäre in der Bank blieb feindselig. Caloia wandte sich an Sodano, um auf einen Austausch der leitenden Person zu drängen, beispielsweise Prälat Carmine Recchia, der sich zu Marcinkus' Zeiten als Leiter des Bankarchivs im Hintergrund gehalten hatte.[12] Caloia verlangte seine Versetzung: »Seine Praxis hat stets darin bestanden, die Aktivitäten des ehemaligen Prälaten [De Bonis, A.d.A.] zu decken«, schrieb er an den Staatssekretär. »Sein Ausscheiden hätte eine größere Transparenz der Geschäftsabläufe zur Folge und würde verhindern, dass sich ein nicht ungefährliches stillschweigendes Einverständnis und interne Einflussnahmen verfestigen.«[13] Kurz darauf ordnete Sodano De Bonis' Versetzung an.

Was hingegen bis heute nicht bekannt war, und wovon dieses Buch nun berichtet, ist das Vorgehen an der zweiten von Caloia eröffneten Front: die Sperrung verdächtiger Konten, nachdem die Ermittlungen italienischer Staatsanwaltschaften das illegale Gebaren beim IOR aufgedeckt hatten. Unter den geprüften Buchungsunterlagen fällt die interne Liste mit 46 Konten auf, die am 20. Juni 1994 gesperrt wurden, und auf denen über 43 Milliarden Lire lagen (siehe

Tabelle). Eine umfangreiche Liste mit allem Möglichen. Da gibt es Guthaben, die dem parallelen IOR von Prälat De Bonis zuzuordnen sind, wie das des Bauunternehmers Domenico Bonifaci (24 Milliarden), den Fondo San Serafino der Familie Ferruzzi (1,4 Milliarden) und das Konto Fondazione Francis Spellman mit einem gesperrten Kontostand von über 7 Milliarden Lire. Aber auch andere, zunächst unverdächtige Konten werden beschlagnahmt. Etwa die Nummer 051 3 00336, die auf das Partikularsekretariat von Papst Paul VI. ausgestellt ist, mit zweieinhalb Milliarden Lire. Peanuts verglichen mit den gewaltigen Beträgen, von denen in den vorherigen Kapiteln die Rede war. Wozu also sperren? Offenkundig hatte jemand das Konto vor dem Zugriff Caloias erleichtert.

Wesentlich ist jedoch ein anderer Aspekt. Die Beschlagnahme beweist, dass über dieses Konto, das laut Kontobezeichnung dem engsten Umfeld Paul VI. zuzuordnen ist, verdächtige Summen gegangen sind. Der Verdacht war Anlass genug, es zu sperren. Hier stellt sich dieselbe Frage, die wir zuvor schon aufgeworfen haben: Handelt es sich um ein Konto, das vom Sekretariat Paul VI., also von Prälat Pasquale Macchi, ohne Wissen des Papstes für persönliche Zwecke benutzt wurde, oder erfolgten die Transaktionen mit dessen Einverständnis? Und weiter: Kann es sein, dass Macchi und der damalige Papst von diesen Geldflüssen nichts wussten? Das ist kaum anzunehmen. Denn in diesem Fall wäre zu erklären, warum jemand im IOR ein derart hohes Risiko einging, das Girokonto des Privatsekretärs des Papstes zu nutzen. Es wäre weitaus einfacher und sicherer gewesen, das Geld auf eines der vielen fiktiven Konten zu legen, die damals für manche verschwiegene Einzahlung verwendet wurden.

Geht man die Liste der Kunden durch, die in das Visier Caloias geraten waren, zeigt sich, dass auch die Konten von Priestern, Prälaten und späteren Kardinälen gesperrt wurden. Etwa die vier Konten des damaligen Erzbischofs Sergio Sebastiani, Wirtschafts- und Finanzexperte des Vatikans. Obwohl sein Name in der Schwarzen Liste auftaucht, nimmt Sebastianis Karriere im Vatikan keinen Schaden. 1994 wird er zum Generalsekretär des Komitees für die Vorbereitung

Kontonr.	Bezeichnung	Kapital Soll (Lire)	Kapital Haben (Lire)	Neubewerteter Betrag in Euro (August 2017)
01 1 10015	DI JORIO CARD.A.C./OPERE		97.078.590	78.915,49
01 1 13488	O GABE REV.FESSAHAIZION		887.998	721,86
01 2 00882	SP.MIN.INF.LUCCA C/C.G.		2.030.802.536	1.650.845,80
01 2 00994	FATE BENE FRATELLI ROMA	2.452.174		1993,38
01 2 23485	KUPISZEWSKI S.E.HENRYK		619.591	503,67
01 3 06665	SEBASTIANI MONS. SERGIO		28.063.451	22.812,87
01 3 16765	CIUFFA DON RENATO		37.890.417	30.801,24
01 3 11363	PALA REV. ONORATO		693.761.545	563.960,95
01 3 12384	O' GABER REV. FESSAHAZION		186.189.567	151.354,09
01 3 14774	FONDO CARD. F. SPELLMANN		7.026.332.717	5.711.728,06
01 3 19292	CONGR. SP. PIE DISCEPOLE		2.098.909.584	1.706.210,23
01 3 15346	FONDO ANNA BURATTI			
01 3 15439	ACCOGLI S.E. MONS. LUIGI		61.447.359	49.950,75
01 3 15846	FATEBENEFRATELLI C/IS. TIB		1.362.486.854	1.107.569,87
01 3 15924	ASSOC. LOTTA LEUCEMIA		313.480.475	254.829,27
01 3 16007	SERRA GESUINO			
01 3 16316	LEONE DANTE UGO		65.599.352	53.326,33
01 3 16593	KUPISZEWSKY S.E. HENRYK		14.578.172	11.850,64
01 3 17178	FONDO SAN SERAFINO		1.472.744.813	1.197.198,91
01 3 17624	BONIFACI DOMENICO		1.486.772	1208,60
01 3 18957	ACCOGLI S.E. MONS. LUIGI		10.969.182	8916,88
01 3 20368	FERRARI S.E. MONS. C.C/ERED		322.403.902	262.083,15
01 3 20786	FOND. MONITOR ECCLESIAT.		7.000.000	5690,32
01 6 02660	BONIFACI DOMENICO		24.865.285.381	20.213.069,04
01 8 91963	BONIFACI DOMENICO			
51 3 00336	SEGR. PART. S.S. PAOLO VI		2.550.589,23	2073,38
51 3 02401	DE MICHELI ING. TITO		575.214,82	467,59
51 3 03920	MEMORIAL FUND PAOLO VI		641.015,48	521,08
51 3 04636	VERNADE MONS. GEORGES		833.513,03	677,57
51 3 05115	OGBAGABER REV. FESSAHAZION		13.536,77	11
51 3 05555	ACCOGLI S.E. MONS. LUIGI		16.740,42	13,61
51 3 05903	PISANI S.E. MONS. TARCISIO		11.480,16	9,33
51 3 07865	SEBASTIANI S.E. MONS. S.		26.673,04	21,68
51 3 09504	GUALDI BORSELLA DI IORIO		122.402,78	99,50
51 3 09880	BELTRITTI S.B.G. GIUSEPPE		19.649,79	15,97
51 3 09936	KUPISZEWSKI S.E. HENRYK		61,39	0,05
51 3 10717	SERRA GESUINO			
51 3 11033	G.G.G. BORSA S. PALAESTINAE		7.930,95	6,45
51 6 03214	DE MICHELI TITO		10.259,90	8,34
52 3 09011	KUPISZEWSKI S.E. HENRYK		22,08	0,02
53 3 00384	SEBASTIANI MONS. SERGIO		56.251,77	45,73
53 3 90593	KUPISZEWSKI S.E. HENRYK		8,09	0,01
57 3 00472	DF BONIS MONS. DONATO		807,92	0,66
57 3 00679	ARC.TA S.MARIA PIETA		436.583,95	354,90
57 3 00697	ACCOGLI S.E. MONS. LUIGI		21.891,10	17,80
57 3 01244	SEBASTIANI MONS. SERGIO		86.586,93	70,39

des Heiligen Jahrs 2000 ernannt. 1997 wird er Präsident der Präfektur für die ökonomischen Angelegenheiten des Heiligen Stuhls, der strategischen Aufsichtsbehörde über die verschiedenen Dikasterien, eine Art vatikanischer Rechnungshof. Zu seinem vertrauten Berater wählte Sebastiani den römischen Bankier Giampietro Nattino, der damals mit seiner Geschäftsbank Finnat in der italienischen Hauptstadt und im Vatikan als Aufsteiger galt. 2016 wird gegen Nattino wegen Geldwäsche im Zusammenhang mit dem IOR und anderen Banken ermittelt. Auf Caloias Schwarzer Liste finden sich auch Diplomaten wie Henryk Kupiszewski, der polnische Botschafter beim Heiligen Stuhl und beim Malteserorden; religiöse Kongregationen und Orden wie jener der Barmherzigen Brüder vom Heiligen Johannes von Gott (Fatebenefratelli, 1,3 Milliarden) oder der »Suore min. inf.« (vermutlich Suore ministre degli infermi – Orden der Krankenpflegerinnen) aus Lucca (2 Milliarden).

Doch ein weiteres Dokument der Parallelstruktur des IOR, das in den Safes der Vatikanbank aufbewahrt wird und hier erstmals ans Licht der Öffentlichkeit gelangt, ist noch bestürzender (siehe Anhang). Es handelt sich um eine von De Bonis eigenhändig geschriebene und unterzeichnete Notiz, mit der der Prälat alle von ihm verwalteten Girokonten auflistet. Es gibt dabei drei Gruppen von Guthaben, je nach Valuta und Inhaber (in Lire und in Dollar, auf eigene Rechnung oder für Dritte). Einige Konten lassen sofort an Karol Wojtyła denken, die Konten 001 3 11595, lautend auf »Mons. Stan.« und 001 3 11746, »Sua Sant.« [Seine Heil.], in Lire, sowie die Dollarguthaben 051 3 04011 »Sua Sant.« und 051 3 04020 »Don Stanisl«. Offensichtlich könnte es sich um vier Referenzkonten des früheren Papstes, Johannes Paul II., und seines Sekretärs, des polnischen Kardinals und emeritierten Erzbischofs von Krakau Stanisław Dziwisz, handeln.

Dass die vier Konten in dieser Liste erscheinen, in der De Bonis die Konten mit fiktiven Inhabern aufführt, verwundert. Bei diesen Kunden will man die Namen nicht nennen (die Konten: 001 3 16764 »Jonas Foundation«, genutzt von Luigi Bisignani; 001 3 14774 »Spellman«, mit der Unterschrift Andreottis; 001 3 14337 »Santa Caterina« und 14577 »San Marino«, deren Inhaber noch im Dunkeln liegen). Man muss daher annehmen, dass der Prälat entweder die auf den Papst und seinen Privatsekretär ausgestellten Konten verwaltete, oder diese nur dem Anschein nach auf sie ausgestellten Konten nutzte, um zweifelhafte Gelder in Umlauf zu bringen. Beides ist besorgniserregend und wirft dieselben Fragen auf wie die ähnliche Situation zwanzig Jahre zuvor. Damals gab es unter dem Duo Marcinkus-De Bonis jene merkwürdigen Transaktionen auf den Konten von Prälat Pasquale Macchi, des Privatsekretärs von Paul VI. Angesichts der Verflechtung zwischen den Päpsten (Paul VI. und nun Johannes Paul II.) und den übelsten Verwaltern der Vatikanbank, Marcinkus und De Bonis, muss man die Beziehungen zwischen der Skandalbank und den Papstgemächern in ihrer Gesamtheit betrachten. Handelt es sich um eine zufällige Übereinstimmung, oder belegt sie vielmehr Gepflogenheiten, die jahrzehntelang fortgeführt wurden, ohne dass irgendeine Reform Abhilfe geschaffen hätte? Denn – das muss gesagt sein – selbst in der weniger schlimmen Annahme eines Vortäuschens besonderer Beziehungen würde sich die Frage stellen, wie skrupellose Personen Konten benutzen konnten, die auf den Papst und seinen Partikularsekretär ausgestellt waren, ohne dass jemand diese skandalträchtige Praxis aufdeckte.

Caloia hat sich bestimmt redlich bemüht. Doch Tag um Tag zeigt sich sein Tun als der klassische Tropfen auf den heißen Stein. Der Präsident hatte weder die Mittel noch die Autorität, um die nach außen zur Schau getragene Transparenz innerhalb der Bank auch durchzusetzen. Marcinkus hatte sich mehrfach mit dem Papst getroffen und sich mit ihm auch über die finanziellen Erfordernisse des dem Papst so sehr am Herzen liegenden polnischen Volkes ausgetauscht. Caloia musste auf eine offizielle Zeremonie warten, um den Papst zu Gesicht zu bekommen. In der Zwischenzeit ergossen sich unterschiedlichste Geldströme unbekannter Herkunft in die Vatikanbank und machten eine echte Kontrolle praktisch unmöglich. Der Präsident ordnete an, sämtliche Büros mit Computertechnik auszustatten, um die Vorgänge transparenter zu gestalten. Doch die Fallstricke und die schwarzen Kassen waren gut getarnt. Auch weil häufig größere Barbeträge gar nicht über die Schalter am Hauptsitz der Bank eingezahlt wurden, sondern über Zwischenkonten auf ausländischen Banken. Vor allem in der Schweiz.

Mutter Teklas Millionen

Die Casa Santa Birgitta ist ein elegantes vierstöckiges Wohnhaus, in dem die Birgitta-Schwestern leben.[14] Die Andachten finden in der nahe gelegenen Kirche statt. Gleich daneben befindet sich das Heim für Pilger, die ein paar Tage bleiben wollen. Dieses himmlische Fleckchen Erde befindet sich in Lugano in der Schweiz. Ein Ort der Ruhe und Entspannung für Körper und Geist mit fantastischem Blick von der malerischen Terrasse auf See und Berge. Anfang Sommer 2017 suche ich den Ort auf. Eine steile Treppe führt von der Via Calloni unter steinalten Bäumen in den Garten und zum Gebäudekomplex. In dem viersprachigen, mit etwas altertümlichen Fotos bebilderten Werbeprospekt, den mir eine gleichmütig dreinblickende Schwester an der Rezeption überreicht, ist zu lesen: »Die Schwestern des Birgittenorden freuen sich, Gäste jeden Alters und Konfession in ihrem einfachen, gemütlichen Hotel willkommen zu heissen. Es erwarten Sie eine gepflegte Küche, schöne Zimmer, grosser Speisesaal, vier Aufenthaltsräume, Lift, Konferenzraum, Kapelle.« Eine preiswerte Unterkunft mitten in der Stadt: 127 Franken (111 Euro) pro Kopf im Einzelzimmer und 106 Franken (93 Euro) im Doppelzimmer, mit Vollpension, und dem Genuss, von den Küchenschwestern bekocht zu werden. Mehr ist nicht in Erfahrung zu bringen. Die sehr streng wirkende Schwester am Empfang im typischen dunkelgrauen Ordenskleid und mit der weißen Leinenkrone mit fünf roten Punkten schöpft bei meinen Fragen Verdacht, geht nicht auf meine Bitte um weitere Informationen ein und lässt mich einfach stehen.

Diese Residenz ist das Glanzstück des Ordens des Allerheiligsten Erlösers, der auch Birgittenorden genannt wird. Das Mutterhaus befindet sich in Rom an der Piazza Farnese, Äbtissin ist Mutter Tekla Famiglietti. Die Birgittenschwestern sind in der ganzen Welt tätig und verfügen über Klöster in den USA, Mexiko, auf Kuba, in Indien, auf den Philippinen, in Indonesien und in halb Europa. Während des Pontifikats von Johannes Paul II., als Caloia das IOR leitete, war Mutter Famiglietti die einflussreichste Ordensschwester in den vatikanischen Palästen. Sie verband mit Johannes Paul II. und seinem Sekretär Stanisław Dziwisz eine solide Freundschaft, die von gegenseitiger Achtung geprägt war. Beide wussten zu schätzen, was der Orden im kommunistischen Polen geleistet hatte. Außerdem pflegte die Äbtissin regelmäßigen Kontakt zu Fidel Castro und seinem ersten Sekretär Carlos Valenciaga Díaz und sie genoss die Achtung und Anerkennung des damaligen Ministerpräsidenten Giulio Andreotti. Von dessen Konto, auf die »Fondazione Francis Spellman« lautend, flossen mehrere Überweisungen zu ihren Gunsten. »Mit ihr gab es einmal ein Missverständnis«, erzählte mir Pietro Orlandi, der Bruder Emanuelas, der achtzehn Jahre lang in verschiedenen Funktionen beim IOR angestellt war. »Wenn sie in die Bank kam, verhielten sich ihr gegenüber alle sehr ehrerbietig, während sie zu uns Angestellten immer sehr abweisend war. Wer sie bediente, bekam aber ein großzügiges Trinkgeld. Als ich einmal dran war, sah ich, dass sie eine Hand in die Tasche steckte: Sie zog einen Geldschein heraus und hielt ihn mir hin. Ohne mich anzusehen, ohne irgendetwas zu sagen. Ich nahm ihn nicht an, lehnte höflich ab, und sie zog die Hand mit dem Geld sofort zurück. Meine Kollegen standen wie versteinert, sie fürchteten eine Vergeltung für meine Geste, die allerseits als Respektlosigkeit betrachtet wurde. Ich aber lebte von meinem Gehalt, das ich mir auf ehrliche Weise verdiente, nicht von den Pfründen Schwester Teklas, die unglaubliche Mengen Geld bei uns hatte.«[15]

Auch in der Schweiz gab es eine Mutter Tekla. Sie verließ das Haus der Birgitten in der Via Calloni und begab sich ins Zentrum von Lugano, wo Banken und Treuhandgesellschaften dicht an dicht liegen. Es gibt keine Gewissheit, dass es dieselbe Schwester war, wahrscheinlich trug sie nur denselben Namen. In jenen Jahren betrat sie rasch die Räume der Banco di Lugano: »Wenn Mutter Tekla kam«, berichtete einer der Bankangestellten, »löste dies in der Bank eine gewisse Hektik aus. Wichtige Kunden kamen durch einen abgelegenen Nebeneingang in die Bank, praktisch durch die Garage. Die Schwester fuhr mit dem Lift in den dritten oder vierten Stock und betrat einen der kleinen Salons, die den bedeutendsten Kunden vorbehalten waren. In meiner Erinnerung war die Schwester spröde, kurz angebunden, und verachtete Geld demonstrativ. Sie kam jedes Mal mit einer Reisetasche aus ziemlich steifem Leder, die ein Vermögen in bar enthielt. Sie betrat das Büro mit der geschlossenen Tasche, schob sie über den Tisch und verlangte, den Betrag dem Konto gutzuschreiben. Wenn der Bankbeamte pflichteifrig und ehrerbietig fragte: ›Wie viel ist es?‹, gab sie immer dieselbe Antwort: ›Ich zähle das Geld nie, tun Sie das.‹ Wenn einer sie dann fragte, woher die vielen Millionen stammten, ließ sie ihn auflaufen: ›Wieder hat uns eine Wohltäterin verlassen‹, gab sie lakonisch zur Antwort und verfiel dann erneut in Schweigen. Einmal musste Mutter Tekla ein paar Minuten warten, weil der Kollege noch mit einem anderen Kunden beschäftigt war. Als er schließlich kam, empfing sie ihn eisig: ›Wenn Sie mich das nächste Mal so lange warten lassen, stehe ich auf und gehe, und Sie kriegen mich nie wieder zu Gesicht. Ich gehe über die Straße zur Konkurrenz. Die warten nur drauf… Aber vorher erzähle ich Ihrem Vorgesetzten, was passiert ist. Sie müssten sich eigentlich geehrt fühlen, mich hier zu haben, stehlen Sie mir nicht meine Zeit.‹«[16]

Das Einlagensystem der Birgitten in der Banco di Lugano war ein komplexes Kontensystem mit mehreren Konten und Unterkonten, von denen einige direkt mit dem IOR verbunden waren. Wenn die Gelder in der Bank des Papstes ankamen, stellte keiner Fragen, keiner tat einen Mucks. In der Organisation der Bank fehlten gewiss auf allen Ebenen jene Antikörper, die heute im großen Kreditgeschäft die Geldwäsche bekämpfen. Caloia mochte die Bank von Kumpanen, Partnern und Verbündeten Marcinkus' gesäubert haben, konnte sich aber beileibe nicht die Tarnkünste derer vorstellen, die das IOR benutzten – mochten es Priester, Prälaten oder Schwestern sein –, um Kapital vor der Steuer zu verbergen oder seine unrühmliche Herkunft zu verschleiern. Auch wenn das bei den Birgitten vermutlich nicht der Fall war, zeigen diese Vorfälle, wie die Bargeldströme den Weg in die vatikanische Offshore-Bank fanden. Eine unbeschreibliche Dynamik, die mindestens bis 2014 anhielt.

1 Der 1958 geborene Ernst von Freyberg, Abkömmling des schwäbischen Adels-geschlechts Freyberg-Eisenberg, verheiratet mit Elisabeth Montagne, hatte nach dem Studium der Rechtswissenschaften in München und Bonn zunächst in New York und in London als Analyst gearbeitet. 1991 gründete er die Finanzgesell-schaft Close Brothers GmbH, in der er nach der Veräußerung an die japanische Bank Daiwa Corporate Advisory GmbH bis zum Dezember 2012 als Verwal-tungsdirektor blieb. Im gleichen Jahr übernahm er den Aufsichtsratsvorsitz bei Blohm+Voss, der Werft für zivilen und militärischen Schiffsbau.

2 An der Besprechung nahm eine ansehnliche Gruppe italienischer Kardinäle teil, die Bertones Linie teilten: der Chef der Präfektur für die ökonomischen Ange-legenheiten des Heiligen Stuhls, Kardinal Giuseppe Versaldi; der Chef des Governatorats, Kardinal Giuseppe Bertello, sowie Kardinal Domenico Calcagno, Präsident der APSA, des Dikasteriums, das das Immobilienvermögen und die Investitionen des Heiligen Stuhls verwaltet.

3 Rachel Donadio, »Vatican Bank Looks to Shed Its Image as an Offshore Haven«, *New York Times*, 30. Mai 2013.

4 »Wir sind keine Bank«: IOR-Präsident von Freyberg im Interview Bernd Hagenkords, das am 31. Mai 2013 von Radio Vatikan gesendet wurde, nachzu-lesen unter: http://www.vaticanhistory.de/wordpress/?p=7434 [Zugriff: 19.5.2018].

5 Erst dreißig Jahre später wurde die genaue Höhe dieser Entschädigungszahlung bekannt. Denn bis 2017 wurde stets ein Betrag von 242 Millionen Dollar ge-nannt, während der australische Kardinal George Pell, den Papst Franziskus zum Präfekten des Sekretariats für Wirtschaft ernannt hatte, einen höheren Betrag angab. In einem Bericht aus dem Jahr 2015, der erst zwei Jahre später bekannt wurde, stellte Pell heraus: »Nach den Skandalen des Jahres 1982 in der Vatikan-

bank mit Erzbischof Marcinkus und den Laienbankiers Michele Sindona und Roberto Calvi, als der Vatikan gezwungen war, 406 Millionen US-Dollar an Entschädigungen zu zahlen, war eine relative Gelassenheit eingekehrt, bis im Vatikan die internationalen Gesetze gegen Geldwäsche angewandt wurden.« Wenn man die Kassenblätter des IOR untersucht, ergeben sich gewiss drei konsistente Überweisungen vom 5. Juli 1984 von Geldern, die von dem Eigenkonto des IOR Nr. 051 6 04423P mit der Bezeichnung »Provv. (Osci Val.)« abgezogen wurden, das wahrscheinlich die Kassa für Vorgänge zu den Währungsschwankungen bezeichnet. Zwei dieser Überweisungen gehen über das IOR-Konto Nr. 051 7 11900M der Mantrust Bank in New York an das Ambrosiano und werden am 28. Juni vorab über Telex angekündigt. Die erste beläuft sich auf 151,5 Millionen Dollar zugunsten der Banco Ambrosiano Holding und läuft über die Banque Generale du Luxembourg, die zweite über 41.608.444,46 Dollar zugunsten der Banco Ambrosiano SpA ist ebenfalls auf das Konto der Mantrust NY gutzuschreiben. Die letzte hingegen ist »zugunsten der Union de Banques Suisses Luxembourg city a/Cque 52010 att. Kobel« und beläuft sich auf weitere 47.713.777,77 Dollar.

6 Aus dem Kassenblatt Nr. 320232 »zur Gutschrift an RA Prof. Agostino Gambino auf K/ 001 8 90521 bei uns, siehe unser Schreiben vom 17. Juli 1984 Prot. 863688 Pos. 2028 und Quittung von Prof. Gambino vom 17. Juli 1984 Prot. 118672 Pos. 2028«.

7 Ermittlungsrichter Renato Bricchetti erließ am 20. Februar 1987 einen Haftbefehl gegen Marcinkus, Pellegrino de Strobel und Mennini wegen Beihilfe zum Bankrott der Banco Ambrosiano, aber das Kassationsgericht hob diesen auf, weil alle drei als Beschäftigte von Zentraleinrichtungen des Vatikans Immunität genossen und demnach laut Lateranverträgen in Italien nicht strafrechtlich verfolgt werden durften.

8 Shawn Tully und Marta F. Dorion, »›The Vatican's Finances«, *Fortune*, 21. Dezember 1987.

9 Bei seinem Rücktritt gab Marcinkus eine recht demütig klingende Erklärung ab: »Ich bin dem Heiligen Vater sehr dankbar, dass er meiner Bitte um Rückzug aus dem Dienst im Vatikan und Rückkehr in die Vereinigten Staaten stattgegeben hat. Die vierzig Jahre, die ich fern von meiner Diözese verbracht habe – im diplomatischen Dienst, bei der Vorbereitung und Durchführung der päpstlichen Reisen, im Dienste des Instituts für die religiösen Werke sowie des Governatorats – haben mich als Priester bereichert und mir eine präzisere und eingehendere Wahrnehmung von der Einheit und Universalität der Kirche geboten. Sie haben auch meine Überzeugung von der Notwendigkeit der seelsorgerischen Arbeit im Leben eines jeden Priesters bestätigt. Dem Pfarramt galt schon immer mein

Streben, und Tag um Tag war ich bemüht, dieser Berufung treu zu bleiben, und habe versucht, jeden Aspekt meiner Arbeit in seelsorgerischem Geist zu bewältigen. Da ich nun von der Verantwortung einer Verwaltungsaufgabe frei bin und in die Vereinigten Staaten zurückkehre, werde ich mich in der seelsorgerischen Arbeit nützlich erweisen, die mir zugewiesen wird, so wie dies viele andere ältere Priester meiner Diözese tun« (Gerald Posner, *God's Bankers. A History of Money and Power at the Vatican*, New York 2015).

10 Man unterscheidet damit zwei wesentliche Phasen des politischen Systems Italiens vor bzw. nach 1994, als es zu einem grundlegenden Wandel des Parteiensystems kam.

11 Für eine strafrechtlich relevante Verwicklung Caloias oder des neuen Generaldirektors Giovanni Bodio, der den zeitweilig in Ungnade gefallenen Mennini ersetzte, in die Operation »Maxitangente Enimont« gibt es keine Beweise. Es ist eher anzunehmen, dass die beiden nichts von der Tätigkeit De Bonis' wussten, der als Letzter von der alten Garde übrig geblieben war.

12 Der 1929 geborene Prälat Recchia hatte das Seminario Maggiore in Rom besucht und wurde 1953 zum Priester geweiht. 2003 erhielt er den Ehrentitel eines Apostolischen Protonotars *sopra numerum*.

13 Zitiert nach Gianluigi Nuzzi, *Vatikan AG*, Salzburg 2009, S. 138.

14 Das erste Kloster des Ordens des Allerheiligsten Erlösers der hl. Birgitta wurde 1369 gegründet.

15 Gespräch mit dem Verfasser, Juni 2017.

16 Gespräche mit dem Verfasser, November 2016 und März 2017.

Die gescheiterte Revolution Papst Benedikts XVI.

»Du hast fünfzehn Minuten, deine Kinder in Sicherheit zu bringen«

August 2009. Wieder läuft ihm ein Schauer über den Rücken. Die Hitze in Venedig ist unerträglich. Professor Ettore Gotti Tedeschi überquert den Markusplatz und sucht unter den Kolonnaden Schatten. Nicht die Schwüle macht ihm zu schaffen, sondern der Gedanke an einen Anruf, den er wenige Tage zuvor erhalten hat. Ein kurzes Gespräch, das ihn aber zutiefst verstört hat. Seitdem findet er kaum mehr Schlaf und starrt nachts mit weit aufgerissenen Augen an die Decke. Der Professor erinnert sich an jedes einzelne Wort, das der Anrufer gelassen ins Telefon gesprochen hat, ein allgemein geschätzter und pragmatischer Mann der Institutionen, der sich vor allem wegen seines Weitblicks Gehör zu verschaffen weiß. »Also, Ettore, es heißt, du gehst zum IOR, Gratulation! Präsident der Vatikanbank! Das ist doch eine große Chance!« Pause. »Aber..., na ja, nimm's mir nicht übel, wir sind schon zu lange befreundet. Ich möchte dir einen Rat mit auf den Weg geben.« Wieder eine kurze Pause. »Schau, bald werden sich die Dinge dort radikal verändern. Dann musst du vorbereitet sein und dich vor allem zu schützen wissen.«

»Pardon, in welcher Hinsicht?«, fragt der Professor. Wieder ein Moment der Stille, bevor die Antwort kommt. »Na ja«, erwidert der Freund deutlich leiser, »du musst unbedingt vermeiden, die Namen der Kontoinhaber zu erfahren. Falls es nämlich irgendwann einmal zu strafrechtlichen Ermittlungen gegen die Bank kommen sollte, brauchst du nicht... Denke darüber nach, das ist ein großer Vorteil...« Gotti Tedeschi fällt ihm ins Wort: »Und wenn ich doch nach den Namen der Kunden fragen sollte?« »Dann, mein Freund, bleiben dir noch fünfzehn Minuten, um deine Kinder in Sicherheit zu bringen. Bis bald, mein Lieber, und noch mal herzlichen Glückwunsch.« Ist das ein freundschaftlicher Rat oder eine Drohung? Fest steht nur, dass der Professor verstört zurückbleibt.[1]

Ein paar Tage später lädt Kardinal Tarcisio Bertone ihn ins Staats-sekretariat. Er möchte ihm offiziell vorschlagen, den Vorsitz des IOR zu übernehmen. Bevor er akzeptiert, bittet Gotti Tedeschi um ein vertrauliches Gespräch mit Benedikt XVI. und dessen Assistenten, Prälat Gänswein. Dem Gespräch entnimmt der Bankier, dass der Heilige Vater die Finanzen des Vatikans deutlich transparenter gestalten möchte. Hinter diesem Schachzug Benedikts XVI. steckt ein Plan mit ehrgeizigen Zielen, der bereits den Weg für die Reformen ebnet, die Papst Franziskus vier Jahre später vorantreiben wird. Das IOR soll zu einer Bank werden, die es mit den transparentesten Kreditanstalten der westlichen Welt aufnehmen kann. Eine echte Revolution. Um aber deren tatsächliche Tragweite und Wucht erfassen zu können, ist es erforderlich, ein paar Monate zurückzugehen. Wir begeben uns wieder in die Papstgemächer im Apostolischen Palast und nehmen an vertraulichen Unterredungen des Heiligen Vaters teil. Neue Dokumente und die Aussagen einiger Teilnehmer machen uns dies möglich.

Es sind entscheidende Momente im Kampf zwischen dem Papst und den Händlern, die sich im Tempel mittlerweile häuslich eingerichtet haben. Ein Kampf, der die zweite Hälfte des Pontifikats von Benedikt XVI. geprägt hat. Über allem schwebt das unerbittliche Gefühl der Ohnmacht, unter dem der Papst leidet. Er hegt tiefe Sorge um die Zukunft der Kirche, die allzu sehr unter dem Einfluss der Kräfte steht, die den Kirchenstaat nach eigenem Gutdünken verwalten wollen.

Einige Entscheidungen, die Benedikt XVI. getroffen hat, um die Rolle der Kirche in der Welt zu bekräftigen, sollte man im Lichte der nun vorliegenden Erkenntnisse noch einmal näher betrachten. Der Papst hat seine Agenda mit dem Kampf gegen Kindesmissbrauch begonnen und damit die Diözesen auch finanziell belastet, vor allem in Irland und in den Vereinigten Staaten. Gleichzeitig war ihm klar, dass er auch ein anderes entscheidendes Thema angehen musste, das Thema Geld und insbesondere das Verhältnis der Geistlichen und der Kurie zum Geld. Ein äußerst umstrittenes Thema, denn Geld ist unerlässlich, verdirbt aber den Charakter. Eigentlich sollte es Mittel zum Zweck sein, wird aber zuweilen zum Selbstzweck. Das Problem liegt also stets bei denen, die mit dem Geld umgehen: die also den Heiligen Stuhl in dessen eigenem Auftrag verwalten.

Gerade von dieser Front her rühren denn auch die stärksten Erschütterungen, deren destabilisierende Wirkung für den Amtsverzicht vom 11. Februar 2013 ausschlaggebend sein sollte. Doch zunächst müssen wir die Entstehungsgeschichte dieser Auseinandersetzung im Vatikan näher betrachten. Andernfalls lassen sich weder die letzten Schritte Benedikts XVI. noch die anschließende Wahl Bergoglios zum Papst verstehen. Vor allem aber lässt sich nur so beurteilen, wie groß die Chancen für Franziskus heute sind, diese Herausforderung erfolgreich zu bewältigen. Denn wie sich noch herausstellen wird, besteht eine überraschende Kontinuität zwischen den beiden Pontifikaten. Ohne die mutige, aufreibende Vorbereitung durch Benedikt XVI. besonders in den letzten, dramatischen Monaten am Ruder des Schiffs der Kirche hätte Bergoglio im März 2013 im Konklave niemals eine Mehrheit gefunden. Alles beginnt im Sommer 2009, kurz vor dem Gespräch Bertones mit Gotti Tedeschi, als sich die Ereignisse überschlagen.

Papst Ratzingers Angriff auf Bertone

Wortlos, aber rot vor Zorn kommt Tarcisio Bertone aus dem Arbeitszimmer Benedikts XVI. Mit einem flüchtigen Gruß im Sekretariat verlässt er die päpstlichen Gemächer im ersten Stock des Apostolischen Palasts. Gewöhnlich achtet der Kardinal darauf, die Tür hinter sich zuzuziehen, wenn er zum Heiligen Vater bestellt wird, damit niemand lauschen kann. Doch dieses eine Mal bleibt die Tür während des gesamten Gesprächs nur angelehnt. Die Unachtsamkeit des Kardinalstaatssekretärs macht es möglich, hier den Inhalt des Gesprächs wiederzugeben. Der ausgeprägte, raue deutsche Akzent, die betont langsame Redeweise und der feste Blick Benedikts XVI. unterstreichen seine Entschlossenheit. Noch nie war der Papst derart deutlich. Zweimal betont er Bertone gegenüber das Adjektiv ›mustergültig‹: Er will, dass sein Gegenüber endlich begreift, welche Richtung die Finanzverwaltung im Vatikan einschlagen soll. »Damit die Leute uns Gehör schenken« – dies der Sinn von Benedikts Mahnung – »müssen wir uns mustergültig verhalten. Mustergültig gegenüber den anderen, der internationalen Finanzwelt. Wenn alle Länder sich an die Transparenzregeln zu halten haben, müssen wir unsere Regeln ändern, damit uns niemand angreifen kann.«

Der Papst bezieht sich auf die weltweite Entwicklung nach dem Attentat vom 11. September 2001 auf die Twin Towers in New York. Die Ermittlungen zu den Finanzströmen Al-Qaidas veranlassten die meisten westlichen Länder, strenge Regeln zur Transparenz von Banken zu erlassen und Steueroasen unter Druck zu setzen. Der Papst ist ungehalten, weil man beim IOR nicht genug getan hat, um die Schattenseiten aufzuhellen, und man es fahrlässig versäumt hat, die von den internationalen Organisationen seit Jahren angemahnten Anpassungen vorzunehmen. Mit den neuen Rechnungslegungsregeln soll die Geldwäsche bekämpft werden, um die Geldflüsse zu stoppen, über die sich Drogenhandel oder internationaler Terrorismus finanzieren. Auch wenn Benedikt XVI. dies nicht explizit ausspricht, richtet sich die Vorhaltung gegen die Verwaltung des kleinen Staates. Der Papst unterstreicht nicht zum ersten Mal, dass man sich in der Kurie mit der Umsetzung seiner Anweisungen zu viel Zeit lässt. Alles wird auf die lange Bank geschoben, wodurch jeder neue Ansatz einen Teil seiner Wirkkraft einbüßt. Der bürokratische Apparat behält seine alten Gepflogenheiten bei: Auf jeden Schritt nach vorn folgen unweigerlich zwei Schritte zurück.

Damit soll jetzt Schluss sein. Die nachdrückliche Mahnung Benedikts XVI. lässt keinen weiteren Aufschub zu. Er verlangt von Bertone klare und sofortige Maßnahmen. Nun ist der Kardinal am Zug. Er soll die soeben erhaltene Mahnung in die Tat umsetzen und damit zeigen, dass er die Anweisungen des Heiligen Vaters getreu zu befolgen weiß. So reift im Staatssekretariat die Idee heran, Angelo Caloia, den Nachfolger von Marcinkus im Amt des IOR-Präsidenten zu ersetzen. Mit Caloias Abgang würden nämlich zwei Fliegen mit einer

Klappe geschlagen: Zum einen würde das innerhalb wie außerhalb des Vatikans als klares Zeichen eines Kurswechsels empfunden, zum anderen würde damit ein inzwischen unerwünschter hoher Beamter seines Amtes enthoben. Warum ausgerechnet der Präsident des IOR? Weil er das schwächste Glied ist. Der Manager aus der Lombardei ist ein Laie, das macht ihn im Vergleich zu seinem Vorgänger Marcinkus ›angreifbarer‹. Außerdem gehört Caloia inzwischen zur alten Garde, zu den Leitern, die noch als Ausdruck des Pontifikats von Johannes Paul II. gelten. Ein Machtbereich, der von Bertone nach und nach in die Minderheit abgedrängt wurde. Denn Tag um Tag hatte der Kardinalstaatssekretär die eigenen Gefolgsleute begünstigt und eine große Machtfülle in den Dikasterien und Kongregationen angehäuft. Damit hatten sich in den Jahren zuvor die Gleichgewichte innerhalb der Kurie verschoben. Caloia konnte auf immer weniger Schutzheilige zählen. Bertone mochte ihn nie besonders. Er warf ihm unter anderem eine allzu große Nähe zu Giovanni Bazoli vor, einem Bankier und Widersacher jenes Cesare Geronzi, dem der Kardinalstaatssekretär seinerseits schon lange nahestand.[2] Dabei ist ein weiterer skandalträchtiger Aspekt nicht außer Acht zu lassen. Über Caloia brauten sich damals nämlich schon dunkle Wolken aus Zweifeln und Verdächtigungen hinsichtlich mehrerer Immobilienverkäufe des IOR zusammen, die angeblich zu Gefälligkeitspreisen veräußert worden waren. Eine Vermutung, die damals gerade erst aufkeimte – erst im Herbst 2015 kam sie im Rahmen einer internen Untersuchung wegen Veruntreuung ans Licht (die Ende 2017 noch nicht abgeschlossen war)[3] –, aber bereits als Argument gegen diejenigen ins Feld geführt wurde, die den Präsidenten im Amt halten wollten.

Die vertraulichen Unterredungen Benedikts XVI. mit Gotti Tedeschi

Der Vorwand für die Absetzung Caloias erreicht nach Ansicht ausländischer Beobachter wie Philip Willan vom »Guardian« und des amerikanischen Schriftstellers und Journalisten Gerald Posner[4] durch das Erscheinen meines Buches *Vatikan AG* im Mai 2009 zusätzlichen Auftrieb. Anhand zahlreicher unveröffentlichter und vertraulicher Dokumente hatte ich darin belegt, wie der Präsident des IOR die Erben Marcinkus' ertragen hatte, die es schafften, zahlreiche illegale Transaktionen durchzuführen. Während in Italien Anfang der 1990er-Jahre der Tangentopoli-Skandal aufflog, geschahen in der Bank des Papstes zu viele Dinge ohne Wissen des Präsidenten.

Während der zwanzig Jahre seines Vorsitzes war Caloias Eigenständigkeit immer mehr zusammengeschmolzen.[5] Es kam zu einer Gewichtsverschiebung hin zum Generaldirektor der Bank, Paolo Cipriani. In der Geometrie des vatikanischen Finanzsystems kam dem Generaldirektor schon seit geraumer Zeit eine erhebliche Bedeutung zu. Den Vorgänger Ciprianis, Commendatore Lelio Scaletti, hatte das katholische Wochenblatt »Famiglia Cristiana« sogar als ›Legende‹ bezeichnet.[6] Eine Persönlichkeit, um die sich zahlreiche Mythen rankten, und an die sich viele noch erinnerten. Scaletti war 1947 als einfacher Angestellter[7] zum IOR gekommen und bildete gewissermaßen das historische Gedächtnis der Bank. Vom frühen Morgen an durchstreifte er die Büros und überprüfte Transaktionen und Investitionen. Er trug stets ein wichtiges Notizbuch in der Tasche, das Namen, Nummern und Kongruenzen der vertraulichsten Konten verzeichnete, die das Rückgrat der vatikanischen Bank bildeten. »Wenn ich auspacke«, mahnte er zuweilen, »bricht in Italien alles zusammen.« Er behielt seine Spitzenposition bis zum Oktober 2007, als er mit über achtzig Jahren die absolute Altersgrenze erreicht hatte und in Rente ging.[8] »Bei all seinem Geheimwissen«, scherzte man unter den Prälaten, »ist es schon beachtlich, dass er das IOR lebend und nicht mit den Füßen voran verlassen hat.«

Doch wer konnte an seine Stelle treten? Wer gab die Gewähr für absolutes Stillschweigen, Diskretion und Vertrauenswürdigkeit? »Es war nicht einfach, ein solches Erbe [von Scaletti, A.d.A.] anzutreten«, schrieb »Famiglia Cristiana«, »und eine derartige Persönlichkeit zu ersetzen, die über die Jahrzehnte das Vertrauen nicht nur seiner Vorgesetzten, sondern auch von Kardinälen wie Tardini, Samorè, Casaroli, Sodano und Ratzinger gewonnen hatte«.[9] So wurde Cipriani zum Vorzugskandidaten: Er hatte bei Scaletti gelernt, genoss den Rückhalt von Geronzi, war ein fähiger Manager mit besten internationalen Erfahrungen in New York, London und vor allem in Luxemburg, wo er für den IOR als Broker tätig war, der Kirche sehr ergeben, kurzum: der richtige Mann für diesen Posten. So wurde Cipriani zu einer Führungskraft in strategisch höchstwichtiger Funktion, die das volle Vertrauen des Staatssekretariats genoss und über die vielen Operationen und die zahlreichen Kunden, die Tag für Tag in der Bank vorsprachen, bestens Bescheid wusste.

Caloia hat es natürlich versucht. Seit der Wahl Benedikts XVI. im April 2005 probierte Marcinkus' Nachfolger das eine und das andere in Richtung Transparenz, ohne allerdings vorzeigbare Ergebnisse zu erzielen. Alle Bemühungen, von außen auf die Einführung von Regeln zur Bekämpfung der Geldwäsche zu drängen, liefen unweigerlich ins Leere. Das IOR sollte weiterhin als Offshore-Bank bestehen bleiben. Caloias Versuch etwa, die Bank durch Datenverarbeitungstechnik zu modernisieren[10], brachte nur magere Ergebnisse, und die Verwaltungsprozesse waren dadurch nicht transparenter geworden. Es ist paradox, dass ausgerechnet dieses Manko an Transparenz zum offiziellen Grund für Caloias Absetzung werden sollte. Dabei hatte gerade die vatikanische Hierarchie von Transparenz nichts wissen wollen. Von Freyberg hat das in seiner Erklärung vor Papst Franziskus deutlich gemacht. Eine höhnische Begründung somit.

Im Juli 2009 bemühte sich Bertone, rasch einen geeigneten Nachfolger zu finden. Er stieß auf eine gewisse Zustimmung für Ettore Gotti Tedeschi, einen Bankier, der dem Opus Dei nahestand. Das Opus Dei wird im Vatikan quer durch alle Fraktionen geschätzt. Viele in der Kurie kannten Gotti Tedeschi bereits. Der konservative Katholik, verheiratet und Vater von fünf Kindern, war Präsident der spanischen Santander-Bank für Italien und stand in persönlicher Beziehung zu Benedikt XVI. Er hat das passende Profil, um den vatikanischen Finanzen zu einer größeren ethischen Ausrichtung zu verhelfen. Der Professor hat die Porta Sant'Anna des Vatikans schon öfter durchschritten. Er kannte Ratzinger bereits, als dieser noch Kardinal

153

und Präfekt der Glaubenskongregation war. Er hatte sich mehrmals mit dem Papst getroffen und war mit ihm einer Meinung, was die Sicht auf die Wirtschaft, die Kritik an der Globalisierung und die Notwendigkeit einer größeren Transparenz im Umgang mit Geld anging.

Die Gespräche zwischen den beiden veranlassten Benedikt XVI. 2007, erstmals als Papst, nach dem Bankier zu verlangen und ihn um Mithilfe bei der Ausarbeitung der Enzyklika *Caritas in veritate* zu bitten. Der Papst greift darin die Macht jener Finanzwelt an, die nur auf den Profit aus ist und eine extreme Ungleichheit fördert, die durch die Wirtschaftskrise in den reichsten Volkswirtschaften noch verstärkt wird.[11] Der Text erschien im Juni 2009, als sich der Plan für eine Aufräumaktion beim IOR bereits abzeichnete. Nun spricht sich bereits herum, dass Ratzingers Mitarbeiter als der richtige Mann für den Vorsitz der Bank gilt.[12]

Für Benedikt XVI. sind Geld und Finanzen ein Instrument zur Evangelisierung der Welt, um der Kirche zu helfen, ihre Aufgaben zu erfüllen. Auf Grundlage dieser Positionen wird die Bindung zu dem Bankier noch stärker. Gotti Tedeschi stellt der Kurie seine qualifizierten Kompetenzen in Finanzangelegenheiten zur Verfügung. Sie sind unerlässlich für die Bewältigung von Ausnahmesituationen, wie sie zu jener Zeit die Bilanzen des Heiligen Stuhls erschüttern. Nach einem Aktivsaldo von 3,1 Millionen in 2006 endet das Geschäftsjahr 2007 mit einem Passivsaldo von 13,5 Millionen, das im Folgejahr 2008 auf 15 Millionen ansteigt.

Es ist nicht das erste Mal, dass Gotti Tedeschi sich mit den Finanzen des Vatikans zu befassen hat. Abgesehen von seiner Mitarbeit an der Formulierung der Enzyklika war der Professor bereits 2007–2008 Mitglied eines *ad hoc*[13] einberufenen Gremiums gewesen, das die Rechnungslegung des Governatorats überprüfen, Defizite bereinigen und weitere finanzielle Angelegenheiten rationalisieren sollte. Das Governatorat ist praktisch die Regierung des kleinen Staates Vatikanstadt, es hat die ordentliche und außerordentliche Verwaltung zu gewährleisten sowie Einnahmen und Ausgaben zu beaufsichtigen. Bis zu jenem Zeitpunkt hatten die Einnahmen (aus den Vatikanischen Museen, dem Verkauf von Münzen und Briefmarken) die Ausgaben (Personal, Instandhaltung und Beschaffung) ausgeglichen. Aber nun hatten sich Risse im System aufgetan. Gotti Tedeschi konzentriert sich insbesondere auf die Restrukturierung zweier Investmentfonds, die erhebliche Verluste angehäuft haben: jenen des Governatorats und den Fonds Paul VI., die jeweils ein Portfolio von ca. 200 Millionen verwalteten. Die Verluste waren unter dem neuen Präsidenten des Governatorats Kardinal Giovanni Lajolo ans Licht gekommen, der plötzlich große Löcher in seinem Haushalt vorfand.[14]

Die folgende Umgestaltung der Bilanzen des Governatorats stellt eine Pionierleistung dar, die noch dem Pontifikat Franziskus' zugutekommen wird. Um eine konkrete Kostensenkung zu erreichen, gibt Benedikt XVI. sein Einverständnis zur Empfehlung Gotti Tedeschis, die umfassende Überprüfung der Ausgaben der vatikanischen Behörde den Beratern von McKinsey anzuvertrauen. Gewiss, sie leisten ihre Arbeit kostenlos, aber der Eintritt externer Fachleute im Herbst 2008 kann durchaus als Vorbote der Linie betrachtet werden, die auch im anschließenden Pontifikat befolgt werden sollte. 2013 genehmigte Papst Franziskus Beraterverträge über Millionen Euro, um die Kurie zu modernisieren, wobei er diese Aufgaben den internationalen Branchenriesen überließ (KPMG, Ernst & Young und Deloitte), die Dutzende von Experten in den Vatikan schickten. Unter Paul VI. oder Johannes Paul II. wäre das undenkbar gewesen.

In derselben Zeit stellt sich auch das Problem der Kosten für die Medien des Heiligen Stuhls. Die Fernsehsender, Radiostationen und Zeitungen generierten erhebliche Verluste, 20 bis 30 Millionen jährlich, die das Governatorat zu tragen hatte. Lajolo hatte sich bei Bertone beschwert, da er einen derart starken Aderlass nicht länger hinnehmen wollte. Diese Kosten machten immerhin 10 bis 15 Prozent des Haushalts seines Dikasteriums aus.

Man versucht deshalb, den Haushalt zu sanieren und besser zu strukturieren: durch Kostensenkungen, Einnahmensteigerung und effizienteres Finanzgebaren mithilfe eines Komitees aus vier Bankiers, darunter Gotti Tedeschi. Es folgen Sitzungen, Besprechungen, die Ausarbeitung von Strategieplänen, um Schnitte vorzunehmen, wo dies machbar ist, und die Verluste einzudämmen. Alle zwei Wochen tritt der Ausschuss dieser Laienberater zusammen und tauscht sich mit Lajolo aus, ebenfalls mit dem verlässlichen Erzbischof Renato Boccardo, dem Sekretär des Kardinals, der dann durch Bischof Carlo Maria Viganò ersetzt wurde. Die Mannschaft von McKinsey unter der Führung von Vittorio Terzi aus Mailand, die sich hingegen auf Auftragsvergaben konzentriert, stößt auf Unregelmäßigkeiten bei Werksverträgen sowie auf ungewöhnliche Steigerungen der Marktpreise von bis zu 300 Prozent bei Ausschreibungen.

Ein Team für den Wandel

Gut acht Jahre nach dem Attentat auf die Twin Towers und seit Beginn des Kampfs gegen Terrorismus und Steueroasen bleibt das IOR die einzige Offshore-Bank Europas. Zumindest auf der formellen Ebene hatten sich damals mehrere Länder den neuen gesetzlichen Vorgaben angepasst: Luxemburg ebenso wie San Marino, Monaco oder Liechtenstein. Auch die Schweiz führte die Anpassung an die neuen Transparenzvorgaben durch. In den beiden Körperschaften des Vatikans, die am meisten mit Geld zu tun haben, also der Güterverwaltung des Heiligen Stuhls (APSA) und der Vatikanbank IOR, ist alles auf dem Stand von 2001 geblieben. Als wäre nichts geschehen, als hätte der 11. September nicht einen tiefen Einschnitt bedeutet. Das IOR nutzt weiterhin einen eingespielten Mechanismus: Obwohl die Bank des Papstes nur über einen einzigen Standort verfügt, nämlich den Vatikan, agiert sie über ein sehr dichtes Netz aus Hunderten von Giro-, Durchgangs- und Depotkonten, auf die sie festen Zugriff hat. Diese Konten befinden sich seit den Zeiten von Marcinkus und Sindona bei schweizerischen, luxemburgischen, französischen und deutschen Banken. Von hier aus gehen Überweisungen ab oder kommen an, deren tatsächliche Nutznießer im Verborgenen bleiben, da sie als Transaktionen zwischen den Konten ein und derselben Bank betrachtet werden: alles unter dem Deckmantel des IOR. Innerhalb der Bank kennen nur zwei Personen die echte Identität derer, die hinter diesem Schutzschirm die Gelder hin- und herschieben: der Direktor und dessen Stellvertreter. Dieses System garantiert absolute Anonymität. Deshalb zieht es das schmutzigste Geld der Welt an und eignet sich für die schlimmsten Geldwäscheoperationen.

Für das weltweite Kreditgeschäft ist dieser Zustand nicht länger tragbar. Es muss sich etwas ändern, und zwar schnell.[15] Im September 2009 trifft Gotti Tedeschi seine Entscheidung und nimmt das Amt an. Ende Oktober richtet er sich in seinem neuen Büro ein.[16] Die Räume von Präsidentschaft, Sekretariat und Vorraum sind zwar anders angeordnet als zu Zeiten Marcinkus', aber die geheimnisvolle Aura ist dieselbe geblieben und wirkt so beunruhigend wie eh und je. Deshalb entschließt sich der Professor, im neuen Amt von Beginn an den Rat seines einflussreichen und gut informierten Freundes zu befolgen und sich niemals nach der Identität der Konteninhaber zu erkundigen. Er wird wohl zu der Überzeugung gelangt sein, dass dies gar nicht erforderlich ist. Benedikt XVI. persönlich hat ihn aufgefordert, einen Schlussstrich unter jene dunkle Zeit zu setzen. Ihm obliegt die Aufgabe, die vatikanischen Finanzen für die Zukunft neu aufzustellen. Er sollte sich vor allem um die Grundsätze kümmern. Der Papst sollte ihm dabei den Rücken freihalten, ihm die Stolpersteine aus dem Weg räumen, Widerstände beseitigen und die Mission beschleunigen, die Bank auf einen vorbildlichen Weg zu führen, sodass sie mit den Kreditinstituten der westlichen Länder gleichziehen konnte. So wird Gotti Tedeschi sich das gedacht haben. Die Lage erweist sich aber als verdammt kompliziert, viel undurchsichtiger als erwartet. Der sicherlich unerlässliche Rückhalt durch den Papst ist nicht ausreichend. Es ist alles viel zu sehr kompromittiert. Das alteingesessene, gut verankerte System lässt sich nicht so einfach ausmerzen.

Anfangs ist überhaupt nicht zu erahnen, welche Kämpfe wenige Monate später ausbrechen werden. Die Tätigkeiten außerhalb der Kontrolle des IOR werden das ganze Jahr 2010 über fortgesetzt. Die

Eckpunkte der Roadmap für den Wandel werden erst nach und nach abgesteckt und verfeinert. Prälat Gänswein verfolgt diese Arbeit persönlich im Auftrag Benedikts XVI. Zwei Prioritäten werden festgelegt: ein Gesetz zu verabschieden, das die Risiken hinsichtlich der Provenienz der verschobenen Gelder und die diesbezüglichen Verfahrensvorschriften regelt, und ein Gremium zu schaffen, das die Anwendung dieses Gesetzes überwacht.

Das sieht nach einer grundlegenden und leicht umzusetzenden Entscheidung aus, aber die Kurie reagiert nicht, wie sie soll. Viele, die über keine zeitgemäße Finanzkultur verfügen, halten sie für eine entbehrliche Umstellung, mit der man sich Zeit lassen kann. Andere, die ihre Macht kompromittiert sehen, betrachten sie als gefährliche Neuerung, die zu wer weiß welchem Unbill führen werde. Woche um Woche vergeht, und der vom Papst ersehnte Frühling des Finanzwesens spaltet die kleine Welt immer stärker. Es gibt aber auch Unterstützer. Rund um Benedikt XVI. formiert sich eine Gruppe vor allem deutscher, österreichischer und amerikanischer Kardinäle, die jedoch außerhalb der vatikanischen Mauern wohnen und daher nicht überblicken können, was hier geschieht. In der Kurie selbst findet der Vorstand des IOR nur wenige Anhänger (Attilio Nicora, ein paar Diplomaten und eine Handvoll einflussreicher Bischöfe wie Giorgio Corbellini und Gänswein selbst), denen eine mächtige Achse gegenübersteht: das Staatssekretariat, die Männer Bertones und Machtgruppen wie die Kolumbusritter, eine der einflussreichsten gemeinnützigen Organisationen der Welt.

Jeder Schritt dieser Reform soll behindert und verzögert werden. Jede Veränderung untergraben. Jeder, der sich auf die Seite Benedikts XVI. stellt, soll isoliert, ausgegrenzt und zuweilen sogar diskreditiert werden. Es ist eine Kraft am Werk, die zu verhindern versucht, dass das IOR sich der übrigen westlichen Welt anpasst und auf das Privileg der Geheimhaltung verzichtet, die denen so am Herzen liegt, die etwas zu verbergen haben.

Als klar wird, dass der Papst es ernst meint und zahlreiche fähige Fachleute anheuert und renommierte Gesellschaften engagiert, beginnt sich in der geschützten Ruhe der vatikanischen Paläste Unzufriedenheit zu regen. Im Sommer 2010 tritt Professor Marcello Condemi durch die Porta Sant'Anna, einer der größten Experten für Regeln gegen die Geldwäsche in Europa, nebenbei ein angesehener Berater der italienischen Notenbank Banca d'Italia.[17] Er hat ein klares Mandat: den »Rechts- und Verwaltungsrahmen zur Bekämpfung der Geldwäsche in den Rechtsordnungen des Vatikans auszuarbeiten, um sie mit den auf internationaler Ebene geltenden Grundsätzen und Standards gegen die Geldwäsche in Einklang zu bringen«, wie er in seinem Lebenslauf schreibt. Begleitet wird er von Rechtsanwalt Francesco De Pasquale, ebenfalls ein anerkannter und geschätzter Fachmann auf dem Gebiet der illegalen Finanzpraktiken.[18]

Für die Ausarbeitung der Verfahrensanweisungen wird hingegen die große Wirtschaftsprüfungsgesellschaft Deloitte engagiert. Es sieht endlich danach aus, als könnte sich der Wandel durchsetzen. Monatelang arbeitet dieses gemischte Team aus Fachleuten unablässig an seinen Aufgaben. Deloitte legt einen höchst geheimen Bericht vor, der verschiedene Schwachstellen in den noch geltenden Vorschriften bezeichnet und bewertet: die Gefahr unzulässiger Geldverschiebungen ist chronisch, der Mangel an Transparenz offensichtlich, die Unterschlagung von Beträgen seitens des Personals möglich, bei Transaktionen ist es üblich, die Beteiligten nicht anzugeben. Alles in allem eine lange Liste stets unterschätzter Gefahren.

Der September 2010 bringt zwei sehr schlechte Nachrichten. Die Banca d'Italia verschickt an alle Kreditinstitute im Land einen Rundbrief und fordert sie auf, jeden Vorgang, der das IOR zum Gegenpart hat, sorgfältig zu prüfen und verdächtige Fälle zu melden. Aus einer solchen Meldung, die wenige Monate zuvor abgesetzt worden war, entwickeln sich gerade Ermittlungen der römischen Staatsanwaltschaft wegen Geldwäsche. Es geht dabei um den Transfer von 23 Millionen Euro von einem Konto, das die vatikanische Bank beim Credito Artigiano eröffnet hatte, auf Depots bei der Bank J. P. Morgan in Frankfurt.

Eigentlich ein klassischer Vorgang nach dem zuvor beschriebenen und beim IOR gängigen Muster. Doch diesmal ist etwas schiefgelaufen. Und zwar für immer. Ein neuer Sachverhalt ist eingetreten: Ein Kreditinstitut, das mit dem IOR zusammenarbeitet (in diesem Fall der Credito Artigiano) hat an die Banca d'Italia eine Meldung geschickt, und diese hat die Akte an die Staatsanwaltschaft weitergeleitet. Die Staatsanwaltschaft hat ein Verfahren eröffnet und damit ein ungewöhnlich starkes Signal über den Tiber gesendet. Die Ermittlungen richten sich gegen Gotti Tedeschi, den Direktor Cipriani und dessen Stellvertreter, Massimo Tulli. Der Präsident schafft es, den Nachweis zu führen, dass er von dem Vorgang nichts wusste, sodass er auf Antrag der Staatsanwaltschaft freigesprochen wird. Der ein Jahr zuvor erhaltene Rat, sich nicht für die Inhaber der Konten und die Auftraggeber der Transaktionen zu interessieren, erweist sich als prophetisch und rettet ihn. Die anderen leitenden Angestellten werden im Prozess zu geringen Strafen verurteilt oder treten mit der Wahl von Franziskus zum neuen Papst von der Bühne ab. Eine der ersten Maßnahmen des neuen Papstes besteht darin, wenig vorzeigbare Gestalten und solche wie Cipriani, gegen die ermittelt wird, aus dem Blickfeld zu nehmen und ihrer Ämter zu entheben. Die alte Garde muss zurücktreten. Am 1. Juli 2013 stellen Cipriani und Tulli ihre Ämter zur Verfügung. Im November desselben Jahres wird Rolando Marranci zum neuen Direktor ernannt. Doch der Frühling im Finanzwesen ist weit davon entfernt, seine Ziele erreicht zu haben.

Benedikt XVI.: »Wir haben nichts zu verbergen, und wir verbergen auch nichts«

In jenen Tagen gegen Ende des Jahres 2010 zeigt sich Benedikt XVI. mit ziemlich finsterer Miene. Diese Nachrichten und die Reaktion der Medien beunruhigen ihn. Der Heilige Stuhl läuft Gefahr, dramatische Entwicklungen der Vergangenheit wiederaufleben zu sehen. Die hier gesammelten Zeugnisse und Aussagen lassen auch Folgendes erkennen: Papst Ratzinger weist seine engsten Vertrauten an, den Gerichtsbehörden weitgehende Unterstützung zukommen zu lassen.

Mehrfach lässt er im Gespräch mit seinem Assistenten durchblicken, dass die Zeiten der harten Konfrontation vorbei sind. Einer seiner Aussprüche findet den Weg aus den päpstlichen Gemächern und spricht sich in der Kurie herum: »Wir haben nichts zu verbergen, und wir verbergen auch nichts.«

Am 30. Dezember 2010 wird die Entschlossenheit des Kirchenhirten für jedermann erkennbar: Mit einem apostolischen Schreiben in der Form des *Motu proprio* richtet Benedikt XVI. die Vatikanische Finanzinformationsbehörde (AIF) ein. Das Gremium soll die Aufsicht über alle Dikasterien und Ämter des Heiligen Stuhls und der römischen Kurie führen. Gleichzeitig erlässt er vier Gesetze gegen Geldwäsche für die Vatikanstadt, die am 1. April 2011 in Kraft treten sollen. Das neue Regelwerk ist recht eindeutig: Girokonten dürfen nur auf Geistliche oder auf religiöse Körperschaften ausgestellt werden. Für jedes Depot darf es nur einen Zeichnungsberechtigten geben. Wenn ausländische Gerichte oder Finanzbehörden entsprechende Anträge stellen, soll das AIF Ermittlungen aufnehmen. In den Räumen der Gendarmerie, der Kaserne der vatikanischen Polizei, sind die Bauarbeiten in vollem Gang. Die Arbeiter ziehen neue Mauern hoch, um eine Gefängniszelle zu errichten, die bei Bedarf bereitsteht. Strafprozess und Sanktionen, Geldstrafen von bis zu zwei Millionen Euro für entsprechende Vergehen. »Wir müssen mit der Geheimniskrämerei aufhören«, stellt Benedikt XVI. im päpstlichen Appartement im Gespräch mit Universitätsdozenten fest, »denn Geheimnisse machen verdächtig, Vertraulichkeit wird dagegen von jedermann verstanden und gewahrt.« Eine deutliche Aussage des Papstes: Vertraulichkeit ist ein legitimes Vorrecht des Staates, Geheimnisse hingegen sind unakzeptabel.

Doch die Konflikte lauern hinter vielen Ecken. Einer, von dem man bisher nichts wusste, betrifft die Ernennung des Präsidenten der AIF. Um die volle Kontrolle zu erhalten, möchte Bertone den Posten mit einem Laien seines Vertrauens besetzen. Sollte ihm dies gelingen, wäre es allerdings ein sehr schlechtes Signal für die Kurie. Glaubwürdiger wäre ein allseits geachteter, erfahrener Kardinal. Ein Laie würde schnell in eine Minderheitenposition geraten, wäre den Klagen des einen oder anderen Prälaten ausgesetzt und könnte davon erdrückt werden. Dennoch drängt Bertone in diese Richtung, stößt aber auf die Ablehnung Gänsweins. Der Sekretär hält mit Unterstützung der Gruppe um Condemi Benedikt XVI. stets auf dem Laufenden. Schließlich behält er die Oberhand. Ende Januar 2011 wird der Kardinal Attilio Nicora zum Präsidenten der AIF bestimmt und Francesco De Pasquale zu dessen Generaldirektor. Nicora verfügt über eine Ausbildung in Wirtschaftsfragen, umfassende Kenntnisse der vatikanischen Finanzen und ihrer Schwachstellen und pflegt beste Beziehungen zur italienischen Politik.[19] Bertone gibt sich allerdings nicht geschlagen und versucht, ihm Steine in den Weg zu legen. Um das Wirken des neu ernannten Kardinals zu behindern, setzt sich der bürokratische Apparat des Heiligen Stuhls in Bewegung und versucht, die Einberufung des Gremiums zu verzögern, das die Ernennung bestätigen soll. Auf diese Weise kann die neue Behörde ihre Arbeit erst verspätet aufnehmen.

Von einem Gesetz gegen Geldwäsche möchte man erwarten, dass es nach der Verabschiedung nur noch umzusetzen und dafür Sorge zu tragen ist, dass es eingehalten wird. Das sieht nach einer einfachen Aufgabe aus, vor allem im kleinsten Staat der Welt, einer Theokratie, in der der Papst die höchste Autorität darstellt. Dem ist aber nicht so. In dieser absoluten Monarchie scheint sich alles ins Gegenteil zu verkehren. Gewiss, wenn der Papst seine Unterschrift unter ein Blatt Papier setzt, wird, was er geschrieben hat, augenblicklich Gesetz, wobei die typischen Schwerfälligkeiten demokratischer Systeme wie durch Zauberhand übersprungen werden. Doch dann wird das Gesetz nicht angewendet. Es fehlen die Durchführungsbestimmungen, vielleicht ist ein Stempel nicht entzifferbar, eine Unterschrift ist womöglich nicht ausgeschrieben, ein Kopiergerät tut seinen Dienst nicht, die Post wird verspätet zugestellt, einzelne Punkte werden zum Vorwand genommen und unterschiedlich ausgelegt. Das Papier trägt zwar die Unterschrift des Papstes, aber es bleibt alles beim Alten. Alles endet auf dem Abstellgleis der Gleichgültigkeit und lässt den

Zug der Reform entgleisen. Ob Benedikt XVI. oder Franziskus das Sagen hat, macht dabei keinen großen Unterschied.

Condemi und Kardinal Nicora bleiben nun drei Monate Zeit, um die AIF aufzubauen, die ab April über die Anwendung der neuen Gesetze wachen soll. Es werden Büros eingerichtet und die wenigen Stellen besetzt. Dank seiner langjährigen Erfahrung verfügt Nicora über eine tiefgehende Kenntnis der dunklen Ecken im vatikanischen Finanzwesen. Er weiß, wo er prüfen und wonach er fragen soll. Kaum fängt er an, die Verfahrensanweisungen umzusetzen, werden Zäune, Schranken und Mauern hochgezogen. Erste Konflikte mit den Funktionsträgern, die die Konten führen und auf den Finanzmärkten aktiv sind, bahnen sich an. Sie sind ganz und gar nicht gewillt, sich von diesem neuen Gremium überwachen zu lassen. Sie haben sich gut eingerichtet in der Gewohnheit, letztlich nur dem Referenzkardinal oder bestenfalls dem Kardinalstaatssekretär Rede und Antwort zu stehen. In einer Verwaltung, in der die einzelnen Bereiche nicht miteinander kommunizieren. Zwangsläufig arbeitet man gegeneinander, weitab von jeder Beobachtung durch die Medien. Es kommt zu einer Schlacht, die sich jetzt erst in ihrer Gesamtheit nachzeichnen lässt. Nicora bemüht sich um Konsens. Er stärkt seine Position, indem er neben Condemi als seinem Stellvertreter weitere gewichtige Persönlichkeiten aus der vatikanischen Nomenklatura in den Rat der AIF aufnimmt. Darunter den Juristen Giuseppe Dalla Torre del Tempio di Sanguinetto, den Gerichtspräsidenten des Staates Vatikanstadt. Die AIF klopft nun an die Türen der verschiedenen Dikasterien: APSA, Propaganda Fide, bis hin zu beinahe unbekannten Stiftungen. Es beginnen zügige Unterredungen mit verschiedenen Instanzen, die nachweisen sollen, dass sie die neuen Transparenzverfahren anwenden. Soweit sich dies ergründen lässt, stellt sich zunächst die APSA unter dem aus Ligurien stammenden Kardinal Domenico Calcagno quer, aber ebenso die Leitung des IOR, deren Chefs Tulli und Cipriani eng mit Bertone verbunden waren und gegen die damals ermittelt wurde. Im IOR wartet übrigens ein Berg von Arbeit. Das Gesetz legt fest, dass jeder Inhaber eines Kontos identifiziert werden muss.

Das erweist sich als verdammt schwierig, denn es tauchen Kürzel, Stiftungen, Decknamen, mögliche Strohmänner auf. Beim Kardinalstaatssekretär laufen die tagtäglichen Klagen der Leiter der verschiedenen Wirtschaftsdikasterien zusammen. Die AIF beharrt weiter auf ihrer Aufgabe und verlangt nach Daten, heiklen Informationen, detaillierten Angaben zu einzelnen Vorgängen. Die Spannungen nehmen zu.

Im November 2011 kommen die Inspekteure von Moneyval in den Vatikan. Diese europäische Behörde hat die Aufgabe, zu überprüfen, welche Schritte unternommen wurden, um in die White List des internationalen Finanzwesens aufgenommen werden zu können. Das Dutzend Fachleute, die in jenen Tagen im Gästehaus Santa Marta untergebracht werden, befragen etliche Leiter der verschiedenen Wirtschaftsdikasterien, analysieren Gesetzestexte, prüfen Verfahrensanweisungen und die verwendeten Prüfmechanismen. Nach Abschluss der Arbeiten beendet Moneyval die Inspektion Ende November mit einer vertraulichen Besprechung in der AIF. Dabei wird ein mehrseitiger Bericht verlesen, in dem gewürdigt wird, welche Arbeit in so kurzer Zeit geleistet wurde. Man nennt auch einige Punkte, die noch verbessert werden müssen, bis die Inspekteure im November 2012 erneut in den Vatikan kommen werden. Der Wille zur Umkehr ist also vorhanden und er ist stark: »Wenn unsere Kritikpunkte angenommen«, so das Statement Moneyvals, »und entsprechend umgestaltet werden, werden wir die Schlussprüfung für die Aufnahme in die White List vornehmen.«

Leider war dieser Optimismus fehl am Platz. Der Vatikan verhält sich widersprüchlich. Man nimmt die Komplimente und die Unterstützung von Moneyval gerne entgegen, beherzigt aber die Ratschläge nicht. Auf der einen Seite machen sich Nicora und seine Mannschaft an die Arbeit, um den Mahnungen Folge zu leisten und die Transparenzgebote umzusetzen. Es gibt jedoch auch Leute, die wie Penelope nachts auftrennen, was tagsüber gewoben wurde. In einer geheimen Aktion soll genau das Gegenteil erreicht, die geleistete Arbeit vernichtet und zur Undurchsichtigkeit zurückgekehrt werden. Für diesen regelrechten Handstreich in der Finanzverwaltung des Heiligen Stuhls ist der entscheidende Monat der Dezember 2011. Während Nicora, Condemi und De Pasquale an den Regeln feilen, bemüht sich eine kleine Arbeitsgruppe im Staatssekretariat um einen unglaublichen Auftrag: das Gesetz gegen Geldwäsche genau in die andere als die von Moneyval geforderte Richtung zu ändern. Es soll ein chirurgischer Eingriff an wenigen, aber entscheidenden Artikeln werden, insbesondere jenen, die die Kriterien für Transparenz und den Informationsaustausch festlegen.

Die Nacht der langen Messer

Die Initiative schien von Bertone selbst auszugehen, der dabei auf drei Prälaten baute. Einer davon war der Staatssekretär für die Beziehungen mit den Staaten, der aus Genua stammende Ettore Balestrero. Dieser stand in enger Beziehung zu Kardinal Mauro Piacenza, der damals Präfekt der Kongregation für den Klerus war und als möglicher Nachfolger des Kardinalstaatssekretärs galt. Einige Laienmitarbeiter waren auch mit von der Partie.[20]

Sie bereiten einen verhängnisvollen Doppelschlag vor, der alle bisherigen Schritte zunichte zu machen droht. Bald wird die Rolle der AIF vom Staatssekretariat abhängen, so dass das Gremium über recht wenig Eigenständigkeit verfügen und jeder Anspruch auf Transparenz zwangsläufig eingeschränkt wird.[21]

Der zweite Schachzug ist ähnlich subtil. Wenn eine ausländische Behörde um Informationen ersucht, werden die Verfahrensweisen für die Erteilung dieser Auskünfte komplizierter sein, mehr Zeit in Anspruch nehmen. Eine andere Einrichtung als die AIF soll es in der Hand haben, festzulegen, »was wem wann mitgeteilt wird«. Der AIF soll eine rein operative Rolle ohne jede Entscheidungsbefugnis zukommen. Während Moneyval eine Vorwärtsentwicklung sehen möchte, drehen diese Sabotageaktionen das Rad wieder zurück.

Klammheimlich werden diese Veränderungen ausgetüftelt und dem Gouverneur des Staates Vatikanstadt, Kardinal Giuseppe Bertello, zur Unterschrift vorgelegt. Nicora, Condemi, Gotti Tedeschi und die gesamte Gruppe der AIF werden in Kenntnis gesetzt und sind schockiert. Es handelt sich um eine eindeutige Aushöhlung ihrer Arbeit. Diese Veränderungen bedeuten für den Heiligen Stuhl einen Rückschlag um Jahre. Nicora bittet Bertone um eine Unterredung, aber ohne Erfolg. Dieser spielt auf Zeit, lässt die Tage vergehen und setzt darauf, dass sich die Lage beruhigt. Bertello kehrt nach einem Krankenhausaufenthalt wegen einer Kataraktbehandlung zurück und unterschreibt die Änderungen. Nun wird die Lage für Nicora schwierig. Er erwägt die Möglichkeit einer Besprechung mit Papst Benedikt, um den Heiligen Vater persönlich auf die Vorgänge aufmerksam zu machen. Er fürchtet allerdings die Reaktion des Kardinalstaatssekretärs, der ihn auf seine persönliche Schwarze Liste setzen könnte. Erst mehrere Wochen später ist Bertone zu einer Besprechung mit dem Chef der AIF bereit. Von dieser Besprechung war bisher nichts bekannt, doch nun lässt sie sich rekonstruieren. Nicora bringt Bertone das Dokument mit den neuen Vorschriften und versucht, ihn davon zu überzeugen, wie gefährlich diese Initiative ist. Doch Bertone zeigt sich abweisend und desinteressiert. Nicora versucht, sein Gegenüber argumentativ davon zu überzeugen, den Änderungsantrag zurückzuziehen. Aber vergeblich. Alle Argumente prallen an Bertone ab. Im Gegenteil, der Versuch des AIF-Präsidenten bewirkt eine Gegenreaktion.

Da der Kardinalstaatssekretär nun fürchtet, Nicora könne Druck auf Benedikt XVI. ausüben, beschließt er die neuen Vorschriften sofort zu genehmigen. Dadurch treten sie weitaus früher in Kraft, als dies dem üblichen Vorgehen entspricht. Der Präsident der Aufsichtsbehörde AIF ist bestürzt. Von diesem Augenblick an verfällt dieser anständige Kardinal in eine Art Depression. Man bescheinigt ihm eine Beinkrankheit, die ihn zwingt, seinen Lebensrhythmus zu ändern. Er ist ständig auf Medikamente angewiesen, die ihn schwächen. Zur selben Zeit zeichnet sich auch der endgültige Niedergang des Pontifikats Benedikts XVI. ab. Die Abänderung dieses Gesetzes zeigt, dass der Papst inzwischen außen vor ist. Er hat nichts gegen den Handstreich unternommen, der seine Anweisungen zunichte gemacht hat. Moneyval erfährt von diesen Veränderungen und kehrt im März 2012 in den Vatikan zurück. Die Inspekteure vergleichen die zwei Fassungen des Gesetzes und erstellen einen Vorbericht, in dem sechs kleine englische Wörter wenig Spielraum für Interpretationen lassen: »With this you did steps back«, damit haben Sie sich zurückentwickelt. Die Lage wird immer vertrackter: Der Präsident des IOR droht mit seinem Rücktritt, falls man nicht zur ursprünglichen Fassung zurückkehrt. Am 8. März 2012 gibt das amerikanische State Department bekannt, man habe erstmals auch den Vatikan in die Liste der 68 Länder aufgenommen, bei denen man ein hohes Risiko an Geldwäsche vermutet. Eine weitere Blamage. Aber es kommt noch dicker.

Einige Tage später treffen mehrere Banken die Entscheidung, die in ihren Filialen eröffneten Konten des IOR zu schließen.[22] Nicora weiß nicht, was er tun soll. Seine engsten Mitarbeiter drängen ihn, Benedikt XVI. zu informieren, doch der Kardinal rafft sich nicht dazu auf. Gänswein unterstützt Nicora, sagt ihm, er solle dagegenhalten, nicht klein beigeben. Auch der Vizepräsident des IOR, der Bankier und Mitglied der Trilateralen Kommission Ronaldo Schmitz, bezieht in jenen Tagen Stellung.[23] Schmitz fordert eine anachronistische Eigenständigkeit der Bank: Das IOR solle nicht nachgeben, nur weil ausländische Banken Konten schließen. Der hohe Manager schlägt vor, die Depots nach Deutschland zur Deutschen Bank zu verlegen. Die Idee führt zum Bruch mit Gotti Tedeschi. Die beiden Positionen sind unvereinbar. Schmitz verlangt vom Aufsichtsrat der Vatikanbank eine harte Linie gegenüber den Zentralbanken, aber Gotti Tedeschi ist dagegen. In einer Besprechung sagt er, er werde die Konten niemals nur deshalb verlegen, weil die Zentralbanken die mit dem Institut für die Religiösen Werke verbundenen Depots schließen. Vielmehr sei zu fragen, warum die Banken diese Konten ablehnten. Doch die Antwort auf diese Frage liegt auf der Hand: weil beim IOR die Regeln der Transparenz nicht befolgt werden.

Bertone sieht sich das alles an und wartet ab. Er gewährt Gotti Tedeschi einen inständig verlangten Termin. Der Präsident des IOR betritt das Büro des Kardinalstaatssekretärs konzentriert und angespannt. Ohne große Umstände nennt er die dringendsten Forderungen: Das alte Gesetz muss verbessert werden, der italoamerikanische Anwalt Jeffrey Lena ist zu entfernen, Cipriani ist zu entlassen, die wirtschaftlichen Strukturen sind neu aufzustellen.»Gewiss, wir werden sehen, wir werden sehen«, unterbricht ihn Bertone. Im Kardinalstaatssekretariat geht auch eine vom Präsidenten des IOR unterschriebene Denkschrift ein, in der erneut hervorgehoben wird, wie sehr diese Veränderungen am Gesetzestext die Glaubwürdigkeit Benedikts XVI. und des Heiligen Stuhls beeinträchtigen können, auch auf internationaler Ebene. Man müsse sich deshalb sofort mit den Problemen befassen und sie lösen.

Die Lösung kommt zwar rasch, fällt aber nicht so aus, wie Kardinal Nicora sie sich vorgestellt hatte. Am 23. Mai trifft sich der Berater des Staatssekretariats, Rechtsanwalt Marco Briamonte von der Kanzlei Grande Stevens, mit dem Bankier Alessandro Profumo, der seit März den Vorsitz der Banco Monte dei Paschi di Siena übernommen hat. Da er von dessen Freundschaft mit dem Präsidenten der Vatikanbank weiß, lässt der Bertone nahestehende Anwalt eine giftige Bemerkung fallen:»Sie sehen morgen Gotti Tedeschi? Vermutlich zum letzten Mal als Präsidenten des IOR.« Profumo lacht nervös, der junge Anwalt bleibt hingegen unbeirrt. In der Tat ist er gut informiert. Der Verwaltungsrat des IOR wird Gotti Tedeschi das Vertrauen entziehen. Er tut dies im Übrigen derart abrupt und unter Missachtung aller Gepflogenheiten, dass auch dieser Vorgang beunruhigende Fragen aufwirft.

---

1 Das Telefonat blieb vertraulich, bis Gotti Tedeschi im Herbst 2013 anlässlich einer Vernehmung durch die Justiz im Zusammenhang mit laufenden Verfahren entsprechende Andeutungen machte. Der Bankier vertraute sich ebenfalls einigen Mailänder Kollegen an. Darunter befanden sich auch die Personen, die ich angesprochen habe, um diese Hintergründe zu rekonstruieren.

2 Cesare Geronzi ist am 15. Februar 1935 in Marino bei Rom geboren. Nach einer Zeit bei der Banca d'Italia und der Banco di Napoli wurde er 1982 zum Generaldirektor der Cassa di Risparmio di Roma. Geronzis Expansionspolitik in den 1980er-Jahren führte zur Übernahme zahlreicher Kreditinstitute Mittelitaliens durch die Cassa. 1989 überließ die staatliche Holding IRI den Banco di Santo Spirito der Cassa di Risparmio, die dann 1992 mit der Banco di Roma fusionierte und fortan unter dem Namen Banca di Roma fortgeführt wurde. 2002 entstand daraus die Bankengruppe Capitalia. Geronzi stand damit an der Spitze von Banken, denen schon immer eine besondere Nähe zum Vatikan nachgesagt wird. Er schuf gewissermaßen eine Clearingstelle für jene Milieus der Erben Andreottis, der Adligen, Lobbyisten und Staatsbeamten, die den wunden Punkt der Hauptstadt bildeten.

3 Im Mai 2018 wurde vor dem vatikanischen Gericht der Prozess gegen Caloia eröffnet [A.d.Ü.].

4 Gerald Posner, *God's Bankers. A History of Money and Power at the Vatican*, New York 2015.

5 Alle fünf Jahre, bei Ablauf von Caloias Mandat, gab es dunkle Machenschaften mit dem Ziel, ihn abzusetzen. Am auffälligsten geschah dies 1999, als im Vatikan der vormalige Präsident der Bundesbank Hans Tietmeyer als Kandidat für die Nachfolge gehandelt wurde. Großer Fürsprecher des deutschen Bankiers war der amerikanische Kardinal und Präsident der Präfektur für die ökonomischen Angelegenheiten des Heiligen Stuhls, Edmund Casimir Szoka. Dank der Unterstützung des persönlichen Sekretärs von Papst Wojtyła, Stanisław Dziwisz, machte Caloia das Rennen.

6 Francesco Anfossi, »Cipriani, l'ultimo manager travolto dalle vicende Ior«, *Famiglia Cristiana*, 2. Juli 2013.

7 Scaletti war es gelungen, alle Stürme zu überstehen und Beförderung um Beförderung die höchste Stufe zu erklimmen: Er wurde im Mai 1995 zum Generaldirektor ernannt, als die von Caloia angestoßene ›Erneuerung‹ langsam ausklang.

8 Zu diesem Anlass gab der Heilige Stuhl eine ungewöhnliche Pressemitteilung heraus, in der er ihn lobte und seine uneingeschränkte Wertschätzung zum Ausdruck brachte. In der Tat sollte Scaletti »den Titel als emeritierter Generaldirektor behalten und dem IOR weiterhin wertvolle Dienste erweisen«, hieß es darin.

9 Francesco Anfossi, a. a. O.

10 Die IT-Abteilung war schon immer die heikelste Abteilung des IOR. Der frühere Olivetti-Ingenieur Paolo Scarabelli hatte die Datenbank der Vatikanbank, das sogenannte Ced, aufgebaut. Als Vertrauter von Marcinkus und De Bonis, die ihn 1981 zum Abteilungsleiter ernannt hatten, blieb er bis 1996 in der Bank. Er kündigte nach förmlichen Abmahnungen wegen mangelnden Arbeitseifers.

11 Gotti Tedeschi leistete zusammen mit anderen vom Papst ausgesuchten Laien seinen Beitrag zur Enzyklika. Einer davon war Professor Stefano Zamagni.

12 Beim Lesen mancher Passagen dieser Enzyklika wird verständlich, warum Benedikt XVI. gerade Gotti Tedeschi zu seinem Berater gewählt hat, und vor allem, welch radikalen Wandel er in den Beziehungen zwischen Kirche, Macht und Geld durchsetzen wollte. Dieser Auszug liefert ein ziemlich klares Bild von Ratzingers Denken über das Kapital:

»Korruption und Illegalität gibt es leider im Verhalten wirtschaftlicher und politischer Vertreter der alten und neuen reichen Länder ebenso wie in den armen Ländern selbst. Manchmal sind es große transnationale Unternehmen oder auch lokale Produktionsgruppen, welche die Menschenrechte der Arbeiter nicht respektieren. Die internationalen Hilfen sind oft durch Verantwortungslosigkeiten sowohl in der Kette der Geber als auch in der der Nutznießer zweckentfremdet worden. Auch im Bereich der nicht materiellen oder der kulturellen Ursachen der Entwicklung bzw. der Unterentwicklung können wir die gleiche Aufteilung der Verantwortung finden. Es gibt übertriebene Formen des Wissensschutzes seitens der reichen Länder durch eine zu strenge Anwendung des Rechtes auf geistiges Eigentum, speziell im medizinischen Bereich. Zugleich bestehen in einigen armen Ländern kulturelle Leitbilder und gesellschaftliche Verhaltensnormen fort, die den Entwicklungsprozess bremsen.« Zitiert nach der offiziellen vatikanischen Fassung in deutscher Sprache, online unter: http://w2.vatican.va/ content/benedict-xvi/de/encyclicals/documents/hf_ben-xvi_enc_20090629_caritas-in-veritate.html [Zugriff: 28.05.2018].

13 Dem Ausschuss gehörten drei weitere Bankiers an: Massimo Ponzellini, Pellegrino Capaldo und Carlo Fratta Pasini.

14 Sein Vorgänger, der amerikanische Kardinal Edmund Casimir Szoka, hatte sich Brokern anvertraut, die vor der Finanzkrise von 2007 Investitionen in den USA forciert hatten. Szoka glaubte an den Dollar und an die Investitionen in die amerikanischen Aktienmärkte. Damit waren die beiden Fonds auf den amerikanischen Märkten und dem Dollar gegenüber überschuldet. Die Lage spitzte sich zu, als 2007 Finanzanlagen unter dem Management von Goldman Sachs, BlackRock und UBS einbrachen.

15 Bereits am 29. Dezember 2000 waren mit der Unterzeichnung der Währungsvereinbarung zwischen dem Heiligen Stuhl (für den Staat Vatikanstadt) und der Republik Italien (im Namen der Europäischen Union) die Grundlagen für die Veränderung gelegt worden.

Am 17. Dezember 2009 unterzeichnete der kleine Staat eine weitere Vereinbarung mit der Europäischen Union, um den Euro als eigene Währung einzuführen. Art. 8 der Vereinbarung besagt:»Der Staat Vatikanstadt verpflichtet sich, durch direkte Umsetzung oder etwaige gleichwertige Schritte alle zweckdienlichen Maßnahmen zu treffen, damit die im Anhang dieser Vereinbarung aufgeführten EU-Rechtsakte und -Vorschriften in folgenden Bereichen umgesetzt werden: […] Verhinderung von Geldwäsche, Betrug und Fälschung von Bargeld und bargeldlosen Zahlungsmitteln.« Damit übernahm der Vatikan auch die förmliche Verpflichtung, die europäischen Vorschriften zu Finanzinstrumenten und zum Zahlungsverkehr zu übernehmen. Dies geschah aber nicht, was den Unmut unter den Beobachtern und den Brüsseler Beamten weiter anwachsen ließ.

16 Der Personalwechsel erstreckte sich auch auf den Aufsichtsrat des IOR, dessen Funktion dem eines Vorstands gleichkommt und in dem vier Mitglieder neu bestellt wurden: Carl Anderson, Großmeister der US-amerikanischen Kolumbusritter, ein unergründlicher Mensch; der ehemalige Vorstand der Deutschen Bank Ronaldo Hermann Schmitz, der über einflussreiche Beziehungen auf dem alten Kontinent verfügt; der spanische Bankier Manuel Soto Serrano; und der Vorstand des Credito Valtellinese, der Italiener Giovanni De Censi.

17 Der Professor für Bankenrecht und Anwalt beim Kassationsgerichtshof sowie Berater der Banca d'Italia war auch Mitglied der italienischen Delegation in der FATF, der internationalen Financial Action Task Force gegen die Geldwäscherei und somit des Gremiums, das den Antrag des Heiligen Stuhls auf Aufnahme in die sogenannte White List zu beurteilen hat, die Liste der Länder mit transparentem Finanzwesen. Vom Januar 2011 bis zum Mai 2014 war er auf Weisung Benedikts XVI. Mitglied im Vorstand der Vatikanischen Finanzinformationsbehörde AIF.

18 Condemi und De Pasquale sind die Verfasser des Leitfadens, den die Banca d'Italia 2008 genau zu diesem Thema veröffentlicht hatte: *Lineamenti della disciplina internazionale di prevenzione e contrasto del riciclaggio e del finanziamento del terrorismo* [Grundzüge der internationalen Regelwerke zur vorbeugenden Bekämpfung der Geldwäsche und der Terrorismusfinanzierung]. Das Buch setzte in der italienischen Finanzwelt Maßstäbe. Zwei Jahre später fertigte der stellvertretende Leiter der Unione Cristiana Imprenditori Dirigenti [Christliche

Union leitender Unternehmer] daraus ein Handbuch für Bankangestellte an, das vom italienischen Bankenverband ABI herausgegeben wurde.

19 Nicora ist 1937 in Varese geboren und schloss 1959 an der Università Cattolica in Mailand sein Jurastudium ab. Darauf trat er in das Priesterseminar der Erzdiözese Mailand ein. Nach der Priesterweihe am 27. Juni 1964 studierte er Theologie und wurde bald zum Bischof ernannt. In den 1980er-Jahren, zu Zeiten der Regierung von Bettino Craxi, unterzeichnete er die Konkordatserneuerung zwischen der katholischen Kirche und dem italienischen Staat. Er wurde zum Bischof von Verona und anschließend zum Präsidenten der APSA ernannt, der Güterverwaltung des Kirchenstaates. Johannes Paul II. hob ihn 2003 in den Kardinalsstand. Er nahm an den Konklaven von 2005 (Wahl Ratzingers) und 2013 (Wahl Bergoglios) teil. Nicora stand in besten Beziehungen zum damaligen italienischen Wirtschaftsminister Giulio Tremonti, dem gegenüber er sich stets herzlich zeigte, was für einen sonst eher zurückhaltenden und einsilbigen Kardinal wie ihn recht ungewöhnlich war.

20 Zu ihnen gehörte auch der italoamerikanische Anwalt Jeffrey Lena, der sich geschickt zwischen den Geistlichen zu bewegen wusste. Nicora wunderte sich über Lenas Selbstsicherheit. Bei einem befreundeten Mitarbeiter des Staatssekretariats erkundigte er sich nach der Berechtigung, mit der dieser Anwalt sich um Termine mit sämtlichen hochgestellten Persönlichkeiten der Kurie bemühte und sich Informationen über die AIF zu beschaffen versuchte. Wer hat ihn geschickt, und vor allem: zu welchem Zweck? Offiziell kommt Lena ebenso wie sein Kollege Marco Briamonte, Ciprianis Verteidiger, von der Anwaltskanzlei Grande Stevens, einer der größten in Italien. Früher stand diese Kanzlei dem Heiligen Stuhl sehr nahe und betreute auf dessen Mandat heikle Angelegenheiten. Von Bertone erhält Lena den förmlichen Auftrag, Nachforschungen anzustellen, um herauszufinden, wer sich Anfang des Jahres 2012 an Vatileaks beteiligt hatte, als erstmals interne Papiere in der Tageszeitung *Il Fatto Quotidiano* erschienen waren. Lena führt eigenständige Nachforschungen durch, ruft aber in der überschaubaren vatikanischen Gemeinschaft Verwunderung hervor, teils wegen seiner plumpen Cowboy-Manieren, teils wegen seines Akzents.

21 An einem Beispiel lässt sich dieser Schachzug besser verdeutlichen. In Italien wird die Arbeit der Banken im Einlagen- und im Kreditgeschäft sowie bei Investitionen von der Banca d'Italia überwacht. Diese Institution ist eigentlich von der politischen Macht unabhängig. Doch Pleiten und Skandale italienischer Kreditinstitute aus jüngster Zeit, Monte dei Paschi di Siena, Banca Etruria und Banca Popolare di Vicenza, haben Zweifel daran aufkommen lassen, wie unabhängig die Inspektionen der Bankenaufsicht von den politischen Machthabern

tatsächlich sind. Wenn man im Vatikan versucht, die Aufgaben der AIF einzufrieren und diese neue Behörde direkt dem Staatssekretariat zu unterstellen, ist das, als würde man die Banca d'Italia der Kontrolle durch den Regierungschef unterordnen. Damit würde die Zentralbank ihre Aufgabe nicht mehr eigenständig und unabhängig wahrnehmen können. Dabei handelt es sich um einen unausweichlichen Kerngrundsatz: Die Zentralbank hat nämlich zu überwachen, dass der Schatzminister keine öffentlichen Ausgaben tätigt, die zu einem höheren Haushaltsdefizit und zur Geldschöpfung führen. Wenn das Staatssekretariat – das das Leben am Heiligen Stuhl bestimmt – den Überwacher überwacht, entsteht der klassische Kurzschluss: Der Überwachte prüft das Vorgehen der Überwacher und nimmt möglicherweise darauf Einfluss.

22 Diesen Kreditinstituten hat man die Genehmigung ihrer jeweiligen Zentralbank entzogen, die Zusammenarbeit mit der Vatikanbank fortzusetzen. Seit zwei Jahren lässt das IOR beispielsweise die Fragen von J. P. Morgan zu einem bei einer seiner Filialen eröffneten Konto unbeantwortet.

23 Der am 30. Oktober 1938 in Porto Alegre in Brasilien geborene Ronaldo Hermann Schmitz ist Manager und Bankier in Deutschland. Nach dem Studium der politischen Ökonomie an der Universität Köln und einem Master in Business Administration beim Insead in Fontainebleau übernahm er verschiedene Führungspositionen in Vorständen von Unternehmen wie BASF und der Metallgesellschaft. Bei der Deutschen Bank war er von 1991 bis 2000 Vorstandsmitglied und Vizepräsident. Er ist Mitglied globaler Thinktanks wie des Institute for Advanced Study und der Trilateralen Kommission.

Niederlage und Revanche

Der Krimi um den Rücktritt

24. Mai 2012. Benedikt XVI. hat soeben zu Abend gegessen und sitzt auf dem Sofa im Fernsehraum. Ehe er das Abendgebet spricht und dann zu Bett geht, sieht er noch die Abendnachrichten. Währenddessen erreicht ihn eine überraschende Nachricht: Der Aufsichtsrat des IOR hat Professor Ettore Gotti Tedeschi das Vertrauen entzogen. Eine unwirkliche Stille senkt sich über das päpstliche Appartement. Der Papst weiß nichts von dieser Entscheidung, man hat ihn weder hinzugezogen noch verständigt. Und das ist nicht das erste Mal: Sein Kammerdiener Paolo Gabriele, der ihn überallhin begleitet, erzählte mir damals: »Wir, die wir den Papst bedienen, teilen den schmerzlichen Eindruck, dass der Heilige Vater über die heikelsten Sachverhalte nicht Bescheid weiß.« Bei solch einer dramatischen Entscheidung nimmt der Papst demnach nur eine Zuschauerrolle ein. Wie ist das möglich?

Dass Benedikt isoliert ist, wird auch durch Prälat Gänswein belegt, der in einem Interview mit der Tageszeitung »Il Messagero«[1] von den Reaktionen jenes Abends berichtet: »Benedikt XVI., der Gotti ans IOR berufen hatte, um die Politik der Transparenz zu fördern, war überrascht, sehr überrascht von diesem Akt des Misstrauens gegenüber dem Professor. Der Papst schätzte und mochte ihn, doch aus Respekt vor der Zuständigkeit der Verantwortlichen entschied er sich, vorerst nicht einzugreifen.« Warum wurde der Papst nicht zu Rate gezogen, bevor man dem Bankier das Vertrauen entzog? Schließlich hatte er selbst ihn an die Spitze der Vatikanbank geholt.

Die Erklärung des Privatsekretärs des Heiligen Vaters macht ziemlich sprachlos. Benedikt XVI. war demnach geschwächt, wenn nicht gar faktisch seiner Funktionen enthoben. Gewiss, es war nicht seine Aufgabe, den Mann an der Spitze des IOR zu ernennen oder abzusetzen, aber es liegt auf der Hand, dass eine derart wichtige Entscheidung nicht getroffen werden konnte, ohne ihn einzubeziehen. Aber niemand berät sich mit ihm. Niemand informiert ihn auch nur.[2]

In diesen Tagen ist es ein weiterer Umstand, der wie ein finsteres Vorzeichen für den aufsehenerregenden Rücktritt des Papstes im darauffolgenden Jahr wirkt. Mehrere Gesprächspartner von Benedikt XVI., in unterschiedlichen Ämtern und Funktionen, nehmen wahr, dass er für die Angelegenheiten auf der Agenda immer weniger Interesse zeigt. Schon seit dem Sommer 2011 beteiligt er sich nicht mehr so intensiv an der Lösung der Probleme des kleinen Staates, um die Jahreswende 2012 dann noch weniger. Gänsweins Schilderung eines ahnungslosen Papstes passt dazu und wird über Jahre die beherrschende Sicht bleiben, sich schließlich jedoch ändern. Benedikt selbst widerspricht dem, zumindest indirekt, in einem Gespräch mit seinem Biografen Peter Seewald, das im September 2016 in Buchform erscheint.[3] Benedikt XVI. verspürt die Notwendigkeit, die damaligen Umstände zu erläutern, und übernimmt die Verantwortung für die Entscheidung:

> Für mich war von Anfang an das IOR eine große Frage, und ich habe hier zu reformieren versucht. Das geht nicht schnell, weil man sich selber einarbeiten muss. Es war wichtig, es den bisherigen Händen wegzunehmen. Es musste eine neue Leitung gefunden werden, und es schien dabei aus vielen Gründen richtig, keinen Italiener mehr zum Chef zu bestellen. Ich kann sagen, dass ich mit Baron Freyberg eine sehr gute Lösung gefunden hatte.

Ein Dementi ohne jeden Zweifel, wenn auch verspätet und indirekt, das dennoch keine Klarheit schafft. Aller Wahrscheinlichkeit nach war Benedikt XVI. Negatives über den Präsidenten des IOR zugetragen worden. In einer immer heftigeren und intensiveren Verleumdungskampagne versucht man, Gotti Tedeschi geistig, ethisch und sogar hinsichtlich seines körperlich-seelischen Zustands die Legitimität abzusprechen. Der Umgang mit den Regelungen zur Geldwäschebekämpfung erfordert eine Zuverlässigkeit, die er nicht bieten kann. Daher das Misstrauen. Allerdings mit einer ungewohnten

Schärfe im Ton. In neun Punkten werden die Gründe aufgelistet, die den Aufsichtsrat formell veranlasst haben, den Präsidenten zu stürzen. Eigentlich fehlt nur noch der Vorwurf, Geld aus der Kasse genommen zu haben. Jede Unredlichkeit und jedes denkbare Fehlverhalten wird Gotti Tedeschi unterstellt. Aus welchem Grund? Warum war es nötig, ihn mit solcher Heftigkeit und in aller Öffentlichkeit zu desavouieren? Man kann ihn schlecht des Diebstahls bezichtigen: Er bekommt kein Entgelt, selbst die Reisen und die Unterkunft im Hotel bezahlt er aus eigener Tasche. Man kann ihm auch keine Unfähigkeit vorwerfen. Sein Lebenslauf lässt das nicht zu: Der Bankier ist der oberste Vertreter der Banco Santander in Italien, eines der weltweit größten Geldinstitute. In der Vergangenheit hat er schon einmal selbst eine Bank gegründet. Er berät den italienischen Schatzminister, ist Berater der halbstaatlichen Investitionsbank Cassa Depositi e Prestiti. Da kann man kaum behaupten, er sei unfähig und ungeeignet.

Das Misstrauen wird in neun Punkten begründet, die angeblich ebenso vielen Schwachpunkten der Präsidentschaft entsprechen. Schade, dass diese Punkte Schritt für Schritt vom Betroffenen mit einer Denkschrift für eine Anhörung im Vatikan widerlegt wurden, zu der es allerdings nie gekommen ist. Einer der Punkte sei hier beispielhaft angeführt: Man wirft dem Präsidenten vor, den Aufsichtsrat nicht über die eigene Tätigkeit informiert zu haben. In dem Papier, das die Justizbehörden Neapels im Rahmen eines Verfahrens in anderer Sache beschlagnahmt haben, führt Gotti Tedeschi pedantisch auf, wie viele E-Mails er in den vergangenen zwölf Monaten jedem Ratsmitglied geschickt, wie viele er erhalten und wie viele Unterlagen er jedem zugestellt hat. Doch dem Professor wird weder ein Einspruchs- noch ein Verteidigungsrecht zugestanden, obwohl er dies mündlich und schriftlich unzählige Male eingefordert hat.

Viele Fragen bleiben deshalb bis heute unbeantwortet. Warum wurde Gotti Tedeschi nie angehört? Warum wurden die neun Punkte nie besprochen? Warum wurde er von einem Tag auf den anderen jeder Tätigkeit enthoben? Dabei hätte es genügt, wenn Benedikt XVI.

ihn persönlich zum Rücktritt aufgefordert hätte: Als kirchentreuer Erzkatholik und Anhänger des Papsttums wäre Gotti Tedeschi der Aufforderung sofort nachgekommen. Das Ziel ist offenbar ein anderes. Es geht darum, die Glaubwürdigkeit des abtretenden Präsidenten zu beschädigen. Man soll sich weder innerhalb noch außerhalb der Kurie auf ihn berufen dürfen.

Wenige Monate zuvor, Ende 2011, geschieht etwas, was sich als Ankündigung der bevorstehenden Absetzung lesen lässt. Im Turm Nikolaus V., in dem das IOR seinen Sitz hat, ist die zentrale Halle für die Weihnachtsfeier der Bankangestellten geschmückt. Nach dem traditionellen Austausch von Grußworten und Glückwünschen nimmt der Präsident an der sorgfältig gedeckten großen Tafel Platz und findet zu seiner Rechten einen Gast, den Psychotherapeuten Pietro Lasalvia. Dieser war in der Vergangenheit bei einigen Streitfällen im Zusammenhang mit Mobbingvorwürfen gegen den Vatikan tätig gewesen.[4] Nach den Kontroversen um einige Mitarbeiter, die sich nicht hinreichend geschätzt gefühlt hatten, wird seine Teilnahme an der Feier von manchen daher als Geste der Versöhnung interpretiert. Gotti Tedeschi und Lasalvia plaudern ein Weilchen miteinander. Lasalvia zeigt sich von der Persönlichkeit des Bankiers so beeindruckt, dass er ein paar Monate später in einem Schreiben vom 18. März 2012 an den IOR-Direktor Cipriani ein psychologisches Profil von ihm entwirft:

> Anlässlich eines Festmahls, das die Direktion vor den heiligen Weihnachtsfeiertagen für die Angestellten des IOR ausgerichtet hatte, wurde ich von Ihnen eingeladen und hatte Gelegenheit, neben dem Präsidenten Gotti Tedeschi zu sitzen, den ich bis dahin noch nicht kannte. Überrascht hat mich die Distanz zum Gegenstand dieses Anlasses, d. h. dem Menschenmaterial, das die Tätigkeit des IOR mit Leben erfüllt, und die Kluft zur Direktion [d. h. zu Cipriani selbst, A.d.A.], die hingegen wie ein guter Familienvater an einem Anlass der Eintracht zwischen dem sakralen Umfeld und der täglich verrichteten profanen Arbeit teilnahm. Zudem hat der Präsident meine Aufmerksamkeit vollständig monopolisiert und die eigene

Person verherrlicht mit aus meiner Sicht unangemessenen Bemerkungen zur Sittlichkeit der Beschäftigten ebenso wie zu den Fähigkeiten des Klerus. Ich muss sagen, dass mich dies alles bestürzt hat, vor allem in Anbetracht meiner Erwartungen, die auch von der vorteilhaften Darstellung geprägt waren, die Sie, Herr Direktor, mir auch indirekt stets auf elegante Weise zu bieten wussten.

Aufgrund meiner beruflichen Tätigkeit sowie des mir anvertrauten Auftrags konnte ich nicht umhin, Sie auf eine gewisse Widersprüchlichkeit zwischen den – wenn auch in einem beiläufigen, nicht strukturierten Gespräch – zutage getretenen Charakterzügen und der heiklen Repräsentationsfunktion hinzuweisen, die Dr. Gotti Tedeschi bekleidet. In der Sache ergaben sich Züge der Egozentrik, des Narzissmus und eines gewissen Realitätsverlusts. Dieser lässt sich einer psychopathologischen Fehlfunktion gleichsetzen, die als »soziale Acedia« bekannt ist, ein Begriff, der sich aus der christlichen Literatur ableitet, aber recht gut einige Verhaltensmuster beschreibt, die nach dem derzeitigen Kenntnisstand des sozialen Gehirns pathologisch sind. Meine Beobachtung ist angebracht, da die Diagnose, Prävention und Therapie von arbeitsbedingtem Stress zu meinen professionellen Zielen zählen, und diese Situation sowohl für den Betroffenen, der sich u.a. nicht dem Protokoll unterworfen hat, als auch für die Gemeinschaft der Mitarbeiter eine Stressquelle darstellt. Darüber hinaus könnte diese Kluft aus der Sicht einer »Einheit«, für die das christliche Muster der Familie den wesentlichen Ansatz bietet, Verwirrung stiften und damit Unbehagen hervorrufen. Abschließend sei gesagt, dass meine Beobachtungen nicht den Anspruch einer Diagnose erheben, sondern eine professionelle Beobachtung darstellen, von der ich Sie in Hinblick auf meine Aufgabe und im Einklang mit meinem christlichen Glauben in Kenntnis setzen wollte, zum Wohle des Instituts ebenso wie zum Wohle jedes Einzelnen, der ihm angehört, einschließlich des Präsidenten.

Faktisch beobachtet der Arzt zufällig den damaligen Präsidenten, greift zur Feder und schreibt diese negative Anamnese, die er Gotti Tedeschis erklärtem Feind, dem Direktor Cipriani, aushändigt. Darf man wirklich annehmen, dass dies alles nur Ergebnis eines Zufalls ist? Die Frage lässt sich nicht leicht beantworten. Mit Sicherheit geht in der Kurie sofort das Gerücht herum, der Professor sei nicht mehr ganz bei Verstand. Diese unwiederbringliche Gelegenheit lassen sich seine Gegner natürlich nicht entgehen. Dass Lasalvia »Nachbar Ciprianis« ist, wie das Wochenblatt »Famiglia Cristiana« hervorhebt[5], und vor allem Freimaurer, scheint nicht wesentlich zur Ergründung der Frage beizutragen, ob dies alles absichtlich in Szene gesetzt wurde oder nicht.[6]

In Wirklichkeit ist man von verschiedener Seite aus echten oder vorgeschobenen Gründen daran interessiert, Gotti Tedeschi den Garaus zu machen. Nachdem die Ermittlungen gegen das IOR zur Einleitung eines Verfahrens gegen Gotti Tedeschi, Cipriani und Tulli geführt hatten, machen sich manche große Sorgen wegen seiner Entscheidung, vor der italienischen Staatsanwaltschaft auszusagen und die Sachlage zu klären. Damals wurden viele kritische Stimmen in der Kurie laut. Mit der italienischen Justiz zusammenzuarbeiten hieß, einen lästigen Präzedenzfall zu schaffen und damit die künftigen Entscheidungen des Heiligen Stuhls zu belasten. Deshalb fürchten viele dieses Vorhaben. Dank der Lateranverträge hätte sich Gotti Tedeschi als Präsident des IOR und damit als Beschäftigter einer zentralen Behörde des Vatikans auf seine Immunität berufen können. So wie Marcinkus, De Strobel und Mennini ein Vierteljahrhundert zuvor. Auf die Fragen von Ermittlungsrichtern einzugehen wird von vielen in der Kurie als ein Akt der Unterwerfung unter die Macht eines anderen Staates gewertet, eine feindselige und skandalträchtige Option. Eine gewiss oberflächliche Sichtweise, die die Mahnungen von Benedikt XVI. unberücksichtigt lässt. Es spielt keine große Rolle, dass der Papst selbst Transparenz und Strenge gefordert hat (»Wir haben nichts zu verbergen«) und die weltlichen Justizbehörden anerkannte, als es darum ging, Entschädigungen an die Opfer von Kindesmissbrauch zu zahlen. Damals hatte er dazu aufgerufen, mit der Justiz zusammenzuarbeiten. Erschwerend kommt ein weiterer Beweis hinzu, das Ergebnis eines protektionistischen Staatsverständnisses: Gotti Tedeschi hat das Gesetz gegen Geldwäsche angeregt, das von Menschen außerhalb der Kurie verfasst wurde und die vatikanischen Finanzen dem Scheinwerferlicht externer Überwachung aussetzt. Viele halten den Bankier für den verlängerten Arm Mario Draghis und jener Finanzmacht, die sich Zugang zum Heiligen Stuhl verschaffen will. Lauter gute Gründe, ihn abzusägen.

Das Staatssekretariat sitzt zu Gericht

Durch die Entscheidung des Präsidenten, der Staatsanwaltschaft Rede und Antwort zu stehen, gerät die Kurie zunehmend aus dem Häuschen. Viele beäugen sich misstrauisch. Ein Klima des Verdachts, gegenseitiger Anschuldigungen, der Bosheiten und Erpressungen greift um sich. Es kommt zuweilen zu geradezu irrealen Situationen, von denen hier zum ersten Mal berichtet wird. Etwa zur Bildung einer Art informellen Tribunals im Vatikan gegen jene, die – manchen zufolge – als Nestbeschmutzer auftreten. In einem langen Interview, das ich mit Francesco De Pasquale[7] geführt habe, prangert dieser die genannten Vorfälle kühl und ohne ein Blatt vor den Mund zu nehmen an. Auch diesen Fachmann hatte man zunächst bestellt, um aufzuräumen, und dann ohne große Umstände vor die Tür gesetzt. De Pasquale ist keine Randfigur, denn er wurde zum ersten Direktor der vatikanischen Finanzaufsicht AIF bestellt. Kardinal Nicora und Professor Condemi hatten ihn berufen, um die von Benedikt XVI. gewünschte Wende herbeizuführen.

Avvocato De Pasquale, Sie wurden in den Vatikan geholt, um die neuen Vorschriften gegen schmutziges Geld umzusetzen. Für wie lange?
Begonnen hat es 2010. Professor Condemi bat mich, an der Ausarbeitung des ursprünglichen Gesetzes mitzuwirken, das Benedikt XVI. am 31. Dezember desselben Jahres erlassen hat. Offizielle Mandate hatte ich von 2011 bis 2014. In den ersten anderthalb Jahren war ich Direktor der AIF, bevor ich das Amt René Brülhart übergab und in den Verwaltungsrat kooptiert wurde. Damals gab es nichts, lediglich dieses Gesetz und den Verwaltungsrat der Behörde. Es musste alles

erst aufgebaut werden. Es gab keinerlei Kontrolle, am IOR machten sie, was sie wollten, manche [leitende Angestellte, A.d.A.] handelten im Namen des Instituts und managten eine Unmenge von Unterkonten. Das heißt, die konnten da alles Mögliche machen. Sie maßten sich an, die Banca d'Italia einfach mit einer Überweisung im Namen des IOR abzuspeisen, obwohl die Zentralbank wissen wollte, wer die tatsächlichen Inhaber und Nutznießer jener Mittel waren.

Im Vatikan fand damals eine grundsätzliche Auseinandersetzung statt…
Ja, einen Teil der Arbeit haben wir zu Ende geführt, aber beim zweiten Teil hat man es uns nicht mehr gestattet. Bei den Auseinandersetzungen ging es um die Vorschriften, die abgeändert und angewandt werden sollten. Es ging darum, den eingeschlagenen Weg fortzusetzen, und mir wurde klar, dass man noch nicht bereit war, diese Veränderungen anzugehen.

Wie war damals die Atmosphäre zwischen Ihnen und Professor Condemi sowie Kardinal Nicora, also gegenüber jenen, die die Geldwäschevorschriften zu implementieren versuchten?
Manche Vorfälle machen das ziemlich deutlich. Ende September 2010 rief mich eines Tages Prälat Balestrero an, der Untersekretär für die Beziehungen mit den Staaten, und bat mich, zu einer Besprechung des Rates des Staatssekretariats zu kommen, bei der es um das Problem der gegen das IOR aufgenommenen Ermittlungen gehen sollte: gegen Cipriani und Tulli wurde bereits ermittelt. Ich dachte, wir sollten dazu beitragen, Klarheit zu schaffen. Mein Stellvertreter Alfredo Pallini war dabei, auch Nicora. Wir gehen rein, und finden den versammelten Führungsstab vor: neben Bertone saßen dort Mamberti, Balestrero und Wells in einer Reihe, eine Art Tribunal sozusagen.[8]

Warum?
Cipriani und die Leiter des IOR beschuldigten mich und Pallini, sie bei der Staatsanwaltschaft angezeigt zu haben und geheime Bezie-

hungen zur betreffenden amerikanischen Bank zu unterhalten. Ihnen zufolge hätten wir sogar an einem Abendessen mit leitenden Managern von J. P. Morgan in Mailand teilgenommen.

Ein Komplott also ...
Schade nur, dass ich damals nie in Mailand war. Sie hatten das frei erfunden. Wir haben ziemlich lebhaft geantwortet und es entstand eine Art Streitgespräch, das ziemlich aufgeregt verlief.

Ist das für den Vatikan ungewöhnlich?
In der Tat ... Es mischten sich alle ein, allen voran Nicora, um die Gemüter zu beschwichtigen: »Nein, nein, wir müssen zusammenarbeiten ... untereinander«. Pallini war sprachlos. Er sah mich an und reichte am nächsten Tag seinen Rücktritt ein.

Hat man Sie beschuldigt, um das für sich zu nutzen und Sie in Schwierigkeiten zu bringen?
Davon gehe ich aus.

Richteten sich diese Anschuldigungen gegen Sie und Ihren Mitarbeiter oder auch gegen Kardinal Nicora?
Indirekt auch gegen Nicora. Ich denke, Nicora wurde vorgeworfen, unter dem Einfluss der Beamten der Banca d'Italia zu stehen.

Dann stand auch Nicora in Misskredit?
Mit der Zeit habe ich versucht, diese Verwerfung besser zu verstehen, die sich in den Folgejahren noch zuspitzte. Auch Nicora war in den Augen des neuen Direktors Brülhart ein Feind, weil er die Geschäfte des IOR nicht gerade befürwortete.

Um welche Art von Geschäften ging es dabei aus Ihrer Sicht? Konnten Sie sich davon einen Begriff machen?
Ich hätte mir davon einen Begriff machen können, wenn ich die Zeit und die Mittel gehabt hätte, jenen Geheimnissen auf den Grund zu gehen ...

Was hatten Sie bis dahin unternommen?
Es ging darum, festzulegen, was die Aufsichtsbehörde tun sollte, welchen internen Institutionen und Behörden gegenüber sie tätig werden sollte. Vor allem ging es darum, die verschiedenen Gremien und Einrichtungen von innen heraus für dieses Thema zu sensibilisieren. Die internationalen Kontrollen standen kurz bevor, folglich musste alles sehr schnell gehen. Wir fingen an, eine ganze Reihe von Rundschreiben in Umlauf zu bringen, die den internen Gremien Handreichungen zur Anwendung der Geldwäschevorschriften lieferten. Es wurde die Identifikation der Kunden verlangt, die angemessene Prüfung und Registrierung der Vorgänge, die Meldung verdächtiger Operationen, die Zusammenarbeit mit den zuständigen Behörden der anderen europäischen Länder. Wir hatten mehrere Besprechungen mit der [Güterverwaltung] APSA, dem IOR, und ich empfand die Zusammenarbeit mit dem Präsidenten als gut, der sich bemühte, den Vatikan auf den Weg zur *White List* zu bringen: Er stand auf unserer Seite. Auf wenig oder fast keine Zusammenarbeit stieß ich allerdings in der Führungsebene des IOR. Damals war Cipriani Direktor und Tulli Vizedirektor, dieselben, die erst kürzlich wegen des Verstoßes gegen die italienischen Geldwäschevorschriften verurteilt wurden, wenn auch zu einer geringen Strafe.

Aus wem bestand die AIF, und wie waren die Beziehungen zu diesen Personen?
Es gab eine gute Zusammenarbeit mit dem Präsidenten, Kardinal Nicora, und vor allem mit Condemi. Auch mit dem AIF-Ratsmitglied Cesare Testa, der bereits das Zentralinstitut für die Besoldung der Priester geleitet hatte. Mit den anderen beiden Mitgliedern waren

die Beziehungen schwierig. Einer war der Jurist Dalla Torre, der andere ein Steuerberater, der auch für die APSA arbeitete, Claudio Bianchi. Die bremsten, sie waren vom Staatssekretariat eingesetzt worden und bremsten alle unsere Initiativen aus. Dalla Torre vertrat übrigens auf Antrag des Staatssekretariats einen Standpunkt *pro veritate* zu den Aufgaben der AIF, wonach diese nur für Vorgänge ab dem 1. April 2011 Akteneinsicht und Aufsichtsbefugnisse beanspruchen durfte, also seit Inkrafttreten des Gesetzes. Doch alle anhängigen Berichte betreffen Vorgänge aus früherer Zeit. Daraus ergab sich eine Auseinandersetzung mit den Anwälten des IOR.

Wer waren die Anwälte des IOR?
Einer war Briamonte, und dann war da der Amerikaner Jeffrey Lena, Berater des Staatssekretariats, den der Untersekretär für Außenbeziehungen Balestrero auf das Thema angesetzt hatte. Für die inneren Angelegenheiten war stattdessen Wells zuständig, mit den Untersekretären Filoni und Mamberti. Beide befassten sich damit. Balestrero hatte Lena als Berater berufen, er selbst hatte von Geldwäschebekämpfung keine Ahnung. Briamonte hingegen war ein Berater des IOR.

Aber nicht Gotti Tedeschis.
Ich glaube, der Präsident wurde ziemlich ausgegrenzt: Sie zeigten ihm gar nichts.

Wem unterstand die AIF?
Sie war eigenständig, ist als selbständige Behörde entstanden. Diese Behörden zur Geldwäschebekämpfung müssen in den verschiedenen Ländern zwangsläufig wenigstens formal eigenständig sein.

Gab es eine Zeit, in der sie unter die Kontrolle des Staatssekretariats geriet?
Zur Auseinandersetzung innerhalb der Behörde kam es, weil Briamonte, als wir die Geldwäschevorschriften zu überarbeiten hatten –

das Gesetz Nr. 127 vom 30. Dezember 2010 –, die Auffassung Dalla Torres übernahm, wonach uns kein Zugang zu den Daten des IOR zustand, lediglich zu denen ab dem 1. April 2011. Es war offensichtlich, dass sie keine Zusammenarbeit wollten. Übrigens kündigte ich Cipriani an, dass wenige Wochen später, im Herbst 2011, die Inspekteure von Moneyval kommen würden, worauf er mir wortwörtlich entgegnete:»Ach, ich bin dann ohnehin in Australien.«

Wie ist diese Boykotthaltung zu erklären?
Man hatte dort von diesem Thema keine Ahnung. Die dachten, diese Maßnahmen würden sie nicht betreffen, deshalb war ihnen die Sache nicht bewusst. In den zahlreichen Besprechungen mit dem Governatorat und der Gendarmerie fanden wir bei einigen eine größere Offenheit vor, weil ihnen die Bedeutung klar war, andere kapierten es einfach nicht, wieder andere boykottierten, bis sie beim Eintreffen der Inspekteure von Moneyval merkten, wie wichtig die Sache war. Erst dann gaben sie nach. Die AIF hatte zu viele Befugnisse und zu viel Eigenständigkeit. Das Staatssekretariat führte einige Änderungen ein, die sehr negativ waren ... Es legte beispielsweise fest, dass für jedes Abkommen der AIF mit den Behörden anderer Länder eine Art Unbedenklichkeitserklärung des Sekretariats erforderlich war.

Na ja, das ist die politische Behörde ...
Das widersprach den internationalen Standards, denn die Geldwäschebehörde musste eigenständig sein, sie durfte nicht von einer Unbedenklichkeitserklärung des Staatssekretariats abhängen. Den Inspekteuren von Moneyval wurde klar, dass es Rückschritte gab, und sie sagten es uns ganz offen. Daher der Konflikt, denn sie wollten die Funktion der AIF unter die Fittiche des Staatssekretariats bringen.

Wer sie?
Balestrero, Wells, Lena, folglich auch Bertone.

Hatte Bertone die fachliche Kompetenz, um diese Dinge zu begreifen?
Nein, überhaupt nicht.

Dann nahm er also Anregungen auf, die ihm zugetragen wurden?
Die bekam er von Balestrero und von Wells. Balestrero hat einmal zu mir gesagt: »Also, muss man diesen Leuten von Moneyval denn die Wahrheit sagen?«

Kaum zu fassen. Sind Sie sich sicher?
Ja, ich gab zurück: »Schauen Sie, das Problem ist, dass die ja nicht dumm sind. Wenn man ihnen Quatsch erzählt, merken sie das vielleicht.«

Welche Kompetenz in Finanzangelegenheiten hatten diese Monsignori eigentlich?
Anfangs hatten sie sie nicht, aber nach und nach begriffen sie, worum es ging. Es gab ständig Besprechungen, auch zur Diskussion über die Änderungen am Gesetz. Nach und nach wurde auch Lena einiges klar. Als es den Rückschritt gab, stellte das IOR die Zusammenarbeit mit uns ein. Anfangs hatte es unsere Bitten um Auskunft beantwortet, aber ab Januar/Februar 2012 hörte die Zusammenarbeit auf, oder es hielt nur die Fassade davon aufrecht. Das Geldwäschegesetz räumte uns anfangs erhebliche Inspektionsrechte ein, und beim IOR war man sehr besorgt. Daher sagten sie in den Folgemonaten, insbesondere zu diesem Punkt, dass die Inspektionen erst dann durchgeführt werden könnten, wenn eine Regelung festgelegt würde, die allerdings erst nach Anhörung des Staatssekretariats erlassen werden könnte. Das hat die Arbeit stark beeinträchtigt. Auf der anderen Seite konnte Moneyval nicht begreifen, warum wir nicht mit unseren Inspektionen loslegten. Es gab eine objektive Lücke: Sie [die Inspekteure der AIF, A.d.A.] konnten handeln, aber in Ermangelung der Regelungen traten wir auf der Stelle. Um die Blockade aufzuheben, musste ich immer wieder darauf beharren. Ich bereitete auch einen Entwurf für eine Regelung vor, eine ganz einfache, und schickte sie an das Staats-

sekretariat. Nach einer Weile schickten sie mir als Antwort ein unlesbares Papier zurück, zehn Seiten lang. Spielten sie auf Zeit? Es war eine chaotische, verworrene Regelung, ich weiß nicht, wo sie die abgeschrieben hatten. Der Inhalt war jedenfalls inakzeptabel, weil er vorsah, dass wir die Unterlagen erst einsehen konnten, wenn wir die Kontrolle beim zu überprüfenden Amt dreißig Tage vorher anmeldeten. Kurz, eine für mich, für uns, für die internationalen Standards unzumutbare Sache.

Was geschah dann?
Bis zum Juli 2012 hatten wir keine Inspektionsregelung und damit auch keine Möglichkeit, Prüfungen vorzunehmen. Aber schauen wir es uns der Reihe nach an. Die Leute von Moneyval stellten fest, dass wir uns zurückentwickelt hatten, so versuchten wir in der Vollversammlung Abhilfe zu schaffen. Der Bericht von Moneyval vom 4. Juli 2012 enthielt keine negative Bewertung. Es war ihnen klar geworden, dass wir wenig Zeit gehabt hatten. Ich glaube, dass das Staatssekretariat irgendwie Druck gemacht hat [auf europäischer Ebene, A.d.A.]. Italien hat nicht gedrängt: Bei der Vollversammlung kann jeder sprechen, Fragen stellen, Auskunft oder Aufklärung verlangen und so weiter. Italien hat den eigenen Delegierten im letzten Moment zurückgezogen, weil Vittorio Grilli, der damals stellvertretender Wirtschafts- und Finanzminister war, vom Vatikan angehalten wurde, in dieser Sache keinen Druck auszuüben. Daher war die Bewertung insgesamt nicht negativ und wir verpflichteten uns … Meine Position war nicht einfach, denn ich musste intern sehr kritisch sein, nach außen aber das Geleistete verteidigen. Diese Arbeit zwang sie, mich weiterhin zu halten. Da ich wegen meiner vergangenen Erfahrung in der Geldwäschebekämpfung bei der Banca d'Italia auch bei Moneyval und den Inspekteuren bekannt war, die in den Vatikan kamen, wussten sie, wer ich war und vertrauten mir. Das heißt, wenn ich vor der Bewertung vom Juli abgesägt worden wäre, hätten sie schon ein paar Probleme bekommen, denn den Präsidenten des IOR hatten sie ja bereits rausgeworfen. Angesichts des großen Aufhebens, das sämt-

liche Zeitungen davon machten, hat ihnen die Absetzung nachher vielleicht sogar leidgetan. Einen Tag später kam die Geschichte mit Vatileaks und dem Kammerdiener ans Licht. Ich denke, das geschah, um die Aufmerksamkeit abzulenken.

Wie hat man innerhalb der AIF den Fall des Kammerdieners Paolo Gabriele erlebt?
Negativ, weil das einer war, der mit uns zusammenarbeitete, während die anderen das fast überhaupt nicht taten. Professor Gotti Tedeschi wurde intern kritisiert, weil er der römischen Staatsanwaltschaft seine Bereitschaft zur Zusammenarbeit erklärt hatte. Als das herauskam, habe ich gedacht:»Na gut, jetzt ist es mit uns aus.« Als im Juli der Bericht erschienen war, versuchte ich, mit dem Staatssekretariat Kontakt aufzunehmen, und es gab eine komplette Blockade. Balestrero war nicht aufzufinden. Ich musste die Unterschrift für das Einvernehmensprotokoll mit der italienischen UIF einholen [der Unità di Informazione Finanziaria, der zentralen Meldestelle Italiens für Geldwäsche, A.d.A.]. Er antwortete mir erst, als ich bereits einen Schritt weiter war und ihm die notwendigen Angaben übermittelt hatte: »Aha, sehr interessant die Zusammenarbeit mit der italienischen UIF, wir müssen darüber reden.« Ich begriff, dass er bloß Zeit schinden wollte, dass nicht ich mich um diese Sache kümmern sollte. Im Oktober rief Nicora mich an und sagte mir, das Staatssekretariat habe beschlossen, René Brülhart zum Direktor zu ernennen. Und mich in den Verwaltungsrat zu kooptieren, wie es dann im November 2012 geschehen ist.

Was stellte Brülhart damals eigentlich dar: Kam er von außerhalb, oder hatte er bereits irgendeinen Auftrag im Vatikan?
Er war Leiter der FIU [Financial Intelligence Unit, A.d.A.] Liechtensteins gewesen, und ich glaube, er war Berater des Staatssekretariats. Ich gehe davon aus, dass er das Gesetz umgeschrieben hat, den sogenannten »Schritt zurück«.

Und warum meinen Sie, dass Brülhart deren Vertrauen genoss?
Weil er Berater des Staatssekretariats war. Bei jeder Tätigkeit innerhalb des Vatikans, selbst wenn andere Ämter oder Gremien zuständig
waren, schuf das Staatssekretariat eine Art Einheit, die dieselben
Dinge machte, wie eine Art Schattenregierung. Das geschah auch bei
der AIF: Unter meinen Angestellten befand sich auch Tommaso Di
Ruzza, der Schwiegersohn des früheren Gouverneurs der Banca d'Italia Antonio Fazio. Di Ruzza war mit dem Staatssekretariat in Kontakt
und boykottierte daher unsere Arbeit, Dalla Torre stand ihm mit
seinem Rat zur Seite. Schließlich sahen wir uns gezwungen, ein paar
Leute einzustellen, um zu vermeiden, ständig von den beiden Vertretern im Verwaltungsrat ausgebremst zu werden, das war noch, bevor
Brülhart kam. Später, ab November 2012, wurde der Verwaltungsrat
nach und nach entmachtet und kam nur noch ganz selten zusammen,
während er sich unter mir ständig getroffen hat und über jeden Vorgang auf dem Laufenden gehalten wurde. Brülhart ging offenkundig
in Abstimmung mit dem Staatssekretariat vor, daher hatte er kein
Interesse … [das Gremium häufiger einzuberufen, A.d.A.]. Nicora
war für sie ohnehin ein Feind.

Hat Brülhart das Kommando in der AIF ganz an sich gerissen?
Natürlich. Nicora war stets überzeugt, in der Auseinandersetzung
zwischen ihm und Brülhart werde dieser den Kürzeren ziehen. Stattdessen wurde er selbst abgesägt, Anfang 2013 hat man ihn zum Rücktritt gezwungen.

*Und all diese Vorschriften, die die AIF dem Staatssekretariat unter-
geordnet haben?*
Die wurden nach und nach angepasst. 2013 schafften sie die genannte
Unbedenklichkeitsbescheinigung wieder ab, weil sie ja nun ohnehin
alles unter Kontrolle hatten. Sie brauchten den Wisch nicht mehr.
Nach und nach nahmen sie alles, was sie eingeführt hatten, wieder
zurück, und es gab eine weitere Reform des Gesetzes, ich glaube im
August 2013, die das IOR auf Linie mit den internationalen Stan-

dards brachte, allerdings nur der Form nach. Das Gesetz umzusetzen, es zum Laufen zu bringen, ist eine andere Sache.

Die Inspektionstätigkeit war das Ergebnis von etwas, was erst noch aufgebaut werden musste, sozusagen das Dach des Hauses.
Natürlich, aber nach dem Moneyval-Bericht, der einen Mangel an Befugnissen der Aufsichtsbehörde festgestellt hatte, wusste das Staatssekretariat ganz genau, dass hier Maßnahmen erforderlich waren, und ich denke, das hat ihnen Sorgen gemacht, auch weil zuvor die Konten in Ordnung zu bringen waren.

Welche Konten waren denn in Ordnung zu bringen?
Ich glaube, die Beratungsgesellschaft Promontory hat daran gearbeitet, auch wenn schon im Jahr zuvor einiges bereinigt worden war. Als das Staatssekretariat sich nach dem Besuch von Moneyval im November der Gefahren und Risiken bewusst wurde, kappte das IOR nahezu die Kontakte zu uns, und ich denke, dass die problematischsten Sachen etwa in einem Jahr beseitigt wurden. Dann kam Promontory und bereinigte weiter, aber da muss man sehen, was für eine Bereinigung das war.

Spielten in dieser ganzen Geschichte die Kolumbusritter auch irgendeine Rolle?
Sie hatten einen Vertreter im Aufsichtsrat des IOR, Carl Anderson. Die Initiative für die Absetzung Gotti Tedeschis ging von Anderson aus, mit der Unterstützung von Jeffrey Lena. Ihm gegenüber beklagte ich mich einmal darüber, dass Cipriani und Tulli keine Mitarbeit zeigten. Er gab mir zur Antwort, dass für sie nicht Cipriani und Tulli das Problem waren, sondern der Professor. Bald darauf sägten sie ihn dann ab.

Aber woher kamen diese ganzen Befürchtungen?
IOR-Direktor Cipriani hatte große Sorge, dass wir uns die alten Vorgänge ansehen wollten. Ich weiß nicht, wie berechtigt die Sorge war,

in dem Sinn, dass die alten Sachen vielleicht … Er sagte: »Ihr werdet doch wohl nicht die Angelegenheiten der Banco Ambrosiano aufarbeiten wollen?«

Als Sie dem Verwaltungsrat beitraten, wurde Ihre Rolle deutlich eingeschränkt …
Im Verwaltungsrat nahm man nach und nach diesen Mangel an Transparenz von Seiten Brülharts zur Kenntnis. Am 16. Januar 2014 schrieben wir als Verwaltungsrat an den neuen Kardinalstaatssekretär Parolin und beklagten in dem von allen unterschriebenen Brief die Undurchsichtigkeit. Wir verteidigten das Vorgehen Nicoras, wir bezogen also Stellung. Es gelang mir sogar, Dalla Torre zur Unterschrift zu bewegen, was er nachher wahrscheinlich bereut hat.

Und die Reaktion?
Der Brief führte zur Verschiebung der Erneuerung des Verwaltungsrates: Sie wollten alle Italiener rauswerfen. Bald darauf wurde Nicora zum Rücktritt gezwungen, denn da es ihm nicht gelungen war, die Entlassung Brülharts durchzusetzen, reichte er seinen eigenen Rücktritt ein. Er hatte ein Gespräch mit Parolin, in dem er sagte: »Na schön, dann muss ich abtreten.« Also trat er zurück, und am 30. Januar 2014 wurde Giorgio Corbellini zum Interimspräsidenten der AIF ernannt. Eine Zeit lang beklagte auch er sich … Nun war der Weg für Brülhart frei: Im darauffolgenden November wurde er Präsident.

Wie stellt sich die Lage in der Behörde heute dar?
Ich glaube, die Verfahrensanweisungen stehen, aber … Bei all diesen Consultingfirmen, die mitgemischt haben – ich glaube, es fehlte keine, Pricewaterhouse Coopers, McKinsey, Deloitte, Promontory, Ernst & Young – werden die Verfahrensanweisungen bestimmt in Ordnung sein. Sagen wir, es hat eine kosmetische Anpassung gegeben.

Alles in Ordnung also?
Die Verfahrensanweisungen reichen nicht aus. Es müsste jemand seine Nase in die Konten stecken. Aber der einzige Evaluierungsbericht ist der vom Juli 2012, danach gibt es zwei Fortschrittsberichte (2013 und 2015), die aber keine Evaluierung darstellen, hinsichtlich einer Evaluierung sind sie irrelevant. Da der Vatikan hier das Schlusslicht ist, muss er erst noch eine zweite Evaluierung erhalten, während die anderen Länder bereits drei oder vier davon haben. Dieser Bericht hat dann nicht nur die normative Übereinstimmung mit den internationalen Standards zu überprüfen, sondern die Wirksamkeit, das heißt die Anpassung, die Umsetzung. Dann wird man sehen... Aber ich denke, da wird noch viel Zeit vergehen.

Weshalb?
Weil sie jetzt die Hebel in der Hand haben, diese Evaluierung so lange wie möglich hinauszuzögern, und auf den Kalendern der Aufsichtsgremien (Moneyval und FATF, der internationale Arbeitskreis Maßnahmen zur Geldwäschebekämpfung) scheint der Vatikan noch nicht auf. Es gibt zwei Listen: Die erste umfasst die Länder, die sogar bis 2022 der Prüfung unterzogen werden, die zweite jene Länder, für die noch kein Prüfungstermin feststeht. Darunter befindet sich vermutlich auch der Vatikan. Vielleicht haben sie Angst, dass ihnen hinsichtlich der Wirksamkeit [der Anwendung des Gesetzes, A.d.A.] etwas entgangen ist. Im Juni 2014 hatte ich ein Gespräch mit Parolin, der mich fragte, was zu tun sei...

Was haben Sie Parolin geantwortet?
Ich habe ihm gesagt, die AIF müsse gestärkt werden, ich habe ihm empfohlen, sich nicht amerikanischer Expertise zu bedienen, sondern eher europäischer, und schließlich habe ich ihm noch geraten, die Anpassung nicht nur als Kosmetik zu betreiben.

Und was hat er geantwortet?

Gar nichts. Als guter Diplomat schwieg er einfach. Er ist jemand, der lieber Dinge in Erfahrung bringt, als sich zu äußern. Diplomatenschule bei Sodano, vermute ich. Ich denke, er macht seine Arbeit gut. Auf jeden Fall ein großer Schritt nach vorn, verglichen mit Bertone.

Das Ende des Pontifikats

Die Verhandlungen zum Fall Emanuela Orlandi, der Rauswurf Gotti Tedeschis und die – trotz Ansätzen zur Transparenz – heftig umstrittenen vatikanischen Finanzen, der Skandal um die Veröffentlichung höchst vertraulicher Dokumente aus den Gemächern des Papstes: Diese drei Affären entwickeln sich erstaunlicherweise zur selben Zeit, zwischen Herbst 2011 und Frühling 2012. Die Ereignisse überschlagen sich. Man muss sie aber gemeinsam betrachten, um das Schlusskapitel des damaligen Pontifikats zu verstehen, die Machtspiele derer, die die Lage ausnutzen wollten, und die Reaktionen Benedikt XVI., der die Kirche bereits auf seinen Rücktritt vorbereitete. Die Verhandlungen um das Verschwinden von Emanuela Orlandi beispielsweise, die nach Jahren völliger Funkstille wieder aufgenommen worden waren, scheiterten plötzlich im März 2012 unmittelbar vor dem Misstrauensvotum gegen den Präsidenten des IOR.

Ebenfalls im Herbst 2011 versuchte der Kammerdiener Benedikts XVI., Paolo Gabriele, Verbindung zu mir aufzunehmen. Er hatte vor, mir Kopien von Unterlagen zu Vorfällen von Korruption, Privilegien und Übergriffen zuzuspielen. Gabriele genießt das volle Vertrauen von Benedikt XVI. und seines Assistenten Gänswein. Bereits seit 2006 sammelte und fotokopierte er vertrauliche Dokumente, ohne dass es jemand merkte. Zumindest hatte es den Anschein. Bei unseren Treffen erzählte er mir von mehreren unter den Teppich gekehrten Skandalen, von denen die Öffentlichkeit noch nichts wusste. All diese Geschichten waren durch umfangreiche Unterlagen belegt, die dann die Grundlage für mein Buch *Seine Heiligkeit* bildeten, das im Mai 2012 in Italien erschienen ist.

In der ersten Geschichte geht es um Carlo Maria Viganò, den der Papst gerufen hatte, um bei Ausgaben und Auftragsvergaben aufzuräumen. Er wurde am 16. Juli 2009 zum Sekretär des Governatorats ernannt. Viganò ist eine Persönlichkeit, wie sie in der Welt der Kirche nur selten anzutreffen ist. Er ist hochintelligent und tritt wie ein Manager oder Unternehmer auf. Nichts bleibt bei ihm dem Zufall überlassen. Er ist tiefgläubig und charakterfest, weshalb er manchmal auch unbequeme und riskante Positionen bezieht. Gleichzeitig ist er unnachgiebig, mutig, äußerst fähig und willensstark. Bald lässt er alle Zurückhaltung fahren und prangert vor dem Papst schwarz auf weiß Fehlbeträge, Fälle von Korruption und aufgeblähte Vergabepreise an, etwa die Kosten für den Weihnachtsbaum auf dem Petersplatz von beinahe einer halben Million Euro. Viganò sieht sich im Recht und gerät mit Bertone und der von ihm so genannten Schwulenlobby des Vatikans in Konflikt. Der Erzbischof ist sich nicht recht bewusst, worauf er sich einlässt, als er die Machtverhältnisse in der Kurie durcheinanderbringt.

Im Sommer 2011 reagiert das Staatssekretariat mit voller Wucht. Im September verliert Viganò seinen Posten im Governatorat und wird durch den sizilianischen Bischof Giuseppe Sciacca ersetzt, einen eisernen Gefolgsmann Bertones. Aber damit nicht genug. Viganò soll aus der Vatikanstadt verschwinden. Man will ihn »so weit weg wie möglich« haben, wie mehrere Prälaten von Bertone verlangen. Am besten in Afrika. Im Juli stirbt in Baltimore wegen postoperativer Komplikationen Kardinal Pietro Sambi, der Apostolische Nuntius in Washington. Benedikt XVI. ergreift sofort die Gelegenheit und verfügt Viganòs Versetzung. Am 19. Oktober reist dieser in die USA. Das prestigeträchtige Amt behält er bis 2016. In den Vereinigten Staaten verfällt er aber keineswegs der Resignation. Er erzählt der einflussreichen Gemeinschaft amerikanischer Bischöfe und Kardinäle von seinen Entdeckungen in der Kurie, insbesondere von der uneingeschränkten Macht Bertones und anderer italienischer Purpurträger.[9] Ausführlich breitet der Bischof sein Wissen über Unregelmäßigkeiten und Geheimnisse vor jenen Kardinälen aus, die beim nächsten

Konklave ein deutliches Votum für einen Wandel aussprechen und Bergoglio zum Nachfolger Benedikts XVI. wählen.

In den Monaten, in denen ich mich mit Gabriele treffe, der mir zahlreiche Fotokopien von Dokumenten aushändigt, geschieht etwas Alarmierendes, das die Sache zum Krimi macht. Manche der Papiere, die der Kammerdiener mir überlassen hatte, werden im März und April 2012 von der Tageszeitung »Il fatto quotidiano« veröffentlicht. Die Exklusivmeldungen aus der Feder Marco Lillos rufen Aufsehen hervor und nehmen faktisch einige der Themen aus *Seine Heiligkeit* vorweg. Was war geschehen? Wie konnte es sein, dass Gabriele dieselben Unterlagen auch einem anderen Journalisten überlassen hatte? Aus welchem Grund? Ein solches Verhalten ließ sich logisch nicht nachvollziehen. Auf meine Frage hin versicherte mir der Kammerdiener, er habe keinen anderen Kontakt außer zu mir. Entweder er war ein ausgezeichneter Schauspieler, oder er sagte schlicht die Wahrheit. Ich glaube ihm. Gabriele ist durch den Umstand echt betroffen. Er versucht, mir so gut es geht zu helfen. Mit Sicherheit lügt er nicht. Wahrscheinlich hat jemand im Vatikan die Entscheidung getroffen, einige der Unterlagen, die in meinem bald erscheinenden Buch enthalten sind, an die Öffentlichkeit zu bringen, um manches vorwegzunehmen und zu erklären. Doch woher wissen die, welche Unterlagen in meinem Besitz sind? Ich neige keineswegs zu Verschwörungstheorien, aber ich habe den deutlichen Eindruck, dass irgendetwas nicht stimmt.

Dann geschieht noch etwas Unerwartetes: Der Vorstand des IOR spricht Gotti Tedeschi das Misstrauen aus, die entsprechende Pressemitteilung wird am 24. Mai vom Presseamt verbreitet. Die Nachricht geht um die Welt. Sollten die Details der Auseinandersetzung um den Umgang mit den vatikanischen Finanzen ans Licht kommen, würden die Medien der ganzen Welt ihr Augenmerk auf diese Angelegenheit fokussieren. Alle würden Fragen stellen. Es bestünde die Gefahr, dass die Wahrheit über die Ränkespiele des IOR zutage treten würde. Warum wurde Gotti Tedeschi aus dem Amt katapultiert?

Kaum 24 Stunden später erobert der sogenannte Vatileaks-Skandal die Titelseiten der Tageszeitungen: Der Kammerdiener des Papstes, Paolo Gabriele, wird mit der Anschuldigung verhaftet, mir Unterlagen übergeben zu haben. Im Rückblick auf jene Zeit kann ich getrost die Feststellung treffen, dass das zeitliche Zusammentreffen der Affäre um Gotti Tedeschi und jener um Paolo Gabriele kein Zufall gewesen sein kann. Die – zwecklose, unverhältnismäßige und für einen unbescholtenen Menschen maßlos überzogene – Verhaftung hat eindeutig denen in die Hände gearbeitet, die die öffentliche Aufmerksamkeit von der höchst brisanten Frage der Transparenz des IOR ablenken wollten. Und nicht nur das. Vatileaks machte es möglich, im Vatikan das Klima eines »Polizeistaats« einziehen zu lassen, weil durch geschickt platzierte Informationen die Existenz einer unwahrscheinlichen Geheimorganisation an die Wand gemalt wurde. Diese habe die Operation mit dem Kammerdiener ausgeheckt. Im Nachhinein erwies sich das natürlich als Hirngespinst. Aber trug dies nicht alles dazu bei, die Angst zu schüren und damit die Überwachungsbefugnisse der Sicherheitskräfte des kleinen Staates zu erweitern? Es wird kein Zufall sein, dass Gotti Tedeschi in den Büros auf Wanzen stieß, die er dann seinen Anwälten und den Justizbehörden meldete. Die Regisseure von Vatileaks haben zunächst einige Dokumente vorab den Zeitungen zugespielt und dann die Skandalwelle der Empörung geritten, um die mediale Aufmerksamkeit vom IOR abzulenken. Sie haben Gabriele kriminalisiert und am Heiligen Stuhl ein Klima der Einschüchterung erzeugt.

Kehren wir zu jenen dramatischen Tagen und Stunden zurück, in denen man versuchte herauszufinden, wer die Dokumente den Journalisten zuspielte. Am Nachmittag des 24. Mai begegnet Gänswein Paolo Gabriele, sieht ihm in die Augen und flüstert: »Schauen Sie, ich habe Sie stark im Verdacht, ich kann es nicht beweisen, aber nur Sie können wissen, was geschehen ist.« Das ist das Ende. Als Gabriele in der Nacht desselben Tages verhaftet wird, denkt er nicht an seine Kinder, seine Frau, den Papst oder den Skandal. Nein, sein erster Gedanke geht, wie er später Freunden anvertraut, an seine Mutter, die er viele Jahre vorher genau in der Nacht des 24. Mai verloren hatte, als er erst dreieinhalb Jahre alt war. Durch den Umstand, dass er genau am selben Tag verhaftet und in eine Zelle gesteckt wird, »wo ich nicht einmal die Arme ausbreiten konnte«, wie er seinen Freunden gerne erzählt, fühlt er sich irgendwie geschützt. Gendarmerieinspekteur Domenico Giani verhört ihn, wird dabei laut, Gabriele denkt an seine Kinder, an die Labilität dieses Pontifikats. Giani fragt ihn, ob er auch das Dossier über Emanuela Orlandi fotokopiert habe. Der Chef der Gendarmerie ist besorgt, doch der Kammerdiener verneint. Später berichtet er Emanuelas Bruder Pietro Orlandi davon und ebenso dem Ermittlungsrichter Giancarlo Capaldo, der den Fall betreut. Gabriele steht die Haft, den Prozess und die sich nach und nach auflösenden Anschuldigungen mit Entschlossenheit durch.

Von vielen Seiten wird versucht, seine Glaubwürdigkeit zu beschädigen, so wie man es mit Gotti Tedeschi gemacht hat und ein paar Jahre später auch mit Lucio Ángel Vallejo Balda tun wird, dem Sekretär der Kommission für die wirtschaftliche und administrative Neustrukturierung des Vatikans (COSEA), die Papst Franziskus im Sommer 2013 eingerichtet hat. Oder im Sommer 2017 mit dem Rechnungsprüfer Libero Milone, um dessen Ausschluss zu rechtfertigen. Lauter psychisch labile Menschen: Unter diesem Vorwand werden sie von der Kurie aus dem Weg geräumt.

Gabriele verliert seine Arbeit, seine Wohnung und sein Ansehen, weil er sich dafür einsetzt, wenigstens einige der Skandale in die Öffentlichkeit zu bringen, von denen das Leben im Vatikan geprägt ist. Seine Anschuldigungen aber sind nicht umsonst. Gleichzeitig beauftragt Benedikt XVI. Kardinal Julián Herranz und zwei weitere Kardinalskollegen mit einer Untersuchung der verborgenen Missstände innerhalb der Kurie. Die drei vertiefen sich im Sommer und Herbst 2012 eingehend in das Thema und überreichen Benedikt XVI. schließlich im Dezember desselben Jahres einen umfangreichen Abschlussbericht. Dieses Dokument übergibt Benedikt XVI. dem neuen Papst Franziskus am 23. März 2013 beim ersten Treffen in der Bibliothek von Castel Gandolfo. Ohne Paolo Gabriele wäre die Kommission Herranz überhaupt nicht gebildet worden, Benedikt XVI. hätte die dunklen Geheimnisse des kleinen Staatsgebildes nicht ausloten lassen. Vielleicht wäre er nicht einmal zurückgetreten, mit jenem verzweifelten letzten Schritt, der der Wiederherstellung jener Glaubwürdigkeit dienen sollte, die die Händler im Tempel zunehmend zerstört hatten. Am Ende des Gerichtsverfahrens erhält Gabriele eine leichte Strafe: Das Gericht lässt mildernde Umstände gelten, weil es überzeugt ist, dass der frühere Kammerdiener aus mehreren Gründen für das Wohl der Kirche gehandelt hat. Eine Strafe folglich, die nichts mehr mit dem Strafmaß zu tun hat, das die Meldungen aus dem Staatssekretariat gleich nach der Verhaftung dieses unbescholten Dieners Benedikts XVI. in Aussicht gestellt hatten. Gabriele hatte diese jahrelangen Missstände nicht mehr mitansehen können. Er schrieb zwei Briefe an Benedikt XVI. Er bat um Vergebung und erhielt sie. Der Papst begnadigte ihn, vor allem um der Familie seines Kammerdieners die Unbeschwertheit und die Sicherheit wiederzugeben, die sie verloren hatte. Das solide und enge Verhältnis zu Benedikt XVI. bleibt bestehen. Gabriele lebt jetzt außerhalb der vatikanischen Mauern, in der Nachbarschaft von Ingrid Stampa, einer der Benedikt XVI. am nächsten stehenden Personen. Zu Weihnachten erhält er einen Glückwunsch des emeritierten Papstes. Es schwebt allerdings noch ein Damoklesschwert über seinem Haupt: Denn es läuft noch ein Verfahren gegen Unbekannt wegen Verleumdung und übler Nachrede gegenüber Giani, Verunglimpfung der Institutionen und Angriff auf die Sicherheit des Staates.

Sollte sich Gabriele einen falschen Schritt erlauben, liegt daher eine Akte griffbereit, die sich gegen ihn verwenden lässt. Vielleicht ist das der Grund, weshalb er sich Zurückhaltung auferlegt hat. Er sondert sich ab, gibt keine Interviews oder Erklärungen an die Presse und lehnt die zahlreichen Angebote ab, in einem Film oder einem Buch vom Leben Benedikt XVI. zu erzählen. Er will lediglich vergessen werden und sich ein normales Leben aufbauen. Gleich nach dem Skandal, dem Prozess und der Vergebung des Papstes war die Nachricht durchgesickert, der Vatikan habe dem vormaligen Kammerdiener großzügigerweise einen Arbeitsplatz gewährt, diesmal außerhalb der vatikanischen Mauern. In Wirklichkeit wurde er nicht beim Vatikan angestellt, sondern mit einem Grundgehalt von eintausend Euro bei einer Genossenschaft, die Dienstleistungen für das in vatikanischem Besitz befindliche Krankenhaus Bambino Gesù erbringt. Doch mit einem nicht gerade glücklichen Ausgang: Zunächst war er enttäuscht, weil man ihm praktisch keine Arbeit zuwies, dann kündigte er. Den Aussagen seiner Kollegen zufolge konnte Gabriele sich nicht damit abfinden, einen Lohn zu bekommen, ohne etwas dafür zu tun, noch irgendetwas schuldig zu sein, nachdem er mit der vatikanischen Justiz abgerechnet und die Zuneigung und Vergebung des emeritierten Papstes erhalten hatte. In diesem Sinne schrieb er einen langen Brief an Kardinal Parolin, bat um ein Gespräch und vertraute auf die Rechtschaffenheit des neuen Kardinalstaatssekretärs. Als im Apostolischen Palast die Nachricht von diesem Brief durchsickerte, zweifeln viele daran, dass der Kardinal ihn beantworten wird. Gabriele fürchtet, der Mann sei kaum oder gar nicht über die Sache informiert, da Parolin zur betreffenden Zeit als Apostolischer Nuntius im fernen Venezuela war. Nach monatelanger Funkstille erreicht Gabriele ein Anruf aus dem Staatssekretariat, mit dem ein Gesprächstermin vereinbart wird.

Ich hatte schon seit Jahren keine Gelegenheit mehr, mit dem Kammerdiener Benedikts XVI. zu sprechen, kann mir aber vorstellen, wie er sich gefreut hat, den Kardinalstaatssekretär treffen und sich mit der Welt der Kurie endgültig versöhnen zu können. Diese hatte sich in der Zwischenzeit dank Papst Franziskus spürbar verändert. Gabriele hatte im Vatikan gelebt, seine Kinder sind dort groß geworden, er hat sich als echter »Diener der Kirche« verstanden, wie er mir immer wieder sagte. Nur wenige Freunde sind ihm verblieben. Einige Kardinäle, gewiss, etwa Kardinal Paolo Sardi, der ihn stets in Schutz genommen hat, da er Gabrieles Redlichkeit kannte.

Das Treffen mit Parolin erweist sich als nützlich. Im Staatssekretariat bleibt nicht unbemerkt, wie geschickt der Kardinal aus dem Veneto seine diplomatische Kunst eingesetzt hat, um Gabriele tief in die Seele zu blicken und zu verstehen, was in den letzten Jahren des Pontifikats von Benedikt XVI. geschehen war. Er stellt wenige, aber gezielte Fragen. Man kann sich gut vorstellen, dass das Gespräch mit dem Wunsch des früheren Kammerdieners endete, in den Vatikan zurückkehren zu können. Parolin sondiert in den vatikanischen Instanzen. Bei Benedikt XVI. spricht dessen alte Freundin und vertraute Mitarbeiterin Ingrid Stampa vor. Auch der Substitut im Staatssekretariat, Kardinal Wells, versucht, Gabriele zu helfen, aber es gibt auch Widerstände, allen voran bei Becciu und bei Giani. Manche fürchten, seine Rehabilitierung könne als Affront gegen Benedikt XVI. aufgefasst werden. Wieder einmal ist gerade dieser es, der alle überrascht und im Staatssekretariat die Feststellung trifft, jeder Mensch habe ein Recht auf eine zweite Chance. Knappe, aber klare und aufschlussreiche Worte.

Dadurch löst sich die Blockade. Parolin bespricht die Angelegenheit mit Papst Franziskus. Man findet eine neue Stelle, aber erst im Juli 2015, nach monatelanger Verzögerung und der Beseitigung bürokratischer Stolpersteine. Es gilt auch, diejenigen zu überstimmen, die unter Missachtung der Lehre von der Vergebung die Wiedereingliederung Gabrieles boykottieren wollen. »Ohne diese Skandale hätte das Konklave nicht den Schritt gemacht, der dann zur Wahl Papst Franziskus' geführt hat«, kommentiert ein betagter Kurienkardinal. Es bliebe noch herauszufinden, ob Gabriele, wie er selbst behauptet, auf eigene Faust gehandelt hat, oder ob er aus dem Vatikan heraus von jemandem gestützt wurde, der dem Papst helfen wollte, wovon der Autor dieses Buches ausgeht.

Letztendlich wurde der frühere Kammerdiener dem amerikanischen Kardinal James Michael Harvey, Jahrgang 1949, unterstellt, dem Erzpriester der Basilika San Paolo fuori le Mura. Dieses Amt wird gewöhnlich Kardinälen in fortgeschrittenem Alter übertragen (zu den letzten Vorgängern gehören der 80-jährige Andrea Cordero Lanza di Montezemolo und der 75-jährige Francesco Monterisi), als Lohn für ihren langen Dienst an der Kirche. Harvey war bei seiner Ernennung erst 63 Jahre alt. Böse Zungen in der Kurie meinen, der

Kardinal habe den Aufstieg Gabrieles im Apostolischen Palast erst möglich gemacht. Harvey war dort nämlich Präfekt, bevor er diese Funktion im November 2012 an Gänswein übergab. Demnach würde er dafür büßen, dass er Gabriele zunächst als Hausangestellten und dann als Assistenten für die Papstwohnung empfohlen hatte. Die Kurie vergisst nicht, vor allem vergibt sie nicht.

Der Zeitraum von Ende 2011 bis Mitte 2012 ist für das Verständnis der Auseinandersetzungen entscheidend, die auch heute noch unter Papst Franziskus anhalten. Es kam damals zu einer ganzen Reihe von Kettenreaktionen. Auf der einen Seite versuchte der Papst, die Dinge im Vatikan zu ändern, den Kindesmissbrauch zu bekämpfen und für transparente Finanzen zu sorgen, auf der anderen versuchten die im Vatikan bestehenden Machtblöcke, die Veränderungsbestrebungen zu hintertreiben und zu untergraben. Gerade in den heftigsten Momenten der Auseinandersetzung wird sich Benedikt XVI. zu dem unerwarteten und ungeheuerlichen Schachzug des Amtsverzichts entschlossen haben, um auf diese Weise die herrschenden Machtblöcke in ihre Schranken zu verweisen. Denn mit seinem Rücktritt sahen sich die Leiter sämtlicher Dikasterien der römischen Kurie gezwungen, ebenfalls einen Schritt zurück zu machen. Einem pragmatischen Wissenschaftler wie Benedikt XVI., einem der größten lebenden Intellektuellen, konnte natürlich nicht entgehen, welche Auswirkungen seine Aufsehen erregende Entscheidung in der Welt des Katholizismus hervorrufen würde. Deshalb musste die Entscheidung sorgfältig in die Wege geleitet werden, auf zwei Ebenen: Zum einen musste man die Kirche vorbereiten und von Schwachstellen und Belastungen befreien; zum anderen ging es darum, das anschließende Konklave in die Lage zu versetzen, einen Nachfolger zu wählen, der einerseits die Unterstützung der Gläubigen genoss, andererseits aber auch die Kraft haben musste, den Reformprozess fortzuführen. Jene Kraft, von der Benedikt XVI. wusste, dass er sie nicht besaß.

1 Franca Giansoldati, »Vaticano, Padre Georg: ›La mia vita, divisa tra due papi‹«, 22. Oktober 2013, online unter: https://www.ilmessaggero.it/primopiano/vaticano/padre_georg_papi_francesco-208592.html [Zugriff: 4.6.2018].

2 Im weiteren Verlauf des Interviews erinnert Gänswein daran, dass Benedikt XVI. nach Gotti Tedeschis Absetzung »aus Gründen der Gebotenheit den Kontakt mit Gotti in angemessener und diskreter Weise aufrechterhalten hat, ohne ihn allerdings zu empfangen«. Tatsächlich ließ der Papst am nächsten Morgen von seinem Sekretariat aus eine beschwichtigende Botschaft an den abgesetzten Präsidenten schicken, in der er ihm zusicherte, sich um die Sache kümmern zu wollen. In den darauffolgenden Monaten versuchte Benedikt XVI. unter Einbeziehung Bertones Gotti Tedeschi auf irgendeine Weise zu »rehabilitieren« und ihm ein anderes Amt anzuvertrauen, doch der Plan scheiterte definitiv am allzu großen Widerstand.

Sagt Gänswein die Wahrheit? Seine Aussage ist durchaus plausibel, gerade wegen seiner damaligen Rolle und wegen der Entsagung, mit der er Benedikt XVI. vor möglichen Fallstricken und falschen Auslegungen zu schützen versuchte, damit dieser nicht unbeabsichtigt zum Spielball irgendwelcher Machtinteressen werden konnte. Er war somit ein treuer Verbündeter des Papstes.

3 Benedikt XVI., *Letzte Gespräche,* mit Peter Seewald. München 2016, S. 252.

4 In seinem Briefkopf listet Lasalvia, der 1966 in Taranto geboren ist und seinen Universitätsabschluss cum laude an der römischen La Sapienza gemacht hat, seine weiteren Qualifikationen auf: »*Ergotherapie* in der Psychotherapie; Fortbildung in Beratungspsychiatrie und psychosomatischer Klinik; Spezialisierung in Psychotherapie; auf der Liste der Therapeuten bei der Ärztekammer eingetragen; Vertragsprofessor im Studiengang Gesundheitsberufe der zweiten Fakultät für Medizin und Chirurgie der Universität La Sapienza.« Daneben ist er noch Leiter des Vorsorge- und Schutzdienstes unter der Schirmherrschaft der Arbeitsschutzbehörde ISPESL und Chef des Ärzteteams der Scuola del mare [Meeresschule], mit Aufgaben »psychosomatischer« Forschung bei Regatten, an denen die Schiffspatrouillen der Finanzwache von Gaeta teilnehmen.

5 Francesco Anfossi, »Cipriani, l'ultimo manager travolto dalle vicende Ior«, *Famiglia Cristiana,* 2. Juli 2013.

6 An die Freimaurervergangenheit Lasalvias erinnert der nicht linientreue Freimaurer Gioele Magaldi, Gründer der Loge Grande Oriente democratico, der auch Lasalvias Vorgehen tadelt. Magaldi erlebte 1998 seine Initiation als

Freimaurer in der Loge Har Tzion Monte Sion 705 all'Oriente di Roma, wurde zum Gehorsam gegenüber dem Logendachverband Grande Oriente d'Italia von Palazzo Giustiniani verpflichtet, und erlangte 2005 den Titel Meister vom Stuhl. Ein nicht unbedeutendes Detail, denn genau in dieser Loge lernte er Lasalvia kennen und verfolgte seinen Aufstieg. Die Website des Grande Oriente democratico enthält eine sehr harte Stellungnahme gegen den Freimaurer-Bruder http://www.grandeoriente-democratico.com/Il_Massone_Pietro_La_Salvia_getta_discredito_su_Ettore_Gotti_Tedeschi.html [Zugriff: 5.6.2018]:
»Den kennen wir gut. Bruder Magaldi hat seine Einweisung als Freimaurerlehrling betreut, da er seinerzeit Zweiter Aufseher der Loge war, und dann als Meister vom Stuhl seine weitere Reifung im Rahmen dieser berühmten und angesehenen Loge verfolgt. Wenn wir uns recht erinnern, übt Bruder Pietro Lasalvia in der Loge Monte Sion derzeit das Amt des Ersten Aufsehers aus, faktisch als Stellvertreter des Meisters vom Stuhl, und führt sich als Gefolgsmann des ehemaligen Gran Segretario des GOI [Grande Oriente d'Italia, A.d.Ü.], Giuseppe Abramo auf. Wir sprechen von Freimaurerbrüdern in der Absicht, deren freimaurerische Identität nur in den Fällen zu enthüllen, in denen diese sich aus unserer Sicht der Falschheit, der Heuchelei oder wenig löblicher Verhaltensweisen schuldig machen. Nun, diese Rolle des unaufgeforderten psychiatrischen Gutachters, mit der Bruder Lasalvia den Betroffenen Gotti Tedeschi heimtückisch hintergeht und ihm Schaden zufügt (nicht ohne offenkundige Schatten und Verdachtsmomente hinsichtlich der auftraggebenden Dritten, Feinden des ehemaligen IOR-Präsidenten) haben wir weder als tugendhaft noch als schätzenswert empfunden. Wir würden gleichfalls gerne erfahren, ob der Freimaurer Lasalvia, der seit Jahren einer Loge zionistischer Ausrichtung angehört, seine vatikanischen Bezugspersonen fair und ehrlich über seine Leidenschaft für Winkel, Zirkel und Schürze unterrichtet hat.«
Anschuldigungen, die man nur als Produkt von Verschwörungstheorien lesen könnte, wenn man sie nicht in den Rahmen jener für den Vatikan besonders dramatischen Phase einordnet.

7 Interview des Autors mit Francesco De Pasquale, Hotel Marcella Royal, Via Flavia, Rom, am 14. Juni 2016.

8 Die gesamte Mannschaft engster Mitarbeiter Bertones war anwesend: Kardinal Dominique Mamberti, damals noch Erzbischof im Amt des Sekretärs für die Beziehungen mit den Staaten; Prälat Peter Wells, Assessor für die Allgemeinen Angelegenheiten; der bereits genannte Ettore Balestrero, und mit aller Wahrscheinlichkeit, auch wenn er im Interview nicht genannt wird, Erzbischof Fernando Filoni, Substitut für die Allgemeinen Angelegenheiten.

9 Sein schroffer Charakter führt ihn später auf Kollisionskurs zu Franziskus, sei es wegen einiger Missverständnisse während der USA-Reise des aktuellen Papstes, sei es wegen der Bitte um eine Wohnung in dem Heim, das Kardinal Sodano für Nuntien im Ruhestand bestimmt hatte. Der Antrag wurde abgelehnt, Viganò bittet darauf den Chef der Vermögensverwaltung APSA, Calcagno, um eine Wohnung, erhält aber nicht einmal eine Antwort. Darauf bittet und erhält er eine Besprechung mit Franziskus, die er aber mit finsterer Miene verlässt. Die Gründe sind nicht bekannt, aber es heißt, in dem Gespräch sei es um ein peinliches Dokument gegangen, von dem man noch nicht weiß, wer es hat verschwinden lassen.

Papst Franziskus' Widersacher

Der verborgene Schatz des San Raffaele

Der Bankier Ettore Gotti Tedeschi ist somit eines der Opfer des in der zweiten Jahreshälfte 2011 einsetzenden Angriffs auf Benedikt XVI. Die Sache bleibt nicht ohne Nebenwirkungen. Zunächst einmal muss das IOR monatelang ohne einen Präsidenten auskommen. Das hatte es in der Vergangenheit noch nie gegeben. Der Aufsichtsrat legt den Misstrauensantrag der Aufsichtskommission der Kardinäle vor, die ihrerseits die Absetzung des Professors formell abzuwickeln hat.[1] Dies geschieht jedoch nicht. Die Kommission spaltet sich. Dreimal beruft Bertone die Kardinäle zu einer Sitzung ein, diese können sich jedoch nicht einigen. Der Misstrauensantrag wird nicht ratifiziert. Bertone befindet sich nun in Schwierigkeiten. Er fordert Gotti Tedeschi auf, zurückzutreten, handelt sich aber eine strikte Ablehnung ein. Der Bankier denkt gar nicht daran. Gewiss, er ist stressgeplagt und steht mit dem Rücken zur Wand. Er fürchtet sogar um seine Unversehrtheit. Aus diesem Grund bereitet er eine Denkschrift vor, die für den Fall seines gewaltsamen Todes an die Öffentlichkeit gelangen soll.

Es entsteht eine Übergangszeit, die beinahe neun Monate andauert, bis zum 15. Februar 2013. Als nach dem Rücktritt Benedikts XVI. alle Erwartungen auf das neue Konklave gerichtet sind, gelingt es Bertone, Einfluss auf die Erneuerung der Aufsichtskommission der Kardinäle im IOR zu nehmen. Er ersetzt den ausscheidenden Kardinal Attilio Nicora durch Kardinal Domenico Calcagno, den ihm sehr gewogenen Leiter der Vermögensverwaltung APSA, der sein Vertrauen genießt. Dadurch ist der Weg frei, nun gibt es eine Mehrheit für die formelle Absetzung Gotti Tedeschis und die Wahl eines neuen Präsidenten: Baron Ernst von Freyberg übernimmt das Amt von Ronaldo Hermann Schmitz, der es in seiner Funktion als Vizepräsident in der Zeit des Interregnums *ad interim* geführt hatte.

Ebenfalls in der zweiten Jahreshälfte 2011 heizen noch andere unterschwellige Vorgänge die Spannungen weiter an. Während im Vatikan der Kampf um die Geldwäscheregelungen ausgefochten wird, spielt man in Mailand eine sehr komplizierte Partie. Es geht um die Zukunft des stark verschuldeten San-Raffaele-Krankenhauses. Die Rede ist von beinahe eineinhalb Milliarden Euro bei einem negativen Reinvermögen von 210 Millionen Euro, wobei noch mehrere Gerichtsverfahren anhängig sind. Die Hoffnungen der fünftausend Beschäftigten des Krankenhauses richten sich nach dem Management des alles beherrschenden Don Luigi Verzé auf die Ankunft eines weißen Ritters. Don Verzé war gewiss ein außergewöhnlicher Visionär, achtete aber nie auf die ökonomischen und gerichtlichen Folgen seiner Entscheidungen. Das Flaggschiff des Gesundheitswesens Italiens und der Lombardei steht kurz vor der Insolvenz. Der Heilige Stuhl wird von einer Gruppe hochangesehener Finanzfachleute zum Eingreifen aufgefordert: der frühere Chairman von Unicredit Carlo Salvatori, der Präsident der Stiftung Cariplo Giuseppe Guzzetti, der damalige Hauptgeschäftsführer von Banca Intesa Corrado Passera sind mit von der Partie, ebenso die Politiker Gianni Letta und Roberto Formigoni. Die Banken Unicredit und Intesa sind bedeutende Gläubiger des Krankenhauses und möchten ihr Ausfallrisiko verringern. Letta zeichnet die Konturen einer politischen Lösung, die dem wichtigen Krankenhauskomplex die Kontinuität sichert. Im Vatikan beschließt Bertone, Gotti Tedeschi und die Experten von Deloitte mit einer eingehenderen Untersuchung zu beauftragen. Der Kardinalstaatssekretär möchte wissen, wie es um die finanzielle Gesundheit des Krankenhauses bestellt ist. Dabei verfolgt Bertone einen Traum: ein wichtiges Wirtschaftsunternehmen in der Diözese Mailand zu »kolonisieren«, die seit den Zeiten des Kardinals Carlo Maria Martini stets kühle Distanz zur römischen Kurie bewahrt hat. Und nicht nur das. Mit der Operation San Raffaele bietet sich die Chance zu einer Vergrößerung des vatikanischen Krankenhauskonzerns, der sich wegen roter Zahlen und mehrerer Skandale, etwa des römischen IDI[2], in schweren Fahrwassern befindet. Zunächst wären die konkreten Möglichkeiten eines Sanierungsplans zu eruieren. Eine ehrgeizige Herausforderung. In seinen Plan möchte Bertone insbesondere zwei Personen einbeziehen und entsprechend aufwerten: den Unternehmer Vittorio Malacalza und den Manager Giuseppe Profiti. Letzterer hatte dem Kardinal seit Bertones Zeiten als Bischof von Genua stets seine ehrerbietige Achtung und Freundschaft erwiesen.[3]

Am 7. Juli 2011 treten Gotti Tedeschi und Profiti auf Betreiben des Kardinalstaatssekretärs in die Geschäftsführung des Krankenhauses ein. Mit dabei sind auch der Jurist Giovanni Maria Flick, auf dem der IOR-Präsident ausdrücklich bestanden hat, um die Verhandlungen mit dem Landgericht Mailand zu führen; Maurizio Pini, Professor für Betriebswirtschaft und Rechnungslegung an der Wirtschaftsuniversität Bocconi, und Massimo Clementi, der Rektor der medizinischen Fakultät an der Privatuniversität Vita-Salute San Raffaele. In Abstimmung mit dem Landgericht Mailand formt Gotti Tedeschi eine Geschäftsführung zur Rettung des Unternehmens. Er beginnt mit der Analyse der finanziellen Lage, um entscheiden zu können, ob das Krankenhaus zum Kauf ausgeschrieben und damit an einen geeigneten Privatkonzern veräußert oder alternativ vom IOR übernommen werden soll.

Diese Bemühungen starten unter äußerst schlechten Vorzeichen. Vizepräsident Mario Cal, die rechte Hand von Don Verzé, begeht am 18. Juli Selbstmord. Man hat diesen Tod mit den zahlreichen Gerichtsverfahren in Verbindung gebracht, die das Krankenhaus betrafen, aber vielleicht gibt es andere Hintergründe. Stefania Galli, altgediente Sekretärin von Don Verzé, erinnerte in ihrer Aussage vor Gericht, dass Cal sich in jener Zeit nach neuen Gesellschaftern umsah, um in letzter Sekunde die Pleite von dem Institut abzuwenden:

> Er führt vertrauliche Gespräche, um neue Gesellschafter ausfindig zu machen. Giuseppe Rotelli vom San-Donato-Krankenhaus ist der Einzige, der einen schriftlichen Vorschlag einbringt. Auf der Verwaltungsratssitzung vom 30. Juni stellt Dr. Cal den Vorschlag vor, aber Don Verzé lehnt ihn unter dem Hinweis ab, er habe vom Vatikan

eine mündliche Zusicherung erhalten [dass das Krankenhaus gerettet werde, A.d.A.]. Am Ende der Sitzung [Ende Juni 2011, A.d.A.] fordert Don Verzé alle Ratsmitglieder einschließlich Dr. Cals zum Rücktritt auf, um für die Räte des Vatikans Platz zu machen. Dr. Cal wird gesagt, er solle sein Büro räumen.

Am 15. Juli kehrt Cal der neuen Geschäftsführung den Rücken. Drei Tage später nimmt er sich im Sitzungssaal des Krankenhauses das Leben. Die Untersuchung der Finanzbuchhaltung ergibt unvorstellbar große Verluste. Deloitte aktualisiert die Bilanz in seinen monatlichen Berichten fortwährend, erhöht den Schuldenstand und verringert den Wert des Anlagevermögens. Bertone setzt vollstes Vertrauen in Profiti und beharrt darauf, das San Raffaele unter die Fittiche des IOR zu nehmen. Im Übrigen hat der Kardinal, um es mit einem Euphemismus zu sagen, keinerlei Kompetenz in finanziellen Angelegenheiten. Mehr noch, er geht die Probleme sehr oberflächlich an, zumindest nach Auffassung derer, die den Papst mehrfach direkt auffordern, ihn abzusetzen. Die Lösung komplizierter Sachverhalte überlässt Bertone regelmäßig kompetenteren Leuten, die er beauftragt, die strategisch günstigste Lösung zu finden. Die Verwaltung führt er dabei mit eiserner Faust.[4]

Es dauert nicht lange, bis Funken sprühen. Bertone beklagt sich im Oktober und November im Staatssekretariat mehrfach über das Verhalten, das Gotti Tedeschi ihm gegenüber an den Tag lege. Er bezeichnet es sogar als unfair. Nun schreiben wir den Dezember 2011. Es fehlen nur noch fünf Monate bis zum Misstrauensantrag gegen den IOR-Präsidenten, und diese Vorfälle beschleunigen den Entfremdungsprozess. Die Isolation Benedikts XVI. nimmt dadurch zu. Gotti Tedeschis vorsichtige Linie löst ziemlichen Unmut aus. Bertone und Profiti möchten, dass das IOR kauft, Gotti Tedeschi hält dagegen: Das San-Raffaele-Krankenhaus braucht die Führung eines privaten Unternehmers, einer Person, die mit allen verhandeln kann, Politikern und Gewerkschaftern. Eine andere Konstellation wäre in vieler Hinsicht zu riskant. Die Spannungen, die zwischen dem Heiligen Stuhl und den vielen Gewerkschaften des Krankenhauspersonals entstehen würden, könnten zu Demonstrationen und Kundgebungen vor der Porta Sant'Anna führen, unweit der im Gebet versunkenen Gläubigen. Zudem würde eine Leitung in privater Hand die natürlichen Grenzen der religiösen Stellungnahmen zu den neuesten Errungenschaften der medizinischen Forschung und der Experimente überwinden. Im San Raffaele gibt es nämlich mehrere wissenschaftliche Einrichtungen zur Forschung an Stammzellen und zu künstlicher Befruchtung, was den Grundsätzen der katholischen Religion klar zuwiderläuft. Sollte der Heilige Stuhl als Eigentümer auftreten, könnte das San Raffaele diese Abteilungen nur schwerlich weiter betreiben. Deren Schließung würde unvorhersehbare Reaktionen der wissenschaftlichen Community und der öffentlichen Meinung hervorrufen. Unschwer, sich vorzustellen, zu welchen Instrumentalisierungen dies führen könnte: »Die Kirche gegen die Wissenschaft ... wie zu Zeiten Giordano Brunos und Galileo Galileis.«

Angesichts dieser Perspektiven lehnt Gotti Tedeschi jede Kaufbewertung ab. Er schickt eine Denkschrift, in der er seinen Standpunkt ausführt, und bricht mit Profiti. Sein Verhältnis zu Bertone wird nun eisig. Der Kardinal gibt keine Antwort. Er verlangt auch keine Erläuterungen. Er spricht nicht mit dem Präsidenten der Vatikanbank, worüber sich selbst die Angestellten des Staatssekretariats wundern. Es sind die Wochen der Kehrtwende bei den Geldwäscheregelungen, des berühmten »Schritts zurück«, den die internationalen Gremien so heftig beanstandet haben. In diesen schwierigen Monaten werden Weichen gestellt, deren Tragweite erst einige Jahre später bekannt wird. Etwa der leichtfertige Umgang mit Geld im römischen Krankenhaus Bambino Gesù, den Mariella Enoc, die neue Präsidentin der Stiftung, die das Krankenhaus führt, sich 2015 genauer vornimmt. Profiti und Massimo Spina, Schatzmeister der Stiftung Bambino Gesù, werden im Juli 2017 vor Gericht gestellt. Sie müssen sich wegen Veruntreuung verantworten. Laut Anklage wurden die veruntreuten Gelder für den Umbau der Wohnung in der obersten Etage des Palazzo San Carlo verwendet, die dem Governatorat gehört und von Bertone bewohnt wird, nachdem er das Amt des Staatssekretärs aufgegeben hat. Der Prozess läuft noch. Die von Profiti geleitete Stiftung Bambino Gesù hatte seit dem November 2013 422.000 Euro für diese Renovierung ausgegeben.

Die von Deloitte aufgedeckten Fehlbeträge kommen zu denen hinzu, die von der Finanzpolizei und von der Staatsanwaltschaft in Mailand festgestellt werden. Sie führen zur rechtskräftigen Verurteilung von Pierangelo Daccò zu neun Jahren Haft. Daccò nahm eine Art Brückenfunktion zwischen der Finanzverwaltung des Krankenhauses und der Region Lombardei ein. Man spricht von 47 Millionen Euro, die verschwunden sind. Doch auch hier gibt es verblüffende Neuigkeiten zu berichten.

Die Gerichte haben nur einen Teil der Unterschlagungspraxis ans Licht gebracht. Dieses bisher unbekannte und beunruhigende Dokument (siehe Tabelle) belegt dies eindeutig und zwingt dazu, noch einmal nachzurechnen. Das Krankenhaus wurde in einer dunklen Zeit regelrecht ausgeplündert. Aufgeblähte Ausgaben für Baumaßnahmen und größere Beschaffungen dienten dazu, schwarze Kassen zu bilden. Eine Durchsicht der internen Buchhaltung anhand der Ausgaben hat ergeben, dass die Fehlbeträge weit höher sind, als die Staatsanwaltschaft ermittelt hatte: Sie belaufen sich auf 130.576.000 Euro, weit mehr als die 47 Millionen in den Prozessakten. Die Positionen in der Tabelle zeigen, dass für Baumaßnahmen, Dienstleistungen und sogar den Ankauf eines Flugzeugs zur Nutzung für Don Verzé das bis zu Zehnfache der eigentlichen Kosten bezahlt wurde. Wer hat die Differenz in die Tasche gesteckt? Wer hat davon profitiert? Wer kennt die wahre Geschichte der Plünderung der Kassen des San Raffaele? Diese Fragen harren noch heute einer abschließenden Beantwortung.

Der verborgene Schatz des San Raffaele

€/000 Daten aus den Unterlagen zum Insolvenzvergleich und zur Vergabe				
Zahler	Empfänger	Getätigte Auslage	Vermutliche Kosten	Differenz
BEM	NOY AMBIENTE	105.321	70.000	35.321
FMT (für Verbräuche und andere Kosten)	BEM	60.000	25.000	35.000
Olbia	DIODORO/METODO – (Fam. Zammarchi)*	121.058	100.000	21.058
Edilraf – Cologno Monzese	DIODORO/METODO – (Fam. Zammarchi)**	70.459	60.000	10.459
Airviaggi – Flugzeug	N.D. / Neuseeländische Gesellschaft	13.100	7000	6100
Dibit 2***	DEC	59.000	40.000	19.000
Verbindungskorps	DIODORO/METODO – (Fam. Zammarchi)	31.638	28.000	3638
Gesamt		460.576	330.000	130.576

* Krankenhausbau
** Residenzen
*** Betrag, der sich ausschließlich auf Verbesserungsarbeiten an Anlagen Dritter bezieht

Reiner Tisch bei der AIF

Der Abgang Gotti Tedeschis, der durch die trübe Geschichte des San Raffaele noch beschleunigt wurde, ist nur der erste Schritt zur vollständigen Auflösung der Arbeitsgruppe, die das vatikanische Finanzwesen zur Transparenz führen sollte. Gleich darauf sollte nämlich die Aufsichtsbehörde AIF mit ihrem Präsidenten Kardinal Nicora umgekrempelt werden. Als Erster verliert im November 2012 der Direktor De Pasquale seinen Posten. Er wird, wie wir schon gesehen haben, durch René Brülhart ersetzt und zieht sich auf eine bescheidenere Rolle im Verwaltungsrat zurück. Dieser Wechsel blieb natürlich nicht unbemerkt. Der Aufstieg Brülharts, der in der Schweiz und in Luxemburg seine Ausbildung zum Finanzfachmann erhalten hatte und bereits Berater des Staatssekretariats war, enttäuschte die AIF auf allen Ebenen: die Angestellten ebenso wie die Mitglieder des

Verwaltungsrats. Warum? Innerhalb weniger Monaten gelang es Brülhart seinen Gegnern zufolge, die Arbeit der Behörde wirkungslos zu machen. De Pasquales Nachfolger bringt alle gegen sich auf: den Präsidenten Nicora ebenso wie die Mitglieder des Verwaltungsrats. Am 16. Januar 2014 erhält Kardinal Parolin, der seit dem Oktober des Vorjahres Bertone als Kardinalstaatssekretär abgelöst hat, ein elfzeiliges Schreiben, das vom gesamten Verwaltungsrat unterzeichnet ist und hier zum ersten Mal an die Öffentlichkeit gelangt:

> Hochwürdigste Eminenz,
> angesichts des anhaltenden intransparenten Informationsgebarens seit der Ernennung des aktuellen Direktors; in Anbetracht des Umstands, dass die unter anderem zur Überwindung der obengenannten Schwierigkeiten für nötig befundenen Initiativen und Vorschläge, die der Kardinal Präsident den übergeordneten Behörden empfohlen hat, nicht positiv beschieden wurden; nach Mitteilung an den Kardinal Präsidenten, Exzellenz Attilio Nicora sind die unterzeichneten Mitglieder des Verwaltungsrats der AIF der Auffassung, dass derzeit nicht die Bedingungen gegeben sind, um die vom Gesetz und von der Geschäftsordnung dem Verwaltungsrat zugewiesenen Aufgaben und Funktionen wirksam ausüben zu können.
> Gezeichnet: Prof. Claudio Bianchi, Prof. Marcello Condemi, Prof. Giuseppe Dalla Torre, Rechtsanwalt Francesco De Pasquale und Dr. Cesare Testa

Kaum eine Woche später, am 22. Januar 2014, blasen die fünf Räte erneut zum Angriff, wieder wenden sie sich an Parolin. Diesmal fällt der Ton gegen Brülhart sehr scharf aus:

> Hochwürdigste Eminenz,
> wie bereits in der kurzen Mitteilung vom 16. Januar l.M. an dieses Staatssekretariat gemeldet, bringt der Verwaltungsrat der AIF seine Sorge bezüglich der Unhaltbarkeit der Situation zum Ausdruck, die durch die Ernennung des Direktors und mit der Aufnahme von dessen Tätigkeit entstanden ist. Der Verwaltungsrat ist […] seit sei-

nem Bestehen anfangs wöchentlich, später vierzehntägig oder monatlich zusammengetreten, um alle Fragen zu behandeln, die sich aus der Anwendung des soeben vom Staat Vatikanstadt eingeführten Regelwerks zur Vermeidung von Geldwäsche ergeben. [...]

Durch die Ernennung des neuen Direktors der AIF, Dr. René Brülhart, der bereits Berater des Staatssekretariats war, konnte der Rat seine vom Gesetz und von der Geschäftsordnung vorgegebene Aufgabe immer weniger erfüllen. Zuallererst zeigt der Direktor nur geringe Fähigkeiten, das Personal der AIF zu führen, wobei er Begünstigungen und Missmut unter den Beschäftigten fördert. Auch den Personalbedarf berücksichtigt er nicht hinreichend. Dies beweisen eindeutig der nur schwach ausgeprägte Teamgeist innerhalb der AIF, was den Direktor und das Personal betrifft (worauf das vertrauliche Schreiben des Personals an das Staatssekretariat hingewiesen hat), sowie die äußerst seltene Anwesenheit des Direktors in der Behörde. Die dringend notwendige Ernennung des Vizedirektors wurde boykottiert, obwohl für diese Position eine hochqualifizierte Person bereitstand. Nach dem Scheitern aller Versuche, die Tätigkeiten der ihm unterstellten Einheiten in die eigene Zuständigkeit zurückzuführen, hat der Rat den übergeordneten Gremien direkt die Ernennung des Vizedirektors vorgeschlagen: Wie bekannt nahmen die übergeordneten Behörden diesen Vorschlag nicht an, sodass die Konfliktsituation innerhalb der Organisation weiter anhält.

Zum Zweiten beanstandet der Verwaltungsrat, dass er über die Tätigkeit der Behördenverwaltung im Dunkeln gelassen wird: Eingang und Untersuchung von Verdachtsmeldungen und grenzüberschreitender Erklärungen, Beziehungen zu internen Behörden und solchen anderer Länder, internationale Zusammenarbeit, Fortbildung der Beschäftigten, aufsichtliche Feststellungen, Abschluss von Einvernehmensprotokollen, Bereitstellung von Datenbanken und so fort. Auch hat der Verwaltungsrat keine Kenntnis, wenn nicht aus der Presse, über das Screening von Konten und Kunden des IOR, das anscheinend von einer externen Beratungsfirma in enger Zusammenarbeit mit dem Direktor der AIF durchgeführt wird. Auf einen gemeinsamen Hinweis der Ratsmitglieder hin hat der Präsident der

AIF am 26. November 2013 den Direktor förmlich um einen eingehenden Bericht zur geleisteten Tätigkeit gebeten, worauf er am darauffolgenden 19. Dezember eine völlig unbefriedigende Antwort aus wenigen Zeilen in englischer Sprache erhielt.

Durch das insgesamt sehr intransparente Informationsgebaren des Direktors ist der Verwaltungsrat nicht in die Lage zu beurteilen, ob die Handhabung der Verdachtsmeldungen hinsichtlich der Nutzung heikler Informationen unter Beachtung der diesbezüglichen Vorschriften und Grundsätze stattgefunden hat. Bedauerlicherweise müssen wir zudem darauf hinweisen, dass der Direktor, soweit bekannt, nicht nur die zuvor angekauften IT-Programme nicht genutzt hat, sondern bis heute keinerlei Ersatz-Datenträgersystem bereitgestellt hat, das eine effiziente Organisation der verfügbaren Daten und Angaben ermöglicht, abgesehen von einer ebenso geeigneten wie erforderlichen Rückverfolgbarkeit der bearbeiteten Vorgänge. Die Presse hat auch auf den Interessenkonflikt hingewiesen, in dem sich der Direktor als Managing Partner zweier privater Finanzberatungsfirmen in Zürich befindet, was ihn unter anderem zwingt, seine Aufenthalte im Vatikan auf 2–3 Tage pro Woche zu begrenzen.

Mangels Informationen hat er es der Behörde schließlich nicht ermöglicht, über das Spesenmanagement der AIF sowie über die zu institutionellen Zwecken zugewiesenen Kreditkarten zu wachen, und auch nicht über die Zuerkennung von Überstundenvergütungen. Deshalb bekundet der Verwaltungsrat erneut sein Missbehagen und seine umfassende institutionelle Besorgnis wegen der eingetretenen verschlechterten Situation und drückt seine Solidarität mit dem Präsidenten der AIF aus, der systematisch über das Vorgehen des Direktors im Dunkeln gelassen wurde. Er bringt zudem die Sorge zum Ausdruck, dass der derzeitige Stellenplan objektiv nicht in der Lage ist, die vom Gesetz zugewiesenen erheblichen neuen Aufgaben wahrzunehmen, und zwar sowohl wegen der geringen Zahl der Mitarbeiter als auch wegen deren unzureichender Qualifikation. Denn der einzige, der in der Lage war, Verdachtsmeldungen fachlich zu analysieren, hat sein Beschäftigungsverhältnis beendet, und es mangelt an Schulungsprogrammen für das Personal. Ganz allgemein macht der Verwaltungsrat auf folgende Gefahr aufmerksam: dass nach der Stärkung des normativen Referenzrahmens und nachdem die AIF als zentrale Behörde im Kampf gegen Geldwäsche und Terrorismusfinanzierung anerkannt ist, die normativ erfassten internationalen Standards in der Praxis nicht umgesetzt werden. Dies könnte sich vor allem auf das Ansehen des Amtes auswirken und hätte zusätzlich zur Folge, dass der Heilige Stuhl sich als säumig erweisen könnte. Nämlich dann, wenn die internationalen Bewertungssysteme in nächster Zukunft nach dem ersten Ansatz, bei dem die Regelwerke in Augenschein genommen werden, ihre Prüfungen auf die Wirksamkeit der Vorschriften gegen Geldwäsche und Terrorismus konzentrieren.

Aufgrund der obigen Ausführungen betrachtet der Verwaltungsrat die entstandene Situation nunmehr als unhaltbar und überlässt dem Staatssekretariat jede weitere diesbezügliche Überlegung und Entscheidung.

Nach dieser Anklage lassen die Entscheidungen des Staatssekretariats nicht lange auf sich warten. Allerdings gehen sie in die entgegengesetzte Richtung. Noch im Januar gibt Kardinal Nicora die Präsidentschaft auf, nachdem in der Presse von seiner doppelten Funktion bei der AIF sowie in der Aufsichtskommission der Kardinäle zu lesen ist. Er befindet sich damit förmlich in einem Interessenkonflikt. Fünf Monate später, am 5. Juni 2014, wird der Verwaltungsrat ersatzlos gestrichen. Die fünf Verfasser der beiden Schreiben werden nach Hause geschickt. Noch ein paar Monate später, im November, ist das Bild vollständig: Ausgerechnet Brülhart nimmt die letzte Stufe, er wird zum Präsidenten der AIF befördert. Ein weiterer ehrgeiziger und entschlossener junger Mann steigt ebenfalls auf. Nach seiner Zeit als Interims-Vizedirektor wird Tommaso Di Ruzza zum Direktor ernannt. Er ist Schwiegersohn des einst mächtigen italienischen Notenbankchefs Antonio Fazio, den Gianpiero Fiorani 2005 für dessen unlautere Hilfe beim Versuch, die Banca Antonveneta zu übernehmen, auf die Stirn küssen möchte. Fiorani hatte zuvor in den 1990er-Jahren während der Korruptionsaffären von Mani pulite vertrauliche Informationen von Mitarbeitern des IOR erhalten, was den damaligen IOR-Präsidenten Caloia erbost hatte. Brülhart und Di Ruzza sitzen heute immer noch auf ihren Kommandoposten. Diejenigen, die die Behörde aufgebaut hatten, sind alle aus dem Spiel: Nicora ist mittlerweile gestorben, Condemi ist freiberuflicher Berater, Dalla Torre ist weiterhin Präsident des vatikanischen Tribunals, De Pasquale arbeitet wieder als Anwalt. Stattdessen gibt es einen neuen Präsidenten beim IOR: Baron von Freyberg wird nämlich nach Abschluss der Arbeit des von Papst Franziskus gewünschten Untersuchungsausschusses zur Vatikanbank im Juli 2014 abgesetzt und durch den französischen Wirtschaftswissenschaftler Jean-Baptiste de Franssu ersetzt.

Dessen Präsidentschaft ist von Anfang an von zahlreichen Spannungen gekennzeichnet. Es lohnt sich, davon zu erzählen. Im Oktober 2014 wird ein Ermittlungsverfahren wegen Veruntreuung gegen einen seiner Vorgänger, Caloia, und gegen den mächtigen ehemaligen IOR-Direktor Scaletti eingeleitet. Beiden wird vorgeworfen, zwischen 2001 und 2008 80 Prozent der Einnahmequellen der Vatikanbank über willfährige Makler und Kanzleien verscherbelt zu haben. Neunundzwanzig Immobiliengeschäfte landen auf dem Prüfstand. Beim IOR werden Konten der Verdächtigen im Wert von insgesamt 16 Millionen Euro beschlagnahmt.

Seit Bekanntwerden dieser Nachrichten sind drei Jahre vergangen. Scaletti ist in der Zwischenzeit gestorben, der mitangeklagte Rechtsanwalt Gabriele Liuzzo ist bereits 94 Jahre alt, Caloia selbst zählt 78 Lenze. Er beteuert seine Unschuld und beantwortet die Aufforderung, sich öffentlich zu der Angelegenheit zu äußern, mit einem »No comment«. Einigen Freunden aber vertraut er sich an und beklagt das Ausbleiben eines Gerichtsverfahrens und eines Urteils. Auch macht es ihm sehr zu schaffen, dass man ihm nicht die Möglichkeit gibt, in Erfahrung zu bringen, was man ihm genau vorwirft.

Im März 2018 kommt plötzlich Bewegung in die vatikanische Justiz, die gegen den ehemaligen Präsidenten und Liuzzo Anklage wegen Veruntreuung und Eigengeldwäsche erhebt. Der Prozess läuft noch, während dieses Buch in Druck geht. Ich weiß nicht, ob Caloia schuldig oder unschuldig ist, ich frage mich nur, ob es einen Sinn hat, einen unbescholtenen alten Herrn in einem endlosen Fegefeuer zu lassen. Im Gerichtssaal wird sich nun herausstellen, ob der Vertrauensmann von Papst Johannes Paul II., der Hüter der Geheimnisse des IOR während der Jahre des (kostspieligen) Kampfes gegen den Kommunismus in den Ländern des ehemaligen Warschauer Pakts, sich durch den Ausverkauf eines Teils des Vermögens der Papstbank um Millionen bereichert hat. Aus gesundheitlichen Gründen nimmt Caloia nicht an jeder Gerichtsverhandlung teil. Der verwitwete alte Bankier verbringt seine Tage einsam in einem Häuschen mit Garten in der Nähe von Mailand, in Italien.

Die alte Garde hält stand

Unabhängig von der seelsorgerischen Ausrichtung, die Franziskus dem Pontifikat aufgeprägt hat – die aber nicht Gegenstand dieses Buches ist – geht es darum zu verstehen, wie sehr die Veränderungen im Vatikan tatsächlich greifen, und in welchem Umfang sie hingegen nur Ankündigung sind. Neue Bischöfe und Kardinäle an die Schaltstellen der vatikanischen Paläste zu setzen reicht nämlich nicht aus, um die Reformen auf den Weg zu bringen. Den gesetzlichen Rahmen zu ändern, ohne die Männer zu ersetzen, die für dessen Anwendung sorgen sollen, führt allerdings auch nicht sehr weit. Auf die Personen und auf die Regelungen kommt es also wesentlich an. Es gibt noch einen weiteren Aspekt, der ebenso bedeutsam ist: die Mentalität. Du kannst die Gesetze ändern, kannst neue Leute an die richtigen Stellen setzen, aber wenn du nicht auf die Mentalität einwirkst, bleibt jede Reform Stückwerk. Wenn Papst Franziskus Obdachlose in die Sixtinische Kapelle bringt[5], möchte er damit auf die Denkweise innerhalb wie außerhalb der Kurie Einfluss nehmen. Aber haben sich die Menschen und die Gesetze tatsächlich geändert? Und haben sie den Plänen des Papstes Auftrieb gegeben?

Vier Jahre ist es her, dass Franziskus eine Strukturreform der Kurie in Angriff genommen hat, die zu einer neuen apostolischen Konstitution führen sollte. Ein Dokument, an dem der K9 arbeitet, der von neun Kardinälen aus aller Welt gebildete Beraterstab des Papstes. Noch ist davon aber nichts bekannt. Umgliederungen bei den Dikasterien hat es bereits gegeben, mehrere Ordnungen und Vorschriften hat man geändert, aber die Mentalität, die grauen Eminenzen, die Männer in den Schlüsselpositionen der Kurie sind immer noch die der alten Garde. Viele von ihnen besetzen schon seit Langem Machtpositionen in den apostolischen Palästen, andere sind nach Jahren der Abwesenheit mit dem neuen franziskanischen Wind wieder zurückgekommen.

Hier ist zunächst der Dekan des Kardinalskollegiums zu nennen, der äußerst mächtige, inzwischen über neunzigjährige Angelo Sodano, der unter Johannes Paul II. Staatssekretär gewesen war. Franziskus scheint ihm mit großer Achtung zu begegnen, so »als fürchte er ihn« beinahe. Er braucht den sogenannten diplomatischen Flügel auf seiner Seite und eben auch einen klassischen »Gegner« Bertones wie Sodano, um die italienische Seilschaft um Bertone, den Kardinal Mauro Piacenza und andere zu überstimmen. Das weiß er. Kurz nach der Wahl Bergoglios zum Papst gelang es Sodano, drei seiner Getreuen auf Schlüsselpositionen im Vatikan zu hieven. Der erste ist Parolin, der als Nachfolger Bertones das Staatssekretariat übernimmt. Zu Sodanos Zeiten war Parolin bereits »Vize-Außenminister« des Heiligen Stuhls gewesen. Bertone schickte ihn dann zwei Jahre nach der eigenen Ernennung zum Staatssekretär als Apostolischen Nuntius nach Venezuela.

Zusammen mit Parolin wurden zwei weitere Apostolische Nuntien befördert, die zu Papst Wojtyłas Zeiten der »Mannschaft« Sodanos angehört hatten: Beniamino Stella, ein kluger und zurückhaltender Diplomat, hatte eine wesentliche Rolle bei der päpstlichen Vermittlung zwischen den USA und Kuba gespielt, wo er von 1992 bis 1999 Apostolischer Nuntius gewesen war. Ihn ernannte der Papst zum neuen Präfekten der Kongregation für den Klerus. Lorenzo Baldisseri hingegen, Sekretär des Kardinalskollegiums, ernannte Franziskus (was vielleicht auch einem Wunsch Sodanos entsprach) zum Generalsekretär der Bischofssynode.[6]

Innerhalb des Staatssekretariats hat sich wenig geändert: Abgesehen von Parolin und Erzbischof Paul Richard Gallagher, dem Sekretär für die Beziehungen mit den Staaten – einer Art Außenminister des Heiligen Stuhls – blieben viele Posten von Männern der alten Garde besetzt. Dies trifft beispielsweise auf den Malteser Antoine Camilleri zu, den Untersekretär für die Beziehungen mit den Staaten, eine der letzten Nominierungen Benedikts XVI. vor dessen Rücktritt. Ebenso auf das Mitglied der Fokolarbewegung Giovanni Angelo Becciu, Substitut für die Allgemeinen Angelegenheiten im Staatssekretariat, auch ein Gefolgsmann Bertones.[7] Becciu ist ohne jeden Zweifel ein Mann der Macht. Man erkennt es schon daran, dass das vertrauliche Gespräch zwischen Papst Franziskus und dem italienischen Ministerpräsidenten Gentiloni im August 2017 in der Wohnung Beccius stattfand und nicht bei Kardinalstaatssekretär Parolin. Dies zeigt, wie sehr das Staatssekretariat noch von der alten Garde geprägt ist, die weiterhin die römische Kurie führt.

Wenn man die Spitzen der einzelnen Kongregationen, Ämter, Dikasterien oder Institute betrachtet, findet man das Abbild der Vergangenheit, was in manchen Fällen bereits zu Misswirtschaft, Skandalen und undurchsichtigen Geschäften geführt hat. Es lohnt sich, eine – gewiss unvollständige – Liste zu erstellen, um einen besseren Überblick zu erhalten. Ganze Kongregationen sind noch in der Hand der Männer des vergangenen Pontifikats: so zum Beispiel in der Glaubenskongregation (Präfekt, Sekretär und Beigeordneter Sekretär), der Kongregation für die orientalischen Kirchen (Präfekt und Sekretär), der Kongregation für die Selig- und Heiligsprechungsprozesse (Präfekt, Sekretär und Untersekretär) und der Kongregation für die Bischöfe, in der Franziskus nur den Sekretär selbst ernannt hat, den brasilianischen Erzbischof Ilson de Jesus Montanari, der wenige Monate nach dem Beginn des Pontifikats nach Rom gekommen ist. Dieser ist anscheinend ein guter Freund des Sekretärs des Papstes,

Don Fabián Pedacchio Leániz, Offizial derselben Kongregation, der wohl darauf gedrängt hat, den künftigen Kardinal an die Kurie zu holen (die Sekretäre der Bischofskongregation werden später traditionell zu Kardinälen ernannt).

Eine weitere, eng mit dem ehemaligen Kardinalstaatssekretär Bertone verbundene Person ist dessen getreuer Gefährte Kardinal Giuseppe Versaldi. Mitte der 1990er-Jahre war Versaldi Generalvikar der Erzdiözese von Vercelli, wo Bertone Erzbischof war. Nach einer Zeit als Bischof von Alessandria holte Bertone ihn 2011 nach Rom und setzte ihn als Kardinal an die Spitze der Präfektur für die wirtschaftlichen Angelegenheiten, des Rechnungshofs des Heiligen Stuhls. Diese wurde aufgelöst, als Franziskus das Wirtschaftssekretariat einrichtete. Versaldi wurde darauf nicht einer Diözese zugewiesen, sondern zum Präfekten der mächtigen Kongregation für das katholische Bildungswesen ernannt, die sechzehn Jahre lang von Zenon Grocholewski geleitet worden war, dem engen Vertrauten Papst Wojtyłas. Diese Kongregation bestimmt auch über die katholischen Universitäten weltweit. Doch damit nicht genug: Von 2013 bis 2016 war er auch päpstlicher Legat am Istituto Dermopatico dell'Immacolata in Rom, einem Krankenhaus, das zusammen mit der Ordensgemeinschaft der Söhne der Unbefleckten Empfängnis kommissarisch verwaltet wurde, nachdem es dort 2011 zu einem Skandal wegen Unterschlagung gekommen war.

Weitere Männer Bertones sind auf ihren Posten geblieben: der Präsident des Governatorats, Kardinal Giuseppe Bertello, ein Diplomat, den Bertone nach der Pensionierung Kardinal Giovanni Lajolos und dem Skandal um die Briefe von Erzbischof Viganò auf diesen Posten hievte. 2013 schien Bertello beste Aussichten zu haben, als Nachfolger Bertones Kardinalstaatssekretär zu werden, doch am Ende gelang es ihm lediglich, einen Sitz im Kardinalsrat K9 zu erlangen. Einigen Entscheidungen des Papstes gegenüber ist Bertello kritisch eingestellt. Insbesondere scheint ihn wegen früherer Differenzen die Ernennung von Prälat Dario Edoardo Viganò zum Präfekten des Kommunikationssekretariats gestört zu haben.

Dann ist da noch Bischof Giuseppe Sciacca. Der hohe sizilianische Prälat wurde von Kardinal Bertone gefördert, der ihm nach dem Rauswurf Viganòs die Schlüssel zur Kasse des Governatorats überließ, indem er ihn zu dessen Generalsekretär machte. Kurz vor Benedikts Rücktritt gelang es Bertone, Sciacca zum Generalauditor der Apostolischen Kammer zu ernennen. Dieses Gremium besteht aus einem Kardinalkämmerer und einem Vizekämmerer und verwaltet die Güter des Heiligen Stuhls im Falle des Todes oder des Rücktritts eines Papstes. Nur fünf Monate nach dem Amtsantritt von Franziskus wurde er auf einen eigens für ihn geschaffenen neuen Posten versetzt: Er wurde zum Beigeordneten Sekretär des obersten Gerichtshofs der Apostolischen Signatur. Außerdem erhielt er auch das Amt eines Beraters der Kongregation für die Glaubenslehre. Eine »harmlose« Aufgabe eigentlich, doch am 1. September 2016 befördert Papst Franziskus ihn zum Sekretär der Apostolischen Signatur, wodurch er wieder eine Machtposition in der römischen Kurie erhält.

Schließlich haben wir noch den Mailänder Kardinal Francesco Coccopalmerio, der nach wie vor den Päpstlichen Rat für die Gesetzestexte leitet. Sein enger Vertrauter Luigi Mistò (der Kardinal Carlo Maria Martini nahestand) war jahrelang in der Güterverwaltung APSA und wurde 2015 zum Sekretär der Verwaltungsabteilung des Wirtschaftssekretariats befördert. Daneben hat Mistò auch den Vorsitz des Gesundheitsfürsorgefonds und die Leitung der von Papst Franziskus gewünschten Aufsichtskommission über die Gesundheitseinrichtungen der katholischen Kirche. Bemerkung am Rande: In dieser Kommission sitzt auch ein enger Vertrauter von Kardinal Coccopalmerio. Vladi Lumina gilt als die rechte Hand des Mailänder Kardinals und wird vom Vatikan als »Fachmann in Vermögensfragen« bezeichnet.

Auch die Macht, die sich in den Ganglien der vatikanischen Wirtschaft einnistet, liegt zum guten Teil noch in den Händen der alten Garde: Abgesehen von Brülhart und Mistò hat Franziskus den Kardinal Domenico Calcagno als Chef der APSA bestätigt. Die APSA, das Dikasterium der Güterverwaltung, ist praktisch die Zentralbank des Vatikans, die alle beweglichen und unbeweglichen Güter des Heiligen Stuhls verwaltet und die großen Einnahmen generiert. Calcagno ist ein eiserner Anhänger Bertones, der ihn 2007 zunächst als Sekretär und ab 2011 als Präsident dieses Dikasteriums nach Rom geholt hat. Zwar ist der Waffennarr[8] Calcagno einer der engsten Gefolgsleute Bertones; zwar wird er seit 2016 der Beihilfe zur Veruntreuung beschuldigt; zwar gibt es Verdachtsmomente zu Fällen von Kindesmissbrauch in der Diözese Savona, die er als Bischof jener Stadt anscheinend gedeckt hat: Aber dennoch scheint Papst Franziskus ihn ins Herz geschlossen zu haben, denn es läuft das Gerücht, dass sie sich einmal pro Woche zum Abendessen treffen.

Der Ranger und die Fehlbesetzungen

Das Wirtschaftssekretariat hat von Beginn seines kurzen Bestehens an unter den Schlagzeilen gelitten, die sein Präfekt Kardinal George Pell mit seinen Skandalen auslöste, zunächst als Spesenritter[9], dann wegen des Vorwurfs der Vertuschung pädophiler Machenschaften in Australien. Es entstand eine zunehmend unhaltbare Situation, bis Pell selbst im Juni 2017 wegen schwerwiegender Sexualstraftaten unter Anklage gestellt wurde. Dies veranlasste den ehemaligen Erzbischof von Sydney, der angetreten war, die korrupte Kurie sittlicher zu machen, zum Rücktritt[10]. Pells Amt ist praktisch »eingefroren«, solange das Gerichtsurteil noch aussteht. Hinter dem Feigenblatt einer Unschuldsvermutung dürfte die Entscheidung eine kompliziertere Begründung verbergen. Man hat ihn nicht um seinen Rücktritt gebeten, weil dieser in gewisser Weise eine Bestätigung für die Anschuldigungen dargestellt hätte, und vor allem die zumindest voreilige Entscheidung des Papstes belasten würde, ihn zu Beginn seines Pontifikats zu seiner rechten Hand zu machen. Pell selbst hat schon gar nicht an Rücktritt gedacht.[11]

Der Vatikan ignoriert die Beschuldigungen und Papst Franziskus verteidigt Pell. Dieser zeigt sich dafür nicht dankbar, sondern kritisiert während der Synode die Position des Papstes und später mehrmals im privaten Kreis dessen nachsynodales Schreiben *Amoris laetitia*

(Pell vertritt innerhalb der katholischen Kirche bekanntlich sehr traditionalistische Positionen). Als Pell (am 8. Juni 2016) 75 Jahre alt wird und wegen der erreichten Altersgrenze seinen Rücktritt einreicht, nimmt Franziskus diesen nicht an, sondern lässt die Akte auf seinem Schreibtisch liegen. Ein mit Franziskus befreundeter Kardinal erklärt das so: »Der Papst möchte jetzt nicht seinen Rücktritt annehmen, sonst müsste er ihn nach Australien zurückschicken, und dort würde es für ihn bestimmt nicht gut ausgehen. Franziskus möchte erst sehen, was sich aus den Ermittlungen zu den Pädophilievorwürfen ergibt.«[12]

Es stellt sich allerdings die Frage, warum niemand Papst Franziskus rechtzeitig darauf aufmerksam gemacht hat, wie schlecht es um Pell tatsächlich bestellt ist. Warum weder die gerichtlichen Ermittlungen in Australien noch die journalistischen Recherchen, etwa jene des italienischen Journalisten Emiliano Fittipaldi im Magazin »l'Espresso«, beachtet wurden. Stoff genug, um Pells Ernennung zum Chef des Dikasteriums, das alle wirtschaftlichen Belange des Vatikans vereinigen sollte, als unangemessen erscheinen zu lassen.[13] Wie immer kommt die einfachste Antwort, die auch dem machiavellistischen Stil der Kurie entspricht, der Wahrheit wohl am nächsten: Durch die Ernennung eines Kardinals, gegen den ermittelt wird und der mit Geld um sich wirft und daher ohne Zweifel schwach ist, an die Spitze des Wirtschaftssekretariats war das Projekt des Papstes, alle Wirtschaftsdikasterien unter einem Dach zusammenzuführen, von Anfang an gescheitert. Die Machtgruppe um Bertone, die nach wie vor große Bereiche der kurialen Wirtschaft kontrolliert, war von Anfang an gegen das Projekt und hatte keinerlei Absicht, Teile der eigenen Macht aufzugeben.

Calcagno sitzt seit sechs Jahren fest im Sattel und hat sich monatelang gegen Pells Versuche gesträubt, die Immobilienverwaltung des Vatikans zu übernehmen. Dem Kardinal aus dem Piemont ist es gelungen, vom Papst ein Reskript zu erhalten, um die Gesamtkontrolle über das Vermögen zurückzubekommen, noch bevor der »australische Ranger« in Ungnade gefallen ist.[14] Die angedachte Reform –

die Einrichtung einer allumfassenden Wirtschaftseinheit unabhängig vom Staatssekretariat – wurde angesichts dieses Sperrfeuers in ihren Ansprüchen immer mehr zurückgeschraubt. Denn nicht nur Calcagno, sondern auch die anderen Gefolgsleute Bertones hatten gegen die Idee, das Wirtschaftssekretariat könne sämtliche wirtschaftlichen Belange unter sich vereinen, alle Hebel gezogen.[15] Deshalb kann man die Ergebnisse der zu Beginn des Pontifikats angestoßenen Finanz- und Wirtschaftsreformen auch bestenfalls als umstritten bezeichnen.

Auch einen weiteren Aspekt darf man nicht außer Acht lassen. Wenn Franziskus eine Fehlbesetzung vornimmt, möglicherweise, weil man ihn schlecht beraten hat, exponiert er sich damit, und sein Pontifikat schwächt sich. Dadurch bekommen die alten Potentaten wieder Auftrieb. Man darf annehmen, dass dem Papst manchmal nicht alle Informationen zugetragen werden, die für eine bewusste Entscheidung erforderlich wären. Wer ihm etwas vorenthält, weiß sehr wohl, dass man den Papst dadurch zu Fehlern verleiten kann, die einem in der Zukunft vielleicht noch nützlich sein können.

Einer der häufigsten Vorwürfe gegen Franziskus lautet in der Tat, er sei nicht imstande, sich die richtigen Mitarbeiter auszusuchen. Es gibt verschiedenste Gründe für die Kritik an vielen seiner Ernennungen. Manchmal verteidigt der Papst seine Entscheidungen, manchmal gibt er zu, einen Fehler gemacht zu haben. Meistens aber lässt er nichts auf seine Beschlüsse kommen.

Zum ersten Mal wurde eine seiner Entscheidungen 2013 kritisiert, als er Battista Ricca zum Prälaten des IOR ernannte, ein Priester, den der Papst gut kannte, da er die Gästehäuser des Vatikans leitete.[16] Das Magazin »l'Espresso« wies auf Riccas »homosexuelle Vergangenheit« hin. Es hagelte Kritik am Papst. Als er auf dem Rückflug von Rio de Janeiro gefragt wurde, was er zu tun gedenke, setzte er einen Schlussstrich und sagte: »Ich habe getan, was das Kirchenrecht vorschreibt, und das ist die Investigatio previa. Und aus dieser Investigatio ergibt sich nichts von dem, was man ihm vorwirft, wir haben nichts davon gefunden. Das ist die Antwort.«

Eine weitere Fehlbesetzung ist die Nominierung von Francesca Immacolata Chaouqui zum Mitglied der COSEA, der päpstlichen Kommission für ökonomische und administrative Strukturreformen der Kurie. Sie wurde im Prozess um die Verbreitung von Geheimdokumenten zu zehn Monaten Haft verurteilt. Nach ihrer Ernennung sprachen viele, auch hohe Prälaten des Staatssekretariats, den Papst darauf an, er ließ jedoch keine Kritik zu.

Erst nach dem sogenannten Skandal von Vatileaks 2 gab Franziskus anders als bei Ricca seinen Irrtum zu: »Ich glaube, dass ein Fehler begangen wurde. Vallejo Balda [Präsident der COSEA, A.d.A.] kam da hinein durch das Amt, das er bis dahin innehatte: Er war Sekretär der Präfektur für die wirtschaftlichen Angelegenheiten. Wie sie (Frau Chaouqui) eingestellt wurde, das weiß ich nicht. Aber ich glaube, er hatte sie empfohlen, weil sie die Welt der geschäftlichen Beziehungen gut kannte. Sie haben gearbeitet und als die Arbeiten beendet waren, blieben die Mitglieder der Kommission COSEA auf einigen Posten im Vatikan. Auch Vallejo Balda. Frau Chaouqui nicht, denn sie war nur für die Kommission gekommen. Einige sagen, sie wäre darüber verärgert gewesen …«[17] Es gibt noch weitere Nominierungen, die innerhalb wie außerhalb des Vatikans auf Kritik stießen, auch wenn man in der Öffentlichkeit kaum etwas davon hört.

Eine betrifft Parolin. Gleich nach seiner Ernennung im Jahr 2013 gab es Unmutsäußerungen vorwiegend fortschrittlicher Kardinäle, die in Parolin den verlängerten Arm des alten und sehr mächtigen Kurienpotentaten Sodano sahen. Am neuen Kardinalstaatssekretär wird vor allem bemängelt, er sei zu schüchtern und zu wenig durchsetzungsfähig, was für das Amt nicht günstig sei. Viele sehen seine Strategie hauptsächlich darin, abzutauchen, wenn es peinlich oder schwierig wird. Man gesteht ihm zwar große diplomatische Fähigkeiten zu, hält ihn aber für wenig standhaft. Vielleicht hat Franziskus ihn gerade deshalb ausgewählt, um alle Fragen internationaler Politik persönlich managen zu können und andererseits im Staatssekretariat auch Figuren wie Becciu Raum zu lassen.[18]

Während Bertone, obwohl er keineswegs Diplomat war, die Kurie und die internationalen Beziehungen im Griff hatte, da Benedikt XVI. ihm freie Hand ließ, ist die Situation derzeit eine völlig andere. Papst Franziskus ist stark und entscheidungsfreudig, der schwache Kardinalstaatssekretär beschränkt sich darauf, den Forderungen des Papstes Folge zu leisten. Unter anderem machen Parolin die häufigen Reisen des Papstes zu schaffen, die es ihm nicht erlauben, seinen normalen Amtsgeschäften nachzugehen, wie er es möchte. Mit seiner Beamtenseele kritisiert er häufig das unorthodoxe Verhalten der Kardinäle, die über das Staatssekretariat hinweggehend direkt zum Papst vordringen und mit ihm Absprachen treffen, von denen die »Kurienbeamten« häufig gar nichts mitbekommen.

Bei der Annahme seines Amtes als höchster Mitarbeiter des Papstes hatte Parolin den Wunsch geäußert, eine eigene Mannschaft bilden zu können. Doch faktisch ist es dazu nie gekommen. Man hat ihm die Wahl des Sekretärs für die Beziehungen mit den Staaten überlassen, und er hat sich für den Bischof Paul Richard Gallagher entschieden. Dieser löste Dominique Mamberti ab, der anstelle des Amerikaners Raymond Leo Burke Präfekt der Apostolischen Signatur wurde, des Obersten Gerichtshofs des Heiligen Stuhls. Er hat aber nicht den Untersekretär für die Beziehungen mit den Staaten gewählt. Das ist seit Benedikts Zeiten Prälat Antoine Camilleri. Auch den Substitut hat er nicht selbst gewählt, der eigentlich sein erster Mitarbeiter ist. Als im Juni 2016 Beccius Mandat auslief, hoffte Parolin, endlich einen Mann des eigenen Vertrauens ernennen zu können (die Rede ging von Giambattista Diquattro, derzeit Apostolischer Nuntius in Indien und in Nepal). Doch am 1. Juni 2016 schickte der Papst dem sardischen Erzbischof Becciu einen eigenhändig geschriebenen Brief, in dem er ihm für die geleistete Arbeit dankte und ihn für weitere fünf Jahre in seinem Amt beließ. Ein Dämpfer für Parolin und auch einer für Becciu, der gehofft hatte, ein neues Amt innerhalb des Kardinalskollegiums antreten zu können. Ein erzwungenes Zusammenleben also für Becciu und Parolin, die immer wieder gegeneinander sticheln. Der Papst steht dazwischen und versucht, den Frieden zu erhalten. Parolin und Becciu mögen sich nicht. Innerhalb des Staatssekretariats haben sich ihre Zuständigkeitsbereiche nach und nach auseinanderentwickelt. Unter Bertone lief alles über den Kardinalstaatssekretär, auch die Beziehungen zur Politik, was den Präsidenten der italienischen Bischofskonferenz Angelo Bagnasco oft aufbrachte. Heute kümmert sich Parolin hauptsächlich um Asien (darauf ist er spezialisiert), im Bemühen um bessere Beziehungen zu Vietnam, China und Russland. Auch die südamerikanischen Angelegenheiten fallen in seine Zuständigkeit. Becciu befasst sich hingegen vorwiegend mit innervatikanischen Angelegenheiten und mit den Beziehungen zum italienischen Staat.

In dieser komplizierten Geometrie der Macht muss ab und zu einer seinen Hut nehmen, ohne dass die Gründe hierfür offiziell verlautbart werden, was die zwei Defizite des derzeitigen Pontifikats noch deutlicher zutage treten lässt: die fehlende personelle Erneuerung in der Kurie und unergründliche Ernennungen und Absetzungen, die sich dann als gewagt oder schlicht als Fehlentscheidungen erweisen. So jüngst im Fall von Libero Milone, einem Italiener mit ansehnlicher Auslandserfahrung, der im Herbst 2015 zum Generalrevisor des Vatikans ernannt wurde. Der hochqualifizierte Mann kam von der Beratungsfirma Deloitte und wird von seinen Kollegen auch heute noch geschätzt. Trotz der Achtung, die er auch im Rat der neun Kardinäle genoss, wurde er Ende Juni 2017 ohne Angabe von Gründen vorzeitig entlassen. Im Herbst 2017 gab er in mehreren Interviews an, die Gendarmerie des Vatikans habe ihn zum Rücktritt aufgefordert.[19] Er gab auch an, der Vatikan habe ihn nicht arbeiten lassen und versucht, ihm die Legitimation abzusprechen. Die Kurie sah sich darauf zu einer Erklärung gezwungen und begründete die Entlassung mit dem Vorwurf, Milone habe gezielt Informationen über einzelne Vertreter der Kurie gesammelt, etwa über Becciu. Eine angesichts des hohen Ansehens, das Milone in der Finanzwelt genießt, eher unwahrscheinliche Vorstellung. »Ein Psychodrama, das sich wiederholt«, kommentiert mancher im Vatikan. Auch diese Geschichte könnte noch ein Nachspiel haben.

Ein ähnlicher Fall betraf den Präfekten der Glaubenskongregation, Kardinal Gerhard Ludwig Müller, einen konservativen Kritiker Papst Bergoglios. Nach Ablauf der üblichen fünf Jahre wurde er nicht im Amt bestätigt, sondern durch den spanischen Jesuiten Luis Francisco Ladaria Ferrer ersetzt, der erst wenige Monate zuvor vom Verdacht gestreift worden war, einen pädophilen Priester einst nicht angezeigt zu haben.

All diese Affären zeigen eins eindeutig: Dem reformerischen Elan dieses Pontifikats fehlte es an Ressourcen und Energie, um die vielen in den ersten sechs Monaten wenigstens zu Papier gebrachten Pläne vorantreiben, ausgestalten und umsetzen zu können. Es hatte damals den Anschein, als würde die Kurie ein »Frühlingserwachen« erleben, mit zahlreichen Projekten für ein neues sich aus den Reformbestrebungen entwickelndes Führungsmodell des Staates. Doch dazu kam es nie. Die alte Garde wich, aber nur zum Schein, ein paar Schritte zurück. Dann schlossen sich die Reihen wieder. Man wusste ja, dass mancher Machthebel fest in Freundeshand geblieben war. Franziskus kann zwar auf überragende Weise einen Konsens herbeiführen und auch wichtige Weichen stellen, um geopolitische Entscheidungen wieder in den Mittelpunkt zu rücken, aber in der Kurie mangelt es ihm an Format und Kraft.

Die zwei roten Fäden des Blutes und des Geldes verknüpfen sich und verzögern oder ersticken so die Reformen. Durch die lange Reihe von unaufgeklärten Geheimnissen und Skandalen wird jedes Pontifikat erneut belastet. Und noch ein dritter Faden kommt hinzu, ein Faden aus Sex, menschlichen Schwächen und niederträchtigen Gelüsten, die nicht nur das Leben, sondern zuweilen auch die Entscheidungen manches Seelsorgers bestimmen.

1 Die Kommission bestand aus fünf Kardinälen und hatte die Funktion, auf Anweisung des Papstes den Präsidenten des IOR zu ernennen. Neben Bertone bestand sie aus den Kardinälen Telesphore Placidus Toppo, Odilo Pedro Scherer, Jean-Louis Tauran und Attilio Nicora. Vor allem Letzterer war nicht mit dem Misstrauensantrag gegen Gotti Tedeschi einverstanden.

2 Der Skandal um das IDI, das dermatologische Krankenhaus Roms, Flaggschiff des katholischen Gesundheitswesens unter der Verwaltung der mächtigen Kongregation der Söhne der Unbefleckten Empfängnis, brach 2011 aus, als sich in den Bilanzen ein Loch von beinahe einer Milliarde Euro auftat: Die römische Staatsanwaltschaft erkannte, dass eine Gruppe von Managern erhebliche Beiträge der Region Latium abgezweigt hatte. Der Prozess läuft noch.

3 Man sollte nicht außer Acht lassen, dass Profiti im Mai 2008 wegen illegaler Bieterabsprache eine Woche Hausarrest absitzen musste. Im sogenannten Mensopoli-Skandal ging es um die Ausschreibungen für die Belieferung der Kantinen des örtlichen Gesundheitsamtes 2 in Savona. Laut Staatsanwaltschaft hatte Profiti die Straftat als Generaldirektor für Personal und Finanzen der Region Ligurien begangen. In erster Instanz sowie in der Berufung wurde er zu sechs Monaten Haft verurteilt, aber im April 2013 sprach der Kassationsgerichtshof den Manager endgültig frei.

4 Genau dies kennzeichnet nebenbei die strategische Ausrichtung des damaligen Staatssekretariats. Persönlichkeiten wie Wells, Balestrero oder Becciu gewinnen dank der verantwortungsvollen Aufgaben, die ihnen von Bertone übertragen werden, an Statur. Besonders der intelligente, wenn auch schnodderige und grobe Becciu behält die Übersicht, geht den Problemen auf den Grund und baut seine Macht in der Kurie aus. Manche halten nicht so sehr Bertone, sondern Becciu für den eigentlichen Entscheidungsträger. Ihm wird auch eine ausgeprägte Fähigkeit zum Knüpfen von Beziehungen nachgesagt. Das belegt sein gutes Verhältnis zu den Prälaten Gianfranco Piovano und Alberto Perlasca, die sich in der Führung der Verwaltungsabteilung des Staatssekretariats ablösten.

5 Am 26. März 2015 organisierte die von Erzbischof Konrad Krajewski geführte Apostolische Almosenverwaltung für 150 Obdachlose eine Besichtigung der Sixtinischen Kapelle und der vatikanischen Museen.

6 Diesbezüglich hatte Papst Franziskus in seinem ersten Interview, das er am 19. August 2013 Antonio Spadaro von *La Civiltà Cattolica* gegeben hatte, eine gewisse Statik im Engagement und in den Perspektiven der Synode beklagt.

Online (auch in deutscher Sprache) unter: https://w2.vatican.va/content/francesco/
de/speeches/2013/september/documents/papa-francesco_20130921_intervista-
spadaro.html [Zugriff: 4.6.2018].

7 Becciu wurde Ende Juni 2018 zum Kardinal und mit Wirkung ab September
desselben Jahres zum Präfekten der Kongregation für die Selig- und Heiligsprechungsprozesse ernannt. [A.d.Ü.]

8 Calcagno hielt sich ein kleines Waffenlager, das einen Präzisionskarabiner ebenso
wie Pumpguns enthielt und ihm den Spitznamen »Monsignor Rambo« einbrachte.

9 In Emiliano Fittipaldis Buch *Avarizia* (Mailand 2015, S. 111–113) findet man eine
Spesenabrechnung des Kardinals. In den wenigen Monaten von Juli 2014 bis
Anfang 2015 hatte er sich über eine halbe Million Euro erstatten lassen. Die Liste
führt eine Reihe zumindest eigenartiger Ausgaben auf: einen Spülunterschrank für
4600 Euro, 7292 Euro für Wohntextilien, 47 000 Euro für Möbel und Schränke,
verschiedene Arbeiten für 33 000 Euro. Auch Einkäufe in der Schneiderei Gam-
marelli, einem Vatikanausstatter, in Höhe von 2508 Euro rechnete er ab.

10 Bis kurz zuvor hatte Pell seiner rechten Hand, dem Australier Danny Casey, freie
Hand gelassen. Der Business Manager der Erzdiözese Sydney ist inzwischen
nach Australien zurück.

11 Schon unter Benedikt XVI. hatte Pell darauf gedrängt, ein Amt in der Kurie zu
erhalten. 2010 hatte er Bertone offen gebeten, zum Präfekten der Kongregation
für die Bischöfe ernannt zu werden. In letzter Minute ging dieser Posten an den
Kanadier Marc Ouellet. Anscheinend war Pell schon damals bestrebt, Australien,
wo die Probleme im Zusammenhang mit dem Kindesmissbrauch ihn zunehmend in Bedrängnis brachten, möglichst weit hinter sich zu lassen. Bei Franziskus gelang es ihm, endlich ein Kurienamt zu ergattern. Allerdings geriet er 2015
und 2016 in einen Strudel der Anschuldigungen. Im Juni 2015 kam es zum
Eklat, als Peter Saunders, ein inzwischen suspendiertes Mitglied der päpstlichen
Kinderschutzkommission, in einem Fernsehinterview mit dem australischen
Sender *Channel Nine* erklärte: »Pell verhöhnt die päpstliche Kommission, den
Papst selbst, aber vor allem die Opfer und die Überlebenden, deshalb sollte er
seiner Ämter enthoben und nach Australien zurückgeschickt werden.«

12 Kardinal Pell ist inzwischen nach Australien zurückgekehrt und am 1.5.2018
wurde in Melbourne das Hauptverfahren gegen ihn eröffnet. Er darf das Land
vorerst nicht verlassen. [A.d.Ü.]

13 Bereits im März 2016 hatte Pell per Videokonferenz von Rom aus vor der Royal Commission zum Umgang australischer Institutionen mit sexuellem Kindesmissbrauch ausgesagt und zugegeben, er hätte gegenüber Edward Dolan »mehr tun müssen«, nachdem 1974 ein Student des St. Patrick's College Pell gemeldet hatte, der Priester verhalte sich den Jungen gegenüber ungebührlich. Aber »er sagte es in einem Gespräch, beiläufig, er hat nicht von mir verlangt, etwas zu tun … Ich nahm an, es handele sich technisch gesprochen um eine Beschwerde«, verteidigte sich Pell. Laut Ermittlungen gab es in Pells Geburtsstadt Ballarat in den 1970er-Jahren mindestens fünf pädophile Priester. Pell selbst war damals stellvertretender Pfarrer und Berater des Bischofs. In der Vergangenheit hat Pell auch von Gerald Ridsdale gesprochen, der nach jahrzehntelangen Verbrechen 1993 verhaftet wurde und aus dem Priesterstand austreten musste, weil er 54 Kinder missbraucht hatte, aber immer nur von einer Pfarrei in die nächste versetzt wurde. »Ich erinnere mich, alles falsch gemacht zu haben, ich bereue meine frühere Wortwahl. Ich war sehr verstört und habe ungehörig geantwortet«, sagte Pell, als er auf die Frage, warum er Ridsdale zur ersten mündlichen Verhandlung begleitet habe, zur Antwort gab, es sei seine »Christenpflicht«.

14 Im Vatikan erzählt man sich hinter vorgehaltener Hand von einer Besprechung Anfang 2016 zwischen den Führungsriegen der APSA und des Wirtschaftssekretariats, bei der Pell auf den Tisch haute und Calcagno anschrie: »Ihr müsst tun, was ich sage, Ihr müsst über mich gehen.« Calcagno blieb still und erwiderte nichts.

15 Generalsekretär des Wirtschaftssekretariates und damit Assistent des Präfekten ist ein weiteres Schwergewicht aus der Ära Benedikts XVI., Alfred Xuereb. Der aus Malta stammende Prälat war lange dessen zweiter Privatsekretär. Er war auch kurz erster Privatsekretär von Papst Franziskus. Nach der Ankunft von Fabián Pedacchio wurde er aber nicht zum Bischof geweiht und nach Hause geschickt (wie das bis vor Kurzem in solchen Fällen gehandhabt wurde), sondern in die Leitung der Wirtschaftsbehörde versetzt. Xuereb ist ein zurückhaltender Mensch, der sich aber nie mit wirtschaftlichen Themen befasst hat. Als Theologe und Fachmann für die Liturgie übte er fast immer Sekretariatsfunktionen aus.

16 Ricca verwaltet mehrere Gästehäuser: von der Domus Romana Sacerdotalis über die Domus Paulus VI bis hin zur Domus Sanctae Marthae, in der Papst Franziskus wohnt.

17 Zitiert nach: https://de.catholicnewsagency.com/story/dokumentiert-die-worte-von-papst-franziskus-auf-dem-ruckflug-aus-afrika-0255 [Zugriff: 4.6.2018].

18 Auch die Ernennung von Fernando Vérgez Alzaga zum Generalsekretär des Governatorats löste in den vatikanischen Palästen Kritik aus. Vérgez ist Mitglied der Legionäre Christi und war früher Sekretär des mächtigen argentinischen Kardinals Eduardo Francisco Pironio, eines guten Freundes Papst Bergoglios. Vérgez war auch mit Kardinal Antonio Quarracino gut befreundet, der als Erzbischof von Buenos Aires den jungen Jesuiten Bergoglio zum Weihbischof gemacht hatte. Eine sehr persönliche Ernennung also. Schade, dass Vérgez heute vorgehalten wird, alles geschickt »auszusitzen«. Keiner, der sich an ihn wendet, um sich über irgendeinen Missstand innerhalb der Vatikanstadt zu beklagen, erhält je eine Antwort: »Man redet gegen eine Wand«, heißt es. »Du erläuterst das Problem, er sieht dich an und sagt nichts, nickt nur, trifft keinerlei Entscheidung und lässt dich wieder gehen.«

19 Siehe auch Massimo Franco, »Libero Milone: ›Volevano arrestarmi. La mia verità sull'addio al Vaticano‹«, *Corriere della Sera*, 24. September 2017.

Teil 3

— Sex —

Die Messdiener des Papstes

Ein geheimer Brief in Franziskus' Händen
Es ist Mittwoch, der 24. Mai 2017, früh am Morgen. Papst Franziskus hat in der Suite 201 im Gästehaus Santa Marta, wo er seit seiner Ernennung wohnt, das Morgengebet gesprochen und schaut, kurz bevor er den Apostolischen Palast erreicht, noch ein letztes Mal auf die Uhr. Um 8.30 Uhr wird er in der Bibliothek der Papstwohnung den Präsidenten der Vereinigten Staaten, Donald Trump, treffen. Doch bis dahin ist noch etwas Zeit, und er kann die voraussichtlich heikelsten Themen der Tagesordnung noch einmal durchgehen: Waffen, Klima und Flüchtlingsströme. Einige seiner engsten Mitarbeiter, Geistliche und hohe Prälaten, lassen sich hingegen die Predigt noch einmal durch den Kopf gehen, die Franziskus gestern bei der Frühmesse in der Kapelle von Santa Marta gehalten hat: »Der böse Geist zieht eine ruhige Kirche vor, die keine Risiken eingeht, eine Kirche der Geschäftemacher, eine bequeme Kirche, in der Bequemlichkeit der Lauheit, eine laue Kirche. [...] Wenn die Kirche lau ist, ruhig, gut durchorganisiert, wenn es keine Probleme gibt, dann schaut sofort nach, wo Geschäfte gemacht werden.«[1]

Das Treffen mit dem amerikanischen Präsidenten dauert genau 29 Minuten, von 8.32 Uhr bis 9.01 Uhr. Nur etwa halb so lange wie die Begegnung zwischen Papst Franziskus und Barack Obama 2014. Die dreißig Minuten, die das Protokoll für Besuche von Staatsoberhäuptern längstens vorsieht, werden von Trump und Papst Franziskus nicht überschritten. Die beiden sind zwei sehr unterschiedliche Persönlichkeiten. Zudem muss Papst Franziskus um 9.30 Uhr schon auf dem Petersplatz sein, wo sich die Gläubigen gerade für die General-audienz versammeln.

Einigen Geistlichen in seinem Gefolge geht auch noch eine an-dere heikle Stelle der gestrigen Predigt durch den Kopf: Der Papst wendet sich dort gegen eine Kirche, die nichts mit Leuten zu tun haben will, die kirchliche Schwachpunkte aufdecken: »Wenn jemand die vielerlei Arten der Weltlichkeit anprangert, dann wird er scheel angesehen. […] Eine Kirche ohne Märtyrer erregt Misstrauen; eine Kirche, die keine Risiken eingeht, erregt Misstrauen; eine Kirche, die Angst hat, Jesus Christus zu verkündigen und die Geister, die Götzen, jenen anderen Herrn, der Mammon heißt, zu vertreiben, das ist nicht die Kirche Jesu.«[2]

Schon wenige Minuten später, nur einen Tag nach dieser Predigt, sollten die Worte des Papstes auf unerwartete Weise wahr werden.

Ob Staatsoberhäupter den Papst treffen oder Pilger an der General-audienz teilnehmen wollen, sie müssen beim Präfekten des Päpst-lichen Hauses und früheren Privatsekretär von Benedikt XVI., Erz-bischof Georg Gänswein, einen Antrag stellen. Das Team von Trump, der an diesem Morgen in der Bibliothek erwartet wurde, hatte das ebenso getan wie ein junger Römer, nennen wir ihn Marco, der an der Generalaudienz teilnehmen wollte. Allerdings heißt er nicht wirklich Marco; das Pseudonym soll ihn davor schützen, unter Druck gesetzt zu werden. Denn er wurde Zeuge von eventuell strafrechtlich relevanten Tatbeständen.

Der junge Mann, der am Priesterseminar studiert hatte, dann aber lieber als Laie Religion unterrichtete, verfolgte in Wahrheit einen ehrgeizigen Plan, bei dem er um- und vorsichtig vorging. So hatte er, um dem Papst näher zu kommen, für die Generalaudienz am Mitt-woch zwei Eintrittskarten beantragt: Junge Paare, die an der Gene-ralaudienz teilnehmen, dürfen einige Sätze mit dem Papst sprechen, ihm die Hand küssen und eine Gabe überreichen, die der Papst an-nimmt und an seine Assistenten weitergibt.

Als der junge Mann die beiden Eintrittskarten für die rechte Seite des Petersplatzes erhalten hatte, eine für sich und eine für seine Begleiterin, schrieb er einen langen, ausführlichen Brief an den Heiligen Vater, mit einer unglaublichen Geschichte, übertrug ihn in sorgfältiger Schönschrift, fügte seine Adresse hinzu und setzte schließlich seine Unterschrift darunter. Doch die schwierigste Hürde lag noch vor ihm: Er musste die Aufmerksamkeit des Papstes wecken und sein Vertrauen gewinnen, damit der den Brief nicht an seine Assistenten weitergab, sondern behielt und später im Stillen las. Wenn ihm das nicht gelang, würde der Brief bei der allgemeinen Post landen, von anderen statt dem Papst gelesen werden, und der Papst würde vielleicht noch nicht einmal etwas davon erfahren.

Darum betrat Marco an jenem Morgen als einer der Ersten die rechte Seite des Petersplatzes und eroberte sich einen Platz in der vordersten Reihe, direkt hinter der weißen Absperrung, die die Gläubigen zurückhält. Wenn der Papst dort vorbeigehen würde, blieben Marco nur wenige Sekunden, um seine Aufmerksamkeit auf sich zu ziehen und sich von der Menge der Pilger abzusetzen, die den Papst mit Gaben, bewundernden Worten und Anrufungen überschütteten.

Als der Papst nah genug an der Absperrung war, beugte sich Marco so weit hinüber, dass er ihm etwas ins Ohr flüstern konnte. Doch gleichzeitig sprach er klar und deutlich, damit der argentinische Papst alles genau verstehen konnte. Wir wissen nicht, was die beiden gesprochen haben, aber wenn man die Zigtausend Fotos durchsieht, die der »Osservatore Romano« bei dieser Gelegenheit geschossen hat, kann man über hundert Fotos finden, auf denen die kurze Begegnung festgehalten ist.[3] Zwei wichtige Details fallen darauf ins Auge: wie düster und ernst der Papst blickt, als er den jungen Mann anhört, und dass der Brief übergeben wird. Nach den Fotos zu schließen, hat der Papst das Schreiben nicht an seine Assistenten weitergegeben, sondern vermutlich in den Gürtel seines Talars gesteckt. Zumindest bis dahin hatte Marco seine Mission also erfüllt.

Mit dem Brief wollte er Papst Franziskus höchstpersönlich darüber informieren, dass es in der einzigen Einrichtung des Vatikans für

Kinder und Jugendliche Vorfälle von Einschüchterung, Gewalt und sexuellem Missbrauch gab.

Die Rede ist vom Präseminar St. Pius X., mit Sitz im Palazzo San Carlo, in dem auch hohe Kardinäle und im obersten Stock der frühere Staatssekretär Bertone wohnen. In die Einrichtung schicken Diözesen Jungen im Mittelschulalter, die eine Neigung zum Priesterberuf zeigen. Wenn man angenommen wird, besucht man eine staatlich anerkannte Privatschule im Herzen Roms, wohnt im Kolleg des Vatikans und ist Messdiener im Petersdom. Im Sommer stehen den Messdienern Jungen der letzten Grundschul- und ersten Mittelschulklasse zur Seite, die nach erfolgreicher Probezeit in das Präseminar aufgenommen werden. Das Präseminar setzt sich also aus den Messdienern zusammen, die man bei wichtigen religiösen Handlungen im Petersdom sieht. Als Außenstehender kann man sich vermutlich kaum vorstellen, wie stark ein Kind oder Jugendlicher vom Petersdom, dem vor Gläubigen überquellenden Petersplatz und der Nähe zum Papst beeindruckt oder geradezu überwältigt sein kann.

Doch leider sind ausgerechnet in diesem Präseminar vermutlich undurchsichtige Dinge passiert, über die Marco den Papst informieren wollte, damit die ganze Geschichte, die im Einzelnen noch zu klären wäre, endlich ans Tageslicht kommt.

Ein früherer Schüler des Präseminars, der Pole Kamil Tadeusz Jarzembowski, hatte als Erster von den Vorfällen berichtet. Schon im Juni 2014 wandte er sich mit mehreren Schreiben, die wir auf den folgenden Seiten in Auszügen wiedergeben, an verschiedene Kirchenbehörden. Was er schildert, ist durchaus wahrscheinlich, denn auch andere haben mehrfach davon erzählt. Es obliegt allerdings zunächst den zuständigen Behörden, zu beurteilen, was den Beschuldigten im Einzelnen zur Last gelegt werden kann: ob es sich um ein besonders dunkles Kapitel der Kuriengeschichte handelt oder die Handlungen strafrechtlich bedeutungslos sind. Um Opfer und Täter zu schützen, werden darum im Folgenden, anders als in den Beschwerdeschreiben, nicht die wirklichen Namen genannt. Dazu müssen die Vorfälle erst noch geklärt werden.

Kamil war mit dreizehn in das Präseminar St. Pius X. eingetreten und lebte bis vor wenigen Jahren dort. In einem seiner Schreiben erklärt er:

Im September meines ersten Jahrs am Seminar, als ich also nach den Sommerferien wieder in den Vatikan kam, wies mir der Rektor einen gemeinsamen Schlafraum mit Paolo, einem anderen Schüler, zu. Im Lauf des Schuljahrs, genauer gesagt von Ende September bis Anfang Juni, wurde ich Zeuge sexueller Handlungen, die Antonio trotz meiner Anwesenheit von Paolo verlangte. Zu den sexuellen Handlungen kam es stets gegen 23 Uhr. Wenn alle im Bett lagen, betrat Antonio unseren Schlafraum. Dort kam es dann zu Oralsex, manchmal gingen beide aber auch in einen anderen Raum, um dort weiterzumachen. Antonio hatte freien Zugang zum Präseminar, war bei einigen hohen Prälaten äußerst beliebt und beeindruckte uns Schüler gewissermaßen. Dank seiner engen, vertraulichen Beziehungen konnte er im Präseminar, obwohl er dort keine offizielle Aufgabe hatte, selbstbewusst auftreten. So konnte er die jüngsten Seminaristen (die sich ihm untergeordnet fühlten) einschüchtern und gewissermaßen Macht über sie ausüben. Paolo fühlte sich verpflichtet, Antonios Forderungen nachzugeben, auch, weil er sich unausgesprochen und unterschwellig erpresst fühlte: Hätte sich mein Freund und Mitschüler geweigert, hätte er Probleme mit den Oberen bekommen, oder man hätte ihn vor allem bei den Papstmessen mit einer Nebenrolle im Ministrantendienst »bestraft«.

Aus demselben Grund hatte auch ich Angst und traute mich nicht, mich offen über die Handlungen, deren Zeuge ich wurde, zu beschweren. Hätte ich eindeutig und direkt Stellung bezogen, wäre ich des Seminars verwiesen worden, denn es war mir sehr wohl klar, dass Antonio innerhalb der Hierarchie einen besonderen Schutz genoss. Weil sich die oben genannten Vorfälle aber wiederholten, mich zunehmend bekümmerten und ich zudem befürchtete, das Präseminar verlassen zu müssen, vertraute ich mich meinem Spiritual (und Spiritual des gesamten Seminars), Don Marco, an.

Kamil Jarzembowski suchte also angesichts von Schikanen und sexuellem Missbrauch nach einem Weg, die Oberen zu entsprechenden Maßnahmen zu bewegen und die unerträgliche Situation im Präseminar zu beenden. Man reagierte allerdings anders als erwartet: Niemand schien die Sache sonderlich ernst zu nehmen. Aber Jarzembowski gab nicht auf:

> Auf meinen ausdrücklichen Wunsch hin unterrichtete dieser [der Spiritual Don Marco, A.d.A.] auch den zuständigen Erzbischof und hierarchisch Höherstehende über die Vorkommnisse. Doch auch das verlief im Sande. Weil ich zunehmend trauriger und einsamer wurde, informierte ich schließlich den Generalvikar Seiner Heiligkeit für die Vatikanstadt, Kardinal Comastri. Er empfing mich auf mein Schreiben hin in seinem Büro und erklärte mir, er habe den zuständigen Bischof informiert. Das überraschte mich, da ich davon ausgegangen war, dass er als Ordinarius der Diözese, in der die genannten Handlungen stattfanden, selber tätig werden würde. Nachdem Comastri die Sache an eine andere Behörde weitergegeben hatte, unternahm er keine weiteren Schritte mehr. Keiner unternahm etwas. Angesichts des anhaltenden Schweigens und der Gleichgültigkeit von Seiten derer, die meiner Meinung nach aus rechtlicher und vernünftiger Sicht hätten tätig werden müssen, wandte ich mich direkt an den Heiligen Stuhl, insbesondere an das Staatssekretariat und die Kongregation für die Glaubenslehre. Letztere teilte mir im September 2014 schriftlich mit, dass der Fall an die zuständige Kongregation für den Klerus weitergegeben werde. Bis heute hat mir gegenüber keine vatikanische Behörde die Vorfälle bestritten.

Kamil hatte sich zum Priester berufen gefühlt, war daher von Polen in den Vatikan umgezogen und voller Vorfreude in das Präseminar eingetreten. Es war eine Welt, die ihn faszinierte. Er fühlte sich als etwas Besonderes. Doch was er in dieser Welt erlebte, ließ sich nicht mit seinen Werten vereinbaren. Seine Beschwerde lief ins Leere:

> Ich möchte noch einmal darauf hinweisen, dass keine der genannten Behörden im Gespräch oder in schriftlichen Mitteilungen erkennen ließ, dem von mir vorgebrachten Fall nachgehen zu wollen. Nie-

mand machte sich die Mühe, die von mir beschriebenen Vorfälle zu überprüfen. Man versuchte im Gegenteil, sie zu ignorieren oder, schlimmer noch, unter den Teppich zu kehren. Dass viele davon wussten, zeigt ein mutmaßlich anonymes Schreiben, in dem man sich ebenfalls über Antonios Taten beschwerte und das unter anderem an das Staatssekretariat, an Kardinal Comastri, geschickt wurde. Ich habe es zwar nicht selbst gesehen, aber Comastri hat mir davon erzählt und gesagt, er könne es mir nicht zeigen, da er es zerrissen habe. In demselben Gespräch teilte er mir auch mit, dass das Staatssekretariat Antonio mit einem Hausverbot für den Petersdom und Vatikanstadt im Allgemeinen belegt habe. Hinsichtlich des skandalösen Verhaltens von Antonio sagte der Kardinal: »Ich will keine Probleme.« Obwohl ich zu meiner und zur Verteidigung der Wahrheit niemals zu übler Nachrede, Gerüchten oder Verleumdungen gegriffen habe, habe ich durch diese Sache psychisch Schaden genommen, was sich in einer anhaltenden schweren Depression äußert. Ich habe darauf vertraut, dass die Institution, der ich angehörte, tätig würde, und von den Behörden, an die ich mich gewandt habe, ein entschiedenes Eingreifen erwartet. Diese ganzen Vorfälle haben bei mir zu einer tiefen Niedergeschlagenheit geführt. Erst als ich das Gymnasium abschloss, ging es mir psychisch wieder besser.[4]

Nächte voller Angst in Bertones Palast

Ich will herausfinden, ob Kamils Anschuldigungen glaubwürdig sind, und beschließe darum, mit ihm zu sprechen. Wir treffen uns in einer Bar in Rom, im Viertel Prati, in unmittelbarer Nähe vom Vatikan. Der junge Mann, geboren in Dzierzgoń, einer Ortschaft nahe Danzig, ist schmächtig, hat einen unsteten Blick und beendet jeden Satz mit einem melancholischen Lächeln. Momentan legt er an der Università La Sapienza, wo er dank eines Stipendiums und finanzieller Unterstützung seiner Eltern Kunstgeschichte studiert, verschiedene Prüfungen ab. Seine Selbstsicherheit, sein Gerechtigkeitswille und sein Wahrheitsdrang beeindrucken mich zutiefst.

Darf ich unser Gespräch aufnehmen?
Natürlich, ich habe nichts zu verbergen.

Wie lange haben Sie im Vatikan gelebt?
Fünf Jahre lang, aber das ist jetzt schon einige Jahre her.

Wie alt waren Sie, als Sie ins Präseminar eintraten?
Als ich zwölf war, noch in Polen, war ich sehr gläubig. Die Kirche erschien mir wie ein sicherer Ort, ich war in der Kirche meines Viertels Messdiener, und eines Tages sah ich im Fernsehen eine Sendung über das Präseminar. Ich war begeistert: Messdiener beim Papst! Ich habe mir selber Italienisch beigebracht und mich über einen früheren polnischen Seminaristen, Rafał Fleszar, beworben. Ich wurde zur Probe aufgenommen und konnte mit dem neuen Schuljahr im September beginnen. Da war ich dreizehn.

Wo haben Sie gewohnt?
Im Palast San Carlo.

Das ist eines der größten Gebäude in Vatikanstadt. Wo genau?
Das Gebäude hat zwei Teile. Der eine geht auf den Petersdom, Piazza Santa Marta und die Tankstelle, dann kommt ein Hof und dahinter liegt der andere, zur italienischen Grenze hin. Im obersten Stock des ersten Teils hat Bertone seine Wohnung, im zweiten Teil befinden sich die Schlafsäle der Kinder. Mein Fenster ging auf den Hof, ich konnte also die Wohnung von Bertone, die Kuppel und die Wohnung von Kardinal Paolo Sardi sehen, und dann war da noch Prälat Giuseppe Sciacca.

Sie wollten Priester werden?
Ich will etwas vorausschicken: Ich bin schwul, und als Junge wollte ich herausfinden, ob ich berufen bin oder nicht. Später habe ich dann gemerkt, dass ich in mir denselben Mechanismus habe wie viele andere Homosexuelle: Man versucht, einen Teil von sich zu verstecken,

das Schwulsein, und wird Priester. Darum gibt es so viele schwule Priester. Es ist immer wieder dieser Mechanismus.

Schwule sind auch heute noch nicht allgemein akzeptiert. Müssten Sie Homosexuellen gegenüber darum nicht etwas nachsichtiger sein?
Nein, eigentlich nicht. Ich habe nichts gegen schwule Priester. Das Problem liegt woanders, in der Lüge: Tagsüber sind diese Leute homophob und nachts lassen sie in den Schwulendiskos alle Hemmungen fallen.

Auch heute noch?
Natürlich. Die Sexualität wird Tag für Tag unterdrückt und von den Priestern im normalen Leben verschwiegen. Die kirchliche Lehre verlangt das Zölibat und hält Homosexualität für eine »Einstellung«, als würde man sich dafür entscheiden. Das ist genauso anachronistisch wie damals, als die Leute partout glauben wollten, dass die Erde der Mittelpunkt des Universums ist.

Und dann passiert so etwas wie das, was Sie in Ihren Beschwerden beschreiben, sexuelle Handlungen an Minderjährigen im Präseminar?
Ja, das ist wohl das Erschütterndste, was ich jemals erlebt habe, ein ganzes, langes Schuljahr hindurch. Antonio wurde von oben geschützt und hat uns ausgebeutet; durch Übergriffe, psychischen Druck und sexuelle Handlungen.

Wie oft haben Sie gesehen, dass Antonio nachts in den Schlafraum kam?
Also so im Durchschnitt, von Oktober bis Mai sind acht Monate, und im Monat wird er so fünfzehn bis zwanzig Mal gekommen sein, das wären also insgesamt 140 Mal.

Und was passierte dann?
Wir waren im obersten Stock, Antonio wartete, bis alle schliefen, dann lief er über den Flur und kam herein. Ohne ein Wort zu sagen, legte er sich in Paolos Bett und verkehrte sexuell mit ihm. Es war

immer nach elf Uhr abends, wenn keine Aufsicht mehr im Schlafsaal war. Als er das erste Mal in unser Zimmer kam, war ich schon fast eingeschlafen und erschrak:»Was machst du hier?«, habe ich gefragt, und ohne zu antworten, zog er die Tür wieder zu und ging. Beim zweiten Mal dasselbe. Beim dritten Mal sagte ich nichts mehr und er schlüpfte in Paolos Bett. Er schrieb Paolo oft SMS-Nachrichten, die wir dann gemeinsam lasen.

Konnte man hören, wenn er kam?
Natürlich. San Carlo war ja früher ein Krankenhaus, alle Räume liegen immer noch rechts und links an einem langen Flur.

Wie alt waren Sie da?
Ich war sechzehn, also noch minderjährig. Das Opfer war siebzehn oder achtzehn. Insgesamt muss man sagen, dass dort nicht gerade eine Arbeits- oder Gebetsatmosphäre herrschte: Immer wieder gab es homosexuelle Anmache.

In Ihren Berichten schreiben Sie, dass es sich nicht um einen freiwilligen Austausch handelte, sondern dass dieser Liebling der Oberen gewissermaßen Zwang ausübte, weil er eine Stellung genoss, durch die er die jüngsten Seminaristen (die sich ihm untergeordnet fühlten) einschüchtern und gewissermaßen Macht über sie ausüben konnte. Paolo fühlte sich verpflichtet, Antonios Forderungen nachzugeben, auch, weil er sich unausgesprochen und unterschwellig erpresst fühlte: Hätte sich mein Freund und Mitschüler geweigert, hätte er Probleme mit den Oberen bekommen oder man hätte ihn vor allem bei den Papstmessen mit einer Nebenrolle im Ministrantendienst »bestraft«.
Genauso war es.

Wie lange hielt er sich in Ihrem Schlafraum auf?
Knapp zwanzig Minuten, die Zeit, die der Oralverkehr dauerte. Manchmal schmiss Paolo ihn raus, weil er nicht wollte. Ich wunderte

mich, dass das Ganze ohne irgendwelche Worte oder Gefühle ablief. Es wirkte wie ein echter Akt der Unterwerfung.

Und wenn die beiden einfach ein Liebespaar waren?
Dann wäre Paolo zu Antonio gegangen, woandershin, wo sie allein gewesen wären. Im Gegensatz zu unserem Zimmer konnte man Antonios Lieblingsraum sogar abschließen. Da wären sie ganz für sich gewesen. Ich weiß als Einziger, wie verletzt und unbehaglich sich Paolo damals fühlte.

Und nachts gab es keine Zimmerkontrolle?
Nein, die Aufsicht ging irgendwann schlafen und war weg.

Und was passierte am nächsten Tag?
Nichts, der Wecker klingelte um 6.20 Uhr, um 6.40 Uhr versammelten wir uns zum Gebet, und alle taten, als wenn nichts wäre, das Opfer, der Täter, und auch ich zog mich in mich selbst zurück. Wir hatten auch nie Zeit. Um sieben öffnete schon der Petersdom, wir mussten die Sakristei vorbereiten, und einige halfen bei der Messe. Ich hatte Angst.

Hatte das Opfer Vorteile davon, dass es sich den sexuellen Übergriffen nicht widersetzte?
Nein, tagsüber schien es, als hätte Antonio nur Hass für Paolo, ebenso wie ein anderer Prälat, der sich oft über ihn aufregte und ihn demütigte.

Hat Antonio Sie irgendwann einmal bedroht? Hat er irgendwann gesagt: »Wehe, wenn du was sagst! Kümmere dich lieber um deine eigenen Sachen!?«
Nein, gesagt hat er das nicht, aber das verstand sich von selbst. Das musste nicht ausdrücklich gesagt werden.

Gibt es noch weitere Zeugen?
In unserem Schlafraum waren nur wir drei, aber Paolo hat sich zwei Geistlichen anvertraut. Das haben diese mir selber gesagt, es waren X und Y[5]. Letzterer hat unter anderem versucht, die Vorfälle bei den Oberen anzuzeigen, und wurde dann versetzt.

Als Sie ins Präseminar eintraten, waren Sie dreizehn. War Sexualität schon ein Thema unter den Messdienern, hat man untereinander über Mädchen oder Jungen gesprochen?
Ja, aber das konnte man natürlich nicht offen. Wenn einer beispielsweise in der Schule mit jemandem etwas angefangen hatte, vielleicht sogar mit einem Mädchen – auch wenn das schwer war, weil wir das Präseminar grundsätzlich nicht verlassen durften –, dann konnte er das nicht sagen, weil das ja ein Fehltritt war.

Wie viele Räume gab es für die Messdiener?
Es gab noch mehr Dreibettzimmer wie unseres oder auch Vierbettzimmer, aber es waren nicht alle belegt. Während des Schuljahrs waren vier oder fünf Zimmer belegt.

Also waren ungefähr zwanzig Schüler da oder weniger?
Zu Anfang waren es fünfzehn, dann wurden es immer weniger. Dieses Jahr sind es nur neun.

Ist Ihnen in den ersten Jahren im Seminar irgendetwas Besonderes aufgefallen?
Es gab einiges, was mir undurchsichtig schien. Zu Anfang sprach ich noch nicht so gut Italienisch, aber ich merkte genau, dass irgendetwas nicht stimmte. Die Beziehung zwischen den Schülern und den Oberen, besonders mit einem davon, schien sehr speziell. Es gab bei den Messdienern zwei Gruppen. Die eine war für Antonio, vielleicht, weil er eine gute Beziehung zu den Oberen hatte. Diese treuen Anhänger waren wie Auserwählte, privilegiert. Die andere Gruppe war gegen ihn, aber ich verstand nicht, warum.

Welche Beziehung bestand zwischen Antonio und diesem hohen Prälaten?
Antonio entschied quasi alles, und dieser Prälat sagte zu allem Ja, vor allem, wenn es um den Petersdom ging. Und mit den Jahren hat Antonios Macht noch zugenommen.

Antonio sagte also, wer dem Papst als Messdiener dienen sollte?
Ja, er sagte, wer in der Papstmesse dienen sollte, und der Prälat, der ja eigentlich über ihm stand, nickte alles ab. Im Präseminar wussten wir das nicht, man verstand das nicht. Das Verhalten des Prälaten, auch uns gegenüber, war vollkommen unverständlich. Oft widerrief er grundlos Entscheidungen, die uns betrafen, und schien dadurch völlig ungerecht. Und alle ärgerten sich.

Können Sie ein Beispiel dafür nennen?
Im Präseminar musste man gehorchen und sich auch unnötig demütigen lassen. Im Sommer sagte er etwa, wir würden nach dem Mittagessen ins Schwimmbad gehen, wir sollten uns schon einmal fertigmachen, und wenn wir dann voller Vorfreude mit gepackten Badesachen dastanden, änderte er seine Meinung plötzlich, und wir waren enttäuscht. Natürlich sind das letztendlich Kleinigkeiten, aber so ging das jeden Tag. Diese Leute besitzen nicht die pädagogischen Fähigkeiten für den Umgang mit Kindern; meiner Meinung nach müsste das Präseminar darum geschlossen werden.

War der Ministrantendienst beim Papst begehrt?
Ja, das wollte jeder machen, das war eine hochemotionale Sache, ob bei Benedikt XVI. oder Papst Franziskus. Wir Schüler wussten außerdem, dass man an dieser Schule, außer dem Ministrantendienst beim Papst, nicht viele Chancen hatte.

Wie muss man sich den Alltag in der Schule vorstellen?
Das war kein ruhiges Leben, immer gab es Ungerechtigkeiten. So wurde uns beispielsweise die Post weggenommen…

Wie meinen Sie das?

In dem Seminar gab es ein Postfach für die ankommende Post, aber die Leitung entschied darüber, wer Briefe bekommen durfte und wer nicht. Manche Briefe wurden einbehalten und nicht weitergegeben. Mein Freund Paolo hat einmal auf einen Brief gewartet, der aber nie ankam. Er wusste genau, dass dieser Brief unterwegs war, aber er kam nie an. Und das geschah manchmal mehrmals hintereinander. Irgendwann durchsuchten wir darum die Schubladen der Leitung und entdeckten dort jede Menge gehortete Briefe. Wer das war? Wir hielten einen seltsamen Priester für verdächtig, der alles hamsterte und nie was wegwarf. In seinem Büro hatte er endlose Stapel des »Osservatore Romano«. Und hinten in einer Schublade fanden wir auch Paolos Briefe. Man kontrollierte auch täglich unsere Schränke.

Wer?

Während wir in der Schule waren, wurden unsere Schränke von einem Prälaten kontrolliert. Als ich einmal Grippe hatte und nicht zur Schule gehen konnte, habe ich es mit eigenen Augen gesehen. Als ich das Zimmer betrat, stand er vor meinem geöffneten Schrank und durchsuchte ihn. Auf mein Erstaunen hin erklärte er mir, er würde bloß gucken, ob die Kleidung in Ordnung sei. Nur sind leider manchmal Sachen von mir verschwunden, die ich dann in seinem Arbeitszimmer wiedergefunden habe.

Kommen wir auf die nächtlichen Besuche zurück. Wann haben sie angefangen? In welche Klasse ging das Opfer?

Paolo war im letzten Schuljahr und hat das Präseminar nach dem Abitur verlassen.

Und davor?

Davor sind andere komische Dinge passiert. Da war zum Beispiel ein Junge, Alessandro (Pseudonym), der seine Homosexualität gern zur Schau stellte. Er hatte eine gewisse Vergangenheit. Man hatte ihn aus mehreren Seminaren geworfen, aber er wollte unbedingt Priester werden. So kam er in das Präseminar und war dort Assistent, auch wenn das eigentlich keine offizielle Stelle war. Ab und zu schloss er sich mit Paolo im Zimmer ein ...

Und was passierte da?
Sie massierten sich. Was sonst, weiß ich nicht, aber ich habe mit eigenen Ohren gehört, wie sie da drin lachten und Sachen sagten ...

Es gab also ein Sexualleben oder ein homosexuelles Sexualleben im Präseminar ...
Ich bin mir sicher, dass zwischen den beiden etwas war. Kurzum, es gab im Präseminar Sex.

Auch mit Minderjährigen?
Na klar, als sich Antonio und Paolo beispielsweise um Giuseppe (Pseudonym) stritten, waren beide minderjährig, als Paolo und Alessandro sich massierten, war Letzterer volljährig, Paolo aber minderjährig. Zu einem anderen minderjährigen Schüler sagte Antonio immer:»Ich wünschte, du würdest wie Giuseppe werden. Der war mein Kind.«

Dürfte ich bei einer Veröffentlichung seinen richtigen Namen nennen?
Ja, warum nicht, ich werde, bis ich sterbe, für die Wahrheit einstehen.

Was macht Sie so entschlossen?
Diese Leute haben mein Leben ruiniert.

Wieso?
Weil ich früher einmal Ideale hatte, ich war gläubig, sehr gläubig sogar.

Sie sagen das mit einem Lächeln ...
Ja. Ich war sehr gläubig. Ich bin hierhergekommen, weil ich wusste, dass ich in meinem Örtchen mit seinen fünftausend Einwohnern

im polnischen Norden keine Zukunft hatte. Ich wollte mehr, und darum bin ich hierhergekommen und habe mir selber, ohne jede Hilfe, Italienisch beigebracht. Ich habe an die Kirche geglaubt, weil ich an Gott glaubte, und die Kirche für einen Gläubigen der mystische Leib Christi ist. Ich dachte nicht, dass die Kirche ein so menschliches Gesicht hat, zu menschlich. Das hat mir einmal sogar meine Italienischlehrerin gesagt, der ich mich mit der Zeit anvertraut hatte. Sie brachte das Ganze in einem Satz auf den Punkt: »Du hast den Menschen gesehen.« Sie wollte sagen, ich habe gesehen, wie er wirklich ist. Als ich da war, habe ich sehr schnell gemerkt, wie er wirklich ist. Schon als Kind hatte ich mich immer gefragt: »Muss man überhaupt an Gott glauben, wenn man im Staatssekretariat arbeitet? Nein, muss man nicht, das hat damit gar nichts zu tun. Da geht es nur um Politik, um die Macht von Leuten, die morgens die Messe lesen und abends in die Mucca Assassina [Schwulendisko in Rom, A.d.A.] gehen.

Wieso haben diese Leute Ihr Leben ruiniert?
Als ich mich über die Vorfälle beschwert habe, hat man mich hinausgeworfen. Das werde ich mein Leben lang nicht vergessen: Ich war im vorletzten Jahr des Gymnasiums, es war der letzte Schultag, ich freute mich über meine guten Noten, nur Dreien, Zweien und Einser. Weil ich, nachdem ich morgens die Kleidung in der Sakristei vorbereitet und gefrühstückt hatte, immer gern in das päpstliche Institut Sant'Apollinare gegangen bin und fleißig war. Ich packte gerade die Koffer und freute mich, meine Eltern in Polen wiederzusehen, als der Prälat ankam, sich in die Tür stellte, mich musterte und sagte: »Du brauchst gar nicht erst wiederzukommen.« Das war für mich ein Schock, wohin sollte ich denn gehen? Ich wollte etwas lernen und die Schule beenden. Wäre ich nach Polen zurückgekehrt, wären all die Jahre am Gymnasium umsonst gewesen. Und das wollte ich nicht. Auch weil ich, was man mir dann auch bestätigt hat, genau wusste, dass man mich nur rauswarf, weil ich den Mund aufgemacht hatte.

Sie hatten es da noch keinem gesagt...
Doch und wie, erst drei Tage davor dem Kardinal Angelo Comastri, als zuständiger Erzbischof aus institutioneller Sicht der richtige Ansprechpartner. Wenn Comastri zum Abendessen zu uns kam, hießen wir ihn freudig willkommen, als wäre er unser Bischof, was er ja auch war. Der Papst ist ja nicht nur der Bischof von Rom, sondern auch Hirte der Universalkirche und kann sich darum nicht um eine Diözese kümmern. Dafür hat er zwei Vikare, einen im Lateran und einen im Vatikan. Comastri war unser Bischof, zu wem hätte ich sonst gehen sollen?

Darum haben Sie sich mit dem Kardinal getroffen?
Am 6. Juni 2014 habe ich ihm alles erzählt. Er schwieg geschockt. Ich habe ihm gesagt, was in der Nacht passierte, wenn Antonio, obwohl ich auch da war und noch minderjährig, in den Schlafraum kam. Antonio wusste genau, dass er mit dem bedauernswerten Schüler völlig gefahrlos sexuell verkehren konnte, obwohl ich, versteckt unter der Bettdecke, im selben Zimmer lag. Er wusste genau, was passieren würde, wenn ich redete. Und so kam es dann ja auch, man warf mich raus.

Wo haben Sie sich mit dem Kardinal getroffen?
In seinem Büro im Pfarrhaus, gleich neben dem Petersdom. Er bat mich, am Montag darauf noch einmal zu kommen, um ihm die neuesten Vorfälle zu erzählen, und zwar genauer als bisher. Am Frühabend des 9. Juni ging ich also wieder zu Comastri. Aber er sagte mir nur, er hätte den Bischof über alles informiert, und verabschiedete sich sofort. Ich wusste gleich, das war es, und alles war umsonst.

Was wäre passiert, wenn Sie volljährig gewesen wären?
Dass ich minderjährig war, verschlimmert die Sache für Antonio, aber das Entscheidende war eigentlich, dass er das gefahrlos in meiner Anwesenheit tun konnte, weil er im Präseminar eine Machtposition hatte. Er steuerte alles, er hatte Einfluss, Kontakte und Machtmittel.

Ist er ein aggressiver oder arroganter Mensch?
Ja, sehr arrogant, ich halte ihn sogar für gefährlich. Ich habe Comastri gefragt, wieso er nicht, wie anderswo üblich, einen psychologischen Test absolvieren musste, ehe man ihn aufnahm. Und Comastri war mit mir völlig einer Meinung.

Wie hat er sich an diesem Freitag von Ihnen verabschiedet?
Wissen Sie, Comastri ist ein freundlicher Mensch. Er sagte:»Ich gebe dir meinen Segen.« Vielleicht haben wir auch noch ein Ave Maria gesprochen. Mir schien es immer, als ob Comastri über allem »Menschlichen« stand.

Angesichts dieser bedrückenden Dinge hat er Sie also aufgefordert, mit ihm zu beten?
Ja. Ich bat ihn noch, meinen Namen nicht zu nennen. Ich wusste genau, dass ich sonst hinausgeworfen würde.

Meinen Sie nicht, dass Sie ein wenig unüberlegt und auch naiv gehandelt haben?
Ja, bestimmt, aber ich hatte das alles so lange für mich behalten und mich gequält; ich musste das einfach irgendeinem Oberen sagen.

Wieso haben Sie nicht Paolo gebeten, selber tätig zu werden und sich zu beschweren?
In den Jahren danach habe ich Paolo natürlich gebeten, eine Aussage zu machen, weil ich auch Anzeige beim vatikanischen Gericht erstatten wollte. Aber er sagte, er würde niemals freiwillig aussagen, weil er alles einfach nur vergessen wollte. Heute sagt er, er würde aussagen, wenn er vom Gericht vorgeladen würde.

Denken Sie nicht, dass Sie Paolo auch schaden, wenn Sie seine Geschichte an die Öffentlichkeit zerren?
Im Gegenteil, ich habe immer versucht, ihn, so gut es ging, zu schützen. Ich habe furchtbare Ängste ausgestanden, weil die Situation

einfach absurd ist. Ich hatte Angst, irgendetwas zu unternehmen, ich hatte Angst, darüber zu reden, und Angst vor dem, was da passierte, weil mich das als Gläubiger auch in einen seelischen Konflikt stürzte.

Waren Sie gern am Institut Sant'Apollinare?
Ja, obwohl wir nur zwischen einer humanistischen und wissenschaftlichen Richtung wählen konnten. Der Direktor war ein sehr guter Freund von dem hohen Prälaten und kam jeden Freitag mit dem Vizedirektor zum Mittagessen zu uns. Ich erschrak, als ich sah, dass der Schuldirektor sozusagen zu mir nach Hause kam, das ging einfach nicht. In Polen gibt es Gesetze, die jede Beziehung zwischen Schülern und Lehrern, ganz gleich aus welchen Gründen, untersagen. Und die kamen einfach zu uns nach Hause, um über die Schule zu sprechen. Ist das nicht absurd?

Aber das Seminar gab den Schülern auch ein theologisch-kulturelles Zuhause…
Wenn Sie das denken, sind Sie naiv. Nein. Da sind auch noch andere unglaubliche Dinge passiert, die zum Lachen wären, wären sie nicht so traurig.

Worauf spielen Sie an?
Eines Tages hatte der damalige Staatssekretär Bertone im Petersdom die Messe gehalten und kam anschließend in die »Sakristei für die Kardinäle«, einen winzigen Raum, in dem wir Messdiener den Kardinälen halfen, die Paramente abzulegen. Bertone machte ein finsteres Gesicht und fragte den anwesenden Prälaten: »Hat der Priester, der die Messe organisiert hat, auch den Umschlag mitgebracht?« Und der Prälat antwortet, wobei er ein Lachen unterdrücken muss: »Eminenz, ich bin betrübt, aber ich weiß nichts von einem Umschlag.«

Wie ist das zu verstehen?
Wenn Bertone eine Messe hält, dann kommt er nicht etwa gratis. Für eine Messe muss man bezahlen. Darum fragte Bertone ohne Um-

schweife nach dem Umschlag. Ich stand dabei, ich schwöre, und der Prälat hätte beinah losgeprustet.

Wirklich? Sie wollen also sagen, dass ein Priester, wenn er irgendwo eine Messe hält...

In Polen ist das genauso. Mein Pfarrer hat mir einmal erzählt, dass der Hilfsbischof über tausend Złoty verlangt, das ist ein halbes Durchschnittseinkommen, plus der Kollekte. Für eine Taufe beispielsweise gab es einen festen Preis, plus die Kollekte.

Welches Verhältnis herrschte zwischen den Messdienern des Papstes und den Prälaten?

Die Prälaten haben fast alle Spitznamen, meistens weibliche, Sie verstehen. Manche gehen in Transen-Diskos. Auch einige von den Prälaten, denen wir als Messdiener dienten. Paolo hat sie in der Mucca Assassina gesehen. Einen hat er sogar gegrüßt, und der kam dann später zu ihm und bot ihm Geld an, damit er schwieg.

Was hat Paolo dazu gesagt?

Er hat ihn zum Teufel geschickt und gesagt, er solle sich schämen. Da waren Peinlichkeiten ohne Ende. Bei den Proben zur Papstmesse im Petersdom gab es einen Prälaten, der sich sehr tuntenmäßig gab, er hat sich immer an uns rangemacht, an die Jüngsten, uns angefasst und gelacht: »Oh, du hast noch gar keinen Bart.« Er stand dann unter uns wie eine Diva. Er war anzüglich. Und so war es immer.

Wie alt waren die Messdiener da?

So um die vierzehn.

War das der Einzige, der sich so verhielt, oder gab es auch noch andere?

Unter den Zeremonienmeistern?

Ja.

So anzüglich nicht. Aber es gab andere, bei der Frühmesse.

Wie waren die?
Tja, es gab da drei, sie hießen »die drei Marien«. Sie hielten die Messe immer gemeinsam. Für mich waren die eindeutig schwul.

War das den Messdienern peinlich?
Ein bisschen, weil sie sehr … doch sie kamen keinem zu nahe, und einmal habe ich einen Prälaten gesehen, nicht nur ich. Als wir eines Abends durch Rom gingen, sahen wir einen Prälaten mit diesen schwarzen Latexhosen.

Und wer war das?
Ich weiß, wo er arbeitet, aber den Namen habe ich vergessen. Und dann gab es noch andere Priester. An einem Samstagmorgen, gegen acht, habe ich einen gesehen, der in sehr eng anliegenden Jeans aus einem fremden Haus in Prati kam. Ich weiß, wo er eigentlich wohnt. Aber dass die Priester im Vatikan Sex haben, ist ja ein offenes Geheimnis, oder die Priester allgemein. Es gibt sogar Statistiken darüber: Über 50 Prozent sind homosexuell, und ich glaube das sofort, weil ich es gesehen habe, ich habe so viele kennengelernt, und im Vatikan ist die Zahl noch höher, das liegt auf der Hand.

Können Sie sich noch an andere Spitznamen erinnern?
Es gab eine »Jessica«, oder einen sehr bösen, rachsüchtigen schwulen Zeremonienmeister des Papstes nannten sie »die Viper«. Ein Kardinal hieß »die Fette«.

Wer war das?
Die Fette ist X, dieser riesige Fettwanst, der auch ein Freund von Y ist.

Und erinnern Sie sich noch an andere?
Ja, an Prälat [Giuseppe, A.d.A.] Sciacca, aber aus ganz anderen Gründen. Seine Messe war für uns Messdiener ungeheuer beeindruckend, weil er nur eine Viertelstunde brauchte, zwanzig Minu-

ten zum Ankleiden und zur Vorbereitung – aber nicht wie die anderen, nein, er redete mit den Leuten in der Sakristei, er nahm sich Zeit –, dann hielt er die Messe, in Latein – er sprach Latein genauso gut wie Italienisch – und in sieben Minuten war er fertig. Für die ganze Messe auf Latein, mit Lesung und allem, braucht er nur sieben Minuten.

Was wissen Sie noch über Sciacca?
Ich erinnere mich an dieses berühmte Buffet – unter Benedikt XVI. gab es ja diese opulenten Buffets, bis er dann ging. Jedenfalls, als der Wechsel im Governatorat war, als Kardinal [Giovanni, A.d.A.] Lajolo weggegangen und Kardinal [Giuseppe, A.d.A.] Bertello gekommen ist, gab es in den Vatikanischen Museen, genauer gesagt in dem Cortile della Pigna zwei Bankette im Abstand von nur einer Woche. Stellen Sie sich den Pinienhof vor, das ist der Hof mit der modernen Kugel und dem Pinienzapfen von Dante, er ist ja rechteckig, und auf einer Seite war ein riesiges Buffet aufgebaut. Ich hatte so etwas jedenfalls noch nie gesehen. Mit zwei jeweils drei Meter großen Parmesanlaiben, und einer Musikkapelle. Zwei Bankette: eins, als Bertello kam, und das andere, als Sciacca Bischof wurde.

Und wer hat das bezahlt?
Das Governatorat.

Meinen Sie nicht, da irren Sie sich, und er hat es selber bezahlt? Warum gab es die Bankette?
Wieso? Man wollte feiern.

Das war Sciacca? Und da kamen die Kardinäle, die Angestellten?
Ja, alle waren da.

Das hat bestimmt Sciacca bezahlt.
Ich bitte Sie. Das glaube ich nicht. Es gab so viele Bankette, und nach Lajolo ließ Sciacca – genau erinnere ich mich nicht mehr, es war

vielleicht zum 25. Episkopat, auf jeden Fall ein runder Jahrestag, Priestertum oder Bischofstum –, er ließ ungefähr zwanzig Bankette ausrichten, wirklich: Es gab eine Messe im Petersdom, die ja jedes Mal etwas kostet, eine Messe im Governatorat und danach immer ein Buffet. Im Governatorat sind ja verschiedene Abteilungen: Eine Messe war für die Ärzte, eine für die Feuerwehrleute, jeder bekam seine Messe.

Was scheint Ihnen im Vatikan am anachronistischsten?
Auf jeden Fall die Geheimnistuerei um die Papstwahl. Der ganze Vatikan weiß doch schon vorher, wer es wird. Als Sciacca Bischof werden sollte, haben sie es ihm zuerst gesagt. Das war noch ganz geheim, aber es wussten schon alle. Wir Messdiener spielten vor den Ernennungen immer so ein Spiel.

Was für ein Spiel?
Das tägliche Bulletin erscheint mittags, aber wir wussten immer schon morgens haargenau, wer Bischof wird. Schon am Tag davor hieß es: »Hast du's schon gehört? Morgen früh kommt das Bulletin heraus und der und der wird Bischof.« Das wussten wir einfach. Sciaccas Bischofsweihe wurde sogar verschoben, weil er es schon allen erzählt hatte. Er sollte eigentlich einen Monat darauf zum Bischof geweiht werden, aber er wurde dann erst vier Monate später geweiht, weil er allen davon erzählt hatte.

Im Juni 2017 treffe ich Jarzembowski noch einmal auf einer Hotelterrasse mitten in Rom. Die Kuppel des Petersdoms scheint zum Greifen nah. Alles im Vatikan scheint auf den ersten Blick sehr nah beieinander zu liegen, alles scheint einfach und schnell lösbar. Doch in Wahrheit ist jedes Problem dort verdammt kompliziert.

Als es gelang, Papst Franziskus ein Schreiben zu überreichen, schöpfte Jarzembowski neue Hoffnung. Wie auch andere Seminaristen, die unter den Übergriffen und dem Machtmissbrauch litten, hoffte er, die Vorfälle würden endlich aufgeklärt. Wer die Beschwerden unter den Teppich kehrte und im Sande verlaufen ließ, deckte den Missbrauch.

Die Geschichte der katholischen Kirche kennt viele furchtbare Vorfälle von Gewalt und sexuellem Missbrauch an Minderjährigen. Daher sahen sich sogar die Päpste, wie insbesondere Benedikt XVI., zum Eingreifen gezwungen, um das Übel endlich an der Wurzel zu packen. Doch letztendlich war keine der Anstrengungen wirklich erfolgreich, mit schlimmen Folgen: Wenn die Täter ungestraft bleiben, werden sie noch ermutigt, ihre Macht weiterhin zu missbrauchen und andere einzuschüchtern. Und dass die Aufklärungsversuche im Sande verlaufen, zeigt auch, wie schwach die kirchlichen Organisationen im Grunde sind, ganz gleich auf welcher Ebene, ob Diözese oder Kongregation im Vatikan. Bei Problemen verkriecht man sich lieber und übt sich im Nichtstun. Tätig wird man nur im äußersten Notfall. Mit am Ende verheerenden Folgen: Wenn die Mauer des Schweigens doch einmal durchbrochen wird, werden die Gespenster der Vergangenheit so übermächtig, dass sich Verwirrung und Mutlosigkeit breit machen und jeden Reformversuch untergraben. Momentan den von Papst Franziskus. Leider hat bisher noch kaum jemand erkannt, dass das vielleicht der größte anzunehmende Rückschlag ist.

1 https://w2.vatican.va/content/francesco/de/cotidie/2017/documents/papa-francesco-cotidie_20170523_kirche-gehoert-nicht-lauen-christen.html [Zugriff: 29.5.2018].

2 https://w2.vatican.va/content/francesco/de/cotidie/2017/documents/papa-francesco-cotidie_20170523_kirche-gehoert-nicht-lauen-christen.html [Zugriff: 29.5.2018].

3 http://www.photovat.com.

4 Jarzembowski legte bei dem Rektor des römischen Seminars auch offiziell und schriftlich gegen die Zulassung von Antonio zur Priesterweihe Beschwerde ein, da er während seiner Zeit am Präseminar St. Pius X. habe beobachten können,

dass dieser sich »in einer Weise verhielt, die nach dem Gesetz der Kirche eine Priesterweihe ausschließe«. In seinem Schreiben verwies Jarzembowski auf die Bestimmungen der »Kongregation für das katholische Bildungswesen hinsichtlich der Berufungsentscheidung bezüglich Personen mit homosexuellen Neigungen bei der Zulassung zum Seminar und zur Priesterweihe«, die am 4. November 2005 von Präfekt Kardinal Zenon Grocholewski unterzeichnet und bereits am 31. August 2005 von Benedikt XVI. genehmigt wurden.

5 Obwohl Kamil den vollständigen Namen beider Geistlicher nennt, bleiben sie hier jedoch ungenannt, da sie Zeugen von strafrechtlich relevanten Handlungen sein könnten.

Die Macht der Schwulenlobby

Das Opfer: »Ich habe nicht die Kraft, zu reden«
Die Beschwerde von Kamil Tadeusz Jarzembowski über das Präseminar kommt für die vatikanischen Behörden kaum überraschend. Nicht zum ersten Mal gibt es Hinweise darauf, dass in dem Seminar für Jugendliche, die sich berufen fühlen, alarmierende Dinge passieren. Schon im Sommer 2013 hatten mehrere hohe Kurienmitglieder einen anonymen Brief erhalten: der frühere Kardinalstaatssekretär Angelo Sodano,[1] der bereits genannte Kardinal Angelo Comastri und mehrere Mitarbeiter des damaligen Kardinalstaatssekretärs Tarcisio Bertone, wie der Sekretär für die Beziehung mit den Staaten und heutige Kardinalpräfekt des Obersten Gerichtshofs der Apostolischen Signatur, Dominique Mamberti. Nach Erhalt des Schreibens wandte sich Sodano an Comastri und an Prälat Vittorio Lanzani, Sekretär der Dombauhütte von St. Peter, und bat die beiden um Aufklärung. Daraufhin bestellte man den Rektor von St. Pius X., Enrico Radice, ins Staatssekretariat. Doch Radice bestritt alle in dem Schreiben genannten Vorfälle; wie er meinte, seien die Jungen wohl lebhaft, aber erwähnenswerte Vorfälle gebe es nicht. Letzten Endes betrachtete man das Schreiben als Auswuchs der Gerüchte und Verleumdungen, die wie ein lästiger Wind durch die Heiligen Paläste wehten, und Comastri vernichtete es.[2] Vielleicht schwieg man darum zunächst beharrlich, als Jarzembowski wenige Monate nach seinem Rauswurf aus dem Präseminar über weitere Vorfälle berichtete.

Das Schweigen wich in den nächsten Monaten einem Feuerwerk von Andeutungen und Unterstellungen: Jeglicher Vorwurf wurde bestritten, und der junge Seminarist sollte isoliert und seine Glaubwürdigkeit unterminiert werden. Er sei von Rachegelüsten, enttäuschter Liebe oder, schlimmer noch, von Geldgier getrieben, hieß es nun. »Nichts davon ist wahr«, sagt Jarzembowski, »ich will kein Geld, ich will Aufklärung und Gerechtigkeit.« Ich kann nicht überprüfen, wie glaubwürdig seine Aussagen sind, und veröffentliche in diesem Buch darum auch keine Namen, möchte aber in diesem Zusammenhang doch auf einige Punkte hinweisen. Es versteht sich natürlich von selbst, dass das Präseminar St. Pius X. hier nicht kriminalisiert werden oder behauptet werden soll, die von Jarzembowski beschriebenen Vorfälle seien dort an der Tagesordnung. Über Wahrheit und Ausmaß des Beschriebenen zu befinden, ist Aufgabe der zuständigen Behörden. Doch wenn es in einem Seminar, in dem auch neunjährige Kinder leben, tatsächlich zu Einschüchterungsversuchen, Übergriffen und sexuellem Missbrauch gekommen sein sollte, muss man über die Schwere der Vorwürfe wohl nicht lange diskutieren. Fest steht jedenfalls, dass Jarzembowski im Lauf der Jahre nicht nur von mehreren ehemaligen Mitschülern, von Priestern und sogar Bischöfen unterstützt wurde, sondern auch von Menschen, die ähnliche Übergriffe durch Antonio beklagen. Hätte er sich alles nur ausgedacht, stände er mittlerweile allein da. Doch bis heute helfen ihm heimlich Leute aus dem Vatikan und lassen ihm Informationen zukommen, damit er sich doch noch Gerechtigkeit verschaffen kann.

Dann wäre da noch ein weiterer, noch wichtigerer Punkt: das Verhältnis zwischen dem mutmaßlichen Opfer und seinem Fürsprecher. Paolo wird von Jarzembowski laufend über den Fortgang der Ereignisse informiert; er weiß also darüber Bescheid und ist einverstanden. Dritten gegenüber hat er mehrfach deutlich gemacht, dass er seinem ehemaligen Zimmernachbarn dankbar sei, da er selber aufgrund der belastenden Ereignisse nicht die Kraft gehabt habe, etwas zu tun. »Manchmal entschuldigt er sich bei Kamil, weil er ihn schlecht behandelt«, sagt ein Freund von Paolo, »aber er leidet eben noch immer unter dem Geschehenen, und wenn die Erinnerung hochkommt, erkennt er sich manchmal selbst nicht wieder. Dann steigt eine unkontrollierbare Wut in ihm hoch. Doch er hat sich schon mehrmals bei Kamil dafür bedankt, dass er die Briefe geschrieben hat und dass er sich öffentlich für ihn einsetzt, weil er nicht die Kraft dazu hat. Heute ist Paolo auch wegen etwas ganz anderem besorgt: dass dieser Typ [der den mutmaßlichen Missbrauch begangen hat, A.d.A.] wirklich Priester werden und sogar unterrichten könnte!« Kurzum, dass man den Bock zum Gärtner macht. Tatsächlich wurde Antonio mittlerweile, als wenn nichts gewesen wäre, in seiner Diözese zum Priester geweiht.

Betrachtet man die wenigen offiziellen schriftlichen Reaktionen der Kirche auf Jarzembowskis Beschwerde, dann wird deutlich, dass damit offensichtlich nur ein Ziel verfolgt wird: den jungen Seminaristen zu beruhigen und möglichst von weiteren Schritten abzuhalten. Der Briefwechsel zwischen Jarzembowski und einigen Prälaten ist in dieser Hinsicht äußerst aufschlussreich. So schreibt Kardinal Comastri, Erzbischof des Petersdoms, am 2. Juli 2014:

> Liebster Kamil,
> bezüglich Deines Briefes vom 23. Juni kann ich Dir sagen, dass ich […] alle Informationen an den Bischof weitergegeben habe und dieser seine Entscheidung nach gründlicher Abwägung bekräftigt hat. Meinerseits bin ich ihm gegenüber vollkommen offen gewesen und habe ihm nichts von dem vorenthalten, was ich weiß. Ehe der Bischof endgültige Schritte veranlasst hat, hat er alles gründlich erwogen. Was Deine weitere Zukunft betrifft, würde der Rektor Dir helfen, im römischen Seminar für Minderjährige oder einer anderen von Dir vorgeschlagenen Institution aufgenommen zu werden. Meinerseits wünsche ich mir, dass Du zu einer heiteren Seele zurückfindest und Dein Herz Frieden findet. Du wirst so Dinge und Personen besser beurteilen und die nächsten Schritte für Deine Zukunft besser in Angriff nehmen können. Ich werde für Dich beten und Dein Herz dem Unbefleckten Herz Mariens anvertrauen, damit Licht und Frieden wieder Einzug darin halten.
>
> Kardinal Angelo Comastri

Ähnliches schreibt auch Bischof Diego Coletti in mehreren E-Mails. Hier die E-Mail vom 12. Juli 2014:

> Ich habe Dein Schreiben erhalten und gelesen. Meinerseits kann ich Dir nur empfehlen, mit denen zu sprechen, die Deine persönliche Situation aus der Nähe verfolgt haben und die, so denke ich, nach

reiflicher Überlegung entschieden haben, was zu Deinem und zum Besten anderer ist. Ich rate Dir, Dich direkt an die zu wenden, die Dir diese Entscheidung mitgeteilt haben. Ich achte diese Menschen sehr und kann mir nicht vorstellen, dass sie leichtfertig, ohne ihrer Verantwortung und Zuständigkeit Rechnung zu tragen, entschieden haben. Ich hoffe, dass Du zu Heiterkeit und Sanftmut zurückfindest. Ich bete für Dich.

Diego Coletti

Die E-Mail vom 31. Juli 2014 klingt schon eindeutiger:

Lieber Kamil,
mein Computer hat heute Morgen gemacht, was er wollte, darum weiß ich nicht, ob Du meine Nachricht bekommen hast.

Ich schreibe Dir darum noch einmal und hoffe, dass es diesmal klappt. Ich habe mich heute lange mit […] unterhalten und versucht, alle Informationen zu Deiner Herzensangelegenheit zu bekommen. Vollkommen unabhängig von einer Bewertung Deiner Person oder Deines Verhaltens, bin ich dabei zu der Überzeugung gelangt, dass es aus vielen Gründen keinen Sinn mehr hat, dass Du am Seminar bleibst. Du wirst sicher verstehen, dass eine fruchtbare Lehrer-Schüler-Beziehung und eine Beurteilung Deiner Berufung nicht mehr möglich sind, wenn das Vertrauen zwischen Schüler und Lehrer einmal erschüttert ist. Das Vertrauen kann dabei auch erschüttert sein – und wie ich Deinem Schreiben entnehme, scheint das ja zumindest auf Deiner Seite der Fall zu sein –, ohne dass jemand im Einzelnen daran Schuld hat. Ich verstehe, dass diese Situation für Dich nicht schön ist, aber Du musst auch verstehen, dass es schwierig ist, Dir als Grund für die Entscheidung einen konkreten »strafrechtlich relevanten« Grund oder Vorwurf zu nennen. Häufig, ich sage es noch einmal, sind menschliche Beziehungen, ohne dass eine Seite daran Schuld hätte (oder beide mehr oder weniger), so nachhaltig gestört, dass es sinnlos und sogar kontraproduktiv wäre, daran festzuhalten.

Das solltest Du einfach zur Kenntnis nehmen und Deinen Weg woanders fortsetzen. Ich glaube, dass wäre wirklich zu Deinem Besten. Ich weiß, dass Don Magistrelli Dir vor einigen Tagen geschrieben hat, Du möchtest Dich in Demut üben und ... auch in ein wenig Dankbarkeit für das, was man in diesen Jahren mit Dir und für Dich getan hat.

Ich hoffe, dass meine Erläuterungen Dir helfen können, zu innerem Frieden zurückzufinden.

Ich bete für Dich.

Diego Coletti

Da dieses Buch bald erscheinen wird, kommt es nun den zuständigen Behörden zu, die Vorfälle im Einzelnen aufzuklären. Jarzembowski hat mittlerweile bei der römischen Polizei in Trastevere ausgesagt, und Paolo, das mutmaßliche Opfer, hat sich in Begleitung seines Anwalts mit den Anwälten der möglichen Gegenseite getroffen und ihnen gegenüber die Vorwürfe und Erzählungen seines Freunds bestätigt. Wenn Jarzembowskis Aussagen tatsächlich zutreffen, würde das bedeuten, dass man erstmals unmittelbar im Vatikan Missbrauchsfälle aufdecken würde, und schlimmer noch, in einem Präseminar mit jungen Menschen, die sich nichts sehnlicher wünschen, als Messdiener im Petersdom und vielleicht einmal Priester zu werden.

Bislang war so etwas nur außerhalb des Vatikans vorgekommen oder zumindest nur außerhalb davon aufgedeckt und angezeigt worden. Doch wie es der perfide Zufall wollte, kam ausgerechnet zu dem Zeitpunkt, als der Papst bei der Generalaudienz im Petersdom den Brief erhalten und erste Nachforschungen angeordnet hatte, eine weitere monatelang geheim gehaltene Drogen- und Sexgeschichte ans Tageslicht, die im Vatikan und in den internationalen Medien hohe Wellen schlug. Und so unglaublich es klingt, hatte sich das Ganze unmittelbar im Vatikan abgespielt.

Drogen- und Schwulenparty in der Glaubenskongregation

In diesem Fall erhielt die Gendarmerie, die Vatikanpolizei, im Winter 2016 den ersten Hinweis: In einem anonymen, allgemein gehaltenen Schreiben hieß es, ausgerechnet in einem der wichtigsten, symbolträchtigsten Gebäude des Vatikans, im Palazzo del Sant'Uffizio, dem Palast der Kongregation für die Glaubensfragen, hätten mehrere Treffen mit Strichern stattgefunden. Das Gebäude, das hinter den Kolonnaden des Petersplatzes, auf der Grenze zwischen Italien und dem Vatikan liegt, genießt den Status der Extraterritorialität: Obwohl auf italienischem Staatsgebiet, unterliegt es den Gesetzen des Vatikans. Zu seinen Bewohnern gehören einflussreiche Kardinäle wie der langjährige Privatsekretär von Benedikt XVI., Josef Clemens, oder die ehemalige Nummer eins der Präfektur für die wirtschaftlichen Angelegenheiten, Kardinal Vesasio De Paolis, der von seiner eleganten Dachwohnung im obersten Stock Aussicht auf den Petersplatz genießt.

Nach Eintreffen des anonymen Schreibens ging der Kommandant der Gendarmerie, Domenico Giani, der Sache einige Monate lang dezent nach. Seine Mitarbeiter unterhielten sich etwa unauffällig mit einigen Nonnen, die ebenfalls in dem Gebäude wohnten. Die Gendarmerie muss sich in solchen Fällen mit Erzbischof Giovanni Angelo Becciu auseinandersetzen, dem mächtigen Innenminister des Vatikans. Becciu gehört zu den grauen Eminenzen der Kurie aus der Zeit von Benedikt XVI. und hat in der Nach-Bertone-Ära sogar noch an Macht gewonnen, weil er das nicht unerhebliche Machtvakuum ausfüllt, das durch die kluge, zurückhaltende Art des neuen Kardinalstaatssekretärs Pietro Parolin entstanden ist. Als Substitut des Staatssekretariats stimmte Becciu Ermittlungen zu, solange diese absolut diskret erfolgen würden.

Im Mittelpunkt der Gerüchte stand Luigi Capozzi, der 1967 in Maiori an der Amalfiküste geboren wurde und seit Jahren im Vatikan lebte. Dem Vernehmen nach wurde Capozzi unter anderem von Kardinal Giovanni Battista Re, Jahrgang 1934, gefördert, dem Subdekan des Kardinalskollegiums. Re ist ein großer Verehrer des Heiligen Pantaleon, dem Patron von Ravello, und fährt häufig in das Städtchen, um die Feierlichkeiten an »San Pantaleone di maggio« zu leiten. Bei dieser Gelegenheit, so heißt es, habe er Luigi Capozzi kennen und schätzen gelernt und ihn schließlich für einen Posten im Vatikan vorgeschlagen. Capozzis steile Karriere fiel jedenfalls im Vatikan auf. Am 19. Dezember 1992 in Amalfi zum Priester geweiht, kümmerte er sich zunächst um die Seelen der Pfarrei Agerola, einem bevölkerungsreichen Viertel in Neapel und danach um die Fischer in Cetara, einem winzigen, malerischen Dorf an der Amalfiküste, um schließlich auf den Fluren des Staatssekretariats im Vatikan zu landen. »Capozzi hat schon seit Jahrzehnten davon geträumt, zu den hohen Prälaten zu gehören«, erinnert sich lächelnd ein Bekannter von ihm, Pfarrer Patrizio Coppola. »Wir waren zusammen im Seminar, und er kam immer im Talar, er wollte aufsteigen, Karriere machen. Die roten Bischofstrümpfe hatte er schon in der Schublade.«[3]

Capozzi ist in der Tat weit gekommen: Er ist der Sekretär des Vertrauens von Kardinal Francesco Coccopalmerio, dem Präsidenten des Päpstlichen Rats für die Gesetzestexte, und wurde von diesem sogar als Bischof vorgeschlagen.

Den polizeilichen Ermittlern gelang es nur mit Mühe, die konkreten Fakten von der im Zusammenhang mit dem Präseminar bereits erwähnten Gerüchteküche zu trennen, die sich in diesem Fall auf einen eher unbeliebten Priester der Kurie konzentrierte. Mancher Kardinal oder Nachbar im Palazzo del Sant'Uffizio ärgerte sich nämlich über Capozzis tatsächliche oder angebliche Privilegien. Das fing schon damit an, dass normalerweise nur bedeutende Kardinäle oder Leiter von Dikasterien in dem prestigeträchtigen Haus wohnten. Und dann war da auch noch das PS-starke Auto, das dank SCV-Nummernschild (Stato Città del Vaticano) nicht von der italienischen Polizei durchsucht werden durfte.

In letzter Zeit brodelte die Gerüchteküche geradezu. Man beklagte sich über eine wachsende Zahl junger Männer, die in Capozzis Wohnung offensichtlich ein- und ausgingen. Die Gendarmerie entschied sich für eine ihrer Meinung nach erfolgversprechende

Blitz-Razzia. Eines Abends im April klingelte sie ohne Vorwarnung bei Capozzi. Die Tür ging auf, und die Polizisten standen mitten in einer kokainseligen Schwulenparty. Der offensichtlich nicht mehr ganz klare Geistliche versuchte, die Situation zu erklären, aber es ließ sich nicht mehr viel beschönigen. Bei der Durchsuchung stieß man auf mehrere Gramm Kokain, mit dem Capozzi seine Schwulentreffen in Schwung brachte. Und das ausgerechnet in dem Gebäude, in dem Kardinal Joseph Ratzinger ein Vierteljahrhundert lang die Glaubenslehre erläutert hatte. Wie sich herausstellte, war Capozzi kokainabhängig. Man schickte ihn erst in eine Entzugsklinik und dann für längere Zeit ins Kloster, von wo er noch immer Handynachrichten verschickte. Seine Statusmeldung bei WhatsApp verrät einiges:»Das Leben ist seltsam. Ohne Traurigkeit weiß man nicht, was Glück, ohne Lärm nicht, was Stille und ohne Sehnsucht nicht, was Nähe bedeutet.« Sein langjähriger Förderer Kardinal Coccopalmerio zog sich resigniert in Schweigen zurück und musste mitansehen, wie auch sein eigener Ruf Risse bekam.

In dem kleinen Staat erregt die Nachricht doppeltes Aufsehen: Als wenn nicht allein der bloße Gedanke an Drogen- und Schwulenpartys im Vatikan erschütternd genug wäre, wurde die Durchsuchung unverständlicherweise auch noch monatelange geheim gehalten. Der Papst heißt längst Franziskus, doch die Geheimniskrämerei im Vatikan scheint fast unausrottbar. Wochen über Wochen wussten nur Eingeweihte im Vatikan von der Geschichte. Die Polizisten, die Ärzte in der Entzugsklinik und das Kloster hielten dicht.

Es lohnt sich, sich einmal näher anzuschauen, aus welchen Gründen man so beharrlich schweigt, obwohl das Ansehen der katholischen Kirche, das nach zahlreichen unaufgeklärten und ungesühnten Skandalen ohnehin angeschlagen ist, dadurch nachhaltig beschädigt wird.

Zunächst verbirgt sich dahinter sicherlich das Bedürfnis, die Kirche und den Papst vor allem zu schützen, was das Vertrauen der Gläubigen erschüttern könnte. Und dass es im Vatikan keine freie und unabhängige Presse gibt, macht die Sache natürlich umso leichter. Sämtliche Medien, ob Fernsehen oder Radio, die Tageszeitung »Osservatore Romano« oder die Presseagentur SIR, sind direkt von der Regierung in Vatikanstadt abhängig. Sie werden also niemals Meldungen verbreiten, die von den zentralen Behörden, allen voran dem Kommunikationssekretariat nicht abgesegnet sind. Da der Vatikan gewissermaßen eine absolute Monarchie ist, werden quasi alle Medien überwacht. Negative Nachrichten über den Vatikan gibt es dort also nicht. Der vatikanische Alltag wird zwar auch von relativ vielen römischen Auslandskorrespondenten aus aller Welt verfolgt und von ebenso vielen »Vatikan-Journalisten«, die auf die einzige Theokratie der Welt spezialisiert sind. Doch abgesehen von den Vatikan-Experten erhalten Journalisten nur mit großer Mühe freie und unabhängige Informationen über die Aktivitäten des Kirchenstaates.

Den besten Beweis hierfür liefert der Prozess vor dem Gerichtshof des Vatikans gegen den Journalisten Emiliano Fittipaldi und mich, der im November 2015 begann und für uns beide mit einem vollumfänglichen Freispruch endete. Wir hatten beide ein Buch über die Machenschaften des Kleinstaats veröffentlicht. Doch Fernsehkameras und Fotografen waren zum Prozess nicht zugelassen. Journalisten konnten die Verhandlung weder im Gerichtssaal noch mittels Streaming im Presseraum verfolgen, sondern mussten sich auf die Zusammenfassungen einiger ausgewählter oder per Los bestimmter Kollegen verlassen. Es wäre wohl lohnenswert, den genauen Gründen für diesen absurden Nachrichtenfilter nachzugehen.

Durch die Geheimhaltung heikler Vorfälle, ob Schwulenpartys oder Unterschlagungen, sollen aber auch Leute geschützt werden, die bestimmten Machtblöcken mit undurchsichtigen Geschäften und Privilegien nahestehen. Der Satz aus dem Matthäus-Evangelium, »… Es muß ja Ärgernis kommen; doch weh dem Menschen, durch welchen Ärgernis kommt …«, ist im Vatikan heute vergessen oder er wird im Alltag verwässert.[4] Einen starken Machtblock im Vatikan bildet unzweifelhaft eine Gruppe, die man seit einigen Jahren – manchmal aber auch zu Unrecht – als Schwulenlobby betitelt.

Schwulenlobby und Postengeschacher

Luigi Capozzi war in der Kurie für heikle Aufgaben zuständig. So war er etwa im Herbst 2012 als Sekretär von Kardinal Julián Herranz in die Arbeit der Aufsichtskommission der Kardinäle nach dem Vatileaks-Skandal involviert, die auf Wunsch von Benedikt XVI. und kurz vor dessen Rücktritt kritischen Punkten in der römischen Kurie nachging.[5] Schon am 17. Dezember 2012 konnte die Kommission dem Papst zwei Aktenstapel überreichen, in denen sie ein erbarmungsloses Bild der römischen Kurie zeichnete. Es ging um Skandale und Gifte, um Geschäftemacherei, den sorglosen Umgang mit Spenden, um Anzeigen wegen Pädophilie in aller Welt, aber ebenso um Vorwürfe gegen Staatssekretär Bertone, Pro- und Anti-Papst-Seilschaften und die bittere Erkenntnis, dass es im Vatikan eine Schwulenlobby gab. Aber war das wirklich so neu?

In Wahrheit gab es das Homosexuellennetzwerk schon seit einem halben Jahrhundert, und alle wussten davon, auch wenn niemand den Mut fand, es öffentlich zu sagen. Sogar die engsten Mitarbeiter von Johannes Paul II. wussten Bescheid. Der Einzige, der vielleicht nicht ganz im Bilde war, dürfte Benedikt XVI. gewesen sein. Seine rechte Hand Bertone hingegen war bestens über Priester mit homosexuellen Neigungen im Vatikan informiert und erkannte auch, dass diese einen Machtblock bilden könnten. Das zeigt ein vertraulicher Brief vom 8. Mai 2011, den der damalige Generalsekretär des Governatorats, Carlo Maria Viganò, an ihn richtete und der am 27. Januar 2012 von der Tageszeitung »Fatto Quotidiano« veröffentlicht wurde. Darin berichtet Viganò vor seiner Zwangsversetzung als Apostolischer Nuntius in die USA über Korruption und Intrigen, mit denen man ihm schaden wolle. Unter anderem beklagt er sich über einen der treusten Bertone-Anhänger. Wahrscheinlich ahnte er schon, dass seine Zeit in Rom abgelaufen war:

> Es ist für mich zwar äußerst heikel, etwas über Doktor Simeon zu sagen, da dieser, wie ich den Medien entnehme, Ihrer Eminenz sehr nahe steht. Doch ich habe Doktor Simeon in meiner Eigenschaft als päpstlicher Gesandter persönlich kennengelernt und musste dabei

feststellen, dass er andere (in diesem konkreten Fall einen Priester) verleumdet und außerdem homosexuell ist, wie mir von Prälaten der Kurie und dem diplomatischem Dienst bestätigt wurde. Was diese letzte schwerwiegende Behauptung betrifft, kann ich gern die Namen der Personen, darunter Bischöfe und Priester, nennen, die davon wissen.[6]

Doktor Simeon hat die Anschuldigungen stets entschieden zurückgewiesen und gegen alle Zeitungen geklagt, die daran festhielten. Dank seiner engen Freundschaft mit Bertone, der ihm blindlings vertraute, gelang es ihm aber in jenen Jahren, gemeinsam mit anderen Geistlichen der Kurie mehrere mächtige Kardinäle in wichtigen politischen Fragen zu beraten. Aufgrund des Kommissionsberichts der drei Kardinäle, die dem Problem im Auftrag von Benedikt XVI. nachgingen, ergriffen der Papst und sein Privatsekretär jedoch schließlich Maßnahmen, die dazu führten, dass die Gruppe kurz vor dem Rücktritt des Papstes erste Zersetzungserscheinungen zeigte. Dabei handelt es sich um die berühmte Schwulenlobby aus vier oder fünf Personen, die Benedikt XVI. in seinem geistigen Vermächtnis, den Gesprächen mit Peter Seewald, erwähnt hat. Schade nur, dass auch Papst Franziskus noch über Schwulenpartys mit hohen Prälaten verzweifeln muss. Man fragt sich, ob das Schwulennetzwerk überhaupt jemals zerschlagen wurde.

Angesichts des umfangreichen Berichts ist Benedikt XVI. fassungslos. Auch wenn er immer abgestritten hat, dass das letztendlich der Grund für seinen Rücktritt war, empfand er die Informationen über ein Schwulennetzwerk im Vatikan als bitter. Die Gruppe nehme nicht nur Einfluss auf Ernennungen und Aufgabenverteilung oder die Entscheidungen bestimmter Kardinäle, heißt es in dem Bericht, sondern werde auch in unangemessener Weise »protegiert«, genieße unzulässige Privilegien und schaffe es, ihre Mitglieder an den entscheidenden Machtstellen zu positionieren.

Laut der italienischen Journalistin Concita De Gregorio[7] werden in dem Bericht auch die Orte genannt, an denen man sich mit Strichern traf: Wohnungen im Vatikan, ein Studentenwohnheim oder

der Beautysalon »Priscilla«, mit dem Marco Simeon, der getreue Bertone-Anhänger, in Verbindung gebracht werden könne. Benedikt selber räumte ein – allerdings erst nach seinem Rücktritt und vier Jahre nach der Lektüre der Vatileaks-Papiere –, dass es während seines Pontifikats ein Schwulennetzwerk im Vatikan gegeben habe: »Es wurde mir in der Tat eine Gruppe angezeigt, die haben wir inzwischen aufgelöst. Das war eben in dem Bericht dieser Dreierkommission enthalten, die *eine* Gruppe festmachen konnte, eine kleine, vier, fünf Leute vielleicht, die wir aufgelöst haben. Jedenfalls ist es nicht so, dass es von solchen Sachen wimmeln würde.«[8]

Noch in seinen letzten Amtswochen ordnete Benedikt XVI., wie dann auch Papst Franziskus, als Reaktion auf den Vatileaks-Skandal interne Versetzungen und Beförderungen an, durch die das Schwulennetzwerk zerschlagen werden sollte. Einer der päpstlichen Zeremonienmeister, Francesco Camaldo, und ein Laie wurden entlassen, ohne dass ihre Stellen nachbesetzt wurden, ein Prälat wurde nach Südamerika geschickt, ein Kardinal, der eigentlich in Kürze eine wichtige Rolle einnehmen sollte, in eine andere Organisation versetzt und so ruhig gestellt.

Papst Franziskus versuchte von Anfang an, das dunkle Netzwerk zu schwächen. Schon unmittelbar nach seiner Wahl war im Vatikan eine Diskussion über das Schwulennetzwerk entbrannt, da direkt nach dem Konklave ein Buch des Priesters Andrea Gallo erschien, das ohne Umschweife von einer Schwulenlobby im Vatikan berichtete: »Es gibt starke homosexuelle Seilschaften, Bischöfe, die ihre sexuelle Neigung nicht verstecken und durch Keuschheit sublimieren, sondern durch Machtstreben. Sie wollen, dass ihre Seilschaft noch größer wird, und brauchen darum noch mehr homosexuelle Bischöfe.«[9]

Es gibt vor allem dank Benedikt XVI. eine große Kontinuität zwischen beiden Pontifikaten. Am 23. März 2013 hat sich Papst Franziskus in den Hubschrauber gesetzt, um seinen Vorgänger in Castel Gandolfo zu besuchen und mit ihm zu Mittag zu essen. Ein Foto im »Osservatore Romano« zeigt, wie beide Päpste ins Gespräch vertieft im Salon sitzen. Zwischen ihnen auf dem Tisch liegt ein großer, rätselhafter weißer Karton. Dass sich darin der Vatileaks-Bericht befand, erfuhr man offiziell erst wesentlich später. Benedikt hatte ihn dem Nachfolger persönlich übergeben, um ihn mit den Wunden bekannt zu machen, an denen die Kurie litt. Drei Monate später, im Juni 2013, sollte Papst Franziskus, nachdem er den Bericht offensichtlich gelesen hatte, das erste Mal von einer Schwulenlobby sprechen. Allerdings nicht öffentlich, sondern bei einem Treffen mit Vertretern der Confederación Latinoamericana y Caribeña de Religiosas/os (CLAR). Was er dort sagte, war auf der lateinamerikanischen katholischen Website Reflexión y Liberación zu lesen: »Es gibt im Vatikan eine Schwulenlobby. Es gibt in der Kurie echte Heilige, aber auch eine korrupte Strömung. Das Schwulennetzwerk, von dem man hört, gibt es wirklich. Wir müssen überlegen, was wir dagegen tun können.«

An dieser Stelle drängt sich eine grundsätzliche Frage auf. In dem geistigen Vermächtnis, das Benedikt XVI. Peter Seewald anvertraute, sagt er zwei Mal: »Wir haben die Gruppe aufgelöst.« Das hieße, dass das Netzwerk schon unter seinem Pontifikat, also vor dem 28. Februar 2012 aufgelöst wurde. Doch warum hat Papst Franziskus dann im Juni 2013 gesagt: »Wir müssen überlegen, was wir dagegen tun können.« War die Lobby in neuer Form wieder da, oder war sie nie verschwunden? Da in der Kirche weiterhin das Zölibat gilt und Homosexualität abgelehnt wird, wird dieses Problem immer wieder auftauchen. Ausgerechnet Patrizio Coppola, der Mitseminarist von Luigi Capozzi, führte in mehreren Diözesen eine Umfrage dazu durch:

»In den letzten Jahren habe ich mich näher mit dem Thema beschäftigt. Die Umfrageergebnisse sind, obwohl statistisch nicht repräsentativ, entmutigend: 70 Prozent der Priester sind schwul, nur 20 Prozent leben keusch, die restlichen 10 Prozent sind heterosexuell und leben das auch. Die Homosexualität hat im Vatikan eine Heimat gefunden. Papst Franziskus tut, was er kann, und versucht engagiert, entschieden und mutig, die Schwulenlobby auszuhebeln, aber das ist sehr schwierig. Das Problem bleiben die Priesterseminare, weil dort jeder genommen wird und wir nicht bemerken oder bemerken wollen, dass viele Anwärter schwul sind. Warum das so ist? Vielleicht sehen viele im Priestertum eine Möglichkeit, in dieser etwas heuchlerischen, oberflächlichen Gesellschaft doch noch einen Platz zu finden. Und viele Diözesen nehmen jeden, weil sie keine Priester haben. Man muss sich doch nur einmal eine sehr einfache Frage stellen: Sind die Priester, die aus sehr armen Ländern stammen und dort mit Existenzproblemen kämpfen müssen, überhaupt wirklich alle Berufene und von Jesus dazu bestimmt oder wollen sie vielleicht nur aus Bequemlichkeit Priester werden?«[10]

Papst Franziskus' Aussage wird auch von einem seiner wichtigsten Mitarbeiter bestätigt, Kardinal Óscar Rodríguez Maradiaga, Erzbischof von Tegucigalpa in Honduras und Koordinator des K9-Rats. In einem Interview für die Tageszeitung »El Heraldo« vom Januar 2016 antwortete er auf die Frage, ob der Vatikan von Schwulen infiltriert sei: »Nicht nur das: Wie selbst der Papst sagt, gibt es so etwas wie eine Schwulenlobby, und der Papst versucht, dem Schritt für Schritt entgegenzuwirken. Man kann die Homosexuellen ja verstehen, und es gibt dazu auch pastorale Regelwerke, aber was falsch ist, kann nicht auf einmal richtig sein.«[11]

In einem anderen Interview vom 19. Januar 2014 gießt Elmar Theodor Mäder, Ex-Kommandant der Schweizergarde, weiteres Öl ins Feuer. Die Schweizergarde, die kleinste Armee der Welt, schützt seit nunmehr fünfhundert Jahren den Papst und die päpstlichen Gebäude. In dem Interview für die Wochenzeitung »Schweiz am Sonntag« sagt der fünfzigjährige Mäder, der dem Heer von 2002 bis 2008 vorstand: »Die Behauptung, es gäbe ein Homosexuellen-Netzwerk, kann ich nicht widerlegen. Meine Erfahrungen sprechen für die Existenz eines solchen.«[12] Er sieht darin sogar »Gefahren für die Sicherheit des Papstes«. Mäder gewährt in dem Interview überraschende Einblicke. Angesichts der aus dem Ruder gelaufenen Situation sah er sich sogar genötigt, seine eigenen Männer höchstpersönlich vor den Aufmerksamkeiten und Annäherungsversuchen einiger Kurienmitglieder zu warnen.

Homosexualität stelle für ihn an sich kein Problem dar, sagt Mäder weiter, aber er »habe auch erfahren, dass viele Homosexuelle dazu neigen, untereinander loyaler zu sein, als gegenüber anderen Personen oder Institutionen«. Er spricht sogar von einer »Art Geheimbund«. »Ob ich einen Homosexuellen befördert hätte? Nein, hätte ich nicht.« Mäder begründet diese heikle Aussage folgendermaßen: »Nicht eigentlich seiner Homosexualität wegen, sondern weil ich im Sicherheitsmetier nur absolut loyale Kader brauchen kann. Das Risiko der Illoyalität wäre mir zu groß gewesen.« Das konnte der Vatikan nicht so stehen lassen, er musste reagieren. Die Aufgabe fiel Becciu zu, der sich in der »Repubblica« dazu äußerte: »Wieder einmal redet man von einer Schwulenlobby im Vatikan und wieder einmal werden keine Namen genannt.« Der Artikel wurde in der Kurie teilweise auch als Zeichen der Schwäche interpretiert. Und mit Sicherheit brauchte man keine öffentlichen Vorwürfe, um die Mitglieder der Schwulenlobby zu identifizieren. Sowohl Benedikt XVI. als auch Franziskus waren detailliert darüber informiert.[13] So bestätigte Papst Franziskus etwa auch im Juni 2013, auf dem Rückflug von Rio de Janeiro, dass es eine Schwulenlobby gebe. Allerdings versuchte er schon einen Monat später, das Problem kleinzureden. »Es wird so viel über die Schwulenlobby geschrieben, dabei habe ich noch keinen gesehen, der mir im Vatikan einen Ausweis mit der Angabe ›schwul‹ präsentiert hätte. Man hört davon, ja. Aber ich denke, man muss hier unterscheiden, ob jemand homosexuell ist, oder ob es um eine Lobby geht. Eine Lobby ist immer schlecht!«

Als der Theologe die Liebe seines Lebens, Eduard, öffentlich vorstellte

Es ist schon seit Jahrzehnten bekannt, dass es im Vatikan viele Homosexuelle gibt. Doch am 3. Oktober 2015, wenige Tage vor Beginn der Familiensynode, hat sich sogar jemand live vor der internationalen Presse geoutet. Nur wenige Schritte vom Vatikan entfernt

stellte Krzysztof Charamsa, polnischer Theologe und Universitäts-
dozent im Dienst der Glaubenskongregation, Journalisten aus aller
Welt seinen Lebensgefährten Eduard vor. »Ich will mich endlich
nicht mehr verstecken, ich bin schwul und das ist der Mensch, den
ich liebe«, sagte der ehemalige hohe Prälat, der heute in Barcelona
lebt. Im Vatikan wird von einigen behauptet, er habe den Zeitpunkt
bewusst gewählt, um die Familiensynode im Sinne der berühmten
Schwulenlobby zu beeinflussen und eine größere Aufgeschlossenheit
für homosexuelle Priester in der Kirche zu erreichen. Kann das stimmen? Sollte auch Charamsa zu der Lobby gehört haben? Charamsa
hat seine Haltung erläutert:

> Solange ich selbst dem Klerus angehörte, war ich nie Mitglied einer
> Schwulenmafia oder eines ›geheimen‹ Zirkels. Ich habe auch niemals
> Kontakt zu solchen Gruppierungen aufgenommen. Vielleicht ist
> genau das der Grund dafür, dass ich in der Gemeinschaft der Geist-
> lichen isoliert gewesen bin. Ich bin immer zutiefst gläubig gewesen,
> hielt an einem strengen Wertesystem fest und mied aus diesem
> Grund ›Seilschaften‹ aller Art. Ich habe nicht einmal wissen wollen,
> welche anderen Soutanenträger um mich herum schwul waren. Ich
> wollte mich fern von diesen Menschen halten, die nach außen hin
> homophob waren und den Homosexuellen das Leben zur Hölle
> machten, in ihrem Inneren aber so schwul waren wie ich selbst. Ich
> zog es in der Tat vor, die Existenz anderer schwuler Priester zu igno-
> rieren ... Wer mich kennt, weiß, dass ich gar nicht die dazu nötige
> Fantasie besitze. Das, was ich im Sant'Uffizio miterlebt habe, wirkt
> wie Science-Fiction, verhüllt von scheinbarer Normalität und Ernst-
> haftigkeit. Vielleicht werden jene Oberen auch insinuieren, dass eine
> Schwulenlobby mich einer Gehirnwäsche unterzogen, mich bezahlt
> und mir einen tollen Job angeboten habe. Die einzige Lobby, mit
> der ich jemals in Berührung gekommen ist, ist aber jene katholische:
> Menschen, die ebenso homosexuell wie homophob sind.[14]

Dariusz Oko, Theologe und Dozent an der Universität Johannes
Paul II. in Krakau, glaubt Charamsa nicht. Oko kämpft seit jeher
gegen Homosexuelle in der Kirche und redet in zahlreichen wissen-

schaftlichen Artikeln sogar von einer »Homohäresie«. Nach dem Coming-Out von Charamsa hielt er mit seiner Meinung nicht hinter dem Berg: »Ich halte Charamsa für ein Mitglied der von Papst Franziskus erwähnten Schwulenlobby. Meiner Meinung nach ist das in Wahrheit ein geschickt eingefädeltes Komplott, das auf der Synode die Position der polnischen und aller anderen Bischöfe schwächen soll, die sich an die Lehre der Kirche und des Evangeliums halten. Wahrscheinlich soll damit auch der Position der Glaubenskongregation ein Schlag versetzt und erreicht werden, dass Homosexualität in der Kirche akzeptiert wird.«[15] Oko hatte mit zu den Ersten gehört, die von einer Schwulenlobby sprachen. Wie der Internetseite lanuovabussolaquotidiana.it damals zu entnehmen war, behauptete er in der polnischen Zeitschrift »Fronda«, dass »die Kirche von einer mächtigen Schwulenlobby durchsetzt ist, die durch ein System aus Erpressung und Verschwiegenheit Einfluss auf Berufungen und Beförderungen nimmt«.

Auch der deutsche Theologe David Berger spricht klar und deutlich von homosexuellen Gruppen im Vatikan. Berger war 2009 bis 2010 Lektor der Glaubenskongregation und Dozent an der Päpstlichen Akademie des Heiligen Thomas von Aquin, die er nach seinem Coming-Out 2010 sofort verlassen musste. In einem Interview auf der Internetseite Lettera43 sagte er:

> Es ist mir im Vatikan oft passiert, dass mir sich jemand näherte, weil er »Kontakt« zu Geistlichen haben wollte. Dann waren da noch die hohen Prälaten mit ihren Sekretären, Chauffeuren und persönlichen Assistenten. Die oft jung und aus Lateinamerika waren. Zu Anfang war ich einfach nur überrascht. Teilweise herrschte im Vatikan ein System aus Geben und Nehmen. Aber was ich in meinen sieben Jahren im Vatikan vor allem gesehen habe, war die weit verbreitete Homosexualität, was natürlich nicht offen ausgesprochen wurde, aber offensichtlich war. Und auch nichts damit zu tun hatte, dass man in der Kurie Karriere machen wollte. Abends ging ich zu den üblichen Schwulentreffs, wo ich nicht selten Geistliche traf. Ich erinnere mich noch gut an den »Hangar«, ein Schwulenlokal in der

Nähe der Basilika Santa Maria Maggiore. Oder den Park von Monte Caprino, in der Nähe vom Kapitol. Von dort aus landete ich eines Tages auch in einer Wohnung im Viertel Monte Mario, zu der alle Geistlichen einen Schlüssel hatten. Dort herrschte ein einziges Kommen und Gehen. Man kam und ging, wie man Lust hatte. Homosexualität hat im Vatikan ihren festen Platz, aber ist und bleibt ein Geheimnis, obwohl sie dort noch häufiger ist als an abgelegenen Standorten der Kirche. Ich bezweifele, dass dem Papst [Benedikt XVI., A.d.A.] das ganze Ausmaß wirklich klar war.[16]

Wie Berger sagt, traf man sich in verschiedenen Schwulenlokalen in Rom oder in Privatwohnungen. Dieselben Treffpunkte nennt auch Carmelo Abbate in seinem Buch *Sex and the Vatican. Viaggio segreto nel Regno dei Casti* über die Gewohnheiten von schwulen Priestern, Geistlichen und Prälaten im Vatikan.[17] Das Buch berichtet von einem jungen Schwulen, der in einer Sauna Sex mit einer Zufallsbekanntschaft hat, einem Geistlichen, wie sich später herausstellt, oder von Priestern auf Partys in einem Lokal in Testaccio, die ihrer Einsamkeit und Alkoholsucht durch zwanghafte Sexgier zu entfliehen versuchen. Denselben Zweck hätten, so Abbate, auch erotische Chat-Gespräche, heimliche Treffen oder das Angucken von Pornofilmen im Internet. Denn wenn diese Priester die Gläubigen verabschieden und die Kirchentür hinter sich schließen, mache sich in ihnen eine große innere Leere breit.

Dass es im Vatikan eine Schwulenlobby gibt, wird also von mehreren Seiten bestätigt, unter anderem von Benedikt XVI., Papst Franziskus oder dem früheren Kommandanten der Schweizergarde. Rolle und Ausmaß der Lobby im Vatikan werden von hohen Prälaten zwar manchmal heruntergespielt, aber es lässt sich nicht leugnen, dass Transparenz, Best-Practice und demokratische Entscheidungsprozesse darunter leiden.[18] Die Vorfälle um Luigi Capozzi zeigen zudem, dass es im Vatikan nach wie vor ein aktives schwules Netzwerk gibt. Das Problem ist also weiterhin aktuell. Warum kam Capozzi in den Genuss der ungewöhnlichen Privilegien? Wer hat sie ihm gewährt und warum? »Die Schwulenlobby«, so Coppola, »beruht auf heimlichen emotionalen, häufig auch sexuellen Beziehungen zwischen homosexuellen Prälaten. Dabei bleibt eine heimliche Beziehung aber auch noch nach ihrem Ende ein Geheimnis und lässt sich – befeuert von widerstreitenden Kräften, die nichts mit dem Evangelium zu tun haben – für kleine und große Vorteile, Einschüchterung und Erpressung nutzen. Weil es niemandem gelingt, das Problem zu lösen, hat sich die Situation im Lauf der Zeit sogar noch verschlimmert.« Schon zu Zeiten von Paul VI. war bekannt, dass es in der Kurie homosexuelle Neigungen gab. Man sprach darüber nur nicht. Und sie waren auch kein Problem. Zum Problem wurden die Neigungen erst, als es einer Gruppe homosexueller Geistlicher gelang, Einfluss auf Entscheidungen von Mitarbeitern aus dem engsten Umfeld des Papstes zu nehmen. Die Homosexuellen im Vatikan wurden im Lauf der Jahre zu einer Seilschaft, die Hetzkampagnen in Gang setzt, Karrieren befördert und Postenschacherei betreibt.

Auch wenn der Theologe Berger sagt, dass die Homosexualität im Vatikan Anfang der Nullerjahre nichts mit Karrierewünschen zu tun gehabt habe, so war das früher jedenfalls anders. Da wäre etwa der Fall des ehemaligen päpstlichen Zeremoniars Tony Adams, eines heute 65-jährigen amerikanischen Priesters aus Connecticut, der in den 1960er-Jahren, unter Paul VI. und dann unter Johannes Paul II., im Amt für die liturgischen Feiern des Papstes arbeitete. Adams ist schwul, wurde aber, als er vor zehn Jahren seinen Lebensgefährten heiratete, nicht einmal in den Laienstand versetzt, sondern musste lediglich seine Diözese Hartford verlassen. In einem Interview für die »Gazzetta del Mezzogiorno« 2013 erzählt er von trostlosen Verhältnissen:

Alle im Vatikan wussten, was zwischen jungen Priestern und hohen Prälaten passierte, aber alle taten so, als wäre nichts; sie ignorierten das, als hätten sie ein Schweigegelübde abgelegt. Auch ich hatte eine Affäre mit einem wichtigen Kirchenmann, das will ich gar nicht verheimlichen. Ich hoffte, so Karriere zu machen. Er wurde Erzbischof in einer polnischen Stadt, als Karol Wojtyła Papst wurde. Ich dachte, eine Beziehung mit ihm würde meine Karriere im Vatikan beflügeln. Ich war jung, ich gab seinen Annäherungsversuchen nach. Erst später erfuhr ich, dass Wojtyła ihn nicht mochte. Ich war ziemlich ernüchtert und ging nach Connecticut zurück. Ich wollte einen echten Freund und ein eigenes Leben.[19]

Möglicherweise ist es kein Zufall, dass dieser mächtige polnische Bischof, wie der Zeitung zu entnehmen ist, 2012 im Mittelpunkt eines Skandals um sexuelle Belästigung stand: Die Opfer waren junge Seminaristen. Auf einer Italienreise im Oktober 2015 gibt Adams der Mediaset-Sendung *La strada dei miracoli* ein Interview und auch erneut der »Gazzetta del Mezzogiorno«. Dort ergänzt er seinen Bericht noch um ein weiteres Detail:

> Als ich jung war und im Vatikan, wusste jeder, dass viele Priester schwul waren. Alle wussten von den Beziehungen sogar zwischen Kardinälen und jungen Priestern, aber keiner sagte oder tat etwas. Man wusste es eben, das reichte, und man schwieg. Und man versuchte, sich im Vatikan nach oben zu schlafen, auch ich hab das mit diesem polnischen Erzbischof gemacht. Aber ich habe keine Karriere gemacht. Im Gegenteil. Nach dieser Geschichte habe ich begriffen, dass viele Männer in Priesterkleidung weniger Gott als die Macht lieben. Darum habe ich Rom und den Vatikan verlassen und bin nach Connecticut zurückgekehrt, wo ich der Liebe meines Lebens begegnet bin.[20]

Es hat im Vatikan nie ein kirchenrechtliches Verfahren gegen Adams gegeben. Im Jahr 2014 wurde er schriftlich in die Diözese Connecticut bestellt, wo man ihm lediglich nahe-, aber nicht auferlegte, sich in den Laienstand versetzen zu lassen. Er lehnte ab. Er wollte, auch wenn er mit einem Mann verheiratet war, Priester bleiben.

Auch diese Geschichte, die weit in die Vergangenheit zurückreicht, verknüpft sich mit den anderen längst vergangenen, aber bis heute unaufgeklärten Vorfällen, die die Zukunft der katholischen Kirche belasten, weil sie wie ein nicht enden wollender Albtraum jeden Moment wieder an die Oberfläche steigen können. Alle Reformmaßnahmen des Papstes werden unter einem dicht gewebten

Netz aus Tod, Geld und Sex unweigerlich im Keim erstickt. Solange es nicht gelingt, sich von dem erpresserischen Sumpf der düsteren, ungeklärten Geschichten zu befreien, wird jeder Veränderungswille, unter welchem Papst auch immer, zum Scheitern verurteilt sein.

1 Sodano, geboren 1927 auf der Insel Asti, ist bis heute eines der wichtigsten und mächtigsten Mitglieder der römischen Kurie. Seit dem 28. Juni 1991 ist er Kardinal im Konsistorium, und drei Tage danach wurde er von Johannes Paul II. zum Staatssekretär ernannt. Letzteres war er bis Ende 2006, als Benedikt XVI. sein Rücktrittsgesuch aus Altersgründen annahm. Er war in der Vergangenheit vor allem wegen seiner Unterstützung von Marcial Maciel Degollado, dem Gründer der Legionäre Christi, in die Kritik geraten, der 2006 vom Vatikan wegen sexuellen Missbrauchs an mehreren jungen Seminaristen seiner Kongregation verurteilt worden war. Weitere Kritik an ihm wurde 2010 laut, als Kardinal Christoph Schönborn, der Benedikt XVI. sehr nahe stehende Bischof von Wien, ihn beschuldigte, die Bildung einer Kommission zur Untersuchung von Missbrauchsvorwürfen gegen seinen Vorgänger Hans Hermann Groër verhindert zu haben. Heute ist Sodano Kardinaldekan des Kardinalskollegiums.

2 In der Tat gibt es in den Dikasterien des Vatikans zahlreiche Gerüchte und Verleumdungen, und selbst die mehrfache Mahnung von Benedikt XVI. und nun von Franziskus, dass dadurch Spannungen geschürt und Gräben zwischen den Mitgliedern des kleinen Staates aufgerissen würden, konnte daran nichts ändern. Im März 2016 hat einer der engsten und scharfsinnigsten Mitarbeiter des jetzigen Papstes, der Präfekt des Kommunikationssekretariats Dario Edoardo Viganò, daher ein Pamphlet herausgebracht: »Il brusio del pettegolo. Forme del discredito nella società e nella Chiesa« (2016), worin er ausführt: »Papst Franziskus lädt uns alle ein, eine positive Sprache zu verwenden, die weniger darauf abzielt, was man nicht tun soll, als vielmehr darauf, was man besser machen kann. Wenn wir Negatives ansprechen, sollten wir auch immer sagen, wie wir es besser machen können. Sonst werden wir zu Meistern im Lamentieren und einem Früher-war-alles-besser, zu Experten für Vorwürfe und Miesmacherei. Wenn wir auf das hören, was uns die Menschen sagen, werden wir auch erkennen, was sie sich wünschen.«

3 Gespräch mit dem Autor, Juli 2017.

4 Im Lukas-Evangelium heißt es noch deutlicher: »Es ist unmöglich, daß nicht Ärgernisse kommen; weh aber dem, durch welchen sie kommen!«

5 Die im April 2012 gebildete Kommission bestand aus drei über achtzigjährigen Kardinälen: Neben Herranz gehörten der Kommission der Slowake Jozef Tomko und der Italiener Salvatore De Giorgi an.

6 Marco Lillo, »L'altro Vaticono: truffe, furti nelle ville pontificie e fatture contraffatte«, *Il Fatto Quotidiano*, 27. Januar 2012.

7 Concita de Gregorio, »Sesso e carriera, i ricatti in Vaticano dietro la rinuncia di Benedetto XVI«, *La Repubblica*, 21. Februar 2013.

8 Peter Seewald, Hg., *Benedikt XVI., Letzte Gespräche*, München 2016, S. 259.

9 Andrea Gallo, *In cammino con Francesco*, Mailand 2013.

10 Gespräch mit dem Autor, 23. Juli 2017.

11 Nach den Papstworten vom Juli 2013 nannte der Vatikankenner Sandro Magister auf seinem Blog sogar Namen. In dem Artikel »Il prelato della lobby gay« – »Der Prälat der Schwulenlobby« nennt er den treuen Franziskus-Anhänger Battista Ricca, einen mächtigen Prälaten der Vatikanbank IOR und Direktor der Gästehäuser im Vatikan, darunter auch Santa Marta, in dem der Papst wohnt. Der Papst dementierte auf der Stelle.

12 Zitiert nach dem Originaltext der elektronischen Ausgabe: https://www.schweiz amwochenende.ch/nachrichten/ex-garde-chef-warnt-vor-geheimbund-131056085 [Zugriff: 30.5.2018]. Die Aussagen des Ex-Kommandanten der Schweizergarde erfolgten zwei Wochen, nachdem in der Wochenzeitung »Schweiz am Sonntag« ein Interview mit einem Ex-Schweizergardisten veröffentlicht worden war, in dem dieser über sexuelle Belästigungen im Vatikan klagte. So habe ihn ein Kardinal nachts per Handy belästigt und in seine Wohnung eingeladen, ebenso wie ein kirchlicher Angestellter des Staatssekretariats.

13 Becciu wurde in dem Interview besonders deutlich: »Als Ex-Schweizergardist sollte Mäder wissen, dass jedes Gerücht, jede Anschuldigung, um nicht zu sagen Verleumdung im Zusammenhang betrachtet werden und bewiesen werden muss. Es ist leicht, das Innenleben des Vatikans im Allgemeinen anzuprangern, wenn man keine Namen nennt. Hatte er denn keinen konkreten Verdacht, als er noch im Dienst war? Ist derjenige noch immer im Vatikan? Okay, dann soll er kommen und sagen, wen er meint. Ich warte, ich werde ihm zuhören und alles aufschreiben. Viele sprechen von einer Homo-Lobby, aber bisher weiß noch keiner, wo die überhaupt sein soll. Papst Franziskus wäre der Erste, der sich in

diesem Punkt Klarheit wünscht, genauso wie alle anderen auch.« (Artikel ohne Autorennennung: »Lobby gay, il Papa vuole chiarezza e verità ma basta denunce anonime: chi sa parli«, *La Repubblica*, 21. Januar 2014).

14 Krzysztof Charamsa, *Der erste Stein. Als homosexueller Priester gegen die Heuchelei der katholischen Kirche*, München 2017, S. 102, 141.

15 Fabio Marchese Ragona, »Complotto della lobby omosex contro le denunce di Francesco«, *Il Giornale*, 4. Oktober 2015.

16 Barbara Ciolli, »Vaticano, pratiche gay diffuse nella Santa Sede«, *lettera43.it*, 21. März 2013. http://www.lettera43.it/it/articoli/politica/2013/03/21/vaticano-pratiche-gay-diffuse-nella-santa-sede/78891/ [Zugriff: 30.05.2018].

17 Carmelo Abbate, *Sex and the Vatican. Viaggio segreto nel Regno dei Casti*, Mailand 2012.

18 In letzter Zeit spielte etwa Georg Gänswein, der Präfekt des päpstlichen Hauses, die Bedeutung des homosexuellen Netzwerks herunter. So stritt der deutsche Erzbischof, der Benedikt XVI. am Ende des Pontifikats bei der Zerschlagung der Homo-Lobby unterstützte, in einem Fernsehinterview ab, dass es diese Lobby noch gebe, oder dass diese Ernennungen und Versetzungen habe beeinflussen können: »Die Bedeutung dieser angeblichen Schwulenlobby wird überschätzt. Das Problem wurde in Angriff genommen und gelöst. Es reicht. Hier von Macht zu sprechen, halte ich nicht nur einmal, sondern hundertmal für überschätzt.« (Fabio Marchese Ragona, Interview mit Georg Gänswein, *Matrix*, Canale 5, 5. April 2017). Alles falsch, sagt auch Prälat Francesco Camaldo, genannt Jessica, als Zeremoniar der Liturgischen Feiern. In einem anonymen Interview in der Tageszeitung »Libero« vom 9. Februar 2014, sagt Jessica, der »päpstliche Zeremoniar, der vom Papst ins Abseits gestellt wurde«: »Diese Schwulenlobby wird maßlos aufgebauscht. Auch die drei ›Kardinäle 007‹ haben gesagt, dass in ihren Unterlagen nichts davon steht, aber die Journalisten hören lieber auf die Gerüchte.«

19 Carmela Formicola, Lia Mintrone, »Dalla Puglia la storia ›Io, prete gay e sposato ecco i segreti del Vaticano‹«, *La Gazzetta del Mezzogiorno*, 13. Juni 2013.

20 Carmela Formicola, Lia Mintrone, »Prete gay Tony Adams sposato da 8 anni. ›Si sa, ma tutti zitti‹«, *La Gazzetta del Mezzogiorno*, 12. Oktober 2015.

Anhang

Die vertraulichen Dokumente

Die folgenden Dokumente stammen aus dem Geheimarchiv der Vatikanbank IOR
Karteikarte (Vor- und Rückseite) für das am 19. August 1972 eröffnete Konto »Opus
Caritatis« (0511 01538A). Zeichnungsberechtigt ist der Generalsekretär der Bank,
Prälat Donato de Bonis. Das Konto ist mit den Konten »Opus Pauli« (001 1 12567)
und »Fond. A. Alberto« (051 3 06721A) verbunden. Es handelt sich um einen der
ersten buchhalterischen Hinweise auf die Parallelwelt der Vatikanbank, über die
Schmiergelder gewaschen wurden.

288

LIRE

001-3-14993 Agnes
16332 "
16145 S. Giuliano
15924 Leucemia
14337 S. Caterina
14597 S. Martino
14774 Spellman
16976 Fond. Giglio
16899 Loreto S. Casa
17007 S. Dino
09862 Sepe
11746 Sua Sant.
11595 Mons. Stan.
16764 Jonas Fond.

Dollari

051-3-06511 S. Caterina
-05213 S. Teresa
02370 Lourdes
051-6-10175 S. Marco
051-3-01835 Sepe
04011 Sua Sant.
04020 Don Stanisl.
10054 CHARITY
051-1-01539 De Bonis

001-1-10015 A. Di Tora
2-0765 De Bonis
6-02477 "
001-8-90820

Eine handschriftliche Aufstellung von Prälat De Bonis, die er persönlich, ohne Datumsangabe, unterzeichnet hat. Die aufgelisteten 27 Girokonten können nicht existenten Stiftungen zugeordnet werden. Die wahren Kontoinhaber, vermutlich hochgestellte Persönlichkeiten, werden durch Tarnnamen geschützt. Die vier Konten auf die Namen »Sua Sant.« – Seiner Heiligkeit –, »Mons. Stan.« bzw. »Don Stanisl.« stützen die These, dass De Bonis die Bankgeschäfte von Johannes Paul II. und seinem Privatsekretär, Kardinal Stanisław Dziwisz, erledigte.

LIBRETTO DI CONTO CORRENTE

~~CORRENTE~~
VINCOLATO

N° 5131303 /W

intestato a *Mons. Pasquale* MACCHI

emesso il *8 - 1. 1970*

prima scadenza del vincolo il ....

Norme che regolano i depositi in conto corrente.

L'Istituto per le « Opere di Religione – Città del Vaticano » riceve depositi in conto corrente, in corrispondenza alle finalità dell'Ufficio. I detti depositi possono essere *liberi* oppure *vincolati* ad una determinata scadenza.

I depositi *liberi* possono venir ritirati in qualunque momento, salvo il preavviso di giorni 6 per cifre superiori a L. it. 50.000.000.= od equivalente in caso di valute estere, di giorni 3 per cifre superiori a L. it. 25.000.000.=, od equivalente come sopra, e di giorni 1, per cifre superiori a L. it. 5.000.000.=, od equivalente come sopra.

I depositi *vincolati* possono essere ritirati solo alla scadenza del vincolo e sono regolati, oltre che dalle presenti norme, anche dalle particolari condizioni a parte stabilite.

Il tasso di interessi viene fissato dall'Amministrazione al momento dell'apertura del conto, e può essere variato, previo avviso al depositante, a giudizio dell'Istituto, in relazione al mercato del denaro; gli interessi vengono regolati al 31 dicembre di ogni anno, capitalizzandoli.

RINNOVATO

IOR - Mod. 3 - 1966/8 (50

Die erste Seite des Dollar-Sparbuchs Nr. 5131303; Kontoinhaber ist Prälat Pasquale Macchi, Privatsekretär von Paul VI.; Ausstellungsdatum 8. Januar 1970.

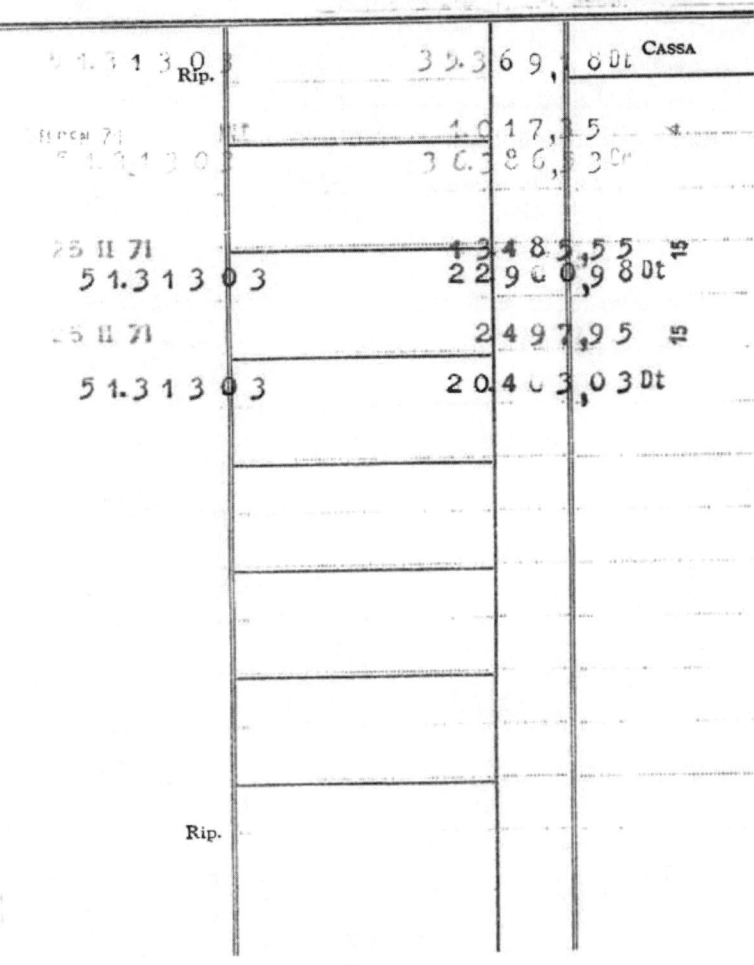

Buchungsvorgänge und Salden des Sparkontos Nr. 5131303; Kontoinhaber ist Prälat Pasquale Macchi, Privatsekretär von Paul VI. Am 28. Januar 1971 liegen 36.386,53 Dollar auf dem Konto.

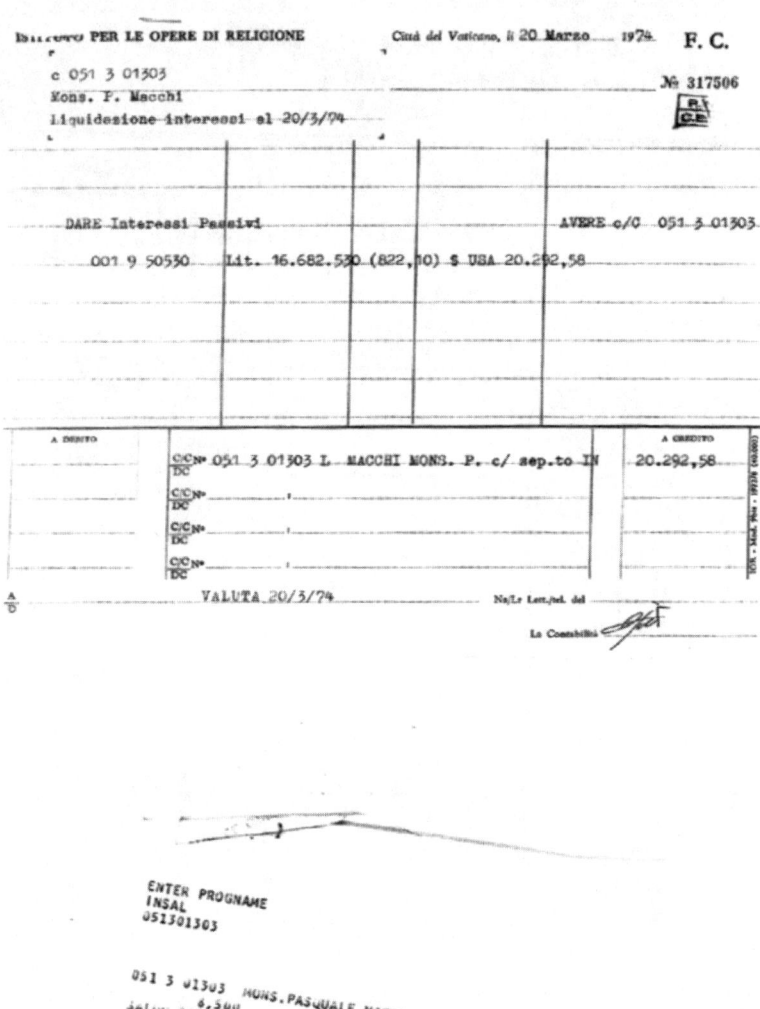

20. März 1974, Konto Nr. 051 3 01303L; Kontoinhaber ist Prälat Pasquale Macchi, Privatsekretär von Paul VI. Die Zinsen betragen 20.292,58 Dollar, der Endsaldo beträgt 1.707.364,54 Dollar.

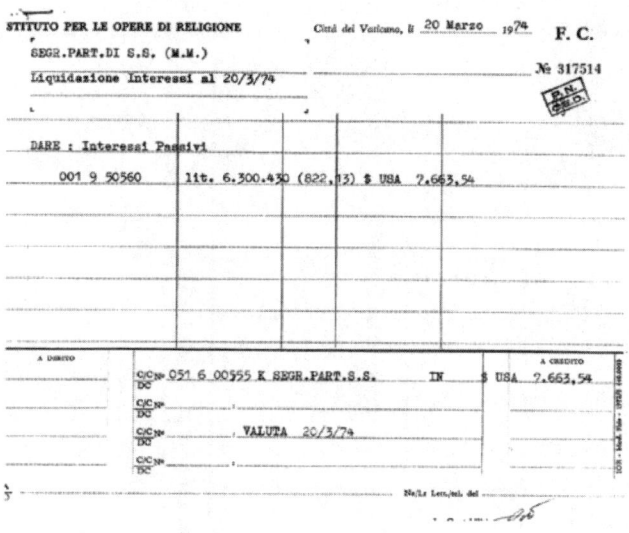

ISTITUTO PER LE OPERE DI RELIGIONE   Città del Vaticano, li 20 Marzo 19 74   F. C.

SEGR.PART.DI S.S. (M.M.)

Liquidazione Interessi al 20/3/74   № 317514

DARE : Interessi Passivi

001 9 50560   1lt. 6.300.430 (822,13) $ USA 7.663,54

A DIRITO			A CREDITO
	C/C Nº 051 6 00555 K SEGR.PART.S.S. IN $ USA 7.663,54		
	C/C Nº		
	C/C Nº , VALUTA 20/3/74		
	C/C Nº		

Ns/Lt Lett./tel. del

051 6 00555 SEGR.PART.S.S.PADO   20.03.74
            8,500   31/12/4   A
C SALDO CAP. 2.118.945,00   SALDO INT. 148.791,03
  INT   7.663,54   CHIUSURA   2.126.608,54

A DIRITO

20. März 1974, Konto Nr. 051 6 00555K; Kontoinhaber ist »Segr. Part. di S.S. (M.M.)«, was vermutlich meint »Privatsekretär Seiner Heiligkeit (Monsignore Macchi)«. Die Zinsen betragen 7663,54 Dollar, der Endsaldo liegt bei 2.126.608,54 Dollar.

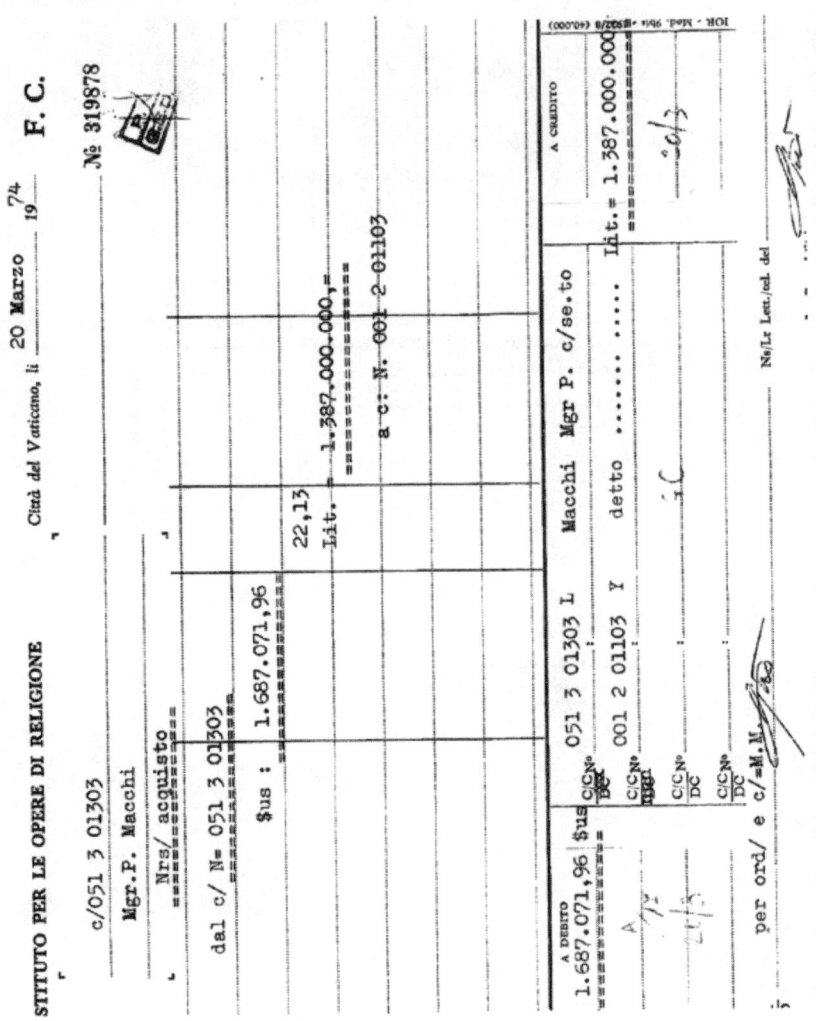

20. März 1974, Konto Nr. 051 3 01303L; Kontoinhaber ist »Mgr. P. Macchi«. Währungsumtausch im Wert von 1.687.071,96 Dollar, deren Gegenwert von 1.387.000.000 Lire auf Konto 001 2 01103Y gutgeschrieben wird.

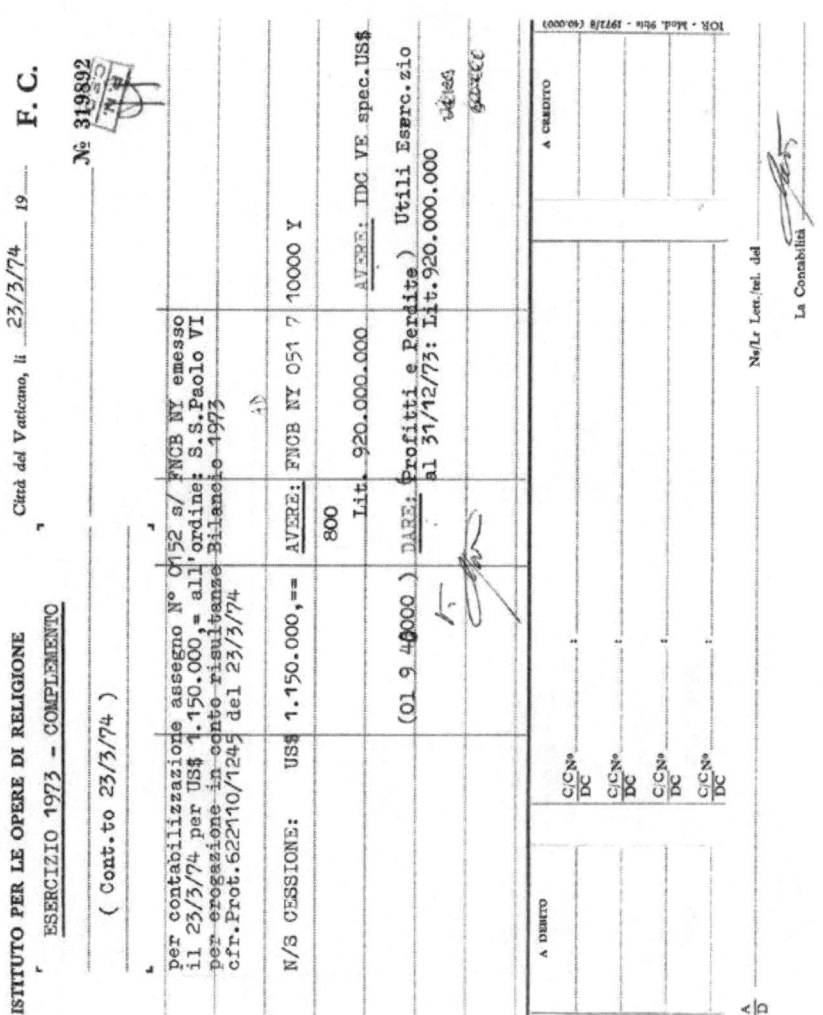

23. März 1974, Verbuchung Scheck Nr. 0152 s/FNCB NY im Wert von 1.150.000 Dollar, ausgestellt auf: »S.H. Paul VI. als Auszahlung Jahresergebnis 1973«. Mit Umrechnung des Gewinns zum 31. Dezember 1973 auf 920.000.000 Lire.

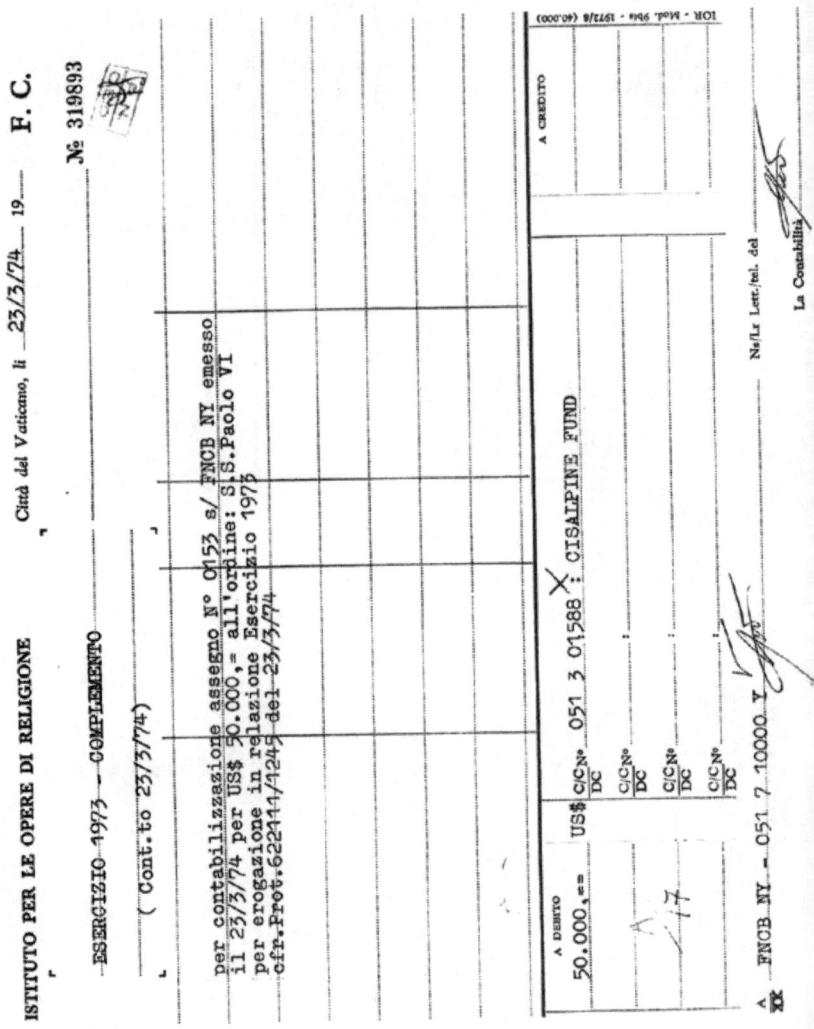

23. März 1974, Verbuchung Scheck Nr. 0153 s/FNCB NY, im Wert von 50.000 Dollar, ausgestellt auf: »S.H. Paul VI. als Auszahlung Betriebsgewinn 1973«. Weiter unten ist die entsprechende Gutschrift auf Konto Nr. 051 3 01588 des »Cisalpine Fund« aufgeführt, was auf die Panama-Bank Cisalpine hinweisen könnte, in deren Vorstand einmal Paul Marcinkus, Roberto Calvi und Licio Gelli sitzen werden.

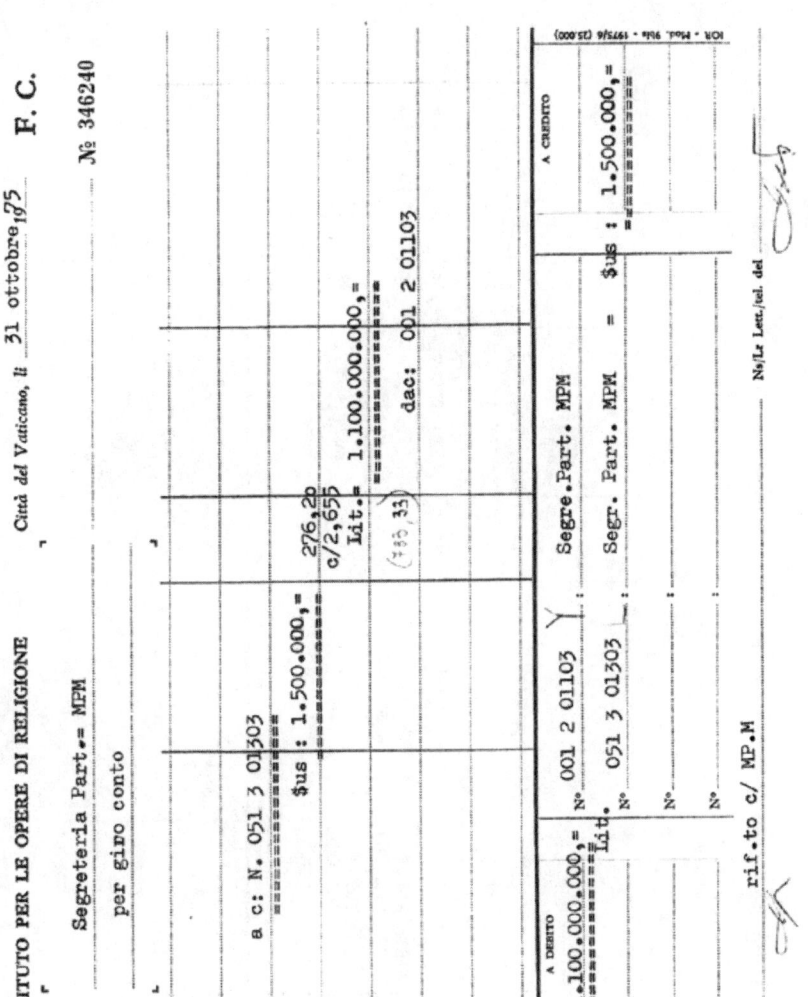

31. Oktober 1975, Umbuchung und Umtausch von 1.100.000.000 Lire (1.500.000 Dollar) von Konto 001 2 01103 von »Segr. Part. MPM« – Privatsekretär MPM – auf Konto 051 3 01303 desselben Kontoinhabers »Segr. Part. MPM«, also Prälat Macchi.

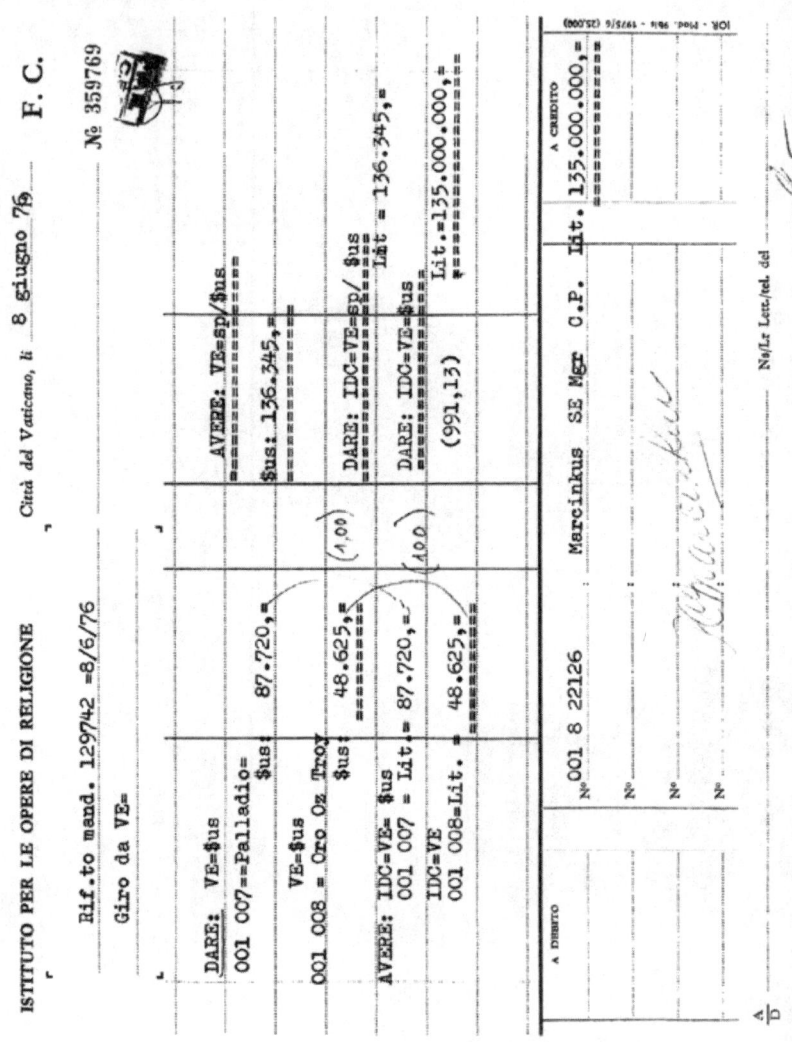

8. Juni 1976, Kassenblatt über den An- und Verkauf von Gold und Palladium im Wert von 135.000.000 Lire zugunsten Konto 001 8 22126 von »Marcinkus SE Mgr. C.P.«. Unterzeichnet vom damaligen Präsidenten der Vatikanbank IOR.

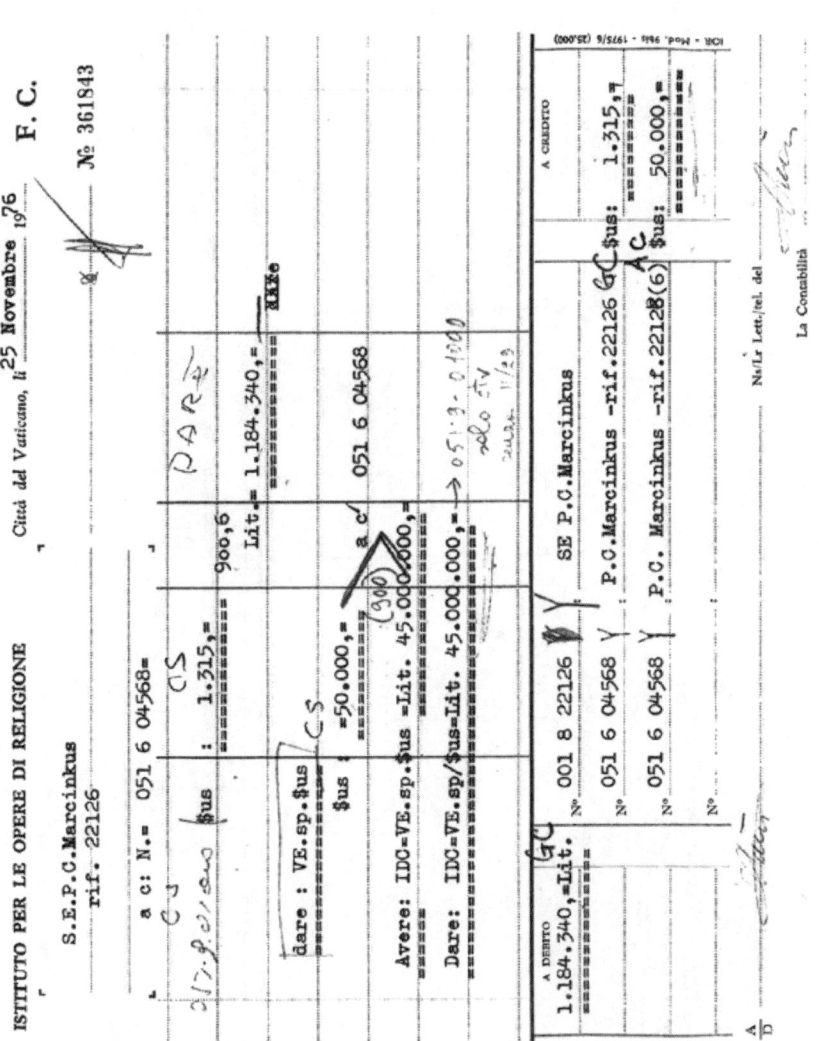

25. November 1976, Kassenblatt über Währungsumtausch und Umbuchungen für drei Konten von Paul Casimir Marcinkus, mit einer Belastung über 1.184.340 Lire und einer Gutschrift über 51.315 Dollar.

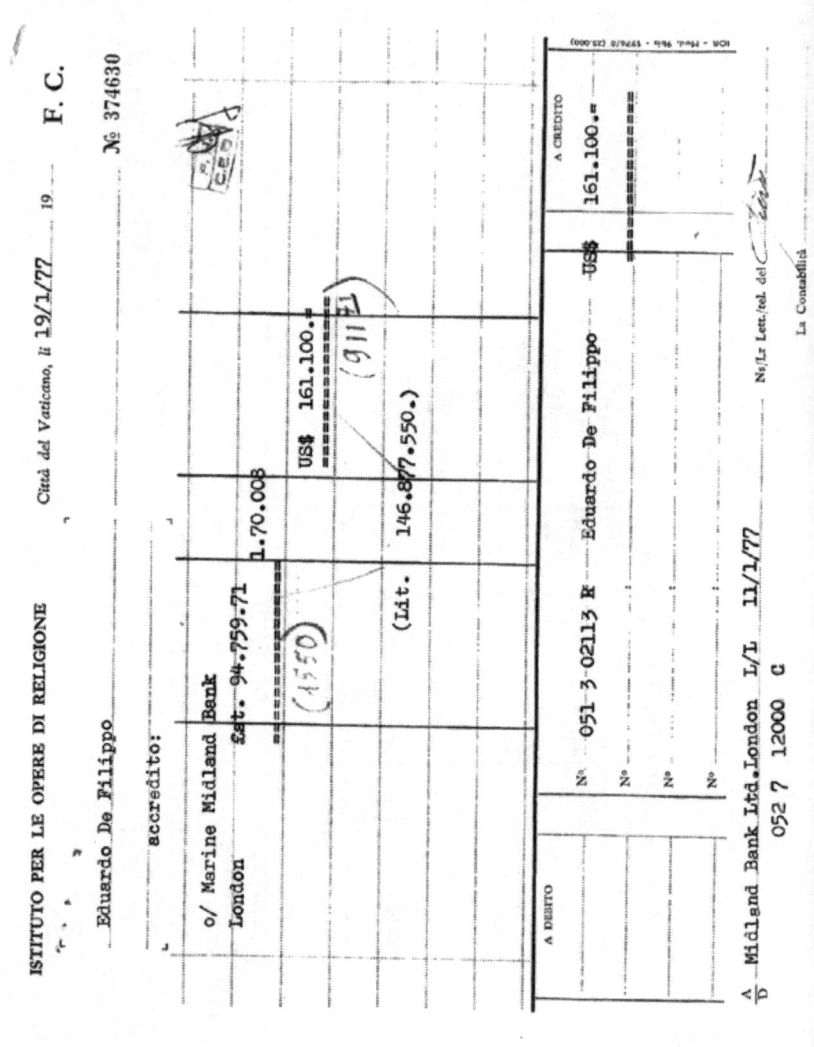

19. Januar 1977, Kassenblatt für das Konto Nr. 051 3 02113R von »Eduardo De Filippo« über eine Gutschrift in Höhe von 161.100 Dollar (94.759,71 Pfund Sterling).

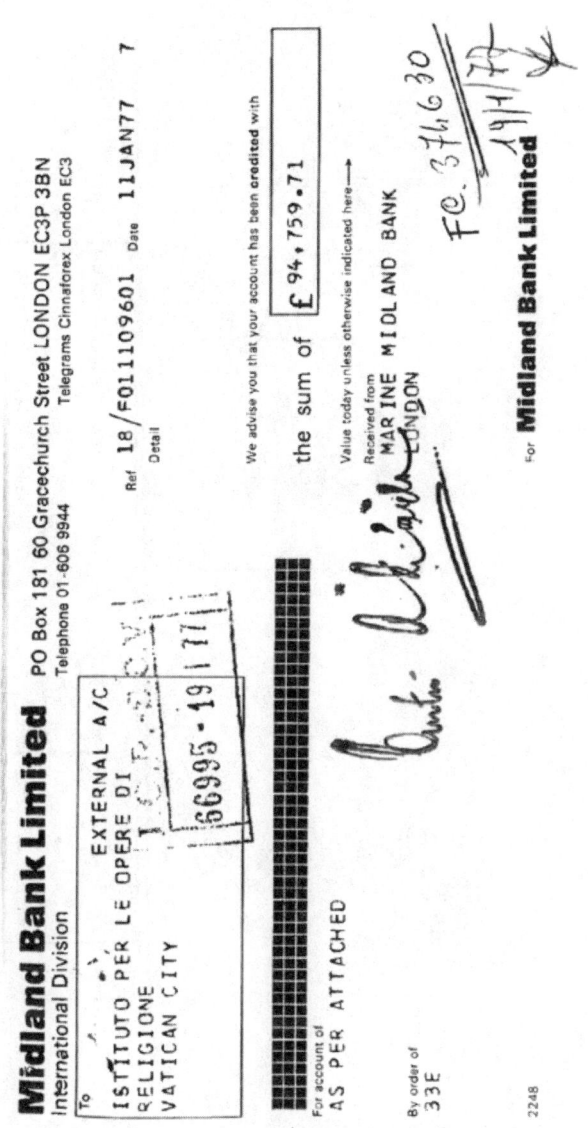

19. Januar 1977, Buchungsbeleg für eine Überweisung von der Londoner Marine Midland Bank an die Vatikanbank IOR, zugunsten des Kontos von »Eduardo De Filippo« im Wert von 94.759,71 Pfund (Sterling), als Anhang zum vorigen Dokument.

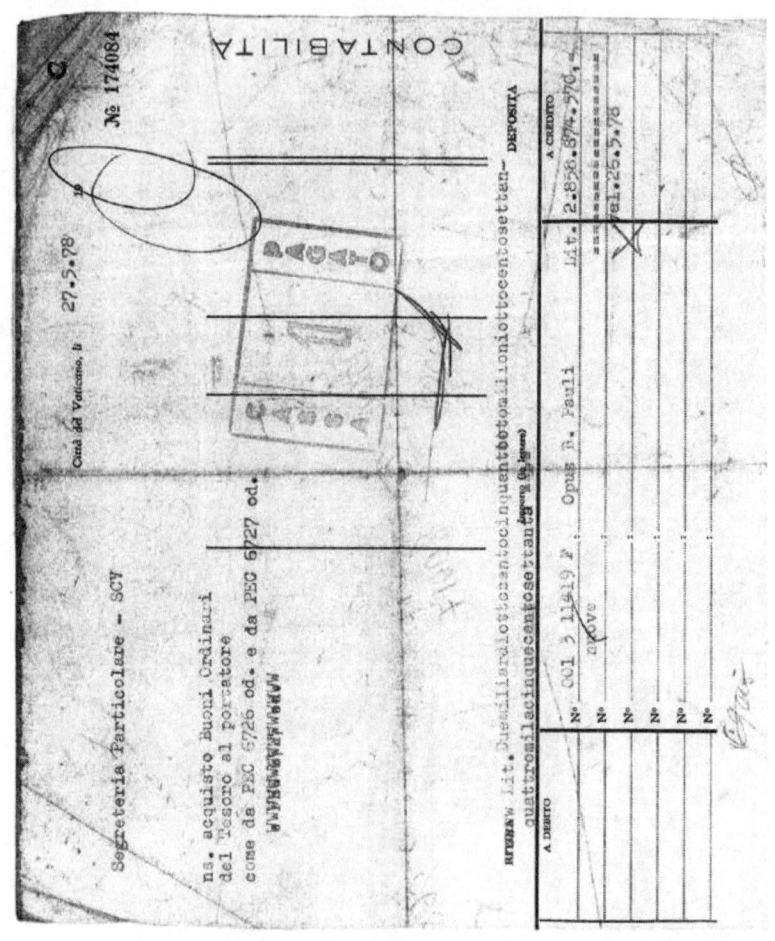

27. Mai 1978, Buchungsbeleg über den Kauf normaler Staatsanleihen durch das IOR; verkauft wurden sie vom rätselhaften Inhaber des Kontos Nr. 001 3 11419F »Opus B. Pauli«, dem der Wert in Höhe von 2.858.874.570 Lire gutgeschrieben wurde.

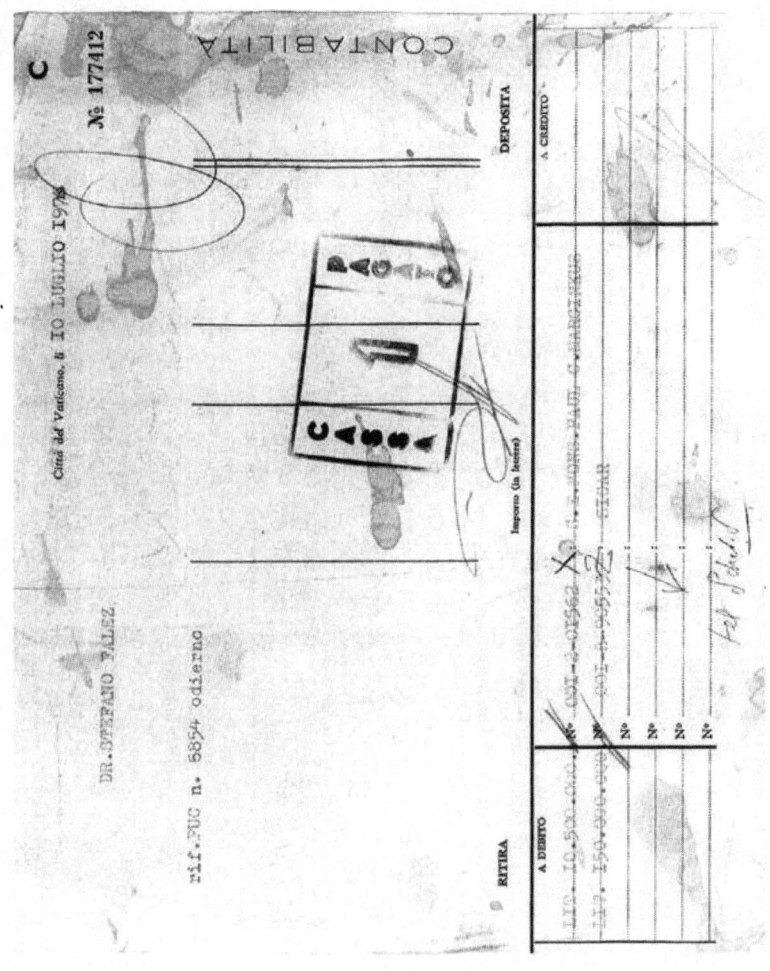

10. Juli 1978, Buchungsbeleg über einen Vorgang, der mit Konten von Michele Sindona in Zusammenhang gebracht werden kann. Mit dem Betrag in Höhe von
160.500.000 Lire werden Konten von Paul Marcinkus und der Gesellschaft »Sicar«
belastet. Als Kontoinhaber erscheint in dem Dokument Stefano Falez, ein Freund
von Sindona.

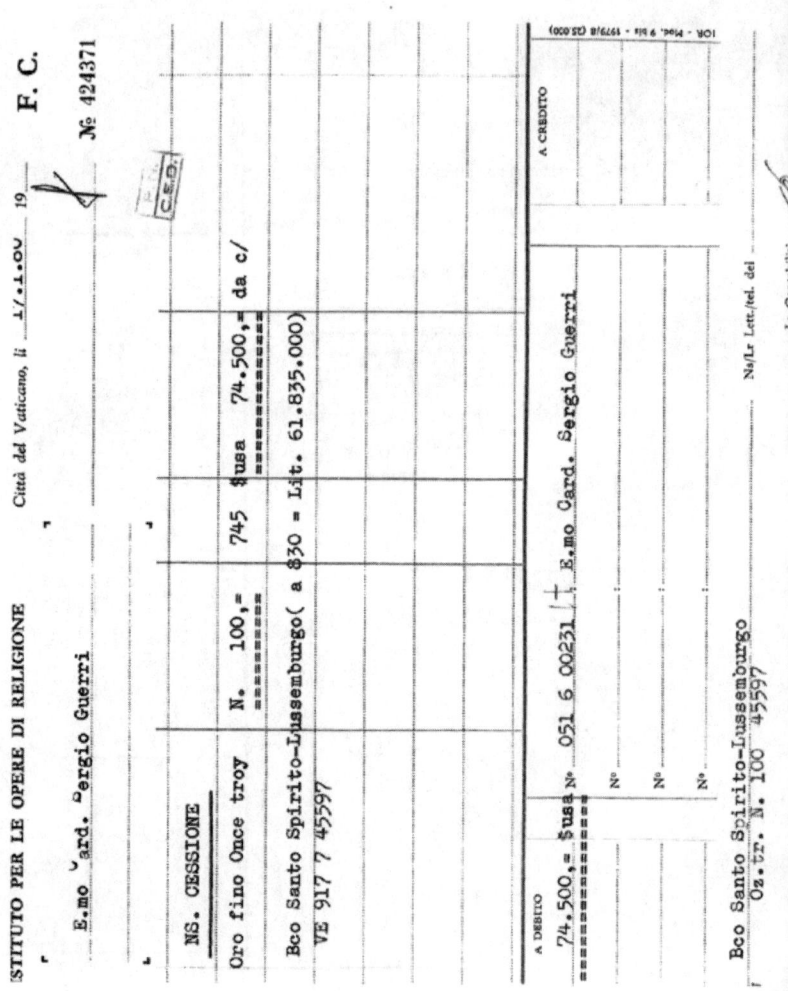

17. Januar 1980, Kassenblatt für Konto Nr. 051 6 00231, »E.mo. card. Sergio Guerri« – Kardinal Sergio Guerri. Verkauf von »Feingold Once troy« für 74.500 Dollar über die Bank Santo Spirito in Luxemburg.

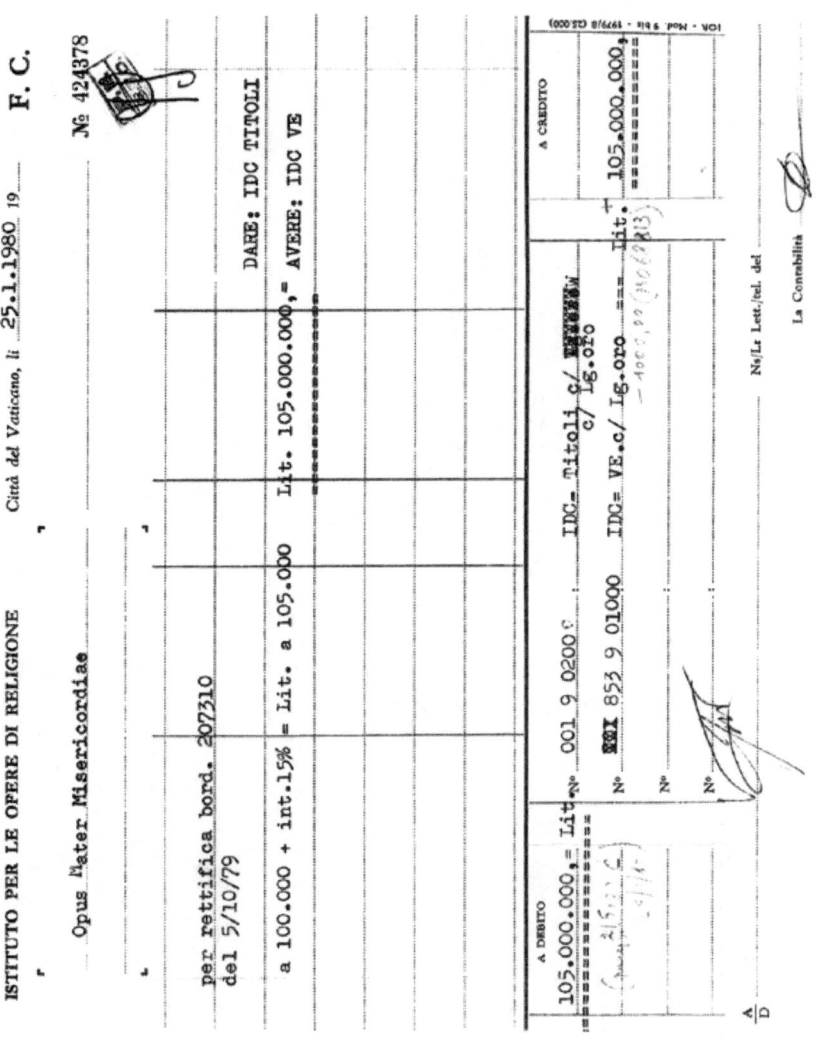

25. Januar 1980, Kassenblatt über die Abtretung von Wertpapieren/Gold im Wert
von 105.000.000 Lire, die dem Konto »Opus Mater Misericordiae« gutgeschrieben
werden.

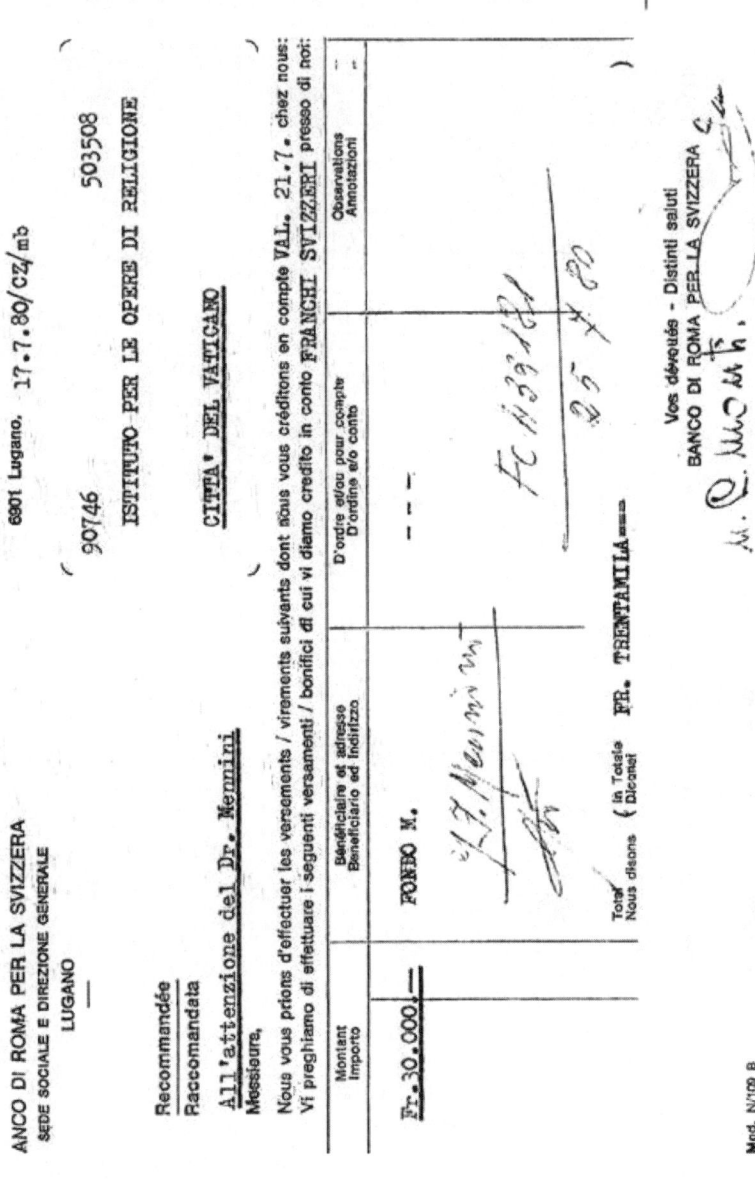

17. Juli 1980, Einschreiben der Banco di Roma per la Svizzera, Sitz Lugano, zu
Händen »Dr. Mennini« (IOR) betreffend die Überweisung von 30.000 Schweizer
Franken zugunsten eines nicht näher bezeichneten »Fonds M«.

ISTITUTO PER LE OPERE DI RELIGIONE   Città del Vaticano, li 5.11.80 19___   F. C.

№ 434748

Diversi

da c/	Once oro fino N. 100,=	637,50	$usa 63.750,= a c/
	(a 905=Lit.57.693.750)		
da c/	Oro fino N. 100,P	637,50	$usa 63.750,= a c/
	(a 905 = Lit. 57.693.750)		
da c/	Oro fino N. 100,=	637,50	$usa 63.750,= a c/
	(a 905 = Lit. 57.693.750)		
da c/	Oro Fino N. 100,=	637,50	$usa 63.750,= a c/
	(a 905 = Lit. 57.693.750)		

per inesatta applicazione
del 5.11.80 FC 4347=44/47

A DEBITO

100,= Once oro fino 917 1 00004 F   Diversi (Galeazzi)
100,= Once oro fino 917 1 00003 E   Gismondi
100,= idem N° 917 1 00004 F   Diversi (Antonelli)
100,= idem N° 917 1 00002 D   Card. Ursi per Gac.Tel.

N° 051 3 00036 I   Galeazzi E.P.   ST
051 3 04046 S   Gismondi Pietro   ST
N° 051 6 04543 V   Antonelli U.   ST
051 3 04539 D   Card Ursi-Fac.Teolog.   ST

A CREDITO

vol. 4 -11/80

$usa 63.750,=
$usa 63.750,=
$usa 63.750,=
$usa 63.750,=

Ne/Lr Lett. rel. del

La Contabilità

IOR · Mod. 9 bis · 1979/8 (25.000)

5. November 1980, Kassenblatt über vier Verkäufe von Goldunzen im Wert von
jeweils 63.750 Dollar durch Girokonteninhaber bei der Vatikanbank IOR, darunter
Kardinal Ursi.

307

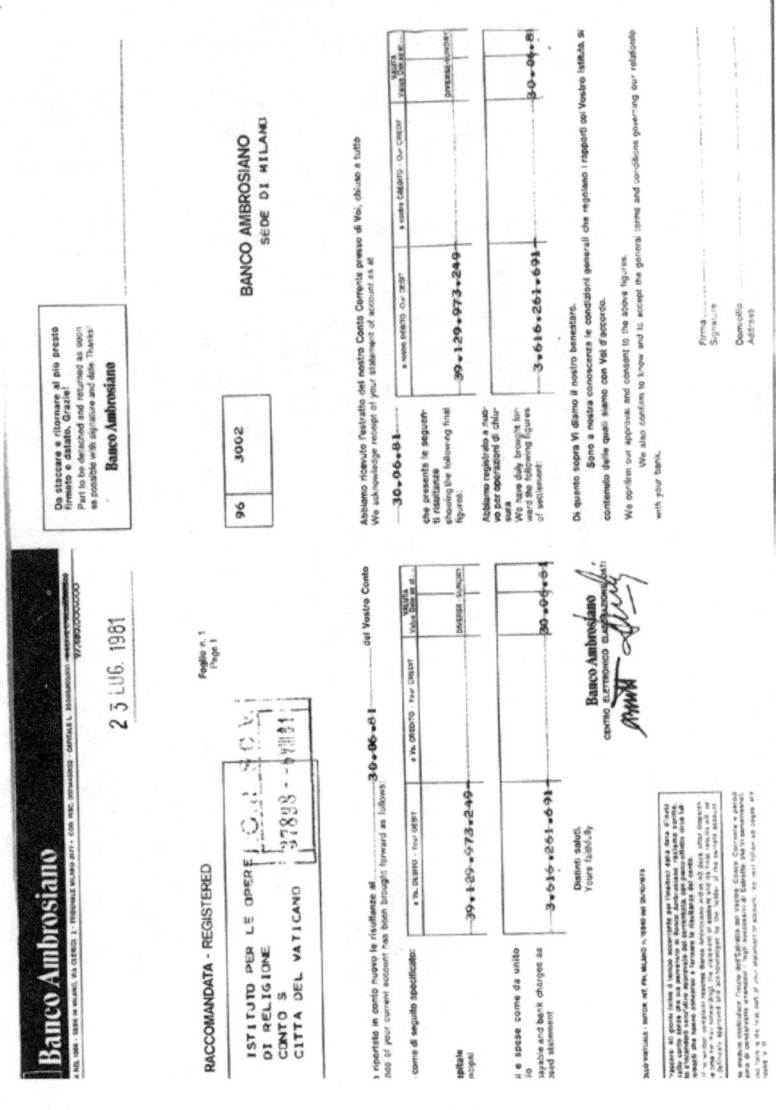

23. Juli 1981, Einschreiben der Banco Ambrosiano an die Vatikanbank IOR mit einem Auszug von Konto Nr. 96 3002; Passivsaldo in Höhe von über 39 Milliarden Lire und 3,6 Milliarden aufgrund einer Neubewertung.

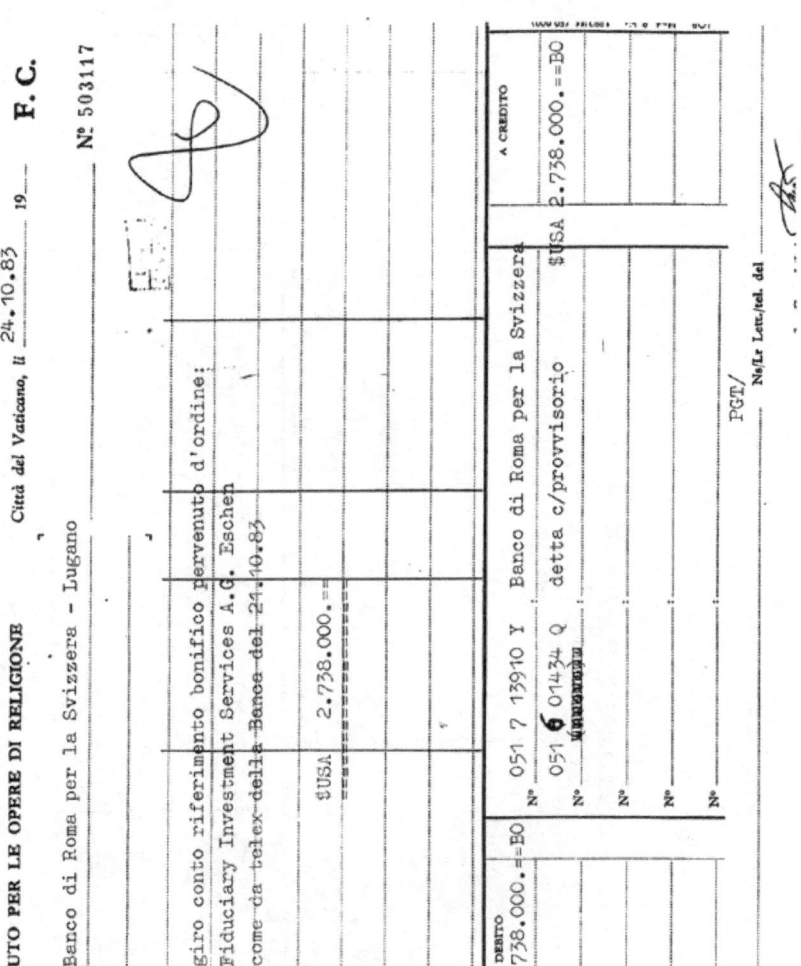

24. Oktober 1983, Umbuchung vom Depot bei der Banco di Roma per la Svizzera, Sitz Lugano, der eingegangenen Gutschrift »aus Order Fiduciary Investment Services A.G. Eschen« in Höhe von 2.738.000 Dollar.

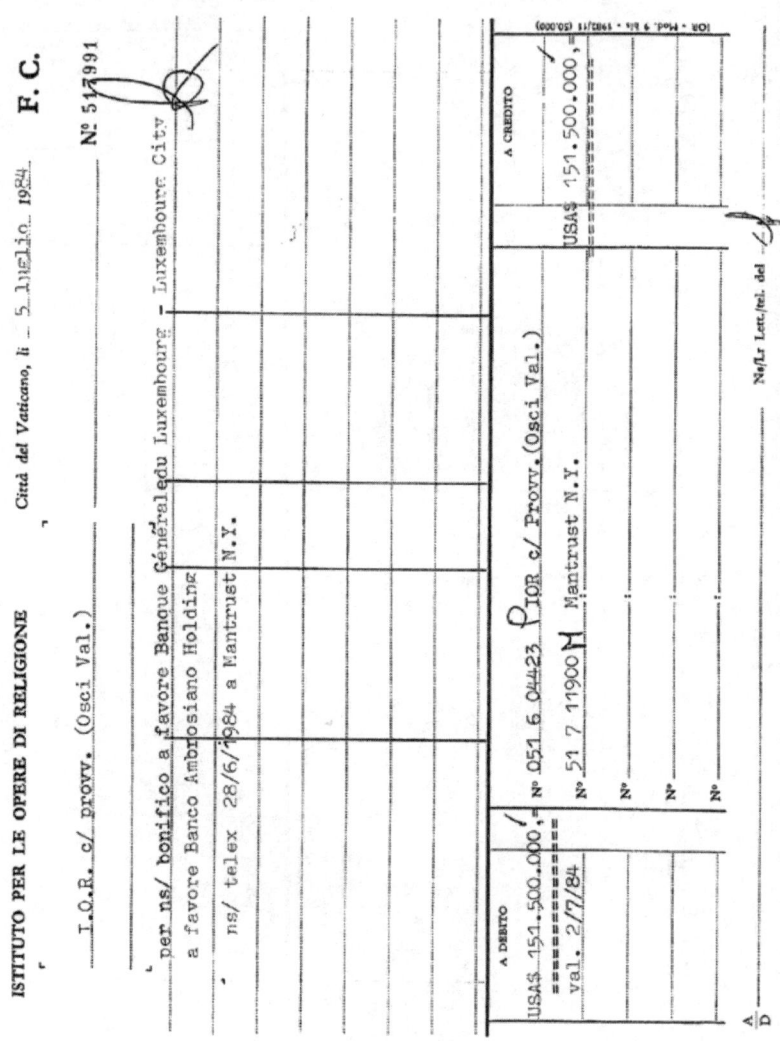

5. Juli 1984, Kassenblatt über eine Überweisung auf Konto Nr. 0517 11900M von Mantrust N.Y. in Höhe von 151.500.000 Dollar »zugunsten Banque Générale du Luxembourg – zugunsten Banco Ambrosiano Holding«. Höchstwahrscheinlich handelt es sich um einen Teil des »freiwilligen Beitrags«, den der Vatikan zahlte, um sich jeder Verantwortung für den Konkurs von Calvis Bank zu entledigen.

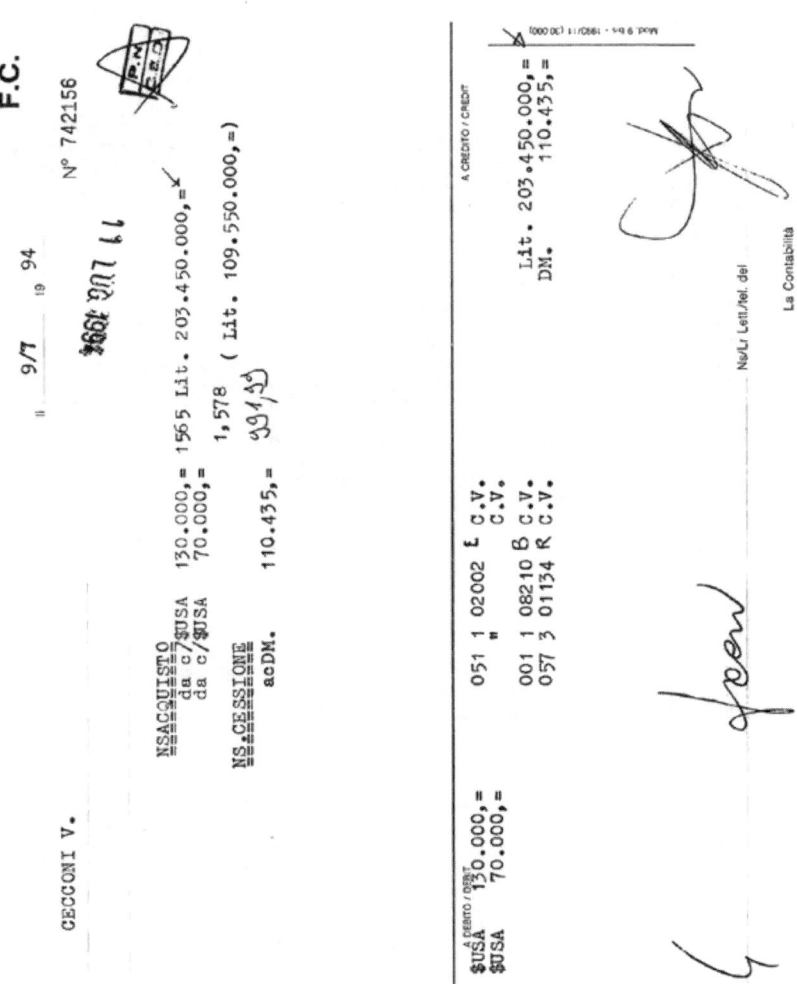

9. Juli 1994, Währungsumtausch Dollar/Lire für 203.450.000 Lire auf dem Konto von Vittorio Cecconi, Angestellter der Vatikanbank.

Avuta la notizia della propria iscrizione nel registro degli indagati, don Vergari chiama una persona non ancora identificata, per chiedere consiglio su come comportarsi. Questi, chiamato rispettosamente "Eccellenza", tratta il prelato con modi molto bruschi, invitandolo a non rivolgersi a lui e di rimanere calmo e tranquillo, ricordando che ha il telefono sotto controllo.

38	19/05/2012 11:01:55		2833/12	Uscita	Vergari studio			

Don Piero chiama un uomo chiamandolo Eccellenza.
Vergari: "Eccellenza senta..sono don Piero..."
Eccellenza: "Si"
Vergari: "allora...che devo fare...questi qui..questi.."
Eccellenza: " (lo interrompe bruscamente)No..non si rivolga a me don Piero perchè...lei stia...stia calmo..suia quieto..stia tranquillo.io gliel'ho detto da pricipio...".
Vergari: "Io sto tranquillissimo perchè guardi..le dico la verità..io quella persona non l'ho mai vista non l'ho mai contattata....".
Eccellenza " (lo interrompe nuovamente) Si ma lei stia tranquillo...
Vergari: "Si.."
Eccellenza:" come le ho sempre detto... perchè tutte le volte che lei è andato di fuori poi è successo quello che è successo..."
Vergari: "Si"
Eccellenza: "Stia tranquillo adesso!".
Vergari: "Si"
Piero Vergari: "Si..."
Eccellenza: "Non ha bisogno.."
Vergari: "Si.."
Eccellenza: "3: "Si...!"
Eccellenza: "Va bene?"
Vergari: "Si..e.e...e...senta se mi chiamano ..telefonate..e.e....io....non rispondo a nessuno ..se mi chiamano i giornalisti che vogliono sapere..."
Eccellenzaa: "Guardi che il suo telefono è sotto controllo!"

Einige Dokumente zu dem Fall Emanuela Orlandi
19. Mai 2012, Telefonmitschnitt, aufgezeichnet in einer Informationsnotiz der Polizei: Piero Vergari, der zur Zeit des Verschwindens von Emanuela Orlandi Rektor der Basilika Sant'Apollinare war, telefoniert mit einer noch nicht identifizierten Person, die er mit »Exzellenz« anspricht und die ihn warnt, dass sein Telefon überwacht werde.

PROCURA DELLA REPUBBLICA

presso il Tribunale di Roma

Città Giudiziaria - Piazzale Clodio - 00195 - R O M A

Al Sig.

Procuratore della Repubblica

Sede

Oggetto: proc.pen. n. 11694/2010 Noti

Nella riunione del 14/4/2015, relativa al procedimento penale in oggetto, convocata per esaminare e valutare l'allegata bozza di provvedimento definitorio predisposta dalla collega Maisto, Le ho rappresentato le mie osservazioni che, in estrema sintesi, si sostanziano nel non condividere, in primo luogo, la richiesta di archiviazione proposta nei confronti di Angelo Cassani, Gianfranco Cerboni, Sergio Virtù e Sabrina Minardi, in quanto gli elementi emersi dalle indagini ed esposti diligentemente nella citata bozza per il loro numero e la loro forza indiziaria impongono, a mio avviso, il vaglio dell'udienza preliminare; udienza necessaria anche per consentire alle parti offese, dopo tanti anni di indagine, di poter prendere visione ed interloquire senza il ristretto e non prorogabile termine perentorio di cui all'art. 408 c.3 c.p.p. .

Inoltre, non concordo sull'argomentazione che "l'esito negativo degli accertamenti effettuati sull'ossario presente nella cripta della Basilica di Sant'Apollinare costituisca elemento di

17. April 2015, vertrauliches Schreiben des damaligen Oberstaatsanwalts Giancarlo Capaldo, in dem dieser gegenüber dem Leitenden Oberstaatsanwalt in Rom, Giuseppe Pignatone, begründet, warum er gegen eine Einstellung der Ermittlungen im Fall Orlandi ist.

313

indebolimento del quadro probatorio". Infatti, il coinvolgimento del De Pedis nell'episodio nasce dalle dichiarazioni della Minardi e del Sarnataro che mai hanno riferito di una sepoltura del corpo dell'Orlandi nel complesso di Sant'Apollinare, mentre l'indagine sull'ossario del Sant'Apollinare nasce da una telefonata anonima alla trasmissione televisiva "Chi l'ha visto?".

Per quanto attiene, poi, alla posizione del Vergari, rettore nel 1983 della Basilica di Sant'Apollinare, sottolineo come il coinvolgimento di tale indagato non derivi dal sospetto di avere lo stesso potuto consentire al De Pedis l'occultamento del cadavere dell'Orlandi tra le ossa seppellite nella cripta della Basilica, ma dalla ipotizzata responsabilità del De Pedis nel sequestro di Emanuela Orlandi, avvenuto proprio all'uscita dal complesso di Sant'Apollinare, e dall'esistenza di rapporti consolidati e profondi tra i due uomini, testimoniati anche dalla successiva sepoltura del De Pedis nella citata cripta.

Peraltro, con riferimento alla posizione del Vergari, concordo sulla necessità di richiedere l'archiviazione, ma solo per totale insufficienza degli elementi indiziari e non per una pretesa accertata sua estraneità al sequestro.

Venendo ora ad esaminare la posizione di Marco Accetti, osservo che l'esposizione, formulata nella predetta bozza, dei motivi per cui si richiede nei suoi confronti l'archiviazione sia approssimativa e del tutto inadeguata e si presenti non tanto come la premessa in fatto di una decisione da prendere quanto come la spiegazione di una decisione già presa.

Invero, nelle "conclusioni" del capitolo su Marco Accetti della bozza della richiesta di archiviazione predisposta dalla collega Maisto si legge "le dichiarazioni........di Marco Accetti.......costituiscono una sceneggiatura fantasiosa"........."gli accertamenti non hanno stabilito che il flauto sia effettivamente appartenuto a Emanuela Orlandi ed in suo possesso al momento della scomparsa e non hanno stabilito in modo inequivoco che la voce di Marco Accetti corrisponda a quello dei vari telefonisti oggetto di comparazione". E se si ammette che "la conoscenza dei fatti dimostrata dall'Accetti va oltre quella che può avere un semplice appassionato al caso", la spiegazione offerta nel provvedimento è quella secondo cui "è evidente che Accetti è stato molto vicino alle carte del caso Orlandi" "~~essendo così in grado di fornire indicazioni precise sul contenuto di gran parte delle telefonate effettuate con la indicazione addirittura delle cabine dalle quali sono state fatte~~"; non si sottolinea però che "le carte del processo" sono state fornite solo alla famiglia in occasione della definizione dell'istruttoria formale e quindi non sono di pubblico dominio. Ed, inoltre, relativamente alla circostanza risultata vera, indicata dall'Accetti e sconosciuta fino ad allora anche alla Procura, secondo cui Emanuela Orlandi al momento del sequestro aveva le mestruazioni, circostanza mai divulgata neppure dalla famiglia, nella bozza si afferma apoditticamente che " essa non dimostra nulla in quanto Accetti può essere venuto a conoscenza di questo particolare nei modi più svariati, non ultimo contatti, sia pure indiretti, con l'ambiente familiare di Emanuela". E la bozza conclude affermando la necessità di chiedere l'archiviazione della posizione di Marco Accetti essendo totalmente assenti elementi a suo carico.

In particolare, nella bozza, non si da atto dei numerosi ed inquietanti riscontri che le dichiarazioni dell'Accetti hanno ricevuto sia con riferimento al caso Gregori che al caso Orlandi; peraltro, Lei, nella riunione del 14/4 u.s., non ha voluto neppure conoscere le mie osservazioni al riguardo. Solo, per grandi linee, osservo che l'esposizione non tiene in conto sufficiente: a) che l'Accetti si è accusato del sequestro delle due ragazze; b) che, per quanto riguarda la scomparsa Mirella Gregori, l'Accetti è risultato all'epoca abitare a un centinaio di metri di distanza dal bar della Gregori e frequentare via Nomentana ove la Gregori abitava; c) che chi ha telefonato al citato bar ed ha descritto dettagliatamente i vestiti indossati dalla Gregori al momento della scomparsa era necessariamente coinvolto nel sequestro; d) che l'esito della consulenza fonica sottolinea una compatibilità tra la voce di tale telefonista e quella dell'Accetti; e) che l'Accetti è risultato gravitare all'epoca nella zona di Piazza Navona a pochi passi da Sant'Apollinare; f) che l'Accetti ha consegnato un flauto sostenendo essere quello dell'Orlandi e tale flauto è stato riconosciuto dai parenti dell'Orlandi come assolutamente identico a quello di Emanuela; g) che, troppo semplicisticamente, si sostiene che l'Accetti abbia potuto conoscere tutte le informazioni che ha fornito sull'Orlandi essendo in possesso di tutte le carte processuali; h) che esiste una curiosa

315

coincidenza temporale tra l'arresto dell'Accetti per l'omicidio Garramon e la cessazione delle telefonate del c.d. Amerikano, i) che lo stile di vita dell'Accetti e le modalità comportamentali sono coerenti con il racconto che lui fa di aver avvicinato le due ragazze; l) l'ammissione dell'Accetti di aver effettuato numerose telefonate di individuazione e l'esito della consulenza fonica anche a tale riguardo; m) che alcuni comunicati provengono dalla città di Boston negli USA ove, in quell'epoca, si trovava Cecconi Eleonora l'allora moglie dell'Accetti.

~~Sempre, con riferimento alla posizione dell'Accetti, non posso inoltre non ribadire la necessità che, da tempo ho rappresentato a lei ed alla collega Maisto, di espletare alcuni specifici atti istruttori che voi non avete ritenuti né necessari né opportuni tra i quali anche una perizia psichiatrica nei confronti dell'Accetti: atti istruttori nelle mie intenzioni tesi, quantomeno ad, escludere, la possibilità che l'Accetti sia un serial Killer che abbia confessato la sua partecipazione in orridi delitti in modo tale da non poterne essere coinvolto processualmente. L'episodio Garramon, la cui lettura a tanti anni di distanza sembra estremamente semplice e contrastante con la verità giudiziaria accertata, getta un'ombra misteriosa sul personaggio.~~

Le confermo, pertanto, con vivo rammarico, di non poter firmare il provvedimento così come predisposto, malgrado ~~esso dia atto dell'ampia attività d'indagine espletata, e ciò non perché esso non corrisponda perfettamente alle mie valutazioni, ma~~ perché non si dà esattamente conto degli elementi indiziari emersi e, soprattutto, non si ritiene di poter effettuare ulteriori approfondimenti alla ricerca della verità.

Roma 17 aprile 2015

Il Procuratore Aggiunto
dott. Giancarlo Capaldo

Kamil Tadeusz Jarzembowski

████ ROMA
tel.: ████
████ @gmail.com

①

████

A Sua Santità Papa Francesco

e p.c.   **a S.E. Rev.ma Petro Card. Parolin
Segretario di Stato di Sua Santità**

**a S.E. Rev.ma Beniamino Card. Stella
Prefetto della Congregazione per il Clero**

Beatissimo Padre!

Mi chiamo Kamil Jarzembowski e sono un ex-alunno del Preseminario San Pio X in Vaticano. Vorrei comunicarle con le presente lettera alcune informazioni riguardo a ciò che ho subito lungo diversi anni per colpa delle istituzioni della Chiesa. Nella denucia delle questioni di cui sotto mi sono sempre dovuto imbattere contro il pregiudizio di molte persone e la loro volontà di occultarli. Il mio desiderio è quello che Santità Vostra possa mettere una nuova luce su questi fatti, facendo le opportune verifiche sugli stessi e giudicandoli in maniera imparziale.

Dal mese di settembre ████ al mese di giugno ████ sono stato alunno del Preseminario San Pio X, avente sede nel Palazzo San Carlo, S.C.V. Durante l'intero periodo suddetto il rettore in carica del Preseminario San Pio X era Mons. ████.

A settembre ████, cioè al mio rientro in Vaticano dopo le vacanze estive, il rettore mi assegnò una stanza-dormitorio da dividere con ████, anch'egli alunno del Preseminario ████ Nel corso dell'anno scolastico ████, e, più precisamente, dalla fine del mese di settembre ████ fino all'inizio del mese di giugno ████, sono stato testimone di atti sessuali che esigeva da ████, atti sessuali che si compivano nonostante la mia presenza. Gli atti venivano svolti sempre di sera, intorno alle ore 23. ████, dopo che tutti gli altri alunni si erano già coricati, accedeva nella stanza-dormitorio condivisa da me e ████. Qui avvenivano rapporti di sesso orale, mentre, alcune volte, i due si recavano insieme nella stanza di ████ per proseguire il rapporto.

████ era stato precedentemente alunno dello stesso Preseminario San Pio X. A partire dal mese di settembre ████ aveva iniziato il percorso di formazione al sacerdozio, volendo entrare a far parte del Clero della Diocesi di ████, divenendo membro dell'Associazione ████ (chiamata anche ████), soggetta alla citata Diocesi.

Il Rettore ████ aveva concesso a ████ di permanere nel Preseminario, assegnandogli inoltre una stanza privata. Tra Mons. ████ e ████ sussisteva un forte e particolare rapporto di fiducia e collaborazione nella gestione del Preseminario. A ████ (che pure non aveva incarichi ufficiali nell'istituzione), Mons. ████ attribuiva un ruolo di "superiore" nella vita del seminario. Questo ruolo garantiva a ████ la possibilità di esercitare una forma di potere e intimidazione nei più giovani seminaristi (che si sentivano di fatto a lui subalterni). E' questa la ragione per cui ████ si sentiva obbligato a cedere alle sue richieste, le quali, infatti, sottendevano un sottile e inespresso ricatto: in caso di resistenza alle richieste ████ avrebbe potuto avere dei problemi con i superiori o sarebbe stato"punito" con l'assegnazione di un ruolo più marginale nello svolgimento del servizio liturgico soprattutto in occasione delle celebrazioni pontificie.

Dokumente zur Meldung von Missbrauchsfällen im Präseminar St. Pius X.
Brief von Kamil Tadeusz Jarzembowski an Papst Franziskus und den Kardinalstaatssekretär, in dem er die Vorfälle detailliert beschreibt.

Le stesse preoccupazioni erano alla base del mio imbarazzo e della mia paura a denunciare apertamente i fatti dei quali ero testimone. Una mia presa di posizione diretta ed esplicita avrebbe, infatti, determinato il mio allontanamento dal seminario, essendo io consapevole del fatto che il   godeva comunque di una speciale protezione da parte del rettore.

La crescente angoscia di fronte al ripetersi degli avvenimenti sopra ricordati, unita alla paura di essere allontanato, mi indussero comunque a confidare le mie preoccupazioni ed il mio sconcerto al mio direttore spirituale (e direttore spirituale dell'intero seminario) don   . Questi (senza indicare il mio nome) su mia esplicita richiesta riferì gli avvenimenti in questione al vescovo di   , Mons.   e al Superiore Generale della   , don   . Questa comunicazione non sortì nessun effetto e cadde nel vuoto.

Afflitto da una preoccupazione ancora maggiore e da un profondo senso di solitudine, denunciai i fatti di cui sopra al Vicario di Sua Santità per il Vaticano, Cardinale   , il quale, avendomi ricevuto presso il suo ufficio in data 9 giugno   , mi disse che avrebbe informato dei fatti il vescovo di   , Mons.   , che egli riteneva competente rispetto ai fatti medesimi, dal momento che era l'ordinario dei sacerdoti del Preseminario. Di fronte a questa scelta io rimasi perplesso, dal momento che mi aspettavo un suo intervento diretto, esercitando il Cardinale   il ruolo di ordinario della diocesi nella quale si stavano svolgendo i fatti denunciati.

Il 10 giugno 2014, un giorno dopo il mio colloquio con il Cardinale Vicario, stavo partendo per le vacanze estive. Nel pomeriggio, vidi Mons.   affacciarsi alla porta della mia stanza. Egli mi annunciò d'improvviso ciò che segue: "Io ho già disdetto la tua inscrizione alla scuola per l'anno prossimo. Riceverai una lettera dal Superiore dell'Opera, nella quale ti verrà comunicato che vieni mandato via dal Preseminario". Il rettore non mi spiegò qual'era il motivo di questa decisione. Allora telefonai a don   che mi accusò di aver "seminato calunnie" e di aver scritto "lettere anonime". A questo punto il Card.   si lavò completamente le mani rimandandomi all'autorita del vescovo di   , il quale non fece altro che occultare la questione.

Avendo dovuto abbandonare il Presminario, era indispensabile per me trovare un modo per poter finire il percorso scolastico del Liceo. La mia intenzione era quella di prendere in affitto una stanza, cosi come fanno normalmente gli studenti universitari. Tutti noi alunni del Preseminario eravamo obbligati a frequentare una scuola paritaria cattolica, l'Istituto Pontificio Sant'Apollinare, e ciò comprendeva anche delle spese abbastanza rilevanti. Purtroppo, lasciando da parte il problema di carattere economico, quello cioè di dover pagare la scuola, l'affitto della stanza e la vita in generale, non avrei comunque potuto ultimare gli studi del Liceo Classico al Sant'Apollinare. Questo è dovuto al fatto che Mons.   aveva fatto in modo che la scuola, o, meglio, il Preside, don   , non mi permettesse di continuare lo studio. E infatti, al mio arrivo a Roma a settembre, alla vigilia della prima campanella, il Preside mi costrinse a chiedere il nulla osta, senza darmi una motivazione valida.

Ritornato a casa in Polonia e, dopo qualche giorno, venuto di nuovo a Roma, mi sono messo a cercare una scuola statale che mi permettesse di finire il Liceo – l'ho trovata. Stranamente, la nuova scuola non presentava alcuni ostacoli ed anzi si è presa cura di me. Ma in quello stesso giorno, mi è successa una disgrazia molto grande. Io e mio padre eravamo appena arrivati in macchina dalla Polonia e tutti i miei effetti personali (vestiti, libri, il computer, oggetti di valore affettivo, ecc.) stavano al suo interno. Abbiamo parcheggiato la macchina sotto il muro del Vaticano – erano le 10 di matina. Alle ore 15 la macchina non c'era più. Sono rimasto letteralmente senza niente. Tutto diventava ancor più difficile. Dopo qualche settimana l'auto è stata ritrovata dalla Polizia. Al suo interno non rimaneva piu niente, tranno il risario che mi è stato data dal Papa Benedetto. I ladri lo trovarono in uno dei miei bagagli e lo appesero sullo specchietto retrovisore. Ancora piu curioso era quello che ho trovato nel porta bagagliaio: un portacoltelli e un libro dal titolo "La verità delicata" di John le Carré. Forse era tutto un caso, ma per certo non mi faceva stare piu tranquillo.

Di fronte al silenzio perdurante e all'indifferenza delle persone che ritenevo doveroso interpellare secondo una procedura legittima e naturale, decisi di rivolgermi direttamente alla Santa Sede, in particolare alla Segreteria di Stato e alla Congregazione per la Dottrina della Fede. Ho ricevuto una missiva da quest'ultima (datata 12.09. █████ Prot. N. █████ - 47919) in cui venivo informato che il caso sarebbe passato, per competenza, alla Congregazione per il Clero. Fino ad oggi non ho ricevuto una smetita dei fatti da me denunciati da parte degli organi della Santa Sede.

Mi preme precisare che nel corso dei miei colloqui diretti o tramite missiva con le suddette autorità, nessuna di queste ha mostrato di occuparsi del caso denunciato, facendo una qualche indagine. Nessuno si è preoccupato di accertare e valutare i fatti, mostrando piuttosto la volontà di ignorarli o, peggio ancora, di occultarli. Che dei fatti da me denunciati molte persone fossero a conoscenza lo dimostra anche una presunta lettera anonima inviata nell'estate del █████, tra gli altri, alla Segreteria di Stato e al cardinale █████, nella quale erano esposti i fatti concernenti █████, per quanto io sappia. Di questa lettera, che io non ho mai visto, mi ha parlato esplicitamente lo stesso cardinale █████, che mi ha detto di non potermela mostrare, avendola distrutta. Durante lo stesso colloquio con il poroprato, egli mi mi mise al corrente del fatto che la Segreteria di Stato ha espresso una specie di divieto d'accesso alla Basilica di San Pietro e allo Stato della Citta del Vaticano in generale nei conforni di █████. Il cardinale mi disse allora la seguente frase: "Io qui non voglio avere problemi", riferendosi allo scandalo di █████.

Tutta questa vicenda mi ha procurato un evidente danno psicologico determinando una reazione depressiva profonda e continuativa, anche se, per difendermi e far emergere la verità, non ho mai usato la maldicenza, la mormorazione, la calunnia, ecc. Ho avuto fiducia nelle procedure interne all'istituzione di cui facevo parte, interpellando le autorità competenti da cui mi aspettavo un intervento risolutivo. Queste vecende causarono in me uno stato di profonda prostrazione e la consapevolezza di essere stato scartato, fa sì che la mia ferita interiore non si sia ancora completamente chiusa. Rifiutato, calunniato, preso per pazzo e bugiardo, sogno non una vendetta, ma che un giorno le persone a cui mi sono appellato e che sono responsabili direttamente o indirettamente di quello che è successo, mi diano una qualche parvenza di giustizia o di desiderio di verità. Fino ad oggi c'è soltanto silenzio che mi strazia. È proprio il grido di questo silenzio che mi strazia.

Nel mese di luglio scorso ho inviato una protesta al Rettore del Seminario █████ █████ contro l'ammissione agli Ordini Sacri del seminarista █████. Ho precisato che, durante la mia permanenza nel Preseminario San Pio X in Vaticano, ho potuto constatare che █████ presenta atteggiamenti che, secondo la legge della Chiesa, non gli consentono di diventare sacerdote, richiamando "Istruzione della Congregazione per l'Educazione Cattolica circa i criteri di discernimento vocazionale riguardo alle persone con tendenze omosessuali in vista della loro ammissione al Seminario e agli Ordini sacri", firmata in data 4 novembre 2005 dal Card. Prefetto Zenon Grocholewski, nonché approvata del Sommo Pontefice Benedetto XVI in data 31 agosto 2005.

Continuo ad affermare che █████ presenta "tendenze omosessuali profondamente radicate". Tutto ciò non premette che il seminarista in questione possa continuare il suo cammino verso il sacerdozio, dato che, come si legge nell'Istruzione, "la Chiesa, pur rispettando profondamente le persone in questione, non può ammettere al Seminario e agli Ordini sacri coloro che praticano l'omosessualità, presentano tendenze omosessuali profondamente radicate o sostengono la cosiddetta cultura gay."

Sono certo di dire che questi atteggiamenti non sono stati solamente un "problema transitorio" di █████, dato che egli compiva atti omosessuali quand'era già studente di filosofia e le sue tendenze sono testimoniate sia prima e dopo gli avvenimenti di cui sono testimone oculare. Sono più che sicuro che, quanto detto da me sopra, possa essere confermato da molte altre persone che hanno avuto modo di conoscere █████ negli anni della sua permanenza nel Preseminario San Pio X in Vaticano. Egli manifestava pubblicamente la sua "disapprovazione" nei confronti dell'omosessualità, mentre invece nel segreto delle stanze del Preseminario compiva atti sessuali con gli altri alunni o manifestava, in alcuni casi, la sua volontà di compiere con loro azioni di tal genere. Citando ancora l'Istruzione, "Sarebbe gravemente disonesto che un candidato occultasse la propria omosessualità per accedere, nonostante tutto, all'Ordinazione. Un atteggiamento così inautentico non corrisponde allo spirito di verità, di lealtà e di disponibilità che deve caratterizzare la personalità di colui che ritiene di essere chiamato a servire Cristo e la sua Chiesa nel ministero sacerdotale."

Tengo a precisare che personalmente non sono d'accordo né col il linguaggio usato nella citata "Istruzione" che offende le persone omosessuali, né tanto meno con l'insegnamento della Chiesa su queste questioni. Non discrimino ▓▓▓▓▓▓ perché gay, ma nonostante ciò non posso rimanere in silenzio conoscendo il suo perverso carattere, ricordando quale violenza ha usato contro quell'alunno del Preseminario per appagare i suoi sfrenati desideri sessuali, ed avendo un convinto senso del timore che egli, in un futuro, lavorando coi giovani, possa ancora una volta voler provare ad abusarli.

Approfitto per informaLa del fatto che nel Preseminario San Pio X, oltre quelli di cui sopra, sussistevano (per quanto ho potuto constatare personalemnte) o continuano a sussistere problemi di varia natura tra cui: l'assenza di uno statuto e/o regolamento che stabilisca la relazione, i diritti e i doveri tra i superiori, gli alunni e i genitori; la mancanza di una precisa relazione tra i principi del funzionamento del Preseminario che sono il servizio liturgico, la scuola e la vita comunitaria; un'assoluta e indiscutibile incompetenza pedagogica dei superiori; decisioni arbitrarie del rettore, mancanti di rispetto degli alunni come persone; un totale allontanamento dei genitori dal funzionamento del Preseminario; la mancanza di un'assicurazione sanitaria e dell'assistenza di un medico di base per gli alunni sul luogo; prediche moralistiche e demoralizzanti tenute dai superiori; nepotismo, clientelismo e arroganza dell'ambiente del Vaticano in cui gli alunni si trovano a convivere; violazione della privacy, continue perquisizioni degli armadi e sottrazione della corrispondenza degli alunni (Mons. ▓▓▓▓▓▓); organizzazione di "gite comunitarie" inutili e deprivanti gli alunni del loro tempo destinato allo studio; una assoluta mancanza di trasparenza finanziaria.

Mi prendo la piena responsabita civile e morale sulle mie parole. Chiedo a Vostra Santità affinché disponga una complessa ed accurata precisazione dei fatti da me esposti. Ritengo inaccettabile ed profondamente offensivo nei miei confronti la posizione di superiorià delle persone che in questa vicenda sfruttarono la loro condizione di essere dei sacerdoti per screditare dal principio le mie accuse e la mia persona. La mia sofferenza deve finire.

In attesa di una gentile risposta, Le porgo i miei più distinti saluti.

Roma, 23 novembre ▓▓▓▓

Kamil Tadeusz Jarzembowski

CONGREGATIO
PRO DOCTRINA FIDEI

00120 *Città del Vaticano*,
Palazzo del S. Uffizio   12 settembre 2014

Prot. N. 7/2014 - 47919

Egregio Signore,

è pervenuta a questa Congregazione la Sua lettera con la quale Ella denuncia il compimento di atti immorali all'interno del Preseminario San Pio X (Città del Vaticano).

Ad un'attenta lettura della predetta missiva, non sono emersi fatti delittuosi rientranti nell'ambito dei delitti riservati a questo Dicastero.

Pertanto, si è provveduto a trasmettere, per competenza, la predetta documentazione alla Congregazione per il Clero. Le assicuro, inoltre, che questo Dicastero quanto prima provvederà ad informare in merito il Santo Padre.

Nel significarLe quanto sopra, profitto della circostanza per inviarLe i miei più cordiali *saluti*.

D. Marzotto

Mons. Damiano Marzotto
Sotto-Segretario

Egregio Signor
Sig. Kamil Tadeusz Jarzembowski

Antwortschreiben der Glaubenskongregation auf die ersten Beschwerden von Jarzembowski.

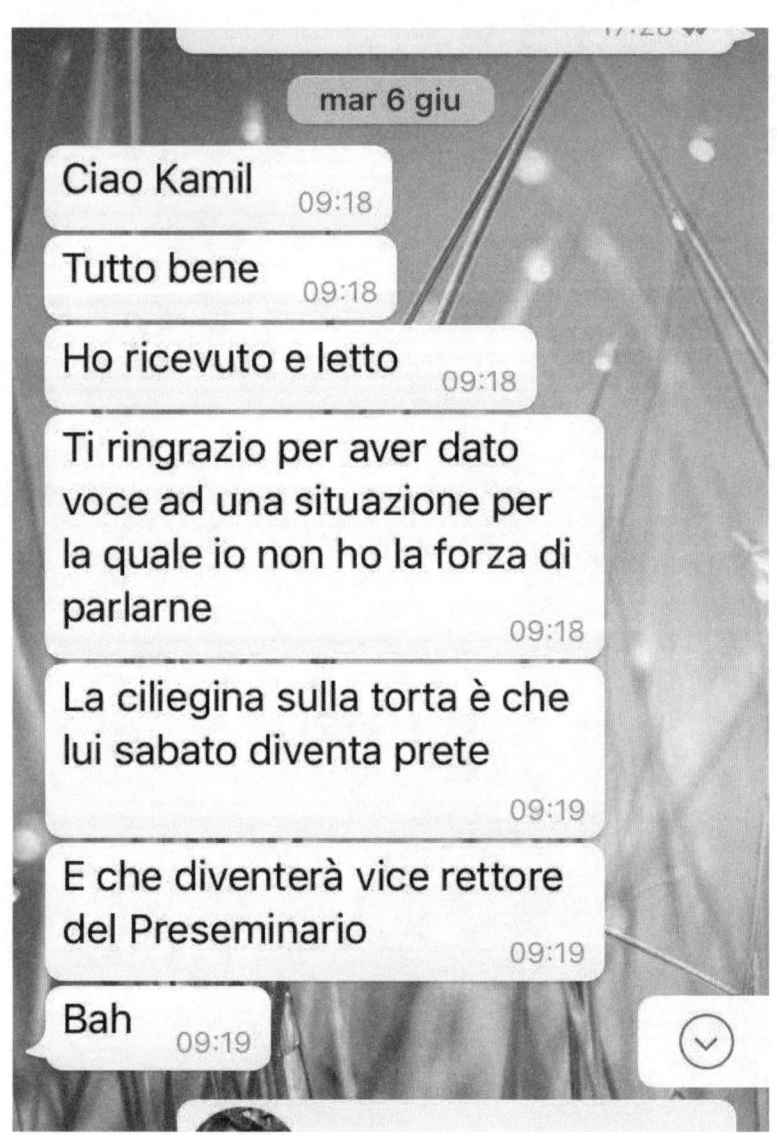

mar 6 giu

Ciao Kamil 09:18

Tutto bene 09:18

Ho ricevuto e letto 09:18

Ti ringrazio per aver dato voce ad una situazione per la quale io non ho la forza di parlarne 09:18

La ciliegina sulla torta è che lui sabato diventa prete 09:19

E che diventerà vice rettore del Preseminario 09:19

Bah 09:19

Chat zwischen dem mutmaßlichen Missbrauchsopfer des Präseminars und Kamil Tadeusz Jarzembowski.

Personenverzeichnis

Patricia Gucci

In Guccis Namen

Eine Familiengeschichte von Liebe und Verrat

Liebe, Verrat, Mord, das sind die Zutaten für
die Geschichte des Gucci-Clans und die Memoiren
der unehelichen Tochter Patricia Gucci.
Lange musste die Alleinerbin des großen Mode-
Patrons Aldo Gucci schweigen. Nun nicht mehr!

334 Seiten, gebunden, 2016, ISBN 978-3-280-05633-2

orell füssli
Sachbuch